国际发展融资

International Development Finance

黄梅波　陈燕鸿　编著

复旦大学出版社

前　言

在中国快速崛起的发展进程中,广泛开展国际发展合作与深度参与全球发展治理的现实需求推动着国际发展学研究及人才培养的不断深入。2021年1月,国务院新闻办公室发布了《新时代的中国国际发展合作》白皮书;同年9月,习近平主席在第七十六届联合国大会一般性辩论的讲话中提出了"全球发展倡议"。中国全球发展理论探索与中国国际发展战略研究亟需跟上时代发展的步伐,国际发展学科建设与国际发展人才培养也日益迫切。

因应新时代国家发展的需求,上海对外经贸大学于2018年成立国际发展合作研究院(下称"研究院"),依托应用经济学的研究和学科基础,在国内建立了具有鲜明特色和独特优势的国际发展合作研究与教学基地,一方面从事国际发展理论与政策的前沿问题研究;另一方面,开始进行国际发展学科建设及人才培养工作。2020年研究院开始在国际商务硕士中招收国际发展合作方向硕士研究生,2022年开始在应用经济学博士点下招收国际发展合作方向博士研究生。配合国际发展学科建设及人才培养工作,上海对外经贸大学于2020年起开启了国际发展学系列教材的建设工作。《国际发展学概论》(崔文星、黄梅波)是国际发展系列教材的第一本,已于2021年由复旦大学出版社出版,本书是该系列教材的第二本,重点聚焦于国际发展融资体系及其运作。

全书共分四篇十四章内容。

第一篇——概述篇为第一章和第二章,主要是对国际发展目标的介绍与国际发展融资体系的界定。21世纪以来,国际社会提出了诸多国际发展目标和发展议程。为实现这些目标,必须扩大国际发展融资的来源,完善国际发展融资体系。当前的国际发展融资主体主要包括全球及区域性多边发展融资机构、国别发展融资机构以及各种国际发展基金等。近年来新兴经济体对国际发展融资体系的参与显著增多,并主导建立了亚洲基础设施投资银行(Asian Infrastructure Investment Bank, AIIB)和金砖国家新开发银行(New Development Bank, NDB)等新的多边发展融资机构,其国别发展融资机构在全球发展中也发挥着越来越重要的作用。此外,随着私人部门作用的增强以及公私合作伙伴关系的发展,其在国际发展融资领域的重要性也日益凸显。

第二篇——多边篇为第三章至第八章,主要是对多边发展融资机制的分析和介绍。当前的国际发展融资体系的主体是多边发展融资机构,包括传统多边发展融资机构及新兴多边发展融资机构。本书设置五章内容对传统多边发展融资机构及其运营进行分析,主要包括治理结构(第三章)、财务运营(第四章)、业务运营(第五章)、项目评估(第六章)以及事前政策(第七章)。主要的例证选取了具有代表意义的全球性多边发展融资机构世界银行和区

域多边发展融资机构亚洲开发银行。本篇第八章对新兴多边发展融资机构 AIIB 及 NDB 的运营特点及其独特性进行分析。

  第三篇——国别篇为第九章至第十二章,主要探讨国别发展融资机制。发达国家和发展中国家均建立了国别发展融资机构,在国内是各国纠正市场失灵、培育市场和促进结构转型的有效政策工具,在国际上发挥了促进发展中国家经济与社会发展的重要作用。本部分对发达国家的国别发展融资机构(以美国、德国、日本为例)(第九章),发展中国家的国别发展融资机构(以巴西、俄罗斯、印度为例)(第十章)和中国的国别发展融资(开发性金融)(第十一、第十二章)的理论基础及机构运营特征进行了探讨。

  第四篇——前瞻篇为第十三和十四章,主要讨论国际发展融资体系面临的主要问题(第十三章)及中国在国际发展融资体系中的地位和作用(第十四章)。当前国际发展融资体系面临的首要问题是国际发展融资的可持续性问题。一方面是发展融资来源的可持续性,另一方面是发展融资运用的可持续性。为推动国际发展融资体系的发展与完善,近年来中国在国际发展融资体系中逐步从参与者到协调者再提升到当前制度的改革和设计者,中国在国际发展融资体系中的竞争与互补效应加速了国际发展融资体系的重塑与升级,有利于推进国际发展融资的可持续性,并有力推动国际发展目标的实现。

  本书构建了国际发展融资的基本框架,并对国际发展融资体系的主要内容进行了详细的分析。作为教材,不宜探讨过于前沿及富于争议性的问题,而且由于篇幅原因也无法进行过多的政策探讨和实际案例的分析。为弥补缺憾,我们在每章的思考题部分都提出了与本章内容相关的值得深入研究的开放式问题,有待读者和我们一起对国际发展融资问题进行更为深入的探讨。

  本教材主要由上海对外经贸大学国际发展合作研究团队完成,同时也吸收了兄弟高校以及实务界的研究力量共同编写完成。全书的基本框架、逻辑体系和篇章安排由黄梅波拟订,同时负责稿件的修改、统稿及全书质量控制。陈燕鸿负责了部分章的写作及书稿最后繁重的编校工作。具体章节的写作分工如下:黄梅波(第一章、第二章)、陈燕鸿(第三章、第四章、第六章、第七章)、邵露和孙文慧(第五章)、王晓阳(第八章)、罗明津(第九章、第十二章)、方紫琼(第十章)、秦希元(第十一章)、唐毓璇(第十三章、第十四章)。另外,段秋韵、胡佳生、邱楠、王晓阳、孙昭阳、方紫琼、秦希元均参与了部分章节的数字及资料的更新工作,在此对他们的工作表示感谢。本书在写作过程中,参考了大量国内外有关国际发展融资的专著和论文,我们在脚注中均一一列示,在此,我们也对这些著述的作者表示感谢。

  尽管我们在教材的写作中付出了大量的努力,但是国际发展形势正处于迅速发展变化之中,我们对国际发展学及国际发展融资的理论研究还不够深入,对国际发展融资的诸多现象和问题理解尚不充分。本书在编排体系和具体内容等方面肯定还存在许多缺点和问题,衷心希望国际发展学界的同人和本书读者,对书中的不足和错误之处提出宝贵意见。

作者
2022 年 9 月

主要缩略语索引

英文缩写	英文全称	中文含义
AADFI	Association of African Development Finance Institutions	非洲开发性金融机构协会
ADB	Asian Development Bank	亚洲开发银行
ADBC	Agricultural Development Bank of China	中国农业发展银行
ADBI	Asian Development Bank Institute	亚洲开发银行研究所
ADF	Asian Development Fund	亚洲开发基金
ADFIAP	Association of Development Financing Institutions in Asia and the Pacific	亚太开发性金融机构协会
ADFIMI	Association of National Development Finance Institutions in Member Countries of the Islamic Development Bank	伊斯兰开发银行成员国国别开发性金融机构协会
AfDB	African Development Bank	非洲开发银行
AfDBG	African Development Bank Group	非洲开发银行集团
AfDF	African Development Fund	非洲开发基金
AIIB	Asian Infrastructure Investment Bank	亚洲基础设施投资银行
ALIDE	Latin American Association of Development Financing Institutions	拉丁美洲开发性金融机构协会
BNDES	Banco Nacional de Desenvolvimento Econòmico e Social	巴西国家开发银行
BOAD	Banque Ouest Africaine de Développement	西非开发银行
CaDB	Caribbean Development Bank	加勒比开发银行
CADFund	China-Africa Development Fund	中非发展基金
CAF	Development Bank of Latin America（旧称 Corporación Andina de Fomento）	拉美开发银行（旧称"安第斯开发集团"）
CDB	China Development Bank	中国国家开发银行
CDC	Caisse des Dépôts	法国信托储蓄银行
CEXIM	Export-Import Bank of China	中国进出口银行
CIF	Climate Investment Funds	气候投资基金

续表

英文缩写	英文全称	中文含义
CMIM	Chiang Mai Initiative Multilateralisation	清迈倡议多边化
COMPAS	Common Performance Assessment System	通用业绩评估体系
DAC	Development Assistance Committee	发展援助协会
DFC	U. S. International Development Finance Corporation	美国国际开发金融公司
DFIs	Development Finance Institutions	发展融资机构
EADB	East African Development Bank	东非开发银行
EBRD	European Bank for Reconstruction and Development	欧洲复兴开发银行
ECG	Evaluation Cooperation Group	评估合作小组
EIB	European Investment Bank	欧洲投资银行
EIF	European Investment Fund	欧洲投资基金
ESG	Environmental, Social and Governance	环境、社会和治理
EU	European Union	欧盟
FDI	Foreign Directed Investment	外国直接投资
FSO	Fund for Special Operations	特殊运行基金
GEF	Global Environment Facility	全球环境基金
GIF	Global Infrastructure Facility	全球基础设施基金
GIH	Global Infrastructure Hub	全球基础设施中心
GPS	Good Practice Standards	最佳实践标准
HIPC	Heavily Indebted Poor Countries	重债穷国(计划)
IBRD	International Bank for Reconstruction and Development	国际复兴开发银行
ICSID	International Centre for Settlement of Investment Disputes	解决投资争端国际中心
IDA	International Development Association	国际开发协会
IDB	Inter-American Development Bank	美洲开发银行
IDBG	Inter-American Development Bank Group	美洲开发银行集团
IEG	Independent Evaluation Group	独立评估小组
IEO	Independent Evaluation Office	独立评估办公室
IMF	International Monetary Fund	国际货币基金组织
IFAD	International Fund for Agricultural Development	国际农业发展基金
IFC	International Finance Corporation	国际金融公司

续表

英文缩写	英文全称	中文含义
IFF	International Finance Facility	国际融资便利
IFFIm	International Finance Facility for Immunisation	国际免疫接种资金援助机制
IPPF	Infrastructure Project Preparation Facility	基础设施建设项目准备基金
IsDB	Islamic Development Bank	伊斯兰开发银行
JBIC	Japan Bank for International Cooperation	日本国际协力银行
JEXIM	Export-Import Bank of Japan	日本进出口银行
JFC	Japan Finance Corporation	日本政策金融公库
JSF	Japan Special Fund	日本特别基金
KfW	Kreditanstalt für Wiederaufbau	德国复兴信贷银行
LIDC	Low-Income Development Countries	低收入发展中国家
MDB	Multilateral Development Banks	多边开发银行
MDGs	Millennium Development Goals	千年发展目标
MDRI	Multilateral Debt Relief Initiative	多边债务减免倡议
MIGA	Multilateral Investment Guarantee Agency	多边投资担保机构
MSMEs	Micro, Small and Medium-sized Enterprises	中小型企业
NDB	New Development Bank	新开发银行
NSGL	Non-Sovereign Guaranteed Loans	非主权担保贷款
NTF	Nigeria Trust Fund	尼日利亚基金
OCR	Ordinary Capital Resources	普通资金资源
ODA	Official Development Assistance	官方发展援助
ODF	Official Development Finance/Financing	官方发展融资
OECD	Organization for Economic Co-operation and Development	经济合作与发展组织
OECF	Overseas Economic Cooperation on Fund	海外经济协力基金
OOF	Other official flows	其他官方资金流
OPIC	Overseas Private Investment Corporation	美国海外私人投资公司
PPFs	Project Preparation Facilities	项目筹备基金
PPP	Public-Private Partnerships	公共和私人伙伴关系
ROE	Return on Equity	股权(净资产)收益率
ROA	Return on Total Asset	总资产收益率
SDGs	Sustainable Development Goals	可持续发展目标

续表

英文缩写	英文全称	中文含义
SIDBI	Small Industries Development Bank of India	印度小型工业发展银行
SGL	Sovereign Guaranteed Loans	主权担保贷款
SPS	Safeguard Policy Statement	安全保障政策声明
TASF	Technical Assistance Special Fund	技术援助特别基金
TDB	Eastern and Southern African Trade and Development Bank	东南非贸易与开发银行
TOSSD	Total Official Support for Sustainable Development	官方可持续发展资助总量
UNFCCC	United Nations Framework Convention on Climate Change	联合国气候变化框架公约
USAID	U. S. Agency of International Development	美国国际开发署
VEB. RF	Vnesheconombank	俄罗斯国家开发集团
WB	World Bank	世界银行
WBG	World Bank Group	世界银行集团
WFDFI	World Federation of Development Financing Institutions	世界开发性金融机构联合会

CONTENTS 目录

第一篇 概 述 篇

Chapter 01 第一章 国际发展融资概述 | 003
引言 | 003
第一节 国际发展目标与国际发展议程 | 004
　一、千年发展目标 | 004
　二、蒙特雷共识 | 005
　三、可持续发展目标 | 007
　四、巴黎气候协定 | 008
第二节 国际发展融资的界定 | 009
　一、国际发展融资的内涵及概念辨析 | 009
　二、国际发展融资的外延 | 012
第三节 国际发展融资的经济效果 | 016
　一、发展融资与借款国经济增长的关系 | 016
　二、发展融资促进借款国经济增长的作用机制 | 019
本章小结 | 023

Chapter 02 第二章 国际发展融资的主体 | 025
引言 | 025
第一节 多边及双边发展融资机构 | 026
　一、传统全球性及区域次区域 MDB | 026
　二、新兴经济体新建 MDB | 033
　三、国别发展融资机构 | 034
第二节 国际发展基金 | 035
　一、各 MDB 管理的基金 | 035
　二、全球性基金 | 040
　三、私人发展基金 | 042

第三节　国际发展融资的创新机制	043
一、航空税	043
二、碳排放税	044
三、托宾税	046
四、新的特别提款权	047
五、国际融资便利	048
六、国际免疫接种资金援助机制	050
本章小结	051

第二篇　多　边　篇

Chapter 03　第三章　多边开发银行的治理机制　055
引言　055
第一节　多边开发银行的治理机制　056
　一、宗旨和职能　056
　二、治理结构　057
第二节　世界银行的治理机制　063
　一、世界银行的宗旨与职能　063
　二、股份与投票权的决定　066
　三、组织结构　070
第三节　亚洲开发银行的治理机制　072
　一、亚洲开发银行的宗旨与职能　072
　二、股权和投票权　073
　三、组织结构　075
本章小结　078

Chapter 04　第四章　多边开发银行的财务运行机制　080
引言　080
第一节　MDB的财务运营特征　081
　一、负债水平和结构　081
　二、资产状况　083
　三、MDB财务可持续性分析　086
第二节　WB的财务运行机制　091
　一、IBRD的资金来源　091

二、IBRD 的资产、负债和所有者权益 ｜ 092
　　三、盈利能力 ｜ 094
　　四、财务可持续性分析 ｜ 094
　第三节　ADB 的财务运行机制 ｜ 097
　　一、资金来源 ｜ 097
　　二、资产、负债及所有者权益 ｜ 099
　　三、盈利能力 ｜ 101
　　四、财务可持续性分析 ｜ 102
　本章小结 ｜ 104

Chapter 05

第五章　多边开发银行的业务运行机制 ｜ 106

引言 ｜ 106
第一节　多边开发银行的业务运行特征 ｜ 107
　一、投资工具多样化但以贷款为主 ｜ 107
　二、投资领域以基础设施和能源为主 ｜ 109
　三、贷款对象多为主权机构，区域分布兼顾平衡性和回报性 ｜ 110
　四、风险控制全面化 ｜ 110
第二节　WB 的业务运行机制 ｜ 112
　一、主要业务内容 ｜ 112
　二、年度业务规模 ｜ 114
　三、主要业务领域 ｜ 115
　四、主要业务对象 ｜ 116
　五、风险控制 ｜ 118
第三节　ADB 的业务运行机制 ｜ 119
　一、主要业务内容 ｜ 119
　二、年度业务规模 ｜ 124
　三、主要业务领域 ｜ 126
　四、主要业务对象 ｜ 127
　五、风险控制 ｜ 128
本章小结 ｜ 129

Chapter 06

第六章　多边开发银行的项目评估 ｜ 131

引言 ｜ 131
第一节　现有 MDB 的项目评估框架 ｜ 132
　一、项目评估的定义和目的 ｜ 132

二、项目评估基本框架　　|　132
第二节　MDB 项目评估的重要主体　　|　135
　　一、内部机构　　|　135
　　二、外部机构　　|　137
第三节　MDB 项目评估的实施频率　　|　139
第四节　IEO 项目评估的具体指标　　|　141
第五节　MDB 项目评估存在的问题　　|　148
　　一、放之四海而皆准的评估指标和标准并不存在　　|　149
　　二、项目评估类型决定并不明确　　|　149
　　三、评估方法多样影响结果的可比性　　|　150
　　四、对评估机构独立性的质疑　　|　150
本章小结　　|　151

Chapter 07

第七章　多边开发银行的事前政策制定

引言　　|　153
第一节　MDB 的环境与社会安全保障及其改革　　|　154
　　一、WB 的环境与安全保障政策及其改革　　|　154
　　二、ADB 的安全保障政策及其改革　　|　163
第二节　MDB 的采购和反腐败政策　　|　165
　　一、WB 的采购和反腐败政策　　|　165
　　二、ADB 的采购和反腐败政策　　|　166
本章小结　　|　171

Chapter 08

第八章　新兴 MDB 的治理结构和业务运作

引言　　|　173
第一节　新兴 MDB 的治理机制　　|　174
　　一、AIIB 的治理机制　　|　174
　　二、NDB 的治理机制　　|　175
第二节　新兴 MDB 的运作机制　　|　177
　　一、AIIB 的财务运行机制　　|　177
　　二、AIIB 的业务运行机制　　|　181
　　三、NDB 的财务运行机制　　|　185
　　四、NDB 的业务运行机制　　|　187
第三节　新兴 MDB 的项目政策及影响　　|　192
　　一、环境与社会保障政策　　|　192

二、项目影响及其对可持续发展的贡献　　193
　本章小结　　197

第三篇　国　别　篇

Chapter 09　第九章　发达国家的国别发展融资机构　　201
引言　　201
第一节　发达国家国别发展融资机构的运行特征　　202
　　一、发达国家国别发展融资机构的发展和作用　　202
　　二、发达国家国别发展融资机构的运行特征　　204
　　三、发达国家国别发展融资机构与国际发展融资　　206
第二节　美国国际开发金融公司　　206
　　一、美国国际开发金融公司的发展历程　　206
　　二、美国国际开发金融公司的运营模式　　207
　　三、美国国际开发金融公司的财务运行机制　　209
　　四、美国国际开发金融公司的业务运行机制　　210
第三节　德国复兴信贷银行　　211
　　一、德国复兴信贷银行及其发展历程　　211
　　二、德国复兴信贷银行的治理机制　　213
　　三、德国复兴信贷银行的财务运行机制　　214
　　四、德国复兴信贷银行的业务运行机制　　216
第四节　日本国际协力银行　　217
　　一、日本国际协力银行的发展历程　　217
　　二、日本国际协力银行的运营模式　　219
　　三、日本国际协力银行的财务运行机制　　220
　　四、日本国际协力银行的业务运行机制　　222
本章小结　　224

Chapter 10　第十章　发展中国家的国别发展融资机构　　226
引言　　226
第一节　发展中国家国别发展融资机构的运行特征　　227
　　一、发展中国家国别发展融资机构发展历程　　227
　　二、发展中国家国别发展融资机构的运行特征　　227
　　三、发展中国家国别发展融资机构的国际竞争力　　229

第二节　巴西国家开发银行　　　　　　　　　　　　　| 230
　　　一、巴西国家开发银行的发展历程　　　　　　　　| 230
　　　二、巴西国家开发银行的运营模式　　　　　　　　| 231
　　　三、巴西国家开发银行的投资领域及投资特征　　　| 233
　　　四、巴西国家开发银行的财务运行机制　　　　　　| 234
　　第三节　俄罗斯国家开发集团　　　　　　　　　　　| 236
　　　一、俄罗斯国家开发集团的发展历程　　　　　　　| 236
　　　二、俄罗斯国家开发集团的运营模式　　　　　　　| 237
　　　三、俄罗斯国家开发集团的投资领域及投资特点　　| 240
　　第四节　印度小型工业发展银行　　　　　　　　　　| 242
　　　一、印度小型工业发展银行的运营模式　　　　　　| 242
　　　二、印度小型工业发展银行的财务运行机制　　　　| 245
　　本章小结　　　　　　　　　　　　　　　　　　　　| 248

Chapter 11　第十一章　中国的开发性金融理论　　　| 250
　　引言　　　　　　　　　　　　　　　　　　　　　　| 250
　　第一节　开发性金融的内涵　　　　　　　　　　　　| 251
　　　一、内涵与功能　　　　　　　　　　　　　　　　| 251
　　　二、开发性金融、政策性金融和商业性金融辨析　　| 253
　　第二节　开发性金融理论的背景与理论逻辑　　　　　| 255
　　　一、开发性金融理论的背景　　　　　　　　　　　| 255
　　　二、开发性金融的理论逻辑　　　　　　　　　　　| 257
　　第三节　开发性金融与经济增长　　　　　　　　　　| 260
　　　一、开发性金融促进经济增长的路径选择和传导机制 | 260
　　　二、开发性金融与社会资本形成　　　　　　　　　| 262
　　本章小结　　　　　　　　　　　　　　　　　　　　| 263

Chapter 12　第十二章　中国的开发性金融机构　　　| 265
　　引言　　　　　　　　　　　　　　　　　　　　　　| 265
　　第一节　中国开发性金融机构的总体发展特征及作用　| 266
　　　一、中国开发性金融机构的总体发展历程　　　　　| 266
　　　二、中国开发性金融机构在中国经济运行中的重要作用 | 267
　　　三、中国开发性金融机构对国际发展的贡献　　　　| 268
　　第二节　国家开发银行　　　　　　　　　　　　　　| 269
　　　一、国家开发银行及其发展历程　　　　　　　　　| 269

二、国家开发银行的治理机制 | 270
　　三、国家开发银行的财务运行机制 | 271
　　四、国家开发银行的业务运行机制 | 274
第三节　中国进出口银行 | 276
　　一、中国进出口银行及其发展历程 | 276
　　二、中国进出口银行的治理机制 | 277
　　三、中国进出口银行的财务运行机制 | 278
　　四、中国进出口银行的业务运行机制 | 280
第四节　中国农业发展银行 | 282
　　一、中国农业发展银行及其发展历程 | 282
　　二、中国农业发展银行的治理机制 | 284
　　三、中国农业发展银行的财务运行机制 | 285
　　四、中国农业发展银行的业务运行机制 | 287
本章小结 | 288

第四篇　前　瞻　篇

Chapter 13　第十三章　国际发展融资面临的问题及发展趋势 | 293
引言 | 293
第一节　国际发展融资供给问题 | 294
　　一、国际发展融资资金供给的不足 | 294
　　二、加大国际发展融资资金供给的实现路径 | 298
第二节　可持续发展融资 | 303
　　一、基础设施投融资的可持续性 | 304
　　二、可持续金融 | 305
第三节　国际发展融资机构的合作与协调 | 310
　　一、MDB间在运营层面上的合作与协调 | 310
　　二、MDB在重点业务领域的合作与协调 | 314
本章小结 | 318

Chapter 14　第十四章　中国在国际发展融资体系中的地位和角色 | 320
引言 | 320
第一节　国际发展融资的国际需求与中国的参与空间 | 321
　　一、SDGs对国际发展融资的需求 | 321

二、发展中国家对国际发展融资的需求 | 323
　　三、中国重塑国际发展融资体系的必要性和可行性 | 325
　　四、中国自身发展融资的经验及其可推广性 | 326
　第二节　中国在当前国际发展融资体系中的地位 | 329
　　一、中国在传统多边发展融资机构中的地位 | 330
　　二、中国推动组建的新的区域开发银行 | 336
　　三、中国的开发性金融及"一带一路"国际发展融资 | 342
　　四、中国对国际发展融资体系的影响 | 346
　第三节　中国在国际发展融资机构中的互补性与竞争性 | 347
　　一、中国在国际发展融资机构中的竞争关系 | 347
　　二、中国对国际发展融资机构的补充性 | 349
　　三、在国际发展融资机构中构建良好竞合关系 | 350
　本章小结 | 350

第一篇

概 述 篇

第一章

国际发展融资概述

引言

　　国际发展融资是介于国际援助和商业性资金之间的促进发展中国家发展的融资方式。大部分学者的研究发现,国际发展融资对借款国的经济增长具有明显的正向作用。随着世界经济的发展,全球基础设施建设资金缺口大、发展中国家融资难等一系列问题越来越突出。国际发展融资的重要性日益凸显,在21世纪的头十五年中,国际社会提出了诸多相关国际发展目标和发展议程。为实现国际发展目标,必须扩大国际发展融资的来源,并发挥其对发展中国家经济社会发展的重要性。本章将介绍国际发展目标与国际发展议程,界定国际发展融资的内涵、外延,分析其重要性,并对国际发展融资促进经济增长的理论机制进行系统梳理。

学习目标:

1. 熟悉相关国际发展目标和国际发展议程的主要内容
2. 掌握国际发展融资的内涵和外延
3. 把握国际发展融资与经济增长之间的关系

国际发展融资

第一节 国际发展目标与国际发展议程

21世纪初,在关于实现发展中国家的经济增长和可持续发展方面,国际社会提出了诸多国际发展融资相关动议,包括联合国千年发展目标及墨西哥《蒙特雷共识》(The Monterrey Consensus)。2015年9月,联合国制定了新的全球发展目标——联合国可持续发展目标,旨在从2015年到2030年间以综合方式彻底解决全球经济、社会和环境三个维度的发展问题,转向可持续发展道路。2015年12月巴黎气候变化大会通过了《巴黎气候协定》(The Paris Climate Agreement),为2020年后全球应对气候变化行动作出安排。

一、千年发展目标

2000年9月8日,在联合国总部举行的千年首脑会议上,189个国家和地区的国家元首和政府首脑签署了《千年宣言》(the Millennium Declaration)。为实现《千年宣言》,世界银行(World Bank, WB)、国际货币基金组织(International Monetary Fund, IMF)、经济合作与发展组织(Organization for Economic Co-operation and Development, OECD)、联合国其他特定部门等国际机构通过磋商,就消除贫穷、饥饿、疾病、文盲、环境恶化和对妇女的歧视,商定了一套有时限的目标和指标,统称为"千年发展目标"(the Millennium Development Goals, MDGs)(见表1-1),并将它们置于全球议程的核心。

表1-1 联合国千年发展目标及其子目标

	目标	子目标
1	消灭极端贫穷和饥饿	1.A 1990年至2015年间,将每日收入低于1.25美元的人口比例减半; 1.B 使所有人包括妇女和青年人都享有充分的生产就业和体面工作; 1.C 1990年至2015年间,挨饿的人口比例减半;
2	普及小学教育	2.A 确保到2015年,世界各地的儿童,不论男女,都能上完小学全部课程;
3	促进两性平等并赋予妇女权力	3.A 争取到2005年消除小学教育和中学教育中的两性差距,最迟于2015年在各级教育中消除此种差距;
4	降低儿童死亡率	4.A 1990年至2015年,将五岁以下儿童死亡率降低三分之二;

续表

目标		子目标
5	改善产妇保健	5. A 1990年至2015年,产妇死亡率降低四分之三; 5. B 到2015年实现普遍享有生殖保健;
6	与艾滋病毒/艾滋病、疟疾和其他疾病作斗争	6. A 到2015年遏制并开始扭转艾滋病毒/艾滋病的蔓延; 6. B 到2010年向所有需要者普遍提供艾滋病毒/艾滋病治疗; 6. C 到2015年遏制并开始扭转疟疾和其他主要疾病的发病率;
7	确保环境的可持续能力	7. A 将可持续发展原则纳入国家政策和方案,并扭转环境资源的损失; 7. B 减少生物多样性的丧失,到2010年显著降低丧失率; 7. C 到2015年将无法持续获得安全饮用水和基本卫生设施的人口比例减半; 7. D 到2020年使至少1亿贫民窟居民的生活明显改善;
8	制订促进发展的全球伙伴关系	8. A 进一步发展开放的、有章可循的、可预测的、非歧视性的贸易和金融体制; 8. B 满足最不发达国家的特殊需要; 8. C 满足内陆发展中国家和小岛屿发展中国家的特殊需要; 8. D 全面处理发展中国家的债务问题; 8. E 与制药公司合作,向发展中国家提供负担得起的基本药物; 8. F 与私营部门合作,普及新技术,特别是信息和通信的利益

资料来源:联合国网站 http://www.un.org/zh/millenniumgoals/global.shtml。

千年发展目标为实现《千年宣言》提供了路线图,为整个联合国系统达成共同目标而一致努力提供了框架。同时,这些目标为监测结果设立的指标不仅适用于发展中国家,也适用于为发展项目提供资金的发达国家,以及帮助各国实施这些目标的多边机构。

MDGs及其具体指标以消除贫困和关注弱势群体为重心,以关注人的生存和发展权利为重点,以整合经济、社会、环境的可持续发展为前提,为各国政府制定发展战略,为有关国际组织制定援助计划等决策提供依据和标准。

2015年7月6日,联合国秘书长潘基文在发表的《千年发展目标2015年报告》中称,MDGs产生了有史以来最成功的脱贫运动,是2015年通过的新的可持续发展议程的起点。十五年间,世界各地为实现2000年《千年宣言》中设定的八项宏伟目标所付出的努力基本上是成功的。报告中的数据和分析表明,利用有针对性的干预措施、合理的战略、充分的资源和政治意愿,全世界在MDGs的很多具体目标方面成绩显著,即使是最贫穷的国家也取得了相应的进展,但各个国家和地区的进展很不均衡,仍然有巨大的差距。

二、蒙特雷共识

解决发展中国家发展所需的资金问题,是促进世界各国共同发展的核心问题

之一。为了促使发达国家兑现承诺,推进联合国发展活动,以77国集团(G77)为代表的发展中国家一直积极主张召开联合国会议,专门讨论国际发展筹资(Financing for Development, FfD)问题。从第46届联大起,联合国多次审议了该议题。1997年第52届联大形成了发展筹资问题的初步框架。1999年第54届联大通过决议,联合国决定与WB、IMF和WTO共同合作,举行发展筹资国际会议。2000年MDGs制定后,扩大发展援助的呼声对国际发展议程产生了日益重要的影响,因为若要实现MDGs,首先必须有比以往更为充足的、使用效益更高的发展资金。

2002年3月,各国领导人在墨西哥蒙特雷召开的国际发展筹资会议后续会议上达成了对实现MDGs所需的广泛发展筹资战略和政策的共识,即《发展筹资问题国际会议蒙特雷共识》(Monterrey Consensus of the International Conference on Financing for Development),主要内容见表1-2。它再次肯定2015年以前实现MDGs的承诺,为发展提供基础广泛的伙伴关系,更重要的是为国际发展筹资制定了规划,以便支持MDGs的各项目标,因而成为国际社会推动解决发展问题的重要转折点。

表1-2 蒙特雷共识的基本内容

项目	内容
筹集国内金融资源促进发展	十个方面的途径
筹集国际资源促进发展:外国直接投资和其他私人资本流动	六个方面的途径
国际贸易作为发展的动力	四个方面的要求
加强国际金融和技术合作以促进发展	七个方面的努力
关于外债问题	可承受的债务资金筹措是另一种可用于政府投资和私人投资的重要成分的可调集资源
解决系统性问题	加强国际货币、金融和贸易系统的统一和一致性,以促进发展

资料来源:根据联合国发展筹资问题国际会议的《蒙特雷共识》文件(A/CONF. 198/11,2002)整理,http://www.un.org/chinese/documents/decl-con/docs/aconf198_11.pdf。

蒙特雷会议是联合国首次为讨论全球发展筹资问题而举办的首脑级会议。所达成的共识是发展中国家和发达国家之间的一项新契约,强调了发达国家和发展中国家在努力实现发展目标方面的共同责任。具体而言,它呼吁发展中国家改进政策和治理,呼吁发达国家增加支持,特别是提供更多、更好的援助以及更加开放的市场。会后,若干国家应《蒙特雷共识》的呼吁开展后续行动,研究创新融资机制,确保增加发展筹资的可预测性。

2008年11月29日,联合国发展筹资问题后续国际会议在卡塔尔首都多哈举办。会议对 2002 年联合国在墨西哥蒙特雷通过的《蒙特雷共识》的执行情况进行了评估,讨论了执行中的制约因素和挑战。

2015 年 7 月 15 日,联合国第三次发展筹资问题国际会议在埃塞俄比亚首都亚的斯亚贝巴召开。来自 193 个联合国会员国的与会代表就大会成果文件《亚的斯亚贝巴行动议程》(Addis Ababa Action Agenda)达成一致。该《议程》提供了资助可持续发展的全球框架,为建设一个可持续发展的未来向前迈出的关键一步,并在科技、基础设施、社会保障、卫生、微型及中小型企业、外国援助、税收、气候变化,以及针对最贫困国家的一揽子援助措施方面均提出了新的举措,其中包括建立"技术促进机制"和"全球基础设施论坛"等,涉及发展融资的所有来源,以支持可持续发展目标的落实。

三、可持续发展目标

虽然联合国千年发展目标的实施取得了有目共睹的成就,但是随着 2015 年千年发展目标的到期,依然还有相当多的目标和具体目标未能完成,数以亿计的人被落在了后面,特别是贫穷的人和因为性别、年龄、残疾、种族或地理位置而处境不利的人。因此,国际社会需要在千年发展目标的基础上设定新的发展议程。

2015 年 9 月,世界各国领导人在联合国峰会上通过了 2030 年可持续发展议程,该议程于 2016 年 1 月 1 日正式生效,涵盖 17 个可持续发展目标(the Sustainable Development Goals, SDGs)以及 169 个子目标(见表 1-3)。

表 1-3　联合国 2030 可持续发展目标

目标 1:	在全世界消除一切形式的贫困
目标 2:	消除饥饿,实现粮食安全,改善营养状况和促进可持续农业
目标 3:	确保健康的生活方式,促进各年龄段人群的福祉
目标 4:	确保包容和公平的优质教育,让全民终身享有学习机会
目标 5:	实现性别平等,增强所有妇女和女童的权能
目标 6:	为所有人提供水和环境卫生并对其进行可持续管理
目标 7:	确保人人获得负担得起的、可靠和可持续的现代能源
目标 8:	促进持久、包容和可持续经济增长,促进充分的生产性就业和人人获得体面工作
目标 9:	建造具备抵御灾害能力的基础设施,促进具有包容性的可持续工业化,推动创新
目标 10:	减少国家内部和国家之间的不平等
目标 11:	建设包容、安全、有抵御灾害能力和可持续的城市和人类住区
目标 12:	采用可持续的消费和生产模式

续表

目标 13:	采取紧急行动应对气候变化及其影响
目标 14:	保护和可持续利用海洋和海洋资源以促进可持续发展
目标 15:	保护、恢复和促进可持续利用陆地生态系统,可持续管理森林,防治荒漠化,制止和扭转土地退化,遏制生物多样性的丧失
目标 16:	创建和平、包容的社会以促进可持续发展,让所有人都能诉诸司法,在各级建立有效、负责和包容的机构
目标 17:	加强执行手段,重振可持续发展全球伙伴关系

资料来源:联合国网站 https://www.un.org/sustainabledevelopment/zh/。

可持续发展目标建立在千年发展目标所取得的成就之上,旨在进一步消除一切形式的贫穷,在此基础上还需实施促进经济增长,满足教育、卫生、社会保护和就业机会等社会需求,并应对气候变化和环境保护的战略。

新目标的独特之处主要在于三个方面。其一,呼吁所有国家共同采取行动,促进繁荣并保护地球。其二,新议程范围涉及可持续发展的三个维度:经济、社会和环境,以及与和平、正义和高效机构相关的重要方面。各国将在2016—2030年的15年内致力于消除一切形式的贫穷、实现平等和应对气候变化,确保没有一个人掉队。其三,该《议程》还确认调动执行手段,包括财政资源、技术开发和转让以及能力建设。在此,伙伴关系的作用至关重要,所有国家和所有利益攸关方都将通过合作伙伴关系实施这项计划。

四、巴黎气候协定

《巴黎气候协定》(Paris Climate Accord)是由联合国195个成员国于2015年12月12日在巴黎气候变化大会上通过并于2016年11月4日正式生效的气候协定。《巴黎气候协定》是继1992年《联合国气候变化框架公约》、1997年《京都议定书》之后,人类历史上应对气候变化的第三个里程碑式的国际法律文本,形成2020年后的全球气候治理格局。

《巴黎气候协定》为2020年后全球应对气候变化行动作出安排,期望能共同遏阻全球变暖趋势。协定共29条,其中,包括目标、减缓、适应、损失损害、资金、技术、能力建设、透明度、全球盘点等内容。

从环境保护与治理上看,《巴黎气候协定》的最大贡献在于明确了全球共同追求的"硬指标"。为推动全球尽快实现温室气体排放达到峰值,本世纪下半叶实现温室气体净零排放,协定要求各方加强对气候变化威胁的全球应对,把全球平均气温较工业化前水平升高控制在2摄氏度之内,并为把升温控制在1.5摄氏度之内努力,以大大减少气候变化的风险和影响。

从人类发展的角度看,《巴黎气候协定》是在联合国气候变化框架下,在《京都议定书》、"巴厘路线图"等一系列成果基础上,按照共同但有区别的责任原则、公平原则和各自能力原则,将世界所有国家都纳入了呵护地球生态确保人类发展的命运共同体当中,进一步加强联合国气候变化框架公约的全面、有效和持续实施。

从经济视角看,首先,《巴黎气候协定》推动各方以"自主贡献"的方式参与全球应对气候变化行动,积极向绿色可持续的增长方式转型,避免过去几十年严重依赖石化产品的增长模式继续对自然生态系统构成威胁;其次,协定要求发达国家继续带头减排并加强对发展中国家提供财力支持,在技术周期的不同阶段强化技术发展和技术转让的合作行为,帮助后者减缓和适应气候变化;最后,协定鼓励通过市场和非市场双重手段,进行国际合作,通过适宜的减缓、适应、融资、技术转让和能力建设等方式,推动所有缔约方共同履行减排责任。欧美等发达国家继续率先减排并开展绝对量化减排,为发展中国家提供资金支持;中国、印度等发展中国家应该根据自身情况提高减排目标,逐步实现绝对减排或者限排目标;最不发达国家和小岛屿发展中国家可编制和通报反映它们特殊情况的关于温室气体排放发展的战略、计划和行动。此外,根据《巴黎气候协定》的内在逻辑,在资本市场上,全球投资偏好未来将进一步向绿色能源、低碳经济、环境治理等领域倾斜。

第二节 国际发展融资的界定

国际发展动议都针对国际发展领域中存在的一些问题提出了解决思路,从不同的角度制定了具体的发展目标和实施战略,虽然一些目标事实上是难以实现的,但是如果全世界各国政府共同努力,制定正确的发展战略,提供足够有效的发展融资,相信其推进一定能推动全球经济社会环境的全面发展。这些国际发展目标及国际发展议程的实现都需要有更为充足,且使用效益更高的国际发展融资的支撑。

一、国际发展融资的内涵及概念辨析

在国外,development finance 或 development financing 一般被认为是指由政府出资建立特定的金融机构向制度落后或商业银行不能服务的行业提供贷款或其他形式融资从而实现产业政策和宏观调控等政策意图的金融活动。国内学者或

机构对 development finance 或 development financing 的翻译一直处于变动中,实际使用时甚至是混用或互用的。

1. 开发性金融

相当多的中国学者将 development finance 或 development financing 翻译为"开发性金融"。开发性金融在中国的语境下常常被特指是国家开发银行(简称"国开行"),而且国开行通过开发性金融一词将陈元执掌国开行后的历史加以区分,并认为"开发性金融是政策性发展的高级阶段"[1]。中国开发性金融促进会等在2015年[2]的研究报告中,将 Development Financial Institutions (DFIs)翻译为"开发性金融机构",并将国家开发银行称为"开发性金融机构",将世界银行等称为"多边开发性金融机构"。许多学者对开发性金融、开发性金融机构也做了类似界定[3]。开发性金融(development financing)是指单个国家或多个国家合作通过建立具有主权信用的金融机构为特定需求者提供中长期资金,以实现国家公共政策或战略性目标为宗旨的一种金融形式。开发性金融可以由国别、区域或多边开发银行(development banks)来提供,常见的开发性金融机构包括世界银行、亚洲开发银行、亚洲基础设施投资银行、金砖国家新开发银行、国家开发银行等。[4]徐佳君(2019)仍将 development finance 或 development financing 翻译成"开发性金融机构"。在其构建的开发性金融数据库中,将"开发性金融机构"视为一个总括的术语,指具有独立法人地位,在政府的支持下以实现公共政策为官方使命的金融机构。四个基本的判定标准为:具有独立法人地位且财务可持续;以实现公共政策为目标;政府支持;长期资产与负债。开发性金融机构囊括了(但不限于)开发银行、出口信贷机构、担保和保险机构以及股权投资机构。在世界开发性金融机构联合会(the World Federation of Development Financing Institutions, WFDFI)及其五个地域性协会的名称中,有三个使用 Development Financing Institutions,有两个使用 Development Finance Institutions。[5] 五个机构分别可翻译为世界开发性金融机构联合会(the World Federation of Development Financing Institutions, WFDFI)、亚太开发性金融机构协会(the Association of Development Financing Institutions in Asia and the Pacific, ADFIAP)、拉丁美洲开发性金融机构协会(Latin American Association of Development Financing Institutions, ALIDE)、非洲开发性金融机构协会(Association of African

---

[1] 这种观点在国内存在一定的争议,详见白钦先和王伟教授的论述。
[2] 中国开发性金融促进会. 北京大学国家发展研究院联合编写组. 全球开发性金融发展报告(2015)[R]. 中信出版集团,2016(1).
[3] 孙国峰. 开发性金融的逻辑[J]. 清华金融评论,2014(7). 崔守军,焦玉平. 中国对拉美开发性金融合作研究[J]. 中国人民大学学报,2020(3).
[4] 徐佳君. 作为产业政策抓手的开发性金融:新结构经济学的视角[J]. 经济评论,2017(3).
[5] 有一个不使用这两个词,是欧洲长期投资者协会(European Long-Term Investors Association, ELTI)。

Development Finance Institutions，AADFI)和伊斯兰开发银行成员国国别开发性金融机构协会(Association of National Development Finance Institutions in Member Countries of the Islamic Development Bank，ADFIMI)。

2. 发展融资

由于国内常常把开发性金融狭义地等同于国家开发银行,为避免歧义,近年来,development finance 或 development financing 常常被翻译为"发展融资"。

徐佳君开始使用"发展融资机构"来翻译 development financing institutions,她指出,关于受政府委托从事发展融资的公共金融机构,国际上并没有统一称谓。常见的称谓包括开发银行、开发性金融机构、政策性银行(policy bank)、振兴银行(promotional bank)、公共投资机构,等等。尽管称谓不同,它们都被视为有别于商业银行、以实现发展目标为使命的专门性金融机构。简言之,它们都是在政府的委托下运用金融工具以实现公共政策使命的金融机构。国际发展融资机构包括世界各地的开发银行,也包括从事股权投资、担保和保险业务的公共金融机构。按业务的地理范围,可分为多边发展融资机构(含全球性和区域性)、国别发展融资机构、次国别的发展融资机构等。[1] 由此视角,世界开发性金融机构联合会五个地域性协会的名称的中文名依次是世界发展融资机构联合会(WFDFI)、亚太发展融资机构协会(ADFIAP)、拉美发展融资机构协会(ALIDE)、非洲开发性金融机构协会(AADFI)和伊斯兰开发银行成员国国别开发性金融机构协会(ADFIMI)。

本书的国际发展融资机构(DFIs),主要是在多国或一国政府的委托下运用金融工具实现全球发展目标或一国公共政策使命的金融机构。其资金主体为多边发展融资机构及国别发展融资机构;资金性质主要为政策性资金,包含优惠性资金和非优惠性资金,甚至包含其设立的基金,但不是商业性资金[2];国际发展融资业务涵盖多边发展融资机构的业务内容以及国别发展融资机构的国际业务部分。国际发展融资机构主要向发展中国家提供以发展基础产业为主的中长期贷款,对低收入的贫困国家提供开发项目以及文教建设方面的长期优惠贷款,对发展中国家的私人企业提供小额中长期贷款。除了贷款外,还有股权、担保等金融工具形式。如图 1-1 所示。

---

[1] 徐佳君,雷吉斯·马罗唐,茹新顺.公共开发银行与发展融资机构的界定标准与分类方法[R].新结构经济学发展融资研究报告第 2 期,2021 年 6 月.
[2] 政策性金融与开发性金融在概念上区分开来的做法。国开行和农发行等没有本质性区别,都是发展融资机构(或 DFIs)。问题的本质是政府与市场在 DFI 融资、治理、风险管控、信贷决策方面所应发挥的作用。不见得市场的作用越大越好,比如 CDB 的不良资产率低于 1%,甚至低于商业银行,是值得商榷的。这是否是由于过于强调市场化的风险管控而导致的后果?

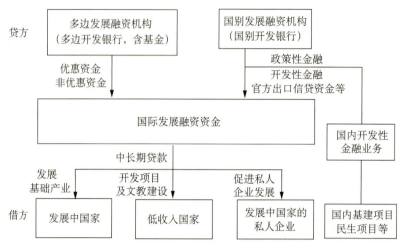

图 1-1 本书中的国际发展融资机构及其资金性质

二、国际发展融资的外延

(一) 政府间发展融资

政府间发展融资或官方发展融资(Official Development Finance, ODF)被 OECD 用于"衡量流入受援国的资源"。[1] 第二次世界大战后,通过政府间建立的多边或者双边援助机制,利用援助国的赠款或优惠贷款等方式,根据特定的援助计划向发展中国家(受援国)提供资金支持。此类融资是基于政府间合作协调机制,为推动特定发展目标(通常为发展项目)的完成而提供的发展援助资金,与各国发展政策相一致。包括来自国际组织、发达国家和非传统援助国的官方援助资金,以及以发展为目的的民间融资的官方担保资金,分为双边发展融资机制、多边发展融资机制及其他官方资金。

1. 双边官方发展援助

双边官方发展援助(Official Development Assistance, ODA)被 OECD 发展援助委员会 (Development Assistance Committee, DAC) 定义为促进并专门针对发展中国家的经济发展和福利的政府援助。

DAC 在 1969 年将 ODA 作为对外援助的"黄金标准",长期以来 ODA 是发展援助资金的主要来源。流向 DAC 官方发展援助受援国名单上的国家和地区以及流向多边发展机构的 ODA 需符合以下条件:(1)由官方机构(包括州和地方政府)

---

[1] OECD. Official Development Finance (ODF), Paris, 2013. http://stats.oecd.org/glossary/detail.asp?ID=1893.

或其执行机构提供;(2)提供优惠贷款和赠款并以促进发展中国家的经济发展和福利为主要目标;(3)资金性质是优惠的,这意味着包含一定的赠与成分。从1964年以来,DAC一直采用10%的贴现率计算赠与成分,官方贷款中的赠与成分达到25%以上即可被报告为ODA。在2012年的DAC部长级会议上,成员国一致同意对优惠贷款的统计进行改革。针对不同受援方采用不同标准,要求对中高收入国家提供的优惠贷款赠与成分达到10%(即6%的贴现率),对多边机构提供的优惠贷款赠与成分需达到10%(全球性机构和MDB按5%的贴现率,包括次区域机构在内的其他机构按6%的贴现率),对中低收入国家提供的优惠贷款赠与成分达到15%(即7%的贴现率),对最不发达国家和其他低收入国家提供的优惠贷款赠与成分达到45%(即9%的贴现率)。[1] 不符合以上标准的资金流动不计入ODA。除此之外,DAC还规定,军事援助和促进援助者的安全利益的援助,具有主要商业目标的交易(例如出口信贷),以及向不符合IMF和WB债务管理规定的国家提供的贷款将不被作为ODA。

截至2021年底,OECD/DAC成员达30个,但近年来非DAC国家作为非传统援助国所提供的官方发展资金越来越多。

在双边官方发展融资机制中,援助国的政府机构既是援助项目的出资者,也是项目的执行者,往往成立了专门负责发展援助事务的政府机构,并依照各自国内的相关法律制定援助政策,与受援国就援助事宜进行协商,并负责援助项目的执行和管理资金的运作。

2. 多边官方发展融资

OECD将多边官方发展融资定义为成员政府向多边发展机构提供的官方发展融资,指多边发展机构利用成员政府捐款、认缴股本、优惠贷款及在国际资金市场借款或业务收益等,按照制定的援助计划向发展中国家或地区提供的发展融资。它具备两个基本条件:第一,受援的多边机构全部或部分以资助发展为目的,而且其成员为政府的国际性办事处、机构和组织,或者由此类组织自主管理的资金;第二,援助通过一个多边参与的融资形式流入而成为该机构金融资产的一部分,援助国不能控制资金的具体使用。

多边开发银行(Multilateral Development Banks, MDB)是此类多边官方发展融资机制的主要主体,是向发展中国家提供资金援助的国际金融机构,其主要任务是向发展中国家提供赠款、优惠性和非优惠性发展贷款促进发展中国家经济和社会发展并支持区域和经济一体化,在实践中它们的具体侧重点各异。MDB最主要的供资形式是贷款,大多数MDB都提供优惠贷款和非优惠贷款。其中,优惠贷款以低于市场利率的条件提供给低收入国家政府;非优惠贷款是基于市场利率

---

[1] OECD, Official Development Assistance, https://www.oecd.org/dac/financing-sustainable-development/development-finance-standards/What-is-ODA.pdf.

的贷款,主要提供给中等收入国家以及一些低收入国家和发展中国家的私营部门。MDB 还提供股权和担保,但这不是常见的工具。

3. 国别发展融资机构等提供的其他官方资金流

用于发展目的但赠与成分过低未达到 ODA 要求的其他官方资金流(other official flows, OOF),包括主要出于商业目的向发展中国家提供的赠款;旨在促进发展但赠与成分低于 ODA 的标准的官方双边交易;以及无论赠与成分如何,其主要目的是促进出口的官方双边交易。根据上述定义,该类别具体包括:由官方机构直接提供给受援方的出口信贷(官方出口信贷);政府和中央货币机构按市场条件净收购 MDB 发行的证券;对私营部门的补贴(赠款),以稳住其对发展中国家的信贷;政府支持私人投资的资金等。[1]

国别发展融资机构是提供 OOF 的主要主体。第二次世界大战后主要发达国家均设立了国别发展融资机构,一方面基于战后重建中投资额度大周期长的项目的融资需要,另一方面"大萧条"后各国普遍认为单靠市场难以完全实现社会资源的有效配置。代表性机构如美国国际开发金融公司(DFC)、德国复兴信贷银行(KfW)以及日本的国际协力银行(JBIC)等。这些机构为促进战后发达国家规模庞大的基础设施及基础产业快速恢复和发展发挥了重要作用,同时,由于其业务范围并不局限在本国国内,它们对全球发展也作出了一定的贡献。发展中国家也都先后建立了各自的国别发展融资机构。代表性机构有巴西国家开发银行(BNDES)、俄罗斯国家开发集团(VEB. RF)、印度小型工业发展银行(SIDBI)以及中国国家开发银行(CDB)等。它们的性质和作用总体上类似于发达国家的国别发展融资机构,但它们的业务国际化程度以及国际信用评级等均不如后者。

(二)非政府发展融资

为提高发展融资的有效性,国际发展融资框架也在逐步升级,发展融资对资金渠道的定义和使用方式在逐渐改变。随着联合国 2030 发展目标的启动,源于非官方和民间渠道的发展援助资金在发展融资中比例逐渐上升。

1. 公共和私人伙伴关系

公共和私人伙伴关系(Public-Private Partnerships, PPP)即有私营机构参与的发展融资模式,一般由区域性多边发展融资机构引导私人机构参与,主要作为基础设施融资、建设和运营的一种重要方式,以减轻公共或官方部门的财政压力、提高融资项目建设的运营效率。

MDB 作为为成员国特别是发展中成员国经济和社会发展提供金融支持及咨询服务的政府间多边机构,其主要业务之一就是通过支持基础设施建设促进成员

---

[1] OECD, Other Official Flows[EB/OL], https://www.oecd-ilibrary.org/development/other-official-flows-oof/indicator/english_6afef3df-en.

国的经济社会发展。现有多边发展融资机构在基础设施PPP模式领域已开展了广泛的实践并积累了丰富的经验。MDB对采用PPP模式的基础设施项目的支持方式主要有:贷款、股权投资、信用担保和风险管理等。

(1) 贷款。贷款分为:①MDB利用其基础设施项目专项资金对资金需求方(政府、私人企业、项目公司等)进行直接贷款;②MDB整合其他多边投资机构和国际市场投资者的资源,对基础设施项目进行联合融资和银团贷款;③MDB购买项目公司的衍生金融产品,这些金融产品具有债券和股票的特性,例如可转换债券、次级贷款、优先股和收益票据投资等。

(2) 股权投资。除了国际复兴开发银行(IBRD)、国际开发协会(IDA)和美洲开发银行(IDB)之外,其他MDB均通过国际证券市场参与基础设施项目公司的股票投资。

(3) 信用担保。信用担保包括对货币兑换性风险、国家强制征用、战争/内乱等政治风险的担保和违约担保;提供部分信用担保,并且通过延长贷款期限,促进中长期融资向长期融资安排的转换,或以出售期权和增加资金投入的形式提供流动性资金支持。

(4) 风险管理。MDB可以向基础设施项目公司提供风险管理产品及其衍生工具,允许项目公司对冲货币汇率、利率或商品价格波动风险。比如汇率掉期、利率掉期、期权、远期合约及其衍生工具。

2. 官方促进的私人(民间)融资

此类融资包括促进私人金融机构的出口信贷、商业银行贷款以及从20世纪末期逐渐盛行的影响力投资[1]等,一方面,官方通过优惠政策促进或引导部分私人(民间)金融机构对经济社会发展相关的项目进行资金筹措;另一方面,官方对私人/民间金融机构在公共领域的投资贷款和股权投资进行监管。

3. 非政府组织、基金会等非官方资金

这些资金即非政府组织、基金会等对发展中国家的捐助,私人慈善捐款以及海外汇款等。其中,非政府组织包括"国际、国家及地方三个不同层面上的,非营利性的、自愿的公民组织"[2]。目前国际比较知名的非政府组织有美国的福特基金会(The Ford Foundation)、国际爱护动物基金会(International Fund for Animal Welfare)、乐施会(Oxfam)、绿色和平组织(Greenpeace)以及中国国际扶贫基金会等;个人慈善基金包括比尔和梅琳达·盖茨基金会(Bill & Melinda Gates Foundation)等。无论是哪一层面的非政府组织,都在扩充着国家和政府组织所无

---

[1] 从孟加拉创立小额贷款银行(格莱珉银行)开始逐步形成民间融资模式,直至洛克菲勒基金会正式提出了"影响力投资"(Impact Investing)的概念。此类民间融资是民间资本对主动解决环境、社会问题的企业加以资金支持,以最大程度地发挥资本向善的作用。

[2] COUEY A, RON J. The NGO scramble: organizational insecurity and the political economy of transnational action[J]. International Security, 2002, 27(1): 127.

法替代的融资通道。国际非政府组织的活动主要将发达国家民众、基金会或政府提供的资金直接或间接地转移到发展中国家政府或民众。非政府组织在发展援助资金的筹集和运作方面较为灵活,可提供专业服务、可展开与受援方的广泛合作并能够充当政府政策制定的咨询方。

第三节 国际发展融资的经济效果

国际发展融资是介于国际援助资金及商业性资金之间的促进发展中国家发展的融资类型。从经济增长理论、外国直接投资(Foreign Directed Investment, FDI)理论切入可以发现国际发展融资对借款国经济增长有正向的促进作用。国际发展融资主要在项目实施期间以及项目完成后通过提高借款国的资本存量、提升借款国的技术水平和区位因素的吸引力等途径促进借款国的经济增长。

一、发展融资与借款国经济增长的关系

通过研究发展融资对于借款国经济增长的作用,大部分学者的研究表明发展融资对经济增长具有促进作用。

(一) 发展融资促进经济增长

马萨研究了发展融资机构对经济增长的影响,他将广义矩估计(GMM)用于面板数据分析,以1986—2009年的101个国家为样本,认为发展融资机构的投资对受援国经济增长起到显著的正向作用,并且在低收入国家这种作用强于高收入国家。多边融资机构的投资承诺每增加10%,可使低收入国家的增长增加1.3%,高收入国家的增长增加0.9%。多边融资机构投资于基础设施、工农业部门对促进经济增长的作用最大,低收入国家主要受益于基础设施和农业部门,而高收入国家主要受益于基础设施和工业部门。[1] 马利克和摩尔采用政策驱动增长模型对30个国家的样本数据进行了处理,并以此评价WB贷款对经济增长的影响。统计和动态面板预测均显示在控制汇率、国内信贷增长率以及通胀率的条件下,WB贷款的增长率对经济增长存在显著的正向影响。同时,经验证据揭示了世界银行

---

[1] MASSA I. Impact of multilateral development finance institutions on economic growth[R]. UK Department for International Development, 2011.

贷款对发展中国家的宏观经济政策指标的正向效应。[1] 此外,卡苏对埃塞俄比亚的公共债务与资本形成进行了研究,研究结果显示:20世纪90年代之前埃塞俄比亚因面临着严重的外部债务困境,导致其外部优惠借款受阻。之后政府继承大量债务,且面临宏观经济脆弱,政局不稳定的困境,在国际开发协会(IDA)和国际货币基金组织(IMF)的帮助下,埃塞俄比亚政府采用包容性的债务管理策略,利用可获得的最优债务减免,优化债务指标比率,使国家的外部债务从不可持续转变为可持续,帮助国家建立稳定的宏观经济。并且,量化分析结果表明外部债务占GDP的比重对短期资本的形成具有负向效应,但对长期资本的形成具有显著正向的效应。[2] 多边发展融资实质上是援助的一种形式,汉森和塔普的研究表明援助有可能提高经济增长率。当控制投资和人力资本时,援助对经济增长的正向效应并未显现,然而,援助可以通过投资持续影响经济增长。[3]

尽管大部分学者的研究都认为发展融资对借款国的经济增长具有促进作用,但也有少部分学者持相反观点。布特凯维奇和亚尼卡亚利用经验增长模型以贷款值为依据评估IMF和WB的贷款对经济的长期影响。结果显示:WB借款主要在增加公共投资领域刺激了经济增长。IMF基金信贷在公共投资和私有部门投资领域对经济增长均具有中立或是损害的影响。[4] 耶南·昂拉吉奇和阿姆·科扎里奇认为IMF、WB等国际融资机构在为经济较差的国家筹集资金方面,以及帮助它们维持长期经济增长和发展方面并不成功;此外,这些国际金融机构在促进减贫、增加发展中国家参与、创造更加有效的贷款机制等方面并没有取得实质性进展。[5]

(二) 发展融资通过投资于基础设施促进经济增长

多边发展银行的援助主要投资于借款国的基础设施建设,因此,有不少学者从基础设施投资的角度分析发展融资对借款国经济增长的影响。伊斯法罕和拉米雷斯的研究表明基础设施服务对GDP的巨大贡献超过其供给成本。[6] 布兰卡从经验上研究基础设施与经济增长之间的关系,其研究表明基础设施支出占GDP的比重与经济增长之间的关系具有不确定性,因此,布兰卡对变量进行了改进,将基础设施物理单位作为基础设施投资的新指标,其研究表明二者之间具有

---

[1] MALICK S, MOORE T. Impact of World Bank lending in an adjustment-led growth model[J]. Economic Systems, 2005, 29(4): 366-383.
[2] KASSU T. Public external debt, Capital formation and Economic growth in Ethiopia[J]. Journal of Economics and Sustainable Development, 2014, 5(15): 222-232.
[3] HANSEN H. F Tarp Aid and growth regressions", Journal of Development Economics, 2001.
[4] BUTKIEWICZ JL, YANIKKAYA H. The effects of IMF and World Bank lending on long-run economic growth: An empirical analysis[J]. World Development, 2005, 33(3): 371-391.
[5] DONLAGIC D, KOZARIC A. Justification of criticism of the international financial institutions[J]. Economic Annals, 2010, 55(186): S131-40.
[6] ESFAHANI HS, RAMIREZ MT. Institutions, infrastructure, and economic growth[J]. Journal of Development Economics, 2003, 70(2): 443-477.

显著正向的关系。坎尼和佩德罗尼的研究表明基础设施投资存在一个最优的基础设施投资水平使得经济增长达到最大化水平,低于该水平,增加基础设施供给将增加长期收入;高于该水平,增加基础设施供给将减少长期收入。[1] 康德隆、科莱塔兹和赫尔林的研究表明当基础设施的可用库存很低时,发展中国家的投资对生产力的影响与不进行基础设施投资的效果一致;相反,当最小网络可用时,基础设施投资的边际生产力将大于其他投资的生产力;当主要网络已经实现,其边际生产力类似于其他投资。[2] 桑和吉恩惠岑的研究表明港口基础设施投资对区域经济增长具有清晰的正向效应。[3]

(三)发展融资促进借款国经济增长的国别研究

不少学者从具体国别的层面剖析发展融资对借款国经济增长的影响。胡鞍钢[4]首次试图利用宏观经济计量模型对国际金融组织对华贷款项目的经济影响进行总体评估。研究表明,利用国际金融组织贷款是中国实行对外开放的重要起点和重要组成部分,对中国的发展产生了多方面的正面影响,对中国的经济增长、私人投资和国际直接投资均产生了很强的引致效应,贷款投资的乘数效应十分明显;在中西部地区,国际金融组织贷款直接促进经济增长,对缓解东中西部地区发展差距起着均衡作用,在东部地区是通过改善投资环境直接促进私人投资和FDI,间接促进经济增长。胡鞍钢、王清容[5]还以柯布-道格拉斯生产函数的派生模型为基础建立了修正模型,分别利用1978年以来的国家和省级两层数据,对中国经济增长作了一个尝试性的评价。20世纪90年代的数据表明国际金融组织贷款在拉动西部地区的经济增长方面效率最高,90年代以后国际金融组织贷款在东部的边际贡献已经不突出,东部的发展已经不再处于投资拉动的阶段。中国经验表明发展融资对较不发达地区经济的拉动作用更为显著。国际发展融资机构对中国提供的金融支持促进了中国的经济发展,这为中国应参与发展融资体系提供了政策依据,中国应通过参与全球融资体系为其他发展中国家的经济发展提供帮助与支持。赫尔滕、本纳森和斯里尼瓦桑[6]以印度的制造业为例,区分了直接效应和间接效应,其中,直接效应是指以道路、电力等基础设施作为制造产业购买的基础

---

[1] CANNING D, PEDRONI P. Infrastructure and long run economic growth[J]. Economic Research Journal, 1999: 22-25.
[2] CANDELON B, COLLETAZ G, HURLIN C. Network effects and infrastructure productivity in developing countries*[J]. NCID Working Papers, 2013.
[3] SONG L, GEENHUIZEN M. Port infrastructure investment and regional economic growth in China: Panel evidence in port regions and provinces[J]. Transport Policy, 2014, 36(nov.): 173-183.
[4] 胡鞍钢. 国际金融组织对华贷款的宏观经济评估[J]. 开放导报, 2005(6): 32—33.
[5] 胡鞍钢, 王清容. 1981—2002年国际金融组织贷款对中国经济增长的贡献[J]. 当代经济科学, 2005(1): 45—47.
[6] HULTEN C R, BENNATHAN E, SINIVASAN S. Infrastructure, externalities, and economic development: a study of the Indian manufactaring industry[J]. The world Bank Economic Review, 2006, 20(2): 291-308.

设施服务,间接效应是指基础设施对索洛生产余量的影响。研究表明,基础设施对制造业的生产力具有巨大的外部效应,1972—1992年道路和发电容量可以解释印度制造业将近一半的生产力余量增长。

综上所述,大部分学者的研究表明发展融资对借款国的经济增长具有正面效应,但仍有少数研究表明多边发展机构的贷款对借款国的经济增长具有负面影响。

二、发展融资促进借款国经济增长的作用机制

多边发展银行是发展中国家重要的资金和技术援助的提供者。发展融资促进借款国经济增长的作用机制可从项目实施期间以及项目完成后两个角度进行分析,其中,项目实施期间是从多边发展机构提供发展融资时的具体运作形式切入,分析发展融资促进借款国经济增长的直接效应;项目完成后则是从间接角度切入,分析在发展融资项目完成时借款国的经济社会得以改善后,进一步促进借款国经济增长的外衍效用。项目实施期间和完成后阶段,发展融资促进借款国经济增长的主要渠道如下。

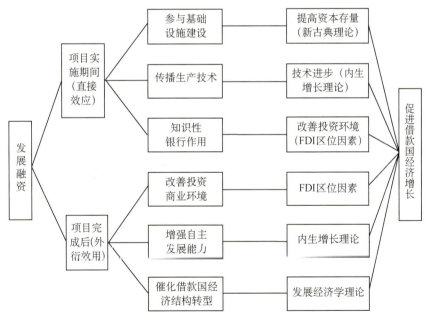

图1-2 发展融资促进借款国经济增长的作用机制

(一)项目实施期间,发展融资促进借款国经济增长的作用机制

1. 弥补资金缺口,加强借款国的基础设施建设

基础设施建设实质上是投资的一种形式,在经济增长理论中,投资对于资本

存量的积累至关重要,而资本存量又是经济增长的关键要素,因此,基础设施建设是经济增长的重要源泉之一。

借款国由于缺乏足够的资金、技术和经验投资其基础设施建设,因此,需要通过多边发展机构为其大型基础设施项目融得所需资金。大多数发展中国家(尤其是最不发达国家)的经济实力较差,且面临巨大的基础设施缺口,许多大型项目的开展仅凭一己之力往往难以完成,同时,由于基础设施的建设周期往往较长,发展中国家的国内企业往往不愿意或没有能力进行投资,因此,便需要寻求国际发展融资机构的帮助,为项目获得相应的资金和技术支持。一般而言,发展融资的大部分资金主要为借款国的大型基础设施建设融资。

但是,鉴于全球仍有众多的发展中国家,其对基础设施等资金需求十分巨大,以政府资金注入为主的国际发展融资银行的资金有限,如果多边发展机构能够通过公私伙伴关系(PPP)吸引主权财富基金、养老金以及私营部门等社会资本与发展融资资金共同构成借款国的基础设施项目资金,共同参与借款国的项目建设,则可以有效地缓解借款国的资金困境。PPP模式是指政府与私人组织之间,为了合作建设城市基础设施项目,或是为了提供某种公共物品和服务,以特许权协议为基础,通过签署合同来明确双方的权利和义务,彼此之间形成一种伙伴式的合作关系。PPP提供了一个新的、有别于传统政府采购模式发展基础设施的可行模式,成功的PPP项目可最大限度地利用私营部门的资金和技术,有效扩大公共基础设施供给,提高公共服务的质量和资金使用效率,合理分担风险和责任。[1]

通过基础设施投资和建设,一方面,发展融资能够有效弥补借款国的资金缺口;另一方面,基础设施的建设过程能够带动相关产业的发展。在基础设施项目的建设过程中,势必会增加对钢筋、水泥等原材料和劳动力的需求,进而带动钢筋、水泥等相关产业的生产与发展。此外,由于借款国的发展程度通常较为落后,存在大量的待就业人口,基础设施建设过程需要大量的劳动力参与其中,因此,国际发展融资也能够为借款国提供就业机会,扩大借款国的就业水平,有效缓解借款国的失业问题,并提高当地居民的基本生活水平。

2. 传播生产技术,提升借款国自主发展能力

经济增长理论的发展史体现了技术进步对经济增长的重要性,内生增长理论强调知识和技术是经济实现自发式增长的动力源泉。

由于许多发展中国家的技术能力较为落后,因此,多边发展机构通常将部分发展融资资金用于技术援助,采用资金与技术援助相结合的形式,在为借款国发放贷款时配备相应的技术人员,对借款国进行技术援助。

---

[1] 周潇枭,张涵. APEC财长会:撬动民间资本参与投资[N],21世纪经济报道,2014-10-23,http://jingji.21cbh.com/2014/10-23/3MMDA2NTFfMTMyNTM3Mg.html.

技术援助对于技术落后的国家具有积极意义,能为当地的技术人员传授熟练技术,使其获得学习机会,以运用于今后的生产实践中,并培养其自主发展能力。此外,由于知识具有外溢效应,只要生产部门中的部分群体获得学习机会就会促使其他人群学习相关的知识及技术,从而提升整体的知识水平和技艺水平,进而促进整个生产部门生产率的提高。

一国经济的长久发展需要以自主发展能力为后盾,技术援助为借款国提供所需的生产技术,倘若借款国能以此为突破口,增加研究与开发(R&D)投入,增加技术研发人员对相关技术进行创新性研究,则能为借款国的经济增长提供长久推动力,甚至有机会在国际上实现技术赶超。

3. 发挥知识性银行的作用,改善借款国政策环境

发展经济学家认为,多边开发银行应该成为知识性银行,以促进全球范围可持续的经济发展和减少贫困。在以西方国家为主导的多边开发银行中,一个普遍的做法是在提供发展融资的同时附带各种政策条件,即政策限制,通过发展融资这一手段,影响受援国政府采纳和实施"全球公认的良好政策"。多边开发银行普遍提倡向那些能很好地执行政策的国家提供贷款,而对那些没有能力很好地执行政策的国家,多边开发银行只提供政策建议,帮助其建立良好的政策环境。尽管多边开发银行的这种附带条件性的政策有其不合理性,但也在一定程度上改善了借款国的投资环境,因为借款国只有在改善其政策环境的前提下才能从多边开发银行获得项目资金,如建立具体的项目审批审查制度使其符合国际惯例,加强对雇佣关系等方面的法律法规保障等。因而,多边开发银行通过发挥知识性银行的作用,对借款国提供法律法规政策等方面的建议并帮助其完善制度体系,不仅能够改善借款国的投资环境,还能降低由文化、制度差异等因素所导致的投资风险,进而降低投资成本,有效提高借款国的其他商业因素中对投资国企业对外直接投资时的区位选择的影响,进而促进其他国家对借款国进行直接投资的意愿。

(二) 项目完成后,发展融资促进借款国经济增长的作用机制

1. 改善借款国投资环境,增强其区位吸引力

生产折衷理论作为 FDI 的经典理论,强调了区位因素对 FDI 选址的重要性,因此,增强区位因素的吸引力对促进借款国的直接投资至关重要。多边开发银行可以通过发展融资改善借款国吸引外资的经济性因素的条件,从而鼓励外国企业对借款国的直接投资。

通过发展融资加强对借款国的基础设施建设,不仅在基础设施建设期间直接对借款国经济增长起重要推动作用,更为重要的是,项目完成后还能改善借款国的商业环境。基础设施落成后,借款国的整体生产能力和投资商业环境得以获得

较大的改善,如:七通一平[1]和房屋的建造可以保障借款国基本的生活及生产能力;铁路、公路、桥梁等建设则可保证借款国的基本运输能力;工厂以及生产设备的搭建则可为借款国提供相应的生产能力。一方面,生产能力的提高,能为借款国的出口商品的生产提供基本保证;而运输条件的改善,能为借款国的商品出口提供基本硬件条件。另一方面,当借款国的基础设施建成后,借款国将具备基本的生产能力和贸易环境,整体商业环境得到改善,资源和效率导向型的外国企业更有动力赴借款国投资,以利用其较好的基础设施和配套设备以及相对较低的劳动力成本。

吸引外资对借款国进行直接投资还具有重要的外溢效应。增加对借款国的直接投资可以有效增加借款国国内的就业需求,进一步扩大国内就业,提升就业率。同时,外国企业在对借款国进行直接投资的过程中会带来相应的生产技术,借款国居民在外资企业就业的过程中可以学习相关的技术,并对其进行模仿与创新,从而提升国内的相关技术水平,进而可以在国内创立相关的民营企业,促进民营企业发展的同时带动借款国国内相关产业的发展,从而最终推动经济增长;同时,借款国居民生活水平和消费能力的提高还会促使更多的国外企业愿意同借款国进行贸易往来,贸易交流能为今后双方更加深入的经贸合作提供契机,进而推动借款国国内的商品,甚至是企业走出去,实现经济的全方位发展。

2. 增强借款国的自主发展能力

内生增长理论认为技术进步是经济实现自发式增长的动力源泉。多边开发银行建立的目的是帮助发展中国家脱离贫困,并实现自主发展。

从发展融资资金的具体流向看,多边开发银行作为重要的多边援助载体,提供的发展融资资金主要是通过对借款国经济及社会领域进行援助,帮助借款国提升自主发展能力。

在社会领域方面,近年来多边开发银行对社会领域的援助十分关注,流向社会领域的发展融资资金主要投资于教育、健康、环境卫生等领域。由于不发达地区往往缺乏基本的医疗卫生条件,可能会受到疟疾等传染病的威胁,同时,该区域的教育水平通常较为落后,因此,对该领域的投资能对借款国的基本生活起到重要的基本保障作用,同时有助于提升该区域人口的基本素质,进而促进劳动生产率的提高。

在经济领域方面,由于借款国的技术水平通常比较薄弱,多边开发银行在提供发展资金进行基础设施建设的同时,往往会对借款国进行相应的技术指导,提升借款国相关技术人员的技术水平及其劳动生产率。一方面,素质教育和劳动生产率的提高是增强研发能力的重要保障,因此,发展融资资金的流向和援助方式

---

[1] 七通一平:指土地(生地)在通过一级开发后,使其达到具备给水、排水、通电、通路、通信、通暖气、通天然气或煤气,以及场地平整的条件,使二级开发商可以进场后迅速开发建设。

对借款国提升研发能力起到一定的促进作用,为推动借款国经济发展提供长久推动力,这也体现了援助的重要意义,即:援助的作用不仅在于它能促进受援国的暂时经济发展,更为重要的是它能增强受援国的自主发展能力,帮助推动受援国实现可持续发展。另一方面,增强借款国的自主发展能力还能增强借款国区位因素的吸引力,促进对借款国的直接投资。在区位因素选择中,劳动生产率的提高则有助于吸引效率导向型的外国企业对其投资。

多边开发银行通过对基本服务领域提供援助减少受援国的贫困率,同时提升其生活水平,如可靠的电力供应,有效的交通运输系统,清洁的水资源供应,可获得的环境卫生以及现代通信都将提高贫困人口的健康水平和幸福感,使他们可以更好地参与到正常经济中,并帮助其走出贫困。

3. 催化借款国的经济结构转型

发展融资对于借款国的意义还体现在其催化借款国的经济结构转型。结构转型的过程是帮助受援国从较低生产率的部门移向较高生产率的部门。一方面,通过对软件和硬件的基础设施投资,进行技术创新和建立制度,以及学习和积累知识、能力来改变借款国的初始禀赋,对加快借款国的经济结构转型和维持转型势头的驱动力至关重要。多边发展机构为借款国提供发展资金,帮助其建设基础设施,可以有效改变借款国的初始禀赋,因此,发展融资在改变借款国初始禀赋,和引发转型过程及维持势头中起到催化作用。另一方面,多边发展机构对借款国进行投资建设会增强借款国区位因素的吸引力,增加外国企业对借款国的直接投资,对外直接投资的过程中往往伴随着产业转移的发生,通常情况下贷款国的发展程度高于借款国,在生产价值链上贷款国位于借款国的上端,因此,借款国承接贷款国的产业结构转移也能促进借款国国内的产业结构升级,并创造大量就业岗位,带动经济发展。

本章小结

本章主要对国际发展目标与国际发展议程的演进、国际发展融资的内涵与外延、国际发展融资与经济增长之间的关系进行了讨论。第一节是对国际发展目标和国际发展议程的讨论。21世纪以来国际社会不断推出国际发展目标与国际发展议程,包括千年发展目标、《蒙特雷共识》、2030可持续发展目标以及《巴黎气候协定》。千年发展目标是全世界承诺的、得到最广泛支持的、最全面和最具体的减贫目标,《蒙特雷共识》及其后续行动纲领将国际发展融资的重要性提上国际视野,2030可持续发展目标是联合国的新发展目标,致力于2015年后以综合方式和协同行动彻底解决经济、社会和环境三个维度的发展问题,指导全球发展政策和资金使用转向可持续发展道路。《巴黎气候协定》为2020年后全球应对气候变化行动作出安排,期望能遏阻全球变暖趋势。第二节对国

际发展融资概念的内涵进行了辨析,并对外延进行了探讨。国际发展融资之所以被认为是较为行之有效的解决方案,是因为它以非纯粹市场交易方式动员并转移各类具有(准)公共产品性质发展资金的一种国际安排,其目的在于解决世界各国由于发展起点不同、市场机制缺陷、外部发展约束等原因所产生的发展不平衡问题,并最终实现全球可持续发展。第三节梳理了国内外学者对国际发展融资与经济增长关系的研究文献。大部分学者认同国际发展融资与经济增长之间存在明显的正向关系。正因为如此,国际社会正致力于增加国际发展资金向发展中国家特别是低收入国家的稳定流动,并推进其经济、社会和环境的发展。

关键词

千年发展目标;蒙特雷共识;可持续发展目标;巴黎气候协定;国际发展融资

简答题

1. 千年发展目标的主要目标有哪些?
2. 《蒙特雷共识》的主要内容是什么?
3. 可持续发展目标的主要目标有哪些?
4. 《巴黎气候协定》的主要内容是什么?
5. 国际发展融资与借款国的经济增长之间的关系如何?

思考题

1. 可持续发展目标与千年发展目标有哪些异同?为什么在千年发展目标之后,要继续提出可持续发展目标?
2. 简述中国在落实2030可持续发展议程的进程中,可能会遇到哪些阻碍与挑战?对于今后我国落实可持续发展议程有何启示?
3. 在如今的经济全球化时代,在国际发展融资的资金提供方面,你认为双边及多边发展融资机构、公共及私人机构各自占比有多大?是否还存在挖掘的潜力?

第二章

国际发展融资的主体

随着国际发展融资体系的不断发展和完善,国际发展融资的主体越来越多样化,主要包括全球性MDB、区域性MDB、次区域性MDB、国别发展融资机构以及各种国际发展基金等。传统上全球性MDB、区域性与次区域性MDB是全球发展融资领域的主体。近年来发展中国家和新兴经济体主导新建立了MDB,如AIIB和NDB;战后主要国家先后建立了国别发展融资机构,它们一般均有重要的国际业务板块,因此也成为国际发展融资体系的重要组成部分;各类国际发展基金在国际发展融资体系中扮演着越来越重要的角色;另外,随着私人部门作用的增强,在国际发展融资领域加强公私部门间合作的重要性日益凸显。然而,相对于全球庞大的国际发展融资需求而言,上述国际发展融资供资方所能提供的国际发展资金仍非常有限,于是,国际社会开始对国际发展融资创新机制进行探索,旨在一定程度上弥补这种供需缺口。

学习目标:

1. 熟悉代表性的全球性、区域性和次区域性MDB及其职能
2. 熟悉主要国别发展融资机构及其作用
3. 了解各类国际发展基金及其作用
4. 掌握主要国际发展融资创新机制的基本职能和进展

第一节　多边及双边发展融资机构

一、传统全球性及区域次区域 MDB

多边开发银行(the Multilateral Development Banks, MDB)作为国际发展融资活动的主要主体,通过为发展中国家提供发展融资,帮助特定地区实现区域经济一体化,并为其经济和社会发展提供专业咨询等,实现发展与减贫目标。自1945年世界银行(WB)成立后,由 MDB 构成的国际发展融资体系逐步建立并完善,形成了以 WB 为首的全球性 MDB 和多个区域性 MDB,如:欧洲复兴开发银行(the European Bank for Reconstruction and Development, EBRD)、欧洲投资银行(the European Investment Bank, EIB)、亚洲开发银行(the Asian Development Bank, ADB)、美洲开发银行(the Inter-American Development Bank, IDB)、非洲开发银行(the African Development Bank, AfDB)等,以及次区域开发银行,如:拉美开发银行(the Andean Development Bank, CAF)。

现有 MDB 的设立宗旨和职能各有侧重点(见表 2-1),但大致可分为四个层面。一是减少贫困和促进经济发展。减贫和促进发展是开发银行设立的基本职能和传统目标。第二次世界大战之后建立的 MDB,如 WB、ADB 以及 AfDB,都以此为设立目标和服务宗旨。WB 主要通过为欠发达国家和地区提供贷款、信托基金与赠款、分析与咨询服务、能力建设的职能来实现减贫和促进发展的设立宗旨;而 ADB 和 AfDB 则分别旨在减少亚洲以及远东地区内的发展中国家和非洲地区的贫穷和不平等。二是促进区域发展和融合。这类 MDB 的宗旨和职能具有明确的指向性,其服务对象为特定区域内的国家和地区。如 EBRD 通过帮助受援国政府制定政策和措施,协助中欧及东欧国家向市场经济转型;ADB 旨在促进亚洲及远东地区经济增长和合作;IDB 旨在促进拉美地区经济增长和社会发展;AfDB 旨在促进非洲经济一体化;CAF 则通过为股东国家公共和私人客户提供高附加值的金融服务,致力于拉美及加勒比地区的区域经济一体化建设。三是促进私人部门参与度的提高。EIB、IDB 等 MDB 都具有这一宗旨和职能。为促进社会弱势领域的发展,一些 MDB 主要服务于中小微型企业。如 EIB 为促进欧盟国家经济发展的中小型企业提供最优贷款、服务以及附加价值;IDB 鼓励私人在项目、企业和促进经济发展活动中的投资。四是促进可持续发展。为应对全球气候变化、环境污染,EIB 以可持续发展为目标,为良好的投资项目提供长期贷款,以实现欧盟的长期目标。此外,IDB 和 CAF 也都致力于促进区域内国家和地区的可持续发展。

表 2-1 国际主要 MDB 的宗旨、职能及其他功能

MDB	宗旨	职能	其他功能
世界银行(WB)	以可持续的方式消除极端贫困和促进共享繁荣	贷款; 信托基金与赠款; 分析与咨询服务	发展援助、软贷款由国际开发协会(IDA)完成
欧洲复兴开发银行(EBRD)	协助中东欧国家向市场经济转型以及促进企业家精神	帮助受援国政府制定政策和措施,推动经济改革	—
欧洲投资银行(EIB)	为良好的投资项目提供长期贷款,以实现欧盟的长期目标	为欧盟国家经济发展提供最优贷款、服务以及附加价值	对中小企业的风险投资和援助由欧洲投资基金(European Investment Fund, EIF)完成
亚洲开发银行(ADB)	促进亚洲及远东地区经济增长和合作	促进公私资本投资;为发展中成员国提供资金和技术援助	发展援助、软贷款由亚洲开发基金(Asian Development Fund, ADF)完成
美洲开发银行(IDB)	减少区域内发展中国家的贫穷和不平等,维持可持续发展	促进公共和私人资本投资;鼓励私人在项目、企业和促进经济发展活动中的投资	软贷款、发展援助由特殊运行基金(Fund for Special Operation, FSO)完成
非洲开发银行(AfDB)	促进本地区成员国的经济可持续发展和社会进步,从而减少贫困,非洲经济一体化	为投资项目和计划提供资金和技术援助,开展对非投资及援助的相关研究	发展援助、软贷款由非洲开发基金(African Development Fund, ADF)和尼日利亚信托基金(Nigeria Trust Fund, NTF)完成
拉美开发银行(CAF)	促进可持续发展和实现区域一体化	为股东国家公共和私人客户提供高附加值的金融服务	—

注:根据各 MDB 官方网站相关内容整理。

总之,现有 MDB 都具有较为明确的设立宗旨及职能,大致集中在减贫和促进发展、促进区域发展和融合、促进私人部门参与度的提高以及促进可持续发展这四个领域。但是,各个机构自身的服务对象及发展目标却各不相同——WB 致力于全球贫困地区的经济发展;EBRD 协助中东欧国家向市场经济转型;EIB 旨在通过支持投资活动促进欧盟长期目标的实现;ADB 的目标是促进亚太地区的经济发展和融合;IDB 注重美洲地区发展中国家的减贫和可持续发展事业;AfDB 和 CAF 则分别致力于非洲地区的减贫、一体化以及拉美地区的可持续发展和区域一体化建设。

(一) 全球性开发银行:世界银行

1944年7月1日,WB由44国政府在美国新汉普郡召开的布雷顿森林会议上建立,其宗旨是:在世界范围内消除贫困;通过提供资源、分享知识、培养能力以及在公共和私人部门建立伙伴关系,实现帮助人们进行自助和保护生存环境的目的。WB旗下主要贷款机构为国际复兴开发银行(IBRD)和国际开发协会(IDA)。

从治理机制角度,WB的权力分配严重倾向于发达国家,尤其是美国。截至2021年4月底,IBRD的投票权占比中,美国(15.84%)、日本(7.44%)、德国(4.25%)、法国(3.78%)和英国(3.78%)投票权占比之和约为35.1%[1];IDA中,美国(10.17%)、日本(8.36%)、英国(6.68%)、德国(5.36%)和法国(3.79%)投票权占比之和约为34.4%。[2] 此外,历届行长都是美国人。由于世界银行是由美国主导和掌控的,它也成为美国推行其政治经济意图的工具。同时,世界银行政策常常体现着发达国家的意图,而忽视了发展中国家和新兴经济体利益诉求。自2000年以来,世界银行在公共管理、法律和司法部门领域贷款最多,而在发展中国家普遍面临的基础设施建设不足等问题上投资不足。[3]

WB的贷款机构中,IBRD参照市场利率向中等收入国家和信誉良好的低收入国家政府提供贷款。其信贷约占WB年贷款额的四分之三,其资金几乎全部筹自金融市场。IBRD在世界各地发售3A级债券和其他债券,发售对象为养老基金、保险公司、其他银行、企业及个人。国际复兴开发银行对借款国的贷款利率反映出其筹资成本,贷款的还款期为15—20年,在开始偿还本金前有3—5年的宽限期。IDA与IBRD的目的相同,都是为了促进增长和减轻贫困,但IDA主要向没有能力以商业利率借贷的最不发达国家提供捐赠和利息接近于零的贷款。IDA信贷约占WB贷款总额的四分之一,资金主要来自包括发展中国家在内的较富裕的成员国的捐款。借款国须支付不到贷款额百分之一的手续费用于行政支出,规定还款期为35—40年,宽限期为10年。

长期以来,WB是全球发展领域的领导者,是区域性MDB制定政策的参考标准。WB制定有效的减贫战略和提供以减贫为主的贷款是实现其目标的关键。WB也同时通过政策咨询和技术援助等形式支持各种以减贫和提高发展中国家人民生活水平为目标的项目和计划。WB的援助高度重视推进可持续的社会和人类

---

[1] WB, International Bank for Reconstruction and Development Subscriptions and Voting Power of Member Countries, April 2021, https://www.worldbank.org/en/about/leadership/votingpowers.

[2] WB, International Development Association Voting Power of Member Countries, October 2020, http://pubdocs.worldbank.org/en/845861541106477171/IDACountryVotingTable.pdf.

[3] 张恒龙,赵一帆.多边开发银行与全球经济治理:从世界银行到金砖银行[J].上海大学学报(社会科学版),2016,33(3):18—30.

发展,重视加强经济管理,并越来越强调参与、治理和机构建设。

(二) 区域性开发银行

区域性 MDB 的出现和扩张是国际发展融资体系的客观需要。20 世纪 50 年代,WB 的发展融资能力已显不足,且当时其贷款资金主要集中在亚洲地区(主要是印度和巴基斯坦),同时,WB 开出的政策处方针对性不足。鉴于此,20 世纪 50 年代区域性 MDB 在特定的历史和政治环境下逐步建立。区域性 MDB 并非是对 WB 的小规模简单复制,在治理结构上往往区内国家拥有更大的发言权。例如,AfDB 和 ADB 的章程都将非区内股东的投票权限定在 40% 以内;在 IDB,拉美国家的投票权微弱过半,非拉美国家的投票权稍低于 50%。在业务范围上,区域性 MDB 贷款所涉及的借款方和融资范围都比 WB 稍小,主要集中于项目和产业投资,而非政策性贷款。

1. 亚洲开发银行

亚洲开发银行(ADB)是亚洲、太平洋地区的区域性金融机构。它不是联合国下属机构,但其是联合国亚洲及太平洋经济社会委员会(联合国亚太经社会)赞助建立的机构,同联合国及其区域和专门机构有密切的联系。ADB 于 1966 年正式投入运营,总部设在菲律宾马尼拉。ADB 的建立极大地受益于其他区域性 MDB 的成功经验。ADB 的宗旨是通过向亚太地区发展中国家(地区)提供项目贷款和技术援助,促进和加速本区域的经济合作。美国和日本两大捐赠国的大力支持为 ADB 提供了强有力的后盾(ADB 协议中约定,行长来自日本)。

ADB 的资金来源有两个方面:一是普通基金,包括成员认缴的股金和由 ADB 通过发行债券从国际债券市场上筹措的资金;二是特别基金,包括成员的捐款和优惠贷款以及从成员认缴股金中所提取的 10% 的资金。[1]

ADB 对发展中成员的援助主要采取六种形式:开展政策对话、提供贷款、股权投资、赠款、技术援助和担保。在长期的发展过程中,ADB 的对外援助运作模式逐渐从转移支付调整到金融援助和智力支援两个方面;近年来,大量的技术援助成为 ADB 发展援助的主要方式,ADB 的经营模式实现了三个战略性转变:从与广泛存在的贫困作斗争转变到支持能使更多人从中受益的经济增长上来;从促进经济增长转变到环境可持续发展的增长上来;从主要关注每个成员转变到重点解决地区性乃至全球性问题上来。

2. 非洲开发银行

1964 年,非洲开发银行(AfDB)正式成立并于 1966 年 7 月 1 日正式运营,总部设在科特迪瓦阿比让。由于当时的两大殖民者法国和英国无法就发展银行事项

---

[1] 陈玲. 投资学(第二版)[M]. 北京:经济科学出版社,2004:150.

达成一致,非洲各国最后建立了一个没有发达国家参加、资本规模较小的AfDB。1972年,非洲发展基金(African Development Fund, AfDF)成立,它致力于提供优惠贷款。2002年,因科特迪瓦政局不稳,AfDB临时搬迁至突尼斯至今。1982年,为实现大幅增资,AfDB成员国向发达国家开放。

AfDB是非洲最大的地区性政府间开发性金融机构,机构宗旨是减少贫困、提高非洲民众的生活水平并有效利用资源以实现经济和社会发展。在该宗旨下,AfDB致力于可持续的经济与社会发展,将"与贫困作斗争"作为实现经济可持续增长的主要目标。

AfDB的资金来源分为普通资金和特别资金。普通资金来源为:①核定资本认缴额;②自行筹措资金;③用实收资本或筹措资金发放贷款所获的还款资金;④依据该行待缴资本发放贷款或提供担保所获的收入;⑤不构成该行特别资金来源的其他资金和收入。特别资金来源有:①捐赠的特别资金和受托管理资金;②为特别资金筹措的专款;③从任意成员国筹借的该国货币贷款,用途是从贷款国购买商品与劳务,以完成另一成员国境内的工程项目;④用特别基金发放贷款或提供担保所获偿还资金;⑤用上述任何一项特别基金或资金从事营业活动获得的收入;⑥可用作特别基金的其他资金来源。

AfDB还利用内部与外部的各项资源为本地区成员国提供更好的投资机会,并且为其发展提供相应的技术和资金援助。在发展援助领域,AfDB注重四个方面的发展援助并以此评价其发展援助的效果,分别是:机构改革与发展援助效果、知识管理与发展、支持中等收入国家、支持脆弱性国家。

3. 欧洲投资银行

欧洲投资银行(EIB)是欧洲经济共同体各国政府间合资经营的一个金融机构,根据1957年《建立欧洲经济共同体条约》成立,并于1959年正式开业,总行设在卢森堡。由欧盟成员国出资合营,享有独立法人地位。

EIB是唯一一家能代表欧盟成员国利益的银行,同时也是唯一以欧洲政策为导向的银行,大部分的业务重心在欧盟,但也在世界范围内进行投资。EIB主要致力于欧盟成员国和发展中国家的基础设施投资融资,同时它也是世界最大的气候融资提供者之一。对内EIB的主要目标是推动欧洲一体化、欧盟的平衡发展以及各成员国的经济和社会统合。

1993年以来,EIB就超过WB成为世界上最大的多边优惠贷款的提供者,其资本规模超过了WB。EIB主要通过提供低息或无息贷款,为欧盟公共机构和私营企业的项目提供资金便利,以支持欧盟落后地区的发展和产业转轨,并促进欧盟交通、通信和能源等方面的发展。EIB设有专项资金,通过"综合贷款"间接地为中小企业投资筹措资金。EIB对外的主要目标是根据欧盟与第三国签订的发展援助或合作计划,对欧盟以外地区的项目进行投资。

第二章 国际发展融资的主体

4. 欧洲复兴开发银行

苏联解体后,欧洲复兴开发银行(EBRD)由美国、日本及欧洲部分国家政府发起并成立,是后冷战时期建立的第一家国际金融机构,主要为应对冷战后中东欧政治经济环境的重要变化,支持中东欧国家向市场经济体制转轨[1]。建立该行的设想由法国总统弗朗索瓦·密特朗(François Mitterrand)首先提出,此后得到欧洲共同体各国和其他一些国家的积极响应,1990 年 5 月,40 个成员国、欧盟和 EIB 共同签署了《欧洲复兴开发银行成立协定》(Agreement of Establishing the European Bank for Reconstruction and Development)。EBRD 于 1991 年 4 月 14 日正式开业,总部设在伦敦。截至 2021 年 7 月底,EBRD 共有美日英德等 69 个会员国以及欧盟与 EIB 两个国际机构成员。

EBRD 是世界唯一的一家转型银行。该行致力于促进区域内国家的市场经济转型,如今 EBRD 已在从中欧到中亚的 30 个国家开展业务,主要集中在为向市场经济和多元民主社会过渡服务的私人部门。首先,其投资对象为无法完全通过市场满足融资需求的私人部门客户,促进区域内国家向开放民主的市场经济过渡;其次,EBRD 的业务运作附带强烈的政治使命,它只协助那些"承诺和应用多党民主原则和多元化"的国家;再次,保护环境是 EBRD 的另一大核心使命,EBRD 认为可持续发展是健康的业务运营的基础,其所有业务都必须通过环境和社会政策(Environmental and Social Policy)的审查,是唯一一家有着明确的环境保护方式的国际金融机构。

作为一家开发银行,EBRD 为商业项目提供融资的同时也支持援助项目的发展,包括环境领域项目,通过与私人合作,参与政策对话,提供技术支持和建议来培养创新能力并建立开放的可持续发展的市场经济,从而改善欧洲、亚洲和地中海东南部人民的生活和环境。

5. 美洲开发银行

美洲开发银行集团(Inter-American Development Bank Group, IDBG)[2]成立于 1959 年。拉美国家对 WB 不重视国家发展战略、不向社会部门提供贷款的政策和行为方式严重不满,希望建立一个更能服务于自身发展重点的银行。当前 IDBG 在拉美地区的影响力甚至大于 WB。

IDBG 包括美洲开发银行(Inter-American Development Bank, IDB)、美洲投资公司(Inter-American Investment Corporation, IIC)和多边投资基金(Multilateral Investment Fund, MIF)三个机构,总部设在美国华盛顿。

美洲开发银行是世界上历史最久、规模最大的区域性、政府间开发金融机构,

---

[1] EBRD, History of the EBRD, https://www.ebrd.com/who-we-are/history-of-the-ebrd.html.
[2] 建立 IDB 的设想最初是在 1889 年(WB 成立前 55 年)的美洲会议(the Pan American Conference)提出。参见 Serving A Changing World Report of the Task Force on Multilateral Development Banks, 1996, http://www.ecgnet.org/sites/default/files/Serving%20a%20Changing%20world%20Report%20of%20the%20Task%20Force%20on%20MDBs%201996_0.pdf.

是拉丁美洲和加勒比地区发展融资的主要来源,其宗旨是"集中各成员国的力量,对拉丁美洲国家的经济、社会发展计划提供资金和技术援助",并协助它们"单独地和集体地为加速经济发展和社会进步做出贡献"。截至 2021 年 7 月底,它有 48 个成员国,其中的 28 个拉美和加勒比成员(除美国、加拿大外的 26 个国家是借款国)持有 84% 左右的股权,其余股权由 20 个域外非借款国持有。

美洲投资公司(IIC)成立于 1989 年,为 IDB 的全资附属公司,其宗旨是通过向中小型企业提供融资以促进该地区的经济发展。美洲投资公司以直接贷款、股本投资或向当地金融中介机构提供信贷额度的方式为项目提供融资。

多边投资基金(MIF)成立于 1993 年,作为 IDB 集团的一部分,由 IDB 负责管理。其职责是促进私人部门的长期可持续发展和改善拉美和加勒比地区的投资环境,尤其关注影响微观经济及小企业的问题,通过赠款和投资两种手段,为探索发展小企业、培养员工技能、加强环境管理、改善金融和其他市场功能的新途径提供资金支持。

6. 拉美开发银行

拉美开发银行(Development Bank of Latin America, CAF, 该简称源于其原名"安第斯开发集团", The Andean Development Corporation 或 Andina de Fomento)。CAF 成立于 1970 年,是拉丁美洲地区重要的跨区域多边金融机构。总部设在委内瑞拉加拉加斯。截至 2021 年 7 月底,CAF 的股东包括 17 个拉美及加勒比地区国家、2 个欧洲国家(西班牙、葡萄牙)以及 13 个私人银行。

作为拉美地区重要的多边金融机构,CAF 的宗旨是"促进可持续发展"和"实现区域一体化"。一体化包含政治、社会和经济几个层面。在经济领域,目标是要实现规模经济,提高效率,发展生产力,建立综合性的区域市场。

CAF 的经营业绩、贷款组合的信誉、总资产及股东权益的连续增长,使得 CAF 成为拉美地区领先的多边资金来源之一。由于存在较高的杠杆率以及基于"创收"的投资理念,它在拉美的贷款规模超过了 WB。此外,CAF 在反周期金融政策方面起到催化剂的作用,已成为南美洲基础设施项目融资的主要来源和该地区重要的知识策源地。

(三) 次区域开发银行

全球性和区域性 MDB 对于国际发展融资需求而言仍显不足,这直接导致了次区域性 MDB 的出现。例如,1967 年成立的东非开发银行(East African Development Bank, EADB)是东非共同体的主要机构,它通过向企业提供贷款,开创性的股权融资以及为财富创造者提供政策支持来支持东非的经济增长。[1] 建

---

[1] EADB, History of the EADB, https://www.eadb.org/about-us/history.

立于1969年的加勒比开发银行(the Caribbean Development Bank, CaDB)主要旨在满足该地区欠发达国家的资金需求,进而减少不平等,降低极端贫困的发生率。由沙特阿拉伯领导的伊斯兰开发银行(the Islamic Development Bank, IsDB)建于1973年,旨在为伊斯兰国家提供发展融资。

次区域MDB资本规模有限,成员国范围有限,它们中的许多必须依赖于其他大型MDB或其自身的大股东。

二、新兴经济体新建MDB

随着新兴经济体和发展中国家的经济崛起,它们力求在全球治理结构(包括发展融资体系)中获得相应的投票权和发言权。但构建于战后且资金有限的传统发展融资机构,如WB和ADB,大都受制于西方发达国家,且尽可能保持原有的资本结构和治理结构。包括中国在内的广大新兴经济体和发展中国家力图寻找其他途径以提升自身在国际发展融资体系中的地位。

(一)亚洲基础设施投资银行

2013年10月在印尼的APEC会议期间,国家主席习近平提出筹建亚洲基础设施投资银行(the Asian Infrastructure Investment Bank, AIIB)的倡议。2014年10月24日,21个AIIB创始成员国在北京签署了《筹建亚洲基础设施投资银行的政府间框架备忘录》。2015年6月底,AIIB成员签订建立《亚洲基础设施投资银行的协议》,AIIB于2015年年底开始运营。

AIIB是首个由中国倡议设立的多边金融机构,总部设在中国北京。截至2020年底,AIIB有102个正式成员国。

AIIB是一个政府间性质的亚洲区域多边开发机构。重点支持基础设施建设,成立宗旨是促进亚洲区域的基础设施互联互通和经济一体化的进程,并且加强中国及其他亚洲国家和地区的合作。

在全球治理层面,AIIB致力于解决发展中国家融资不足的问题,可以在解决具体和紧迫的区域问题上对现有的全球发展机构形成补充。[1] AIIB的建立意味着中国开始承担国际公共产品的成本,积极推进一个稳定和繁荣的全球体系。

(二)金砖国家新开发银行

21世纪以来,金砖国家经济增长迅速,特别是2008年全球金融危机爆发后,以金砖国家为首的新兴经济体率先复苏,成为拉动全球经济增长的重要引擎。2012年2月,G20财长及央行行长会议上,金砖五国财长首次提出合作设立开发银行和外汇储备库。2013年3月,第五次金砖国家领导人峰会上决定建立金砖国

---

[1] 王联合,潘超月.美国主要智库对亚投行的多重认知与政策主张[J].世界经济研究,2020(11):127—134+137.

家开发银行(BRICS New Development Bank，NDB)。2015年7月21日，NDB开业，总部设于上海。

NDB是首个由发展中国家主导的开发银行，与AIIB不同，NDB里五个国家都各占20%的投票权，没有哪个国家占有主导权，没有一个国家能够一票否决其他国家的决定。所有的管理、章程、条款等都是基于平等的基础，金砖国家开发银行不受任何一个国家控制。

NDB的宗旨是，为金砖国家及其他新兴经济体和发展中国家的基础设施建设和可持续发展项目动员资源，作为现有多边和区域金融机构的补充，促进全球增长与发展。为履行其宗旨，银行通过贷款、担保、股权投资和其他金融工具为公共或者私人项目提供支持。银行还与国际组织和其他金融实体开展合作，并为银行支持的项目提供技术援助。NDB不只面向五个金砖国家，而是面向全部发展中国家，作为金砖成员国，可能会获得优先贷款权。

三、国别发展融资机构

国别发展融资机构是以服务于国家战略或公共政策为宗旨、由政府创办或所有的金融机构。它所从事的项目一般具有周期长、资金需求量大、风险高、正外部性等特征。

战后主要国家均先后建立了国别发展融资机构。徐佳君等(2021)将375家国别开发银行分成两大类，第一类是综合发展使命或多使命的，即业务不限定于某一具体领域或支持对象，如德国复兴信贷银行、巴西国家开发银行、中国国家开发银行等；第二类是单一发展使命的，即业务聚焦于解决某一具体市场失灵，具体包括农业和农村发展(如中国农业发展银行)，中小企业融资或初创企业培育(如加拿大实业开发银行)，住房融资(如印度国家住房银行)，基础设施建设融资(如印度尼西亚的基础设施建设有限公司)，地方政府融资(如挪威地方银行)，促进贸易(如各国的进出口银行)等。国别开发银行的官方使命以综合发展或多使命为主，其数量占到52.8%；单一使命中则以中小企业和创业、贸易、农业与农村发展为主，银行数量分别占17.9%、10.9%和9.1%。[1]

一般而言，发达国家的国别发展融资主要运用市场化的手段，但其业务范围仅仅局限于传统的政策性金融领域。而发展中国家的国别发展融资业务范围较多介入公共支出领域，一般不采用市场化的手段。将市场化手段广泛应用于公共支出领域是中国发展融资的独创。[2] 例如国家开发银行是中国国别发展融资的

---

[1] 徐佳君,王可第,茹新顺.国别开发银行的资金来源[R].北京大学新结构经济学研究院,新结构经济学发展融资研究报告第3期,2021.
[2] 瞿强,王磊.开发性金融的理论逻辑[J].新金融评论,2014(2):164—181.

重要体现,是中国特色发展融资探索的成功实践。它的核心特点是用商业性金融的市场化手段完成传统政策性金融的宏观目标,并将这一模式拓展到基础设施、支柱产业等更为广泛的公共支出领域。

在国内的绝大部分文献中,"发展融资"或"发展融资机构"是对英文development financing 或 development financing institution 的翻译,但也有文献将其翻译为开发性金融(机构)。这两个概念在文献中所指代的内涵和外延基本相同。[1]"开发性金融"的概念及其理论与实践均与"国家开发银行"直接相关。陈元于2003年首次提出"开发性金融",他认为开发性金融是政策性金融的深化和发展,是以国家信用方式弥补市场发育落后、体制不完善的同时,用建设市场、建设体制来发育市场和弥补市场不足。[2] 随后,国家开发银行将开发性金融定义为单一国家或国家联合体通过建立具有国家信用的金融机构(通常为银行),为特定需求者提供中长期信用,同时以建设市场和健全制度的方式,加快经济发展,实现政府发展目标、弥补体制落后和市场失灵,有助于维护国家经济金融安全、增强竞争力的一种金融形式。

第二节 国际发展基金

随着越来越多的国际经济社会事务需要针对性的应对措施,MDB 以"国家"为导向的缺陷就日益凸显,一些由 MDB 的捐赠方控制的"问题"导向型信托"基金"随之建立。

一、各 MDB 管理的基金

MDB 设立的特别基金涉及的领域较广,涵盖气候、环境、农业、能源、疾病防治、自然灾害救援、技术援助、经济发展、区域合作以及中小企业发展等不同议题。具体来看,全球性 MDB 的特别基金主要集中于全球性的普遍议题,如环境、气候、农业、重大传染性疾病等,而区域以及次区域型的特别基金则更聚焦于本区域凸显的问题,如 ADB 的技术援助基金、EBRD 设立的早期转型国家基金、EIB 的城市地区可持续投资欧洲联合支持项目、CAF 的投资和业务开发基金、IDB 的防灾融

---

[1] 余漫,夏庆杰,王小林.国际发展融资理念演变分析[J].学习与探索,2016(12):104—109.赵忠秀,胡旭东.新全球化中的开发性金融:金砖国家的视角[J].国际贸易,2017(12):5.万泰雷,张绍桐.浅析联合国发展融资机制改革创新及对中国参与国际多边发展援助的影响[J].国际经济评论,2019(1):13.赵行姝.美国国际发展融资机构的改革[J].现代国际关系,2019(8):11.
[2] 陈元.创建国际一流市场业绩的开发性金融[J].求是,2003(19):32—34.

资基金和 AfDB 的尼日利亚基金等。

（一）WB 管理的基金

WB 的信托基金和伙伴关系部(the Trust Funds and Partnerships Department, DFPTF)是帮助 WB 集团适应瞬息万变的发展融资格局的重要工具,其是对 IBRD 和 IDA 融资的补充。伙伴关系计划主要作用即吸引非政府和私营部门合作伙伴,并将其资金和知识与世行集团在客户国家提供解决方案的能力联系起来。

具体来说,DFPTF 负责创建和宣传信托基金和伙伴关系计划的相关政策和业务流程,同时也作为全球大型基金即金融中介基金(Financial Intermediary Funds, FIF)的受托方,提供对基金的接收、持有和投资等一系列金融服务。但是作为 FIF 受托方,其不负责监督基金资金的使用。

DFPTF 为将近 30 个金融中介基金提供服务,包括全球环境基金(the Global Environment Facility, GEF)、气候投资基金(the Climate Investment Funds, CIF)、国际农业研究磋商小组(the Consultative Group on International Agricultural Research)、国际免疫融资机制(the International Finance Facility for Immunisation)、和抗击艾滋病、结核病和疟疾全球基金(the Global Fund to Fight Aids, Tuberculosis and Malaria, GFATM)等。

DFPTF 还负责管理 WB 的跨部门项目信托基金,包括政策和人力资源开发(the Policy and Human Resource Development, PHRD)基金、日本社会发展基金(the Japan Social Development Funds, JSDF)、禽流感和人流感基金(the Avian and Human Influenza Facility, AHI),以及世行和荷兰伙伴关系计划(the Bank-Netherlands Partnership Program, BNPP)。[1]

（二）ADB 管理的基金

ADB 管理的基金大致可分为四大类:专项基金(Special Funds)、信托基金(Trust Funds)、伙伴关系融资工具(Financing Partnership Facilities)和其他基金(Other Funds)。[2] 主要专项基金包括:

(1) 亚洲开发基金(the Asian Development Fund, ADF)创建于 1974 年 6 月,向中等或高债务风险的发展中国家提供赠款。资金主要来自 ADB 发达成员的捐赠;ADB 理事会按有关规定从各成员缴纳的未核销实缴股本中拨出 10%;其他渠道的赠款。亚行的优惠援助政策指导了包括 ADF 赠款在内的优惠资源的分配。[3]

---

[1] https://www.worldbank.org/en/about/unit/dfi#3.
[2] https://www.adb.org/what-we-do/funds.
[3] https://www.adb.org/what-we-do/funds/adf/overview.

(2)技术援助特别基金(the Technical Assistance Special Fund, TASF)成立于1967年,用于以赠款形式进行的技术援助,以帮助准备项目和进行技术或政策研究。技术援助业务旨在提高发展中成员国制定、设计、实施和运行发展项目和部门贷款的能力。技术援助的形式包括区域和次区域的部门研究、调查、讲习班、研讨会和培训。TASF的资金来源包括定期补充资金和会员的直接自愿捐款,普通资金资源(Ordinary Capital Resources, OCR)净收入的分配以及投资和其他来源的收入。[1]

(3)日本特别基金(the Japan Special Fund, JSF)成立于1988年,该基金以亚行管理的无偿赠款支持亚行的技术援助计划。基金主要用于支持项目准备、能力建设、政策和咨询、研究与开发技术援助,帮助发展中成员国调整其经济结构,以应对不断变化的全球环境,拓宽其新投资机会并准备贷款项目。资金主要来源于日本政府捐赠。

其他专项基金包括亚行研究所特别基金(ADB Institute Special Fund)、金融部门发展伙伴关系特别基金(Financial Sector Development Partnership Special Fund)、区域合作和一体化基金(Regional Cooperation Integration Financing Partnership Facility, RCIFPF)、气候变化基金(Climate Change Fund, CCF)、亚洲太平洋救灾基金(Asia Pacific Disaster Response Fund, APDRF)等。

(三) EBRD 管理的基金

目前由EBRD管理的多边捐赠基金主要有如下几个[2]:

(1)东欧能源效率与环境伙伴关系(Eastern Europe Energy Efficiency and Environmental Partnership, E5P)成立于2010年,旨在投资能源效率和环境项目,以降低东部合作伙伴国家(乌克兰、阿塞拜疆、白俄罗斯、亚美尼亚、格鲁吉亚和摩尔多瓦等)的温室气体排放和环境保护。该基金金额近2亿欧元,欧盟是其最大捐助方。该基金也资助区域供热和公共建筑项目,以及当地运输、固体废物和街道照明投资。

(2)早期转型国家基金(Early Transition Countries Fund)启动于2004年,旨在为早期转型国家提供可持续融资支持。

(3)小企业影响基金(EBRD Small Business Impact Fund)设立于2015年,用于支持欧洲复兴开发银行业务所在国家的中小企业的发展。

(4)欧洲西部巴尔干联合基金(European Western Balkans Joint Fund)2009年建立,是由欧洲复兴开发银行和欧洲投资银行管理的"西部巴尔干投资框架"设立的多方捐助基金,主要为能源、环境、运输、社会部门及私营部门的发展提供技术

---

[1] https://www.adb.org/what-we-do/funds/technical-assistance-special-fund.
[2] http://www.ebrd.com/who-we-are/our-donors/multi-donor-funds.html.

援助和共同投资。

（5）北方维度环境伙伴基金（Northern Dimension Environmental Partnership Fund）于2002年开始运作，致力于核安全和环境投资。

（6）南部和东部地中海多边捐赠账户（Southern and Eastern Mediterranean Multi-Donor Account）设立于2012年，旨在支持EBRD在埃及、约旦、摩洛哥和突尼斯的业务。

（7）乌克兰稳定和可持续增长多边捐赠账户（Ukraine Stabilisation and Sustainable Growth Multi-Donor Account）设立于2014年，旨在支持乌克兰的经济改革、商业环境改善和恢复可持续增长，也为EBRD在乌克兰的投资铺平道路。其五个核心主题为环境、银行业、基础设施、能源和企业。[1]

（四）EIB管理的基金

由EIB管理的基金主要有：

（1）欧洲投资基金（European Investment Fund, EIF）建立于1994年，旨在为欧洲中小企业提供风险融资。其绝大部分资金来源于EIB、欧盟委员会、欧盟成员国和其他区域性机构。[2] EIF并不直接提供贷款，而是通过私人银行为中小企业提供贷款；全球能源效率和可再生能源基金（Global Energy Efficiency and Renewable Energy Fund, GEEREF）于2008年由欧盟、德国和挪威资助。GEEREF作为基金的基金，投资于私募股权基金，专门为发展中国家的中小型清洁能源项目提供股权融资。[3]

（2）自然资本融资工具（The Natural Capital Financing Facility, NCFF）由欧盟委员会和欧洲投资银行创建，旨在支持自然资源和生态多样化以及气候适应。[4]

（3）城市地区可持续投资欧洲联合支持项目（Joint European Support for Sustainable Investment in City Areas, JESSICA）通过金融工程机制支持城市的可持续发展和再生。[5]

此外，EIB还投资于大量的外部基金。[6]

（五）CAF管理的基金

CAF的特别基金包括如下几个：[7]

---

[1] https://www.ebrd.com/who-we-are/our-donors/multi-donor-funds.html.
[2] https://www.eif.org/who_we_are/index.htm.
[3] https://www.eif.org/who_we_are/index.htm.
[4] http://www.eib.org/products/blending/esif/index.htm.
[5] https://ec.europa.eu/regional_policy/archive/thefunds/instruments/jessica_en.cfm.
[6] http://www.eib.org/products/lending/equity_funds/index.htm.
[7] CAF2014年年报。

(1) 投资和业务开发基金(Investment and Business Development Fund, FIDE)主要通过风险资本基金对有竞争力的中小企业进行股权投资,支持拉美地区的中小型创新型企业实现目标。

(2) 补偿性融资基金(Compensatory Financing Fund, FFC)。当 CAF 成员国申请机构融资时,CAF 通过 FFC 部分资助保证金,以降低成员国主权投资项目的融资成本,从而降低地区差异、促进区域基础设施一体化,最终实现促进投资的目的。

(3) 拉美气候变化计划(Latin American Climate Change Program, PLACC)追求三大战略行动方针:减缓气候变化、适应气候变化和碳市场。具体而言是为降低温室气体排放而开发政策工具。

(六) IDB 管理的基金

IDBG 于 1960 年成立了特殊运行基金(the Fund for Special Operations, FSO),为某些国家的特殊情况和具体项目提供具有优惠条件的贷款。IDB 本身并不直接进行股权投资,而是通过多边投资基金(the Multilateral Investment Fund, MIF)和美洲投资公司(the Inter-American Investment Corporation, IIC)投资私营企业。

MIF 成立于 1993 年,其作为 IDBG 自主基金的成员,由 IDB 负责管理。其职责是促进私人部门的长期可持续发展和改善拉美和加勒比地区的投资环境,尤其关注影响微观经济及小企业的问题,通过赠款和投资两种手段,为探索发展小企业、培养员工技能、加强环境管理、改善金融和其他市场功能的新途径提供资金支持。MIF 是拉丁美洲和加勒比地区私人部门发展的技术援助赠款的主要来源。

IIC 是一个投资于小型和中等规模私人项目的多边投资机构,这些投资活动或是直接进行,或是通过股权投资基金进行。

此外,IDBG 还管理约 40 个信托基金。信托基金一般是由一个或者一些国家共同建立的基金,其管理权被委托给了 IDB。这些信托基金主要由主权和非主权捐助者建立,用来进一步补充 IDB 为其借贷成员国所提供资源的不足。具体包括奥地利、加拿大、智利、中国、丹麦、欧盟、芬兰、法国、德国、意大利、日本、韩国、荷兰、挪威、葡萄牙、西班牙、瑞典、瑞士、英国和美国以及其他私人部门、基金会和多边机构。信托基金赠款主要用于相对欠发达国家。

(七) AfDB 管理的基金

AfDB 的软贷款由非洲开发基金(African Development Fund, AfDF)和尼日利亚基金(the Nigeria Trust Fund, NTF)构成。

非洲开发基金(AfDF)成立于 1972 年并于 1974 年开始运行,是非洲开发银行集团的优惠贷款窗口。AfDF 为项目和计划提供优惠资金并为研究和能力建

设活动提供技术援助,为非洲最不发达国家的减贫以及经济和社会发展做出贡献。

尼日利亚基金(NTF)于1976年由非洲开发银行集团与尼日利亚政府一起成立,是个自我维持的周转基金,致力于协助银行在经济和社会状况需要优惠融资的区内低收入成员的开发工作。

此外,AfDBG还管理非洲贸易基金(Africa Trade Fund, AfTra)、农业快速通道基金(Agriculture Fast Track〔AFT〕Fund)、贸易援助信托基金(Aid for Trade Trust Fund)、环境发展专项基金(The ClimDev Special Fund)、环境投资基金(Climate Investment Funds, CIF),等等。[1]

二、全球性基金

全球性基金涵盖粮食安全、环境、重大传染性疾病、气候、基础设施等普遍性议题,具有非常强的问题导向性。作为全球性 MDB,WB 在全球性基金的建立和推进上发挥着重大作用。主要的全球性基金包括建立于1977年的国际农业发展基金(International Fund for Agricultural Development, IFAD)、建立于1991年的WB旗下的全球环境基金(the Global Environment Facility, GEF)、建立于2002年的抗击艾滋病、结核病和疟疾全球基金(the Global Fund to Fight AIDS, Tuberculosis and Malaria)、建立于2008年的气候投资基金(the Climate Investment Funds)、建立于2014年的全球基础设施基金(Global Infrastructure Facility, GIF)等。全球基金有其自身的治理结构,并通过广泛的公私伙伴募集资金。

(一)国际农业发展基金

20世纪70年代初,全球尤其是非洲萨哈拉地区国家粮食短缺造成了大规模饥荒和营养不良,引发了国际社会对全球粮食安全的担忧,联合国于1974年召开了世界粮食会议(the World Food Conference),会议决定:"应当立即成立一个国际农业发展基金,为发展中国家针对粮食生产的农业发展项目提供资金支持。"国际农业发展基金(International Fund for Agricultural Development, IFAD)简称农发基金,1977年建立,属于联合国专门机构,总部设于意大利罗马。

IFAD的宗旨为通过筹集资金,以优惠条件提供给发展中的成员国,用于发展粮食生产,改善人民营养水平,逐步消除农村贫困。目前的三个战略目标是:提高贫困农村人口的生产能力、从市场参与中增加收益、增强其经济活动的环境可持

---

[1] https://www.afdb.org/en/topics-and-sectors/initiatives-partnerships.

续性和气候适应力。[1]农发基金通过与农村贫困人口、政府、捐赠者、非政府组织以及其他合作伙伴协作,采用"因国制宜"的解决办法,帮助贫困农民获得更多的金融服务、市场、科技、土地以及其他自然资源。

(二) 全球环境基金

全球环境基金(Global Environment Facility, GEF)成立于1991年10月,总部设于美国华盛顿,最初是WB的一项支持全球环境保护和促进环境可持续发展的10亿美元试点项目。全球环境基金的任务是为一个具有国家效益的项目转变为具有全球环境效益的项目过程中产生的"增量"或附加成本提供新的和额外赠款和优惠资助。

联合国开发计划署、联合国环境规划署和WB是全球环境基金的最初执行机构。1994年里约峰会期间,全球环境基金进行了重组,与WB分离,成为一个独立的常设机构,这一重组提高了发展中国家参与决策和项目实施的力度。但WB一直是全球环境基金信托基金的托管机构,并为其提供管理服务。

作为重组的一部分,全球环境基金受托成为《联合国生物多样性公约》(Convention on Biological Diversity, CBD)和《联合国气候变化框架公约》(United Nations Framework Convention on Climate Change, UNFCCC)的资金机制(为其提供资金)。全球环境基金与《关于消耗臭氧层物质的维也纳公约》的《蒙特利尔议定书》下的多边基金互为补充,为俄罗斯联邦及东欧和中亚的一些国家的项目提供资助,使其逐步淘汰对臭氧层损耗化学物质的使用。随后,全球环境基金又被选定为另外三个国际公约的资金机制。它们分别是:《关于持久性有机污染物的斯德哥尔摩公约》(2001)、《联合国防治荒漠化公约》(2003)和《关于汞的水俣公约》(2013)。

综上,全球环境基金的工作主要集中在以下领域:生物多样性、气候变化(减缓与适应)、化学品、国际水域、土地退化、可持续森林管理、臭氧层损耗。

(三) 抗击艾滋病、结核病和疟疾全球基金

"抗击艾滋病、结核病和疟疾全球基金"(The Global Fund to Fight AIDS, Tuberculosis and Malaria)又称全球基金,致力于抗击艾滋病、结核病和疟疾,是一个政府与民间合作创办的国际金融机构,总部设在瑞士日内瓦。自2002年成立以来,该基金在机构及个人捐款的支持下,在全世界开展抗击最恶性疾病的工作,其业务已覆盖150多个国家和地区。

全球基金是一种筹资机制,而不是执行机构。方案由各国卫生部等国内合作

---

[1] https://www.ifad.org/en/strategic-framework.

伙伴执行,而在日内瓦的全球基金秘书处的职员仅负责监督方案。

(四) 气候投资基金

2008 年 7 月,为帮助发展中国家发展开发清洁能源技术,减少温室气体的排放,并帮助贫困国家适应气候变化,WB 理事会根据 G8 财长会议的决定,正式批准设立了气候投资基金(the Climate Investment Funds, CIF)。该基金由两个部分组成:一部分是帮助发展中国家使用先进清洁技术的清洁技术基金(Clean Technology Fund),另一部分是支援相关国家实施保护森林等计划的战略气候基金(Strategic Climate Fund)。

(五) 全球基础设施基金

2014 年 10 月,WB、ADB、EBRD、EIB、IsDB 等 MDB 和捐助国与世界最大的资产管理和私人股本公司、养老金和保险基金以及商业银行联手,成立全球基础设施基金(The Global Infrastructure Facility, GIF),该基金具有调动巨额资金投资发展中国家基础设施建设的潜力。建立 GIF 的目的是利用 WB 内部和外部的专家资源实施复杂的公私基础设施项目,而此类项目是单个机构难以或无法自行承担的。

三、私人发展基金

相较于 MDB 的特别基金,私人发展基金更以问题和结果为导向,其关注的议题也更聚焦于减贫与卫生保健这类更具现实意义的领域。

最大的私人发展基金是建于 1994 致力于卫生保健和减贫的比尔及梅林达·盖茨基金会(the Bill and Melinda Gates Foundation),该基金会是由比尔·盖茨与梅琳达·盖茨资助的、全球最大的慈善基金会。该基金会以美国华盛顿州西雅图市为基地,于 2000 年 1 月通过盖茨学习基金会和威廉·盖茨基金会的合并而创立。该基金会属非营利性质,旨在促进全球卫生和教育领域的平等。截至 2022 年 6 月底,该基金会信托基金规模为 499 亿美元。[1] 自成立至 2022 年 6 月底,其对外支付的资助金额为 538 亿美元。[2] 其已资助的项目包括:全球疫苗与免疫联盟、印度洋大地震赈灾活动、儿童疫苗计划、求知新途奖、盖茨千禧年奖学金、盖茨牛津大学奖学金、西非国家抗击埃博拉疫情等。

---

[1] http://www.gatesfoundation.org/about/foundation-fact-sheet.
[2] http://www.gatesfoundation/about/our-story.

第三节 国际发展融资的创新机制

资金不足是实现 MDGs 或 SDGs 所面临的主要困难。为了推进 SDGs 的实现,仅依赖官方发展援助及 MDB 提供的融资远远不够,国际社会必须通过创新融资工具扩大融资规模。本节主要讨论近年提出的影响力较大的融资方式,包括航空税(Aviation Tax)、碳排放税(Carbon Tax)、托宾税(Tobin Tax)、新的特别提款权(New SDRs)、国际融资便利(International Finance Facility, IFF)和国际免疫接种资金援助机制(International Finance Facility for Immunisation, IFFIm)等。

一、航空税

(一) 征收航空税的缘由

起初设想在世界范围内对航空业征收航空税而不对其他的行业征收全球性的税种,主要是基于以下几个方面的考虑:一是航空业在世界经济的全球化过程中迅速成长并获利丰厚;二是国际航空业当前的税负很低,这主要是因为在 1944 年由美国牵头并邀请 52 个国家达成的国际民用航空协议框架下,航空业被豁免征收燃油税,所以航空用油成本相对较低;三是航空公司可以将税负转嫁给高收入人群(飞机乘客通常是高收入群体),征税对航空公司的盈利影响较小;四是航空业发展对全球环境造成的负面影响逐年扩大。

(二) 征收航空税的主要用途及方法

在 20 世纪 90 年代初期,联合国前秘书长布特罗斯·加利曾提出征收国际航空税以解决联合国经费捉襟见肘的窘况。征收航空税的具体用途是:(1)直接用于贫困国家(如非洲),为全球发展融资提供资金,表态支持的国家有法国、巴西等。(2)税收收入直接作为本国政府财政资金,如英国、丹麦和马耳他等早就开始征收航空税作为政府财政资金。

航空税征收方式可以有以下几种:(1)在机票原有的价格上增加固定金额;(2)以路程、飞机型号和载客量等标准进行征收;(3)针对航空燃油的征税(针对航空公司);(4)针对机场使用进行征税。当前国际社会倾向于第一种方式,加价金额由各国根据实际情况规定。这种方式的实施比较简单、公平,对经济影响不大,同时针对每张票的税负也不高,一国可自行设计征收,不像碳排放税需要各国合

作以及国际权威机构来协调监督。

欧洲委员会在2005年9月发布的一篇研究报告中指出,如果在欧盟内部的飞行中征收1欧元(1.2美元)到5欧元(6.2美元)的机票税,在国际飞行中征收2欧元(2.4美元)到10欧元(12.4欧元)的机票税,那么每年将会提供5.68亿欧元(7.08亿美元)到27.63亿欧元(34.43亿美元)的收入。法国财政部部长布雷顿表示,如能对全球每个乘客征收6美元,再对商务舱乘客征收24美元附加费,每年能增加120亿美元收入,可弥补当时MDGs预计年度资金缺口的1/4。如对全球每个乘客征收5美元,对商务舱乘客征收20美元附加费,每年能增加100亿美元收入,相当于当时全球ODA总额的1/6。根据政府间气候变化专门委员会(The Intergovernmental Panel on Climate Change, IPCC)、OECD以及国际民用航空组织(International Civil Aviation Organization, ICAO)的研究,对国际航空运输征收的税收每年可达到近200亿美元的水平。但是,对航空用油的征税会提高航空公司的成本以及机票的价格。假设对燃油征收25%的税,同时所有费用转嫁到乘客身上,那么机票价格将会上涨5%,市场需求量将会下降5%—10%。同时,如此高的税率也可能会使航空公司使用更为节油的飞机并促使其对飞机设计进行改进。

(三) 航空税在国际发展融资领域的应用

2005年8月,法国总统雅克·勒内·希拉克(Jacques René Chirac)宣布,将从2006年起对机票征税,税收收入将直接用于救助世界范围内的贫困国家,把征收航空税从理论层面推到了实践中。2008年,欧盟立法生效,规定从2012年1月1日起把航空业纳入欧盟碳排放贸易体系(EU-ETS),监管所有在欧洲起降的航班,如果其碳排放量超出上限,就必须为超额量买单,否则予以罚款。2011年3月,欧盟委员会公布了首个航空业年度碳排放限额,即2012年不超过2.13亿吨,2013年起不超过2.09亿吨。欧盟当时推出的这种单边措施随即在全球引发轩然大波,遭到包括中美印俄等大国在内的23个国家的强烈反对,最终不得不放弃了针对国际航线的措施。2019年12月,国际航空运输协会(The International Air Transport Association, IATA)理事长兼首席执行官亚历山大·德·朱尼亚克(Alexandre de Juniac)指出,法国、德国、荷兰和瑞士等国已决定或拟定征收航空旅客税。

二、碳排放税

(一) 碳排放税的目的

碳排放税[1]是针对含碳并会造成环境污染的石油、煤炭以及天然气等直接

---

[1] 由于碳排放税大部分是针对二氧化碳的,所以在本节中,对碳排放税和二氧化碳排放税没有明显的区别,有些地方可以相互替代,如不同会特别标注。

征收国际统一的税种,碳排放税的计税依据是二氧化碳的排放量与浓度。征收的主要目的是,鼓励减少矿物燃料特别是碳含量高的燃料使用量,达到减少排放二氧化碳的目的。征收碳排放税有利于降低二氧化碳的扩散,同时将二氧化碳对环境危害的负外部效应内部化。

(二)碳排放税与京都协定书

联合国自1992年的地球峰会(Earth Summit)就开始支持对国际统一的碳排放税的征收。在随后的几年内,虽有众多国家参与进来,并提出了众多措施和目标,但直到1997年才终于形成了限制碳排放量的国际法案——《京都议定书》。

《京都议定书》自2005年2月16日正式生效,其目标是在2008—2012年期间,工业化国家温室气体排放总量在1990年的基础上平均减少5.2%,其中欧盟削减8%,美国削减7%,日本削减6%,加拿大削减6%,俄罗斯维持在1990年的排放水平。限排气体有6种,分别是二氧化碳、甲烷、氧化亚氮、氢氟碳化物、全氟化碳和六氟化硫。全球包括中国、俄罗斯、欧盟和日本等在内的有100多个国家签署《京都议定书》。这些国家的温室气体排放总量占1990年全球温室气体排放量的55%以上。

《京都议定书》最重要的结构性创新是建立了碳排放税的交易机制,使得成员国可以利用市场力量来决定如何减少以及在何处减少温室气体排放。这类新机制的第一种是排放额度的交易,即允许难以完成削减任务的国家,可以从超额完成任务的国家购得盈余额度,从而以最经济的方式完成减排目标;第二种是按净排放量(指从一个国家的实际排放量中扣除该国森林的二氧化碳吸收量)来计算;第三种是清洁发展机制(Clean Development Mechanism,CDM),鼓励发达国家的排放者通过诸如投资于清洁能源项目等方式来减少发展中国家的排放量;第四种是集团方式,即欧盟可视为一个整体,允许有的国家减排,有的国家增排,只要在总量上完成减排任务即可。

(二)碳排放税的应用

不少国家很早就开始征收碳排放税。例如英国是全球第一个征收碳排放税的国家,它于1972年开始全国性征收。芬兰、挪威、瑞典、丹麦等北欧国家从20世纪90年代初开始征收碳排放税。为响应《京都议定书》,2005年1月,欧盟正式启动碳排放交易体系(National Emissions Trading System,ETS)。新西兰政府宣布从2007年开始,新西兰人每排放一吨二氧化碳或其他温室气体,将支付17新西兰元的排放税,从而成为《京都议定书》正式生效后第一个征收碳排放税的国家。进入21世纪,爱沙尼亚、拉脱维亚、瑞士、列支敦士登等欧洲国家也陆续开征碳税。2010年以后,冰岛、爱尔兰、乌克兰、日本、法国、墨西哥、西班牙、葡萄牙、智利、哥

伦比亚、阿根廷、新加坡、南非等越来越多的国家,加入了征收碳税国家的行列。根据 WB 2021 年 5 月 25 日发布的报告《2021 碳定价发展现状与未来趋势》,截至 2021 年 5 月,世界上已实施的碳定价机制共计 64 种,覆盖全球温室气体总排放量的 21%,其中 35 项是碳税制度,涉及全球 27 个国家。[1]

三、托宾税

(一) 征收托宾税的缘由

20 世纪 70 年代,全球外汇交易额平均每天高达 1.5 万亿美元,其中有真实贸易和国际投资背景的不足 1%。规模惊人的国际游资和过度频繁的投机性货币交易造成了汇率的不稳定,一些恶性投机事件甚至导致了 1997—1998 年东南亚货币危机,给发展中国家带来较高的管理成本。发展中国家为抵御风险积累了大规模的外汇储备。2019 年底全球官方外汇储备超过 11 万亿美元,其中发展中国家占 60% 以上,机会成本大于收益[2]。

实施托宾税(Tobin Tax)可以通过减小投机成功率和增加投机成本来改变货币交易行为,使新兴市场经济体和发展中国家在遭受投机资本威胁的可能性不增加的情况下,能够减少一半外汇储备;另外,对货币交易征收税率为 0.001% 的税,每年有可能增加高达 200 亿—300 亿美元的税收收入用于经济和社会发展。

(二) 征收托宾税的主要方式

征收托宾税主要包括单一税率和两级托宾税两种方式。单一税率即对货币交易实施统一税率。发达国家不经常遭受投机活动袭击,而它们占据了货币交易总额的 95%。实施单一税的主要目的是筹集资金,用于发展中国家和贫穷国家的发展。美国、瑞士和英联邦国家等最早签署了支持单一税率托宾税的协议,并将其作为发展融资的一种新来源。由于在日常交易中很难区分正常货币交易和投机性交易,单一高税率可能引起货币市场流动性下降,而单一低税率在预期汇率调整超过托宾税边际值时,无法达到减轻投机冲击压力的目的。两级托宾税则包含一个基础的低税率(可使税收收入稳定上升)和一个高得多的、可变动的二级税率(只针对货币遭受投机活动袭击或极度不稳定的状况)。[3]

---

[1] WB, State and Trends of Carbon Pricing 2021[R]. Washington, DC: World Bank. https://openknowledge.worldbank.org/handle/10986/35620 License: CC BY 3.0 IGO.
[2] IMF 数据库,https://www.imf.org/en/Data, 2020-06-30.
[3] 这个基础税率(0.001%)长期实施,对所有货币交易征收,达到资本再分配的目的;当货币交易达到预设期限限额时,针对异常的资本流动附加一个临时性、惩罚性的高税率(可能高达 50%),以抑制波动。

(三) 托宾税与国际发展融资

1972年,詹姆斯·托宾在普林斯顿大学演讲会中,首次提出对与货币兑换有关的国内证券和外汇即期交易征收税率统一的国际小额税收,即托宾税,通过交易成本的上升来降低全球资本流动性和各国货币汇率的波动性,从而实现金融全球化的相对稳健。1978年,托宾建议,根据即期外汇交易规模对其征收1%的交易税,后来又把税率调整为0.5%,并将所得收入用于全世界救济贫困。2006年2月28日至3月1日,"团结互助与全球化:发展融资新机制"国际会议在巴黎召开,刚果(布)总统萨苏·恩格索代表非洲联盟支持世界各国建立发展融资新机制,认为对国际货币交易征税等措施是富国援助穷国的有效途径。

四、新的特别提款权

(一) SDRs的特点

特别提款权(Special Drawing Right, SDRs)最早发行于1969年,亦称"纸黄金",最初是对IMF原有的普通提款权的一种补充,所以称为特别提款权。

作为国际记账单位,SDRs是首次由超国家机构创造的国际清偿形式,由于SDRs的价值是由"一篮子"货币汇率决定,任一种货币汇率的变动往往被其他货币汇率变动部分或全部抵消,因此其价值比"货币篮子"中任一种货币的价值更为稳定。[1] 但SDRs本身既没有黄金的内在价值,也不是以主权国家经济为后盾发行的现实货币,因此不能直接用于贸易或非贸易支付。SDRs由IMF根据成员国缴纳的份额进行分配,由IMF成员国、IMF和其他国际机构持有。SDRs可用以代替日益不足的美元和黄金储备,可用于偿还IMF债务、弥补会员国政府之间国际收支逆差的一种账面资产。

(二) SDRs发行上的分配

新的SDRs的分配来源包括将"已有份额重新调配"和"直接发行新的SDRs"两种方式。前者指的是由于政策和技术上的制约,IMF无法立即发行新的SDRs,仅对现有的SDRs进行结构性调整,减小发达国家与发展中国家的比例差距,达到发达国家对发展中国家和贫穷国家的援助,受援国凭借获得的SDRs直接进行国际上的交易或换成其他货币进行交易。后者即IMF通过发行新一轮的SDRs额度并在发达国家和发展中国家之间按一定方式分配,在此过程中发达国家用

---

[1] 特别提款权价值:按美元计算的特别提款权价值是每天根据伦敦时间中午所观察到的即期汇率确定的,并发布在IMF网站上。

SDRs援助发展中国家。

为了弥补美元储备资产的短缺,1970年1月1日,IMF首次发行了30亿SDR分配给成员国。在1971年和1972年,每年继续分配30亿SDR。经过三年的分配后,SDR在世界非黄金储备资产中的占比达到9.5%。1971年8月,尼克松总统宣布美元价值与黄金脱钩。1973年,布雷顿森林体系解体,多数其他主要货币对美元的固定汇率先后被放弃。IMF在讨论是否需要继续增加SDRs分配时,考虑到美国的收支逆差使全球储备货币增加,SDRs作为补充性储备资产的功能不再那么重要,决定不再增加SDRs。

随着固定汇率体系的崩溃,SDRs开始与一篮子货币挂钩,起初是16个货币,后改为美英德法意五国货币。日元在1980年被纳入SDRs篮子。欧元在1999年出现后,代替三个欧洲大陆国家货币,与美元、英镑、日元一起组成了新千年头15年内的货币篮子。

2008年,全球金融危机爆发,美元的地位再次受到冲击和质疑。为了缓解全球金融体系的流动性紧张,同时希望通过将SDRs也分配给以往不曾分得SDRs的新兴市场国家以更好反映它们的经济地位,IMF在2009年发行了1 826亿SDRs,根据每成员国在IMF的份额分配。这是历史上的第三轮,也是规模最大的一轮SDRs发行。全球各国持有的SDRs总额借此达到2 041亿。

2016年10月1日,人民币正式加入SDRs货币篮子,此后SDRs货币篮子包括美元、欧元、人民币、日元和英镑五种货币,权重分别为41.73%、30.93%、10.92%、8.33%和8.09%。

SDRs最近一次分配是在2021年8月,IMF批准了规模为6 500亿美元的新一轮SDRs普遍分配方案,以增加全球流动性,这成为IMF史上规模最大的SDRs分配。

五、国际融资便利

为致力于实现"GNI的0.7%"作为ODA资金这一目标,2003年1月,英国财政部与英国国防发展部创设了国际融资便利(International Finance Facility,IFF),它旨在预先提供援助,以助实现联合国千年发展目标。IFF中的一些关键理念后来在IDA和WB中得到推广。

(一)国际融资便利运行方式

英国将IFF设计为一个"临时性"的融资机构。运行方式如下:各捐助国对IFF负有长期捐赠义务;IFF以自身名义向国际资本市场发行债券,将募集资金的使用权交还各援助国用于发展援助,然后用收到的捐款逐年还本付息。本质上,IFF 的作用就是将各捐助国的长期援助承诺提前折现,用以满足中期内对援助资金的需求。运作示意图如图 2-1。

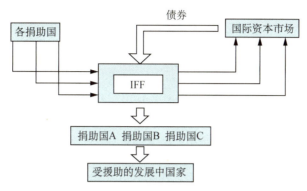

图 2-1 国际融资便利(IFF)运作示意图

(二) IFF 在国际发展领域的运用设想

当时 IFF 融资的目的是解决 2015 年实现 MDGs 的资金缺口。在 2015 年之前,IFF 的资金将集中流入受援国;2015 年之后,资金将主要用于偿债。一旦债务偿清,IFF 的使命即告终结。按英国的设计,IFF 存在期限为 30 年;管理层主要由股东委员会和执行委员会组成,其中股东委员会由各捐助国代表组成,维持和监督 IFF 的正常运作;执行委员会由经捐助国同意的专家组成,负责项目的审批、实施,即决定 IFF 的融资杠杆、债券的发行、资金的分配等,还有责任确保 IFF 发行的债券获得最高的评级。另外还将有一组专业人员进行资金保管并监督资金分配。

IFF 的实施过程分为资金筹集、运用和偿付。具体而言,捐助国向 IFF 提供捐助承诺,保证在未来 15 年内,每年向 IFF 捐助固定金额。这种承诺具法律效力,如果捐助国未能履行承诺,将被国际金融市场视为一种主权债违约;在承诺中,捐助国有权将捐款额度分配给不同的受援国,每一笔可视为一个"专项",捐助国与受援国达成具体受援协议。除了一般协议条款,还包含 1—2 项"重要融资条件"(如不能长期拖欠 IMF 和联合国会费)。若受援国违反该条件,捐助国有权暂停向 IFF 偿还该国的"专项"余额,其他捐助国不对该捐助国的还款承担义务;捐助国的承诺并非是一次性的,可定期(如每三年)作出新的一轮承诺,IFF 则根据新承诺再次发行债券,如此循环。新承诺并不影响捐助国照行以往承诺。在此担保下,自 IFF 启动起到 2015 年止,IFF 到国际资本市场上以捐助国名义发行债券,筹集资金。

债券发行募集到的资金运用于全球减贫事业。由于 IFF 只充当融资便利机制,而不是发展援助机构,因此,发展援助资金将通过现有的双边和多边协议分 4—5 年付给捐助国指定的受援国。捐助国有权指定每一笔现金流的目的国的使用领域,但 IFF 鼓励捐助国通过多边机制进行援助。IFF 的资金偿付期是 2016—

2030年,在这一时期内,IFF用各捐助国兑现的资金承诺来偿还2015年之前发行的长期债券的本息。

六、国际免疫接种资金援助机制

国际融资便利(IFF)在美日的反对下面临诸多障碍,但 IFF 的国际免疫接种资金援助机制(International Finance Facility for Immunisation, IFFIm)已于2006年率先开始实施。

(一) IFFIm

全球疫苗免疫联盟(the Vaccine Alliance, GAVI)是一个公私合作的全球卫生合作组织。其前身是由世界卫生组织、联合国儿童基金会、WB、联合国开发计划署、洛克菲勒基金会于1990年联合发起的儿童疫苗倡议(Children Vaccine Initiative)。基于这一倡议,比尔和梅林达·盖茨基金会捐出7.5亿美元作为启动运作的种子资金,2000年1月全球疫苗免疫联盟宣告成立,总部设在瑞士日内瓦。

GAVI于2006年发起建立了IFFIm,这是国际发展融资领域的一项创新。IFFIm采用IFF的融资方式,通过锁定捐资国对疫苗捐助的承诺,向国际资本市场筹资,所得资金将交付给GAVI Fund管理,用于贫困国家人口的疫苗接种。IFFIm的职责是为GAVI筹措资金,但与GAVI保持相对独立。IFFIm利用WB的直接参与以及捐助国政府的长期承诺,在国际资本市场以"AAA"信用度出售"疫苗债券"为GAVI的免疫项目融通资金。IFFIm自成立以来,到2018年年末已吸引了65.5亿美元的主权认捐,为GAVI在最贫困国家疫苗接种计划提供了26亿美元的资金支持。

(二) IFFIm 的运作流程

IFFIm资金基本用于帮助贫困国家购买和注射传统疫苗、新型疫苗,同时加强这些国家的卫生免疫体系。其运作分为如下几个步骤:第一,捐资国对疫苗基金联盟(VFA)作出具有法律效力的捐款承诺,这种承诺可以和某些融资条件绑定;第二,申请国在免疫协调委员会(Interagency Coordinating Committees, ICC)和疫苗分配机构(主要是 UNICEF 和 WHO)的协助下准备申请材料;第三,全球疫苗免疫联盟(GAVI)的独立审核委员会审议评估各国申请材料并报送GAVI理事会,经理事会批准后要求GAVI基金进行资金分配;第四,GAVI基金决定每一个项目资金来自传统捐助款和IFFIm资金的比例,向疫苗基金联盟(VFA)递交拨款申请;第五,VFA向IFFIm递交融资提案,如符合IFFIm的融资条件,IFFm批准提案;第六,VFA向IFFIm捐资国确认捐助意向,提出捐助要求;第七,VFA提请

IFFIm 融资主管批准资金分配计划,2006 年 2 月 21 日在 GAVI 联盟大会上正式确定由 WB 担任 IFFIm 融资主管,负责以 IFFIm 的名义向资本市场融资,同时进行债券流动性和债券管理;第八,资金由信托机构下发到申请国,信托机构一般是联合国儿童基金会(UNICEF)。

(三) IFFIm 在国际发展领域中的运用

第一,带动疫苗厂商有计划、一定规模的疫苗生产和开发,有望降低疫苗价格。IFFIm 启动后,厂商在得到 GAVI 指定疫苗、稳定期限的订单之后,再进行疫苗的研制,这是一种高效低成本的方法,可使得疫苗价格有很大的下降空间。

第二,推动常见传染病的群体免疫。对于一些常见的疾病,不仅获得注射的个人可以获益,而且其周围的人群也减少了被传染的可能从而间接获益,在一个区域达到群体免疫力。百日咳、黄热病等疾病已经确证了"群体免疫力"。

第三,推动受援国政府尽快加强本国医疗卫生条件,加大免疫投入。造成目前发展中国家免疫普及低下的原因主要在于购买疫苗和注射器的资金短缺,储存、运输疫苗等能力不足,缺乏整体规划,监管不力,政府对卫生资金的投入存在迟疑态度等;如果发展中国家有了用于免疫的稳定资金流入的预期,有利于它们进行整体规划,逐步开展疫苗引进和普及;一旦获得 GAVI 资助,需要每年提交项目进程报告,并接受世界卫生组织的监管,这也是发展中国家提高本国免疫水平的良好契机。

本章小结

随着国际发展融资体系的不断发展和完善,国际发展融资的供资主体逐渐变得越来越多样化,包括各 MDB、各类基金、国别发展融资机构以及其他私人部门。长期以来,全球性 MDB(由 IBRD 和 IDA 共同构成 WB)、区域性 MDB(如 IDB、ADB 和 AfDB)以及次区域性 MDB(如 CAF)等构成了国际发展融资的主要供给方。但由于它们对国际发展融资体系的"资金"和"制度"(或规则)供给并不能完全满足广大发展中国家的需要,其他多边、双边发展融资机构应运而生。除了由拉美和加勒比地区发展中国家建立并主导的 CAF 之外,近年来新兴经济体对国际发展融资体系的参与显著增多,同时还主导建立了 AIIB 和 NDB 等新的多边发展融资机构。除了发达国家政府继续提供传统官方发展援助资金外,各国(包括发达和发展中国家)政府以国家信用为基础,根据国家战略提供发展融资的金融机构即国别发展融资机构(也称为公共发展银行)也在国际发展融资体系中发挥越来越重要的作用。此外,私人部门等其他供资主体作用也在逐渐增强。

尽管上述各类发展融资主体不遗余力地为发展中国家提供国际发展资金,但国际发展资金总量不足仍是执行和实现相关国际发展议程的最主要困难。因此,国际社会还需要不断地探索融资工具创新以扩大融资规模,航空税、碳排放税、托宾税、新的特别提款权、国际融资便利和国际免疫接种资金援助机制是近年提出的影响力较大的新的融资方式。但这些新的融资方式的发展进程和实际效果参差不齐,国际社会仍需长期探索和努力。

关键词

全球性 MDB;区域性 MDB;次区域性 MDB;国别发展融资机构;融资创新机制

简答题

1. 国际发展融资体系的主体构成主要有哪些?
2. 新兴经济体建立新 MDB 的主要原因是什么?
3. 将 SDRs 作为发展融资的新方式,主要可发挥哪些作用?

思考题

1. 如何运用金融发展带来的融资方式的多元化来为增加国际发展融资资源的供给提供有效手段?
2. 未来新兴经济体在现有 MDB 中的地位会如何变化?会建立更多 MDB 吗?

第二篇
多 边 篇

第三章

多边开发银行的治理机制

当前由多种主体构成的国际发展融资体系主要形成于20世纪中后期。世界银行(World Bank, WB)作为全球性多边开发银行(Multilateral Development Bank, MDB),在某种程度上,是全球发展领域的领导者。其旗下的两个发展机构——国际复兴开发银行(International Bank for Reconstruction and Development, IBRD)参照市场利率向中等收入国家和信誉良好的低收入国家政府提供贷款,而国际开发协会(International Development Association, IDA)则向最不发达国家政府提供捐赠和利息接近于零的贷款。现有区域性和次区域性MDB包括美洲开发银行(Inter-American Development Bank, IDB)、亚洲开发银行(Asian Development Bank, ADB)、欧洲复兴开发银行(European Bank for Reconstruction and Development, EBRD)、欧洲投资银行(European Investment Bank, EIB)、非洲开发银行(African Development Bank, AfDB)和拉美开发银行(Development Bank of Latin America, CAF,该简称源于其原名"安第斯开发集团",Corporación Andina de Fomento)等,主要致力于区域内外基础设施建设和可持续发展项目融资。现有的世界主要MDB在机构设置、管理运营、资源整合、业务开展等方面积累了大量经验,同时在相互对比中又显现出各自的优点与不足。本章主要讨论国际主要MDB的治理机制的主要特征,并以WB及ADB为例证深入分析国际主要MDB的宗旨、职能及其治理机制。

学习目标:

1. 掌握并区分各MDB的宗旨和职能
2. 了解MDB的股权与投票权分配规则
3. 掌握MDB的治理结构

第一节 多边开发银行的治理机制

一、宗旨和职能

国际上影响力较大的 MDB 包括 WB、EBRD、EIB、ADB、IDB、AfDB 以及 CAF 等。这些 MDB 遍布欧、亚、美、非各大洲，为特定地区的经济发展提供便利条件。宗旨和职能是 MDB 设立的基础和方向标。

国际主要 MDB 的宗旨、职能以及其他主要功能的详细内容见本书第二章表 2-1。由表 2-1 可以看出，现有 MDB 的设立宗旨和服务职能各有侧重点，但大致可以分为以下四个层面：

一是减少贫困和促进经济发展。减贫和促进发展是开发银行设立的基本职能和传统目标。第二次世界大战之后建立的 MDB，如 WB、IDB 以及 AfDB，都以此为设立目标和服务宗旨。WB 主要通过为欠发达国家和地区提供贷款、信托基金与赠款、分析与咨询服务的职能来实现减贫和促进发展的设立宗旨；而 IDB 和 AfDB 则分别旨在减少美洲的发展中国家和非洲地区的贫穷和不平等。

二是促进区域发展和融合。MDB 的宗旨和职能往往具有明确的指向性，其服务对象为特定区域内的国家和地区。如 EBRD 通过帮助受援国政府制定政策和措施，协助中东欧国家向市场经济转型；ADB 旨在促进亚洲及远东地区经济增长和合作；AfDB 旨在促进非洲经济一体化；CAF 则通过为股东国家公共和私人客户提供高附加值的金融服务，致力于拉美地区的区域经济一体化建设。

三是促进社会弱势领域的发展。EIB、IDB 等 MDB 都具有这一宗旨和职能。为促进社会弱势领域的发展，这些 MDB 主要服务于中小微型企业。如 EIB 为促进欧盟国家经济发展的中小型企业提供最优贷款、服务以及附加价值；IDB 鼓励私人在项目、企业和促进经济发展活动中的投资。

四是促进可持续发展。为应对全球气候变化、环境污染，EIB 以可持续发展为目标：为良好的投资项目提供长期贷款，以实现欧盟的长期目标。此外，IDB 和 CAF 也都致力于促进区域内国家和地区的可持续发展事业。

从上面的分类可以看出，现有 MDB 都具有较为明确的设立宗旨及职能，大致集中在"减贫和促进发展、促进区域发展和融合、促进社会弱势领域发展以及促进可持续发展"四个领域。而各个机构自身的服务对象及发展目标却各不相同——

WB 致力于全球贫困地区的经济发展，EBRD 协助中东欧国家向市场经济转型，EIB 旨在通过支持投资活动促进欧盟长期目标的实现，ADB 的宗旨是实现亚洲及远东地区的经济发展和融合，IDB 注重美洲的发展中国家的减贫和可持续发展事业，AfDB 和 CAF 则分别致力于非洲地区的减贫、一体化以及拉美地区的可持续发展和区域一体化建设。

此外，多数 MDB 在功能定位上都存在一个较为普遍的现象：将发展援助、软贷款等政策性业务分列。WB、EIB、ADB、IDB、AfDB 都设立了专项基金，与发展援助、软贷款业务对接。

二、治理结构

公司治理结构是指公司法人在财产委托的代理关系下规定不同权利主体之间权、责等关系的一种管理制度，主要包括股东构成及股权分配、董事会结构以及机构设置等内容。公司治理的核心是在所有权和经营权分离的条件下，由于所有者和经营者的利益不一致而产生的委托-代理关系。公司治理的目标是降低代理成本，使所有者不干预公司的日常经营，同时保证经理层能以股东和公司的利益最大化为目标。

（一）股东构成及股权分配

股权结构是指在股份公司总股本中，不同性质的股份所占的比例及其相互关系。股权结构决定了企业组织结构和治理结构，最终决定企业的行为和绩效。

MDB 的股东构成和股权分配是对该机构的服务对象和权力分属最明确最直接的体现。表 3-1 列举了 7 家现有 MDB 的股东构成、股权分配方式、主要股东及其相应股权比重等情况，旨在总结出 MDB 设置股东构成及股权分配的一般规律。

表 3-1 主要 MDB 股东构成及股权分配情况

MDB	股东构成	股权分配方式	主要股东及相应股权比重(%)		股东构成及股权分配特点
WB	189 个国际货币基金组织(IMF)成员国	投票权	美国 日本 德国 法国 英国 总计	15.71 7.63 4.18 3.88 3.88 35.28	股东数目庞大且分布广泛，但股权高度集中于少数发达国家，机构政治化倾向严重

续表

MDB	股东构成	股权分配方式	主要股东及相应股权比重(%)		股东构成及股权分配特点
EBRD	71个股东:69个国家;2个多边机构:EIB以及EU	出资比例	美国 法国 德国 意大利 英国 日本 俄罗斯 加拿大 西班牙 EIB EU	10.09 8.59 8.59 8.59 8.59 8.59 4.04 3.43 3.43 3.03 3.03	股东中包含多边机构。欧盟国家、欧洲两大多边机构以及其他欧洲国家共持有大部分股份,保证了欧洲国家和机构的绝对权力
			总计	70.00	
EIB	全体欧盟成员国(共27个)	实缴资本	德国 法国 意大利 英国	18.78 18.78 18.78 11.27	区域内股东国占比100%。德、法、意、英是该机构的初始股东,因而占据大多数的股权份额
			总计	67.61	
ADB	68个股东:49个来自亚太地区,19个来自欧洲和北美洲	投票权	日本 美国 中国 印度 澳大利亚 印尼 加拿大 韩国	15.57 15.57 6.43 6.32 5.78 5.43 5.22 5.03	股东大多为亚洲发展中国家(地区)及欧美发达国家。在游说西方国家参与运作的同时,为确保对ADB的控制,要求亚太地区国家应至少持有60%的投票权
			总计	65.35	
IDB	28个美洲国家,20个非美洲国家(16个欧洲国家,4个亚洲国家)	投票权	美国 阿根廷 巴西 墨西哥 日本 加拿大	30.00 11.35 11.35 7.30 5.00 4.00	美洲区域内的美国、加拿大以及其余26个拉美和加勒比地区股东国的持股比重共计84%
			总计	69.00	

续表

MDB	股东构成	股权分配方式	主要股东及相应股权比重(%)		股东构成及股权分配特点
AfDB	54个非洲国家,26个非洲以外的国家(14个欧洲国家,4个美洲国家以及8个亚洲国家)	投票权	尼日利亚 德国 美国 埃及 日本 利比亚 南非 阿尔及利亚 总计	16.84 7.42 5.47 4.77 4.53 4.20 4.17 4.06 51.46	非洲国家股权为60.36%,确保了控制权
CAF	拉美及加勒比地区的17个国家,2个欧洲国家(西班牙、葡萄牙)以及13个私人银行	实缴资本	秘鲁 哥伦比亚 委内瑞拉 阿根廷 巴西 总计	49.00 10.00 8.40 67.40	发达国家股权比重低(仅为3.8%);四大股东均为拉美较发达国家,其中秘鲁、委内瑞拉和哥伦比亚为"安第斯五国"[1]成员

注:数据更新至2020年年底。有投票权统计的,以投票权为准;未公布投票权的,按出资比例或实缴资本计算股份。

资料来源:除CAF数据来自S&P Global[2]外,其余来源于各机构官方主页。

由表3-1可知,7个现有MDB之中,唯有WB是致力于全球的减贫及促进发展事业,因此其股东数目庞大且分布广泛,股权高度集中于少数发达国家,机构显现出一定的政治化倾向。其余6个MDB的股权结构设置总体上有以下三大特点。

一是股权结构以区域内成员国为主。区域内股东国的数目占到总数的大部分,这部分股东的股权分配也具有明显的优势。区域内股东占比最高的达到100%(EIB),最低的也有60%以上(AfDB),且这一比重正呈现上升之势。这样做的目的是保障区域内特定服务对象的权力,使机构的设立宗旨和职能能够实现。

二是美国和日本两国参与程度高。美国具有全球影响力,日本持有巨额的外汇积累,这两国在各自主导的MDB中的股权比重分别高达30%(IDB)和12.8%(ADB)。其次是欧洲国家,在MDB中的参与程度也比较高。

三是机构股东的参与程度低。在上述7家MDB中,只有EBRD的股东中含

---

[1] "安第斯五国"是指委内瑞拉、哥伦比亚、秘鲁、厄瓜多尔和玻利维亚。
[2] S&P Global, Corporacion Andina de Fomento, p6, August 2020.

有多边机构:EIB 和 EU,但这两者都处于欧洲区域内,为代表欧盟而吸纳入股;只有 CAF 有私人机构的参与,但是这 14 家私人银行仅占有 0.1% 的股权比重,几乎可以忽略不计。

(二) 组织机构

1. 理事会

在国际重要的 MDB 中,除 CAF 的最高权力机构是股东大会,其余 6 家机构的最高权力机构都是理事会。在理事的任命方面,只有 EBRD 的理事是由董事会选举产生,其余 5 家 MDB 的理事均由成员国指派,往往是各国的财政部长、央行行长或其他经济金融领域的高级官员。

现有国际 MDB 理事会的职责有:除保留某些方面的权利,将一切权利授予董事会;指派任命董事会成员等。一般而言其具体权利有:筹备董事会;在董事会的指导下制定政策和提出有关贷款、担保和资本及借款投资的建议,提供必要的技术援助和开展其他业务;在每年的董事会会议上提交审计报告、批准银行预算等。

通常理事会设主席一人,副主席二人,在每届理事会会议结束时选举产生。

2. 董事会/执行董事会

7 家 MDB 中,WB 和 IDB 的最高执行机构是执行董事会,而其余 5 家机构的最高执行机构则是董事会。所谓的执行董事会是指,其成员——执行董事是在董事会内部接受委任担当具体岗位职务,并就该职务负有专业责任的董事。执行董事会和董事会在实质上并没有太大区别,都是 MDB 事实上的最高管理决策机构,执行明确规定赋予理事会的权限外的其他重大权利。这些权利包括审批银行贷款项目,监督机构的全面业务及对政策方针做出决定。执行董事会还负责在年会上向理事会提交财务审计报告,行政预算,有关业务活动和政策的年度报告,以及被认为需要提交理事会讨论的其他任何事项。

现有 MDB 中(执行)董事及候补(执行)董事的任命方法有四种:提名委任、理事会选举、委任和选举相结合以及授予股东。具体情况如表 3-2 所示。

表 3-2　主要 MDB 最高执行机构成员任命情况

MDB	最高执行机构	(执行)董事及候补(执行)董事任命方法	具体情况
WB	执行董事会	委任、选举相结合	5 名执行董事由美、日、德、英、法五大股东国委任,其他 19 名执行董事由其他成员国自由组成的 19 个选区选举产生
EBRD	董事会	提名委任	各成员国任命一名董事及一名副董事,每个成员国派驻的董事和代表均服务于其任命国
EIB	董事会	提名委任	理事会根据成员国政府和欧共体委员会的提名任命 22 名董事和 12 名候补董事

续表

MDB	最高执行机构	(执行)董事及候补(执行)董事任命方法	具体情况
ADB	董事会	理事会选举	董事会由理事会选举出的 12 名代表组成
IDB	执行董事会	提名委任	14 名执行董事代表 48 个成员国,14 名候补董事可以替代缺席的董事
AfDB	董事会	理事会选举	董事会由理事会选举产生,每位董事任期 3 年,可连任一届
CAF	董事会	授予股东	股票分为 A、B、C 三个系列,不同系列的股票持有者被授予不同数量的董事和候补董事代表权

3. 执行委员会

MDB 的董事会授权执行委员会在董事会休会期间行使管理和监管职权,执行委员会的职责主要有:公司重大战略、策略的规划,并报经董事会决议后执行;公司重大投资和融资项目的筹划,新事业的规划,并报经董事会决议后执行;公司年度事业计划审核,并报经董事会决议后执行;负责公司重大经营活动的监控;负责公司的组织提升、流程再造;公司中层以上重要的人事(不含高级管理人员)任免,及中层以上管理人员的目标责任制考核;董事会授权执行委员会行使的其他职责。

现有 MDB 形成的以行长为首的行政管理体系是各机构业务的实施主体。

(1) 行长、副行长。

现有 MDB 的最高行政长官都是行长。行长作为机构的法人代表,负责银行的日常管理实务,并遵循董事会的条例负责员工和官员的管理、任命和解职。多数 MDB 的行长由董事会/执行董事会选举产生,如 WB、EBRD、CAF;部分机构的行长由理事会选举产生,如 ADB、IDB;只有 ADB 的行长是经董事会推荐、理事会选举产生的。除 EBRD 的行长任期是 4 年外,其他机构的行长任期均为 5 年。

现有 MDB 的执行委员会除行长外,均设有副行长 4—5 名。副行长由董事会任命或经行长推荐产生,协助行长进行机构的一般管理、业务的精简和流程的支持。这一职位的任期一般也是 5 年左右。在行长缺席的情况下,由副行长行使行长的一切权利。

(2) 执行机构设置。

WB 的执行机构分为三大类。第一类是一般管理部门,包括行长办公室、常务副行长、内部审计、首席财务官、法律部、对外事务部、人力资源部、机构财务与风险管理部等,这些部门间是平行关系。第二类是地区部门,包括非洲地区服务部、东亚和太平洋地区服务部、欧洲和中亚地区服务部、拉美和加勒比地区服务部、中东和北非地区服务部以及南亚地区服务部。第三类是网络部门,包含金融和私营

部门发展网络、业务政策和国别服务网络、减贫与经济管理网络和可持续发展网络等。

EBRD 和 EIB 的执行机构设置相对简单。EBRD 的平行部门包括客户服务、金融、人力资源与企业服务、风险合规、法律室、秘书处、首席经济家、通信、公司战略、内部审计等。EIB 的结构设置包括总秘书处、法律事务部、企业服务部、运营、交易管理及重组部、财务部、项目部、风险管理、监察部、合规、财务管控和内部审计部等。此外,EIB 的分支机构有:设在罗马的意大利部和设在伦敦的联络处以及设在布鲁塞尔的代表处,主要负责与共同体其他机构进行联络。

ADB 的机构设置见本章第二节"以行长为代表的管理层"。

在 IDB 的机构设置上,由三大副行长分管三大领域。国家办事处副行长,直接管理南方集团国家办事处,安第斯集团国家办事处,加勒比集团国家办事处,中美、墨西哥、巴拿马以及多米尼亚共和国国家办事处。这四个国家办事处分别负责管理辖区范围内的国家;部门和知识副行长,负责管理研发和首席经济师部、公共设施与环境部、社会部、部门发展机构、知识和学习部、整合和贸易部。此外,还有五个部门独立于部门和知识副行长的管辖,它们分别是:财务部、人力资源部、信息技术部、预算和行政服务部以及法律部;私人部门及非主权担保业务副行长,下属多边投资基金办公室、结构融资及公司融资部、主体部门机遇办公室。

AfDB 的行长及行长办公室下属部门包括项目委员会秘书处,项目执行监督部,计划和预算部,战略办公室,总秘书处,道德审查办公室,协商和法律部,外部关系和沟通部等十个部门。副行长下属部门包括首席经济学家办公室,金融服务办公室,公司服务办公室以及国家和地区项目与政策办公室,各部门项目办公室,基础设置、私人部门和地区一体化办公室六个办公室。

CAF 的机构设置如下:总顾问办公室、财务总监及审计办公室、总法律顾问办公室、秘书及对外事务部以及战略沟通部直属行长办公室。行长办公室下属十个部门,分别为社会和环境发展部、发展策略和公共政策部、财务部、基础设施部、生产与金融部、国家计划部、后勤与行政服务部、业务和技术部、人力资本部和信贷管理部。该集团的执行机构还包括阿根廷、玻利维亚、巴西、哥伦比亚国、厄瓜多尔、巴拿马、秘鲁、西班牙以及乌拉圭 9 国的国家办事处。

此外,纵观 MDB 对于执行机构人员设置情况,多是由董事会委派,这种传统做法可能会导致机构臃肿及管理层绩效的降低。

4. 审计委员会

在部分 MDB 的治理结构中,审计委员会处于继(执行)理事会、董事会以及执行委员会之后的第四层级。

在 7 家 MDB 中,EBRD、EIB 以及 CAF 专门设有审计委员会,履行以下职责:银行财务报表和会计、财务报告及披露政策和实践的整合;确保银行已建立的有关会计和金融问题及其有效实现的内部控制管理制度的稳健性;确保独立行使其权利的能力和地位,执行银行的合规、内部审计、评估和风险管理职能;外部审计的独立性、资格和表现;其他责任范围内的事务。审计委员会通常由董事会选举出的董事及行长组成,设主席一名,任期2年。

WB、ADB、IDB以及AfDB都没有专门设立审计委员会,但是设置了相应功能的部门和办公室。如IDB的审计执行办公室,主要功能是提供内部审计,旨在增加价值和改善银行的业务;AfDB的总审计办公室,为银行所有审核通过的项目和计划制定和实施全面完善的审计计划,同时对银行每一层次的管理活动提供定期、客观、独立的评估和审计。

第二节　世界银行的治理机制

一、世界银行的宗旨与职能

(一) 世界银行集团

世界银行集团(World Bank Group, WBG)由国际复兴开发银行(the International Bank for Reconstruction and Development, IBRD)、国际开发协会(the International Development Association, IDA)、国际金融公司(International Finance Corporation, IFC)、多边投资担保机构(Multilateral Investment Guarantee Agency, MIGA)和解决投资争端国际中心(International Centre for Settlement of Investment Disputes, ICSID)五个成员机构组成。其中,IBRD和IDA共同构成了一般意义上的世界银行(World Bank, WB),这一层次的概念与"发展融资"密切相关,也就是本书的研究对象。

早期的WB就是指IBRD。1944年7月在美国布雷顿森林举行的联合国货币金融会议上通过了《国际复兴开发银行协定》[1],1945年12月27日,28个国家政府的代表签署了这一协定,并宣布IBRD正式成立。1946年6月25日IBRD开始营业,并于1947年11月5日成为联合国专门机构之一。创始之初,IBRD的使命是帮助遭到第二次世界大战破坏的国家进行重建和恢复。截至2021年5月底,IBRD共有189个成员国[2],主要面向中等收入国家和资信良好的低收入国家,

---

[1] WB, International Bank for Reconstruction and Development Articles of Agreement, June 27, 2012, http://siteresources.worldbank.org/EXTABOUTUS/Resources/IBRDArticlesOfAgreement_links.pdf.
[2] https://www.worldbank.org/en/who-we-are/ibrd.

旨在通过贷款、担保、风险管理产品以及调研和咨询的非贷款服务帮助发展中国家消除贫困并促进经济增长。IBRD的资金实力使其能够从资本市场上以较低成本筹资,并向借款国提供条件优惠的贷款。

截至2021年5月底,成立于1960年的IDA共有173个成员国[1],是WB的无息贷款(软贷款)和赠款窗口,它向世界上最贫穷的国家(几乎或根本无能力按市场条件筹借资金)提供无息贷款和赠款,同时也会向较穷的发展中国家和地区的公共工程和发展项目提供比IBRD贷款条件宽松的长期贷款,促进欠发达国家的经济社会发展。IDA信贷资金来自捐款国捐资、IBRD净收入转移、IFC的赠款以及IDA信贷回流。

由IBRD和IDA共同构成的WB是国际发展融资体系中最重要的全球性MDB,其宗旨与职能、治理结构以及财务和业务可持续性指标在很大程度上是其他MDB建设的参照对象。

(二) WB的宗旨

按照《国际复兴开发银行协定》的规定,WB的宗旨是:

第一,通过使投资更好地用于生产事业的办法以协助成员国境内的复兴与建设,包括恢复受战争破坏的经济,恢复生产设施以满足和平时期的需要,以及鼓励欠发达国家生产设施建设与资源开发。

第二,利用担保或参与私营贷款及其他民间投资的方式,促进外国民间私人投资。当民间资本不能在合理条件下获得时,则在适当条件下,运用本身资本或筹集的资金及其他资源,为生产事业提供资金,以补充民间投资的不足。

第三,用鼓励国际投资以发展成员国生产资源的方式,促进国际贸易长期均衡地增长,并保持国际收支的平衡,以协助成员国提高生产力、生活水平和改善劳动条件。

第四,就本行所贷放或担保的贷款与通过其他渠道的国际性贷款相关者作出安排,以便使更有用和更迫切的项目,不论大小都能优先进行。

第五,在执行业务时恰当地照顾到国际投资对各成员国境内工商业状况的影响,在紧接战后的几年内,协助促使战时经济平稳地过渡到和平时期的经济。

事实上,WB成立的初衷是资助西欧国家恢复战后经济,上述宗旨反映了这一点。鉴于美国在1948年提出了欧洲复兴计划(the European Recovery Program)(又称马歇尔计划),欧洲各国的经济复兴所需资金主要由马歇尔基金解决,WB的业务重点遂转向发展中国家,主要为发展中国家提供中长期贷款、投资和技术援助,促进发展中国家经济和社会发展。

---

[1] https://www.worldbank.org/en/about/leadership/members#2.

随着社会经济的进一步发展,影响人类生存和发展的其他社会问题日益暴露出来,并引起了全世界的关注,这些社会问题导致了WB业务重心的再次转移。20世纪90年代,WB的业务重点包括五个方面:减少贫困、环境保护、人力资源开发、减轻债务负担以及加强私营部门的发展。此后,减贫成为WB工作的重中之重。当前,WB的使命是"为消除贫困而努力",致力于建立一个没有贫困的世界。根据2000年联合国大会通过的"千年宣言",WB制定了千年发展目标:消除极度贫困和饥饿;实现普及初等教育;促进妇女权利平等和赋权以帮助她们自助,降低儿童死亡率;改善孕产妇健康;防治艾滋病、疟疾及其他疾病;保护环境和自然资源;建立国际发展伙伴关系。

由此,WB的工作重点就是实现千年发展目标和可持续的减贫工作,利用资金、人员及丰富的经验,帮助发展中国家减少贫困,加速经济增长,提高生活质量。

(三) WB的职能

WB的宗旨决定了WB有如下主要职能。

1. 贷款

WB通过IBRD和IDA提供两种基本类型的硬贷款和软贷款,即"投资贷款"和"发展政策贷款"。借款国将"投资贷款"用于货物和服务采购以及工程建设,以支持实施经济和社会各部门的发展项目。"发展政策贷款"(以往称调整贷款)可提供快速支付型融资,支持国别政策和制度改革。

WB贷款有三个限制条件。第一,贷款是长期的,一般为15—20年不等,宽限期为5年左右,利率为6.3%左右。第二,只有成员国(申请成为WB成员国的国家,首先须是IMF的成员国)才能申请贷款,私人生产性企业申请贷款要由政府担保。第三,成员国申请贷款一定要有工程项目计划,贷款专款专用,接受WB的监督,WB每隔两年要对其贷款项目进行一次大检查。

2. 信托基金与赠款

捐赠国政府和广泛的私营和公共机构将款项存入由WB保管的信托基金,这些赠款资金用于撬动各类发展项目的实施。这些发展项目在规模和复杂性方面存在很大差异,既有投资几十亿美元的项目,如碳金融、全球环境基金以及抗击艾滋病、结核病和疟疾全球基金等项目,也有规模很小的单个项目。WB直接向公民社会组织提供的赠款强调广泛的利益相关方在发展过程中的参与,其宗旨是提升贫困和边缘化群体在发展过程中的话语权和影响力。IDA赠款或由合作机构直接资助,或通过这些机构进行管理。长期以来,此类赠款的用途为:减轻重债穷国的债务负担;改善卫生条件和供水设施;支持免疫接种工作,以降低疟疾等传染病的发病率;阻击艾滋病流行;资助公民社会组织;制定温室气体减排计划。

3. 分析与咨询服务

WB 不仅是个全球性融资机构，它还通过各种方式向其成员国提供分析研究服务和信息。例如，开展环境、贫困、贸易和全球化等领域的经济研究和数据采集；开展国别非贷款类工作，如经济和部门工作。此项工作通过考察一国的银行业系统和金融市场以及贸易、基础设施、贫困和社会保障网络等事项评估其经济前景。

4. 能力建设

WB 的另一项核心任务是增强其发展中国家合作伙伴和人民以及 WB 工作人员的能力，帮助他们获得提供技术援助、改善政府绩效和提供服务、促进经济增长以及持续实施减贫计划所需的知识和技能。

二、股份与投票权的决定

(一) 股份与投票权

成立初期，WB 的法定资本为 100 亿美元，分为 10 万股，每股 10 万美元。所有成员国均要认购股份。《国际复兴开发银行协定》中并未规定成员国认缴股份数量的计算方法，只给出创始国认缴股份的最低额：第二条第二节(a)项规定，其他会员国应认缴的最低额由银行决定，而 WB 得保留足够的资本股份额供此类成员国认缴。即，创始成员国的份额已列明，非创始国的份额在加入时由 WB 决定。一般而言，一国所认购股份数量取决于该国的经济实力，同时参照该国在 IMF 的份额大小而定。成员国所认购的股份须实缴 20%（其中 2% 用黄金或美元缴纳，18% 用成员国本币缴纳），其余 80% 在 WB 催缴时，用黄金、美元或 WB 需要的货币缴纳。

随着业务的开展，WB 需要不断增加股本（即"增资"），成员国在初始股份基础上还会相应增加认缴股份。然而，《国际复兴开发银行协定》并未明确规定增资程序，仅有的相关规定是第二条第二节(b)项：银行认为需要时，经总投票权 3/4 多数通过，即可增资。其他有关增资的时间、负责机关等内容，都未明确规定。在 WB 因为业务需要（例如为适应成员国贷款需求增加）而增资时，已有成员国有优先购买权（preemptive right），保持 WB 成员国的既有股权结构不变，此即"普遍增资"（General Capital Increase）。在实践中，普遍增资也常伴随个别成员国股份比例的适当调整，此即"选择性增资"（Selective Capital Increase）。选择性增资并非出于业务需要，其主要目的是调整个别成员国的份额和投票权占比以适时反映它们变化了的经济实力。

但《国际复兴开发银行协定》明确规定的增资模式仅有普遍增资，并没有选择性增资。选择性增资以稀释其他国家的股权为条件,改变了成员国的相对地位,打破了既有利益格局,因此是相当敏感的政治博弈过程。实践中,选择性增资几乎都是在个别国家的强烈要求下发起的份额审查的结果,具体而言,WB 的选择性增资可能由三种情况引起。第一,成员国在 IMF 中的份额占比调整。"平行原则"(principle of parallel)(即要求成员国在 WB 的份额与其在 IMF 中的份额保持平行的原则)一直主导 WB 的份额分配,所以 IMF 的选择性增资[1]带动 WB 的选择性增资。第二,新成员国加入 WB。根据《国际复兴开发银行协定》,WB 应保留足够的资本股份供申请加入的国家认缴。即 WB 可将总股本中未认缴的部分向新成员国定向募集,然而在实践中,WB 也可通过选择性增资扩大股本总额。第三,发达国家常以 IBRD 中的选择性增资作为批准对 IDA 的补充资金计划(replenishment)的条件,即利用对 IDA 进行资金补充的时机,提出"提高其在 IRBD 中的份额"的条件。

投票权决定了成员国在 WB 决策过程中影响力的大小,因此,投票权如何分配一直是 WB 内部争论不休的问题。在理事会中,成员国理事的投票权等于该成员国的投票权;在执董会中,委任产生的执董的投票权等于该国投票权,选举产生的执董投票权等于选举该执董的成员国投票权之和。WB 成员国的投票权分为基本票和份额票。每个成员国均有基本票 250 票,体现了各国平等原则;份额票的数量取决于成员国在 WB 中的股份权重,每股为 10 万美元(以 1944 年美元价值计量),反映了各国的国际经济地位及其对 WB 的贡献。

(二) 股份的决定

布雷顿森林公式(Bretton Woods Formula)是计算 WB 成员国股份的依据。尽管几十年来布雷顿森林公式经过多次修订,但其基本的五个参数并没有变化,分别是国民收入、平均出口额(或国际收入)、平均进口额(或国际支出)、美元或黄金储备、平均出口波动(国际收入波动),变化的只是参数的权数以及算术表达式的连接项。

1944 年的布雷顿森林会议成立了一个由美国人弗里德·文森担任主席的特别委员会(ad hoc committee)专门负责制定 IMF 份额的分配方案,WB 的股份分配借用 IMF 的份额分配公式,五个参数相同,只是每个参数的权重稍有不同[2]。在特别委员会上,几乎所有与会国家都希望争取到更多的份额,中国和印度强调人口因素,英国主张进出口额优先考虑,美国对国民收入表现出更大的兴趣,法国指出人口范畴不仅应涵盖本土还应涵盖海外殖民地。布雷顿森林会议最终强调以下原

---

[1] IMF《协定》规定,"如理事会觉得合适,亦可根据有关成员国的要求,在任何其他时候单独调整该国之份额,以便更好地反映各成员国在世界经济中相对地位的变化"。
[2] Ngaire Woods, Governance in International Organization, Intergovernmental Group of 24 on International Monetary Affairs, G-24/97/3.

则：成员国认缴股份的能力，主要参考黄金储备量、可兑换黄金的货币储备、国民收入等指标；成员国对 IMF 资金需求的主要参考指标是成员国国际收支的浮动；成员国在国际经济中的地位，主要体现为进出口额、对外投资、国民总产值等指标。即，布雷顿森林公式既要体现成员国的相对经济实力及其在国际货币体系中的地位，也要考虑它们对维持国际货币体系平衡所能做出的贡献。直到 20 世纪 50 年代，上述初始布雷顿森林公式[1]依然被用作决定 WB 和 IMF 新成员国初始份额的基础公式。但它的不合理性逐渐显现，中小国家因份额不足而无法得到足够贷款，调整布雷顿森林公式的呼声越来越高：小国的份额特别是那些严重依赖于原材料出口的国家的份额应大幅增加；依据调整后的公式计算所得份额应大致与现行公式计算所得份额相等，新公式应使 IMF 有足够可用资金以满足成员国借款需求。

鉴于此，布雷顿森林公式得到调整，新公式最显著的特点是它不再是单一公式，而是由一个经修订的布雷顿公式和四个补充公式构成的多公式组合。[2]

布雷顿森林公式的调整是发展中国家和发达国家长期协调博弈的结果。例如，发展中国家认为国民收入指标未体现成员国在国际货币体系中的权利和义务，同时因存在汇率差异，各国的国民收入指标无法客观反映其本国的购买力，从而缺少可比性，因此国民收入系数在新公式中被调低。再如，发展中国家指出黄金和外汇储备具有偶然性，不能客观反映成员国的国际收支调节能力，而发达国家则认为该指标衡量了成员国对 IMF 运作所能做出的贡献大小，因此在新公式中得到保留。国际贸易指标(进口平均值、出口平均值和出口波动幅度)在新公式中得以保留并得到很大的加强，反映了发展中国家，尤其严重依赖出口且需求助于 IMF 贷款的成员国的利益。

多公式的方法在形式上满足了发展中国家的要求但并没有在实质上触及发达国家利益。依据修正后的布雷顿公式计算所得份额对外汇储备、国民收入额度较高、出口额度较低的国家相对有利，而这些国家往往是发达国家；依据四个调整公式计算出的份额对发展中国家较有利。成员国的最终份额等于依据修订的布

---

[1] 份额 = $(0.02Y+0.05R+0.10M+0.10V) \times (1+X/Y)$，其中，$Y$ 代表 1940 年国民收入，R 代表 1943 年 1 月 1 日黄金和美元储备；M 代表 1934—1938 年平均进口；V 代表 1934—1938 年出口最大波动幅度；X 代表 1934—1938 年平均出口。

[2] $Q_1 = (0.01Y+0.025R+0.05M+0.2276V)(1+X/Y)$（修订后的布雷顿森林公式）
$Q_2 = (0.0065Y+0.078R+0.5065V)(1+X/Y)$
$Q_3 = (0.0045Y+0.070R+0.9622V)(1+X/Y)$
$Q_4 = 0.005Y+0.044X+0.044M+1.044V$
$Q_5 = 0.0045Y+0.039X+0.039M+1.304V$（调整公式）
其中，Q=份额；Y=国民收入；R=黄金和外汇储备；X=平均年出口(取五年的平均值)；M=平均年进口(五年的平均值)；V=出口波动。新成员国的份额由以下方法确定：先将成员国的各统计数字代入公式，其中 X，M 分别用平均年出口和平均年进口代入，得到第一套五个数据(set one)，再将平均国际支出和平均国际收入代入 X，M 得到第二套五个数据，将修订后的布雷顿森林公式的第一、第二套数据平均得到 data1，将 Q_2—Q_5 的第一套和第二套数据中最小的两个数据分别取平均数，再将两平均数再取平均数得到 data2，某一成员国的份额就等于 data1 和 data2 中的较大者。

雷顿森林公式得出的数据 1 和依据补充公式得出的数据 2 的较大者。

布雷顿森林公式的第三阶段[1]的突出特点是用国际收入、国际支出指标代替了出口额和进口额,这使公式包含的内容更加全面。国际收支指标能够反映除了进出口之外的其他收支内容,包括旅游收入、侨民汇兑等国际收支项目。此外,新公式将国际收入波动指标的权数降低了,而这显然不利于发展中国家。

(三)决策规则

WB 采用的投票规则是特别多数表决制。特别多数表决制考虑了大多数国家的意见,同时,兼顾了决策的效率与公平,体现了决策民主制的本意——多数人的统治。但"特别多数"的范围也很宽,包括 2/3、3/4、4/5 以及 85% 等多种层次,支持率要求越高则组织效率越低,但决议也越慎重和权威,因而适用于更加重要的决议事项。

表 3-3 《国际复兴开发银行协定》中关于投票规则的部分规定

决议事项	决策机构	要求票数
增加股本	理事会	总投票权 3/4
增加执董名额	理事会	总投票权 4/5
买卖证券	执董会	总投票权 3/4
净收入的分配	理事会	/
暂停成员国资格	理事会	过半数总投票权
停止成员国资格	理事会	总投票权 3/4
停止营业后分配银行资产	执董会	2/3 多数票通过
修订《国际复兴开发银行协定》	理事会	3/4 成员国且有 4/5 总投票权通过

资料来源:WB,《国际复兴开发银行协定》,https://www.worldbank.org/en/about/articles-of-agreement/ibrd-articles-of-agreement。

事实上,WB 只有少数决议会付诸投票表决,除非某位董事或理事提出要投票表决;无论是执董会还是理事会,大多数决议的通过,甚至很多重大问题的决策,都是建立在"协商一致"的基础上。《国际货币基金组织规章》C-10 规定了协商一致的程序,但《国际复兴开发银行协定》及《国际复兴开发银行附则》(By-Laws of

---

[1] $Q_1 = (0.01Y + 0.025R + 0.05P + 0.2276VC) \times (1+C/Y)$ (修改后的布雷顿森林公式)
$Q_2 = (0.0065Y + 0.02055R + 0.078P + 0.4052VC) \times (1+C/Y)$
$Q_3 = (0.0045Y + 0.03896768R + 0.07P + 0.76976VC) \times (1+C/Y)$
$Q_3 = 0.005Y + 0.042280464R + 0.044(P+C) + 0.8352VC$
$Q_4 = 0.0045Y + 0.05281008R + 0.039(P+C) + 1.0432VC$ (调整公式)
其中,Q 是份额,Y 是近年 GDP;R 是近年月平均外汇储备;P、C 是年平均国际支出和国际收入;VC 是国际收入波动,定义为过去 13 年内的 5 年移动平均线的差异。某一成员国的份额是以下较高值:(1)根据修改后的布雷顿森林公式计算出的份额;(2)四个调整公式计算出来的结果中最低的两个数值的平均值。

the IBRD)[1]并没有关于协商一致表决方式的规定。[2]协商一致的优点在于灵活性,如果各方都认真寻求妥协,协商一致即有可能保证一致接受。有些西方学者认为"由于执董之间关系融洽,代表投票权数较多的董事对于运用投票权非常慎重,投票权数较少的董事除非由于重大原因,也轻易不反对大国董事的意见,由于对抗减少了,董事会还出现了礼尚往来的气氛。"[3]甚至有些西方学者认为,协商一致减少了成员国间投票权的差异带来的不满。协商一致模糊了成员国投票权的差异,在实践中增加了G7以外的国家在实质性问题上发表意见的机会。然而,也有人认为协商一致并不能体现民主和参与性。协商一致是闭门会议,没有正式的投票表决记录以供查看,它不同于一致通过的正式法律程序,后者要求将各方的反对票和反对意见记录在案并向外界公开。

值得重视的是,WB和IMF基本文件所规定的需特别多数表决的事项呈现增加的趋势。在美国的提议下,1989年WB通过了议案,将《国际复兴开发银行协定》规定的修改该协定所需的特别多数票由80%提升到85%,这使美国的"一票否决权"得到加强,一定程度上抵消美国在WB中相对实力下降的影响。鉴于此,"协商一致"方式就显得更加灵活适用,这也是协商一致广泛运用的原因之一。

总之,WB还缺乏一个建立在逻辑基础上的合理的多数通过机制,尤其对于重要事项所需投票权的具体数额是70%、75%,还是85%,目前还缺少理论基础。正如李斯特所说,很难在事后解释哪些表决事项被赋予特定多数表决的原因。[4]很多情况下,某项决议通过需要多少投票权最合适的问题最终由各方协商决定,一方支持增加特别表决的事项或增加具体投票权要求,而另一方希望减少,各方往往都是从利益出发,而不是从逻辑出发。

三、组织结构

WB由各成员国政府出资设立,其所有权属于所有成员国政府(股东),其治理结构(IBRD和IDA共用一套组织机构,如无特别说明,以下以IBRD为例)包括理事会(股东大会)、执行董事(执董)会以及行长等三个层次。

(一) 理事会

理事会即股东大会,是WB的最高权力机关和决策机构,每年开会一次。理

---

[1] http://web.worldbank.org/WBSITE/EXTERNAL/EXTABOUTUS/ORGANIZATION/BODEXT/0,contentMDK:21353435~menuPK:64020045~pagePK:64020054~piPK:64020408~theSitePK:278036,00.html
[2] 主席通常应确定会议的总的意向,而无需正式投票。任何执董都可以要求投票。
[3] Frederick K. Lister, Decision-making Strategy for International Organization, University of Denver, 1983, p. 87.
[4] Ibid., p. 56.

事会由各成员国委派的理事和副理事各一名组成,一般是各国财政部长或中央银行行长出任,任期5年,可连任。

《国际复兴开发银行协定》赋予理事会管理银行的一切权利,且特别规定以下权利只能由理事会行使,不得授权其他机构,这些权利包括:批准新成员的加入及其加入的条件,暂停和取消成员资格,增加或减少银行资本,审议财务报告和预算,决定银行净收益的分配,批准WB基本文件的修改,批准解散银行,裁决执董会在解释银行协定方面发生的争议,正式批准同其他国际机构签订正式协定,执董的选举等重要权利。各国理事以其本国享有的投票数为限投票,但各国的投票权并不是平等的,而是根据各自持有的股份数量决定,重大事项则须由85%以上的表决权同意才能通过。在2010年的第二轮投票权改革以后,西方几大经济体在IBRD中的投票权占比出现了一定程度的下降,同时中低收入国家在WB中的投票权总占比有所上升,但这种调整的幅度非常有限。IBRD和IDA等WBG五个子机构各成员国的投票权及选区结构见WBG官网。[1]

(二) 执董会

执董会是WB的常设执行机关,是WB事实上的管理决策机构,它由理事会选出,行使由理事会授予的职权,并对理事会负责,执董会议由行长主持。WB章程规定,自2010年11月起,WB执董会由25名执董组成,其中5名由持股最多的成员国委派,其余20名则由其他成员国执董组成选区选举产生。执董每两年委派或选举一次;须有持投票权总数半数以上的执董出席,才能召开执董会议。

《国际复兴开发银行协定》第五条第四节规定:"执董负责处理银行的日常业务,为此,应行使理事会所委托的一切权利",除了《国际复兴开发银行协定》中明确规定的保留权限外,理事会的其他重大权力都授权给执董会。执董会在WB的日常业务和战略方向上发挥着重要作用。第一,负责审议WB行长提交的IBRD和IDA的贷款、信贷和担保建议,政策和行政预算并作出决策;第二,负责讨论国家合作战略和国际援助问题;第三,负责向理事会提交财务审计报告、行政预算报告和有关WB业务和政策的年度报告以及其他需提交讨论的议题文件;第四,执董们定期访问成员国,以获得对该国经济和社会发展挑战的第一手信息并检查WB援助项目的执行情况。

执董会所提出的建议往往都能得到理事会通过,因此,执董会的实际权力非常大,是WB最核心的机构。

(三) 行长

行长是WBG的行政首脑,对外代表WBG,既是IBRD和IDA的执董会主席,也

---

[1] https://www.worldbank.org/en/about/leadership/votingpowers.

是 WBG 中其他三个机构(IFC、MIGA 和 ICSID)的董事会主席。这种地位并不是由组织文件赋予的，而是历任行长延续下来的不成文惯例。《国际复兴开发银行协定》中关于行长的地位仅有第五条第五节规定："行长在执董会的指导下处理银行日常业务，并在执董会总的管理下负责官员和工作人员的组织、任命及辞退。"与理事会和执董会的法律地位不同，WB 行长、官员和其他职员应完全向 WB 负责，而不对其他任何官方负责。行长出席并主持执董会议但并不享有表决权，只有当意见相反的双方投票数相等时，行长才能投出决定性的一票。WB 行长任期五年，由执董会以简单多数选出。但长期以来，行长职位一直由美国人担任，这是自 WB 建立以来的惯例(在布雷顿森林会议上，英美两国达成协议由欧洲人出任 IMF 总裁，由美国人担任 WB 行长)。

虽然《国际复兴开发银行协定》并未赋予行长明确的权利，但实际上，行长的影响力很大。对于存在重大意见分歧的议题，行长的态度对最终决策具有举足轻重的作用。

首先，行长的权利可以表现在执董会的表决程序中，虽然根据《国际复兴开发银行协定》，执董会的决议以董事投票方式决定，然而，实践中，执董会的一种长期建立起来的决议方式——协商一致(Consensus)经常代替正式投票表决方式，此时，WB 行长往往能以其执董会主席的地位决定决议的最终结果。即使在执董会的决议中出现严重分歧，行长也可以拖延或推迟议程直至反对意见减少到勉强同意为止。甚至很多时候，以董事会主席身份出席会议的行长对于举手反对的董事视而不见，径直宣布通过表决。

其次，行长及职员负责起草决议并为董事会的政策决议提供建议或方案。WB 的所有贷款都是由 WB 官员在行长领导下完成项目的立项、考察、评估、谈判等程序，最后上报执董会最后通过，因为期间要经过一年到两年时间，方案都已相当成熟，因此，董事会很少否决提交上来的贷款计划。因此，行长在贷款中起着非常重要的作用。事实上，从 1993 年起，执董们已越来越关注 WB 的发展战略与经济政策，关于具体贷款主要由行长领导的职员负责。

第三节　亚洲开发银行的治理机制

一、亚洲开发银行的宗旨与职能

亚洲开发银行(Asian Development Bank，ADB)是亚洲和太平洋地区的区域性多边金融机构，总部设于菲律宾首都马尼拉，成立于 1966 年 11 月 24 日，同年

12月19日正式营业。它虽是根据联合国亚洲及远东经济委员会(现名联合国亚洲及太平洋经济社会委员会)的决议设立的,但不是联合国的下属机构。

ADB是亚太地区发展融资的主要来源,它通过贷款、股本投资、技术援助以及联合融资担保等方式对其发展中成员进行援助。截至2019年底,ADB已批准融资超过175亿美元,拥有来自61个国家和地区的近3 000多名员工。ADB与成员政府、独立专家和其他金融机构精诚合作,致力于实施创造经济和发展效果的项目。

ADB宪章[1]规定了ADB的宗旨和职能。

ADB的宗旨是通过发展援助帮助亚太地区发展中成员减少贫困,提高人民生活水平,以实现"没有贫困的亚太地区"这一终极目标。ADB主要通过开展政策对话、提供贷款、担保、技术援助和赠款等方式支持其成员在基础设施、能源、环保、教育和卫生等领域的发展,促进亚洲和远东地区的经济增长和发展。

为实现其宗旨,ADB职能如下:(1)促进在本地区进行的以开发为目的的公私资本投资;(2)利用ADB拥有的资金来源,为本地区的发展中成员的发展提供资金,优先照顾那些最有利于整个地区经济协调发展的本地区的、分区的以及国别的工程项目和计划,并应特别考虑本地区较小的或较不发达的成员的需要;(3)满足本地区成员的要求,帮助它们协调发展政策和计划,以便它们更好地利用自己的资源,更好地在经济上互相补充,并促进它们有秩序地扩大对外贸易,特别是本地区内部的贸易;(4)为拟订、资助和执行发展项目和计划提供技术援助,包括编制具体项目的建议书;(5)在本协定规定的范围内,以ADB认为适当的方式,同联合国及其机构和附属机构(特别是亚洲及远东经济委员会)以及参与本地区开发基金投资的国际公共组织、其他国际机构和各国公私实体进行合作,并向上述机构和组织展示投资和援助的机会,吸引他们的兴趣;(6)开展能实现ADB宗旨的其他活动和其他服务。

二、股权和投票权

(一) 股东及股权结构

ADB成立之初仅有33个成员。截至2021年5月底,ADB有68个成员,49个成员来自亚太地区,19个来自亚太地区之外,其中,五个最大股东依次是日本(15.57%)、美国(15.57%)、中国(6.43%)、印度(6.32%)和澳大利亚(5.78%)(见表3-2)。2/3的ADB成员同时也是OECD成员,它们占ADB全部认缴股份的64.6%,占有58.6%投票权。

ADB宪章规定,必要时可增加股本。在增加核定股本时,每个成员都有机会

---

[1] ADB, Agreement Establishing the Asian Development Bank(ADB Charter), http://www.adb.org/sites/default/files/institutional-document/32120/charter.pdf.

按理事会确定的条件公平合理地认缴,其认缴部分占增加股本的比例与增资前其份额占总股本的比例相同。

(二)投票权分配

ADB是以WB、IDB和AfDB为蓝本建立起来的MDB,其权力分配遵循两个原则:一是投票权与出资额度相结合,公平合理地分配成员的出资比例;二是平衡区内外成员的投票权,确保ADB的地区性特征。各成员投票权分配情况见表3-4。

表3-4　ADB成员的股本及投票权结构

区内成员	加入时间(年)	认缴股本(%)	投票权(%)	区内成员	加入时间(年)	认缴股本(%)	投票权(%)
阿富汗	1966	0.034	0.321	蒙古	1991	0.015	0.306
亚美尼亚	2005	0.298	0.532	缅甸	1973	0.543	0.729
澳大利亚	1966	5.773	4.913	瑙鲁	1991	0.004	0.297
阿塞拜疆	1999	0.444	0.649	尼泊尔	1966	0.147	0.411
孟加拉国	1973	1.019	1.109	新西兰	1966	1.532	1.52
不丹	1982	0.006	0.299	纽埃	2019	0.001	0.295
文莱	2006	0.351	0.575	巴基斯坦	1966	2.174	2.033
柬埔寨	1966	0.049	0.334	帕劳	2003	0.003	0.297
中国	1986	6.429	5.437	巴布亚新几内亚	1971	0.094	0.369
库克群岛	1976	0.003	0.296	菲律宾	1966	2.377	2.196
斐济	1970	0.068	0.348	萨摩亚	1966	0.003	0.297
格鲁吉亚	2007	0.341	0.567	新加坡	1966	0.34	0.566
中国香港	1969	0.543	0.729	所罗门群岛	1973	0.007	0.299
印度	1966	6.317	5.347	斯里兰卡	1966	0.579	0.757
印尼	1966	5.434	4.641	中国台北	1966	1.087	1.164
日本	1966	15.571	12.751	塔吉克斯坦	1998	0.286	0.523
哈萨克斯坦	1994	0.805	0.938	泰国	1966	1.358	1.381
基里巴斯	1974	0.004	0.297	东帝汶	2002	0.01	0.302
韩国	1966	5.026	4.315	汤加	1972	0.004	0.297
吉尔吉斯斯坦	1994	0.298	0.533	土库曼斯坦	2000	0.253	0.496
老挝	1966	0.014	0.305	图瓦卢	1993	0.001	0.295
马来西亚	1966	2.717	2.468	乌兹别克斯坦	1995	0.672	0.832
马尔代夫	1978	0.004	0.297	瓦努阿图	1981	0.007	0.299
马绍尔群岛	1990	0.003	0.296	越南	1966	0.341	0.567
密克罗尼西亚	1990	0.004	0.297				
区内小计		63.390	65.124				

续表

区外成员	加入时间（年）	认缴股本（％）	投票权（％）	区外成员	加入时间（年）	认缴股本（％）	投票权（％）
奥地利	1966	0.34	0.566	荷兰	1966	1.023	1.113
比利时	1966	0.34	0.566	挪威	1966	0.34	0.566
加拿大	1966	5.219	4.469	葡萄牙	2002	0.34	0.566
丹麦	1966	0.34	0.566	西班牙	1986	0.34	0.566
芬兰	1966	0.34	0.566	瑞典	1966	0.34	0.566
法国	1970	2.322	2.152	瑞士	1967	0.582	0.76
德国	1966	4.316	3.747	土耳其	1991	0.34	0.566
爱尔兰	2006	0.34	0.566	英国	1966	2.038	1.924
意大利	1966	1.803	1.737	美国	1966	15.571	12.751
卢森堡	2003	0.34	0.566				
区外小计		36.610	34.876				
总计		100	100				

注：数据截至 2020 年 12 月 31 日。

数据来源：ADB Annual Report 2020[R]. https://www.adb.org/documents/adb-annual-report-2020.

上述分配格局的形成有其历史背景。一方面，鉴于 AfDB 曾因排斥西方发达国家而产生金融弱势的教训，亚洲国家积极游说西方国家参与 ADB，同意在投票权分配上遵循 WB 模式，即每个成员的投票权由基本票数和基于金融贡献的加权票数共同构成。ADB 最终确定 20％的票数平均分给每个成员，80％的票数根据成员认股额按比例分配。另一方面，亚洲国家为确保对 ADB 的控制权，体现"亚洲特征"，要求区内国家须至少持有 60％的投票权。亚洲国家的这一要求在 ADB 宪章第五条得到了体现，即规定理事会在接纳新成员时，应确保区内成员的股本总占比不低于 60％。

三、组织结构

ADB 由各成员出资建立，其组织结构是类似于 WB 的三级体制，即理事会、董事会和以行长为首脑的行政管理机构。

（一）理事会

ADB 理事会由其成员各指派一名理事和副理事组成；理事一般是各成员财长或中央银行行长；副理事没有表决权，如果理事缺席，副理事可代为行使表决权。理事和副理事的任期由 ADB 各成员自行决定。理事会设主席一人，副主席二人，在每届理事会会议结束时选举产生,任期到下届理事会会议结束为止。主席缺席时,由主席指定的副主席代行其职责。理事会主席或代理主席职责的副主席不得参加投票。ADB对理事和副理事不付给报酬,也不支付他们出席理事会会议的费用。

根据ADB宪章第二十八条,理事会是最高权力机构,享有ADB的一切决策权,但除少数保留权利外,它将绝大多数的权利委托给了董事会。理事会的保留权利有:接纳ADB新成员和确定接纳条件;增减ADB的核定股本;中止ADB成员行籍;对董事会解释或实施建立ADB的协定时所提出的请求作出决定;批准与其他国际组织缔结一般合作协议;选举ADB执董和行长;决定董事、副董事的酬金和行长服务合同所规定的薪金和其他条件;对审计师的报告进行审查后,批准ADB的总资产负债表和损益报告书;决定ADB的准备金以及纯收益的分配;修改ADB宪章;决定ADB停业和分配ADB的资产;行使建立的协定所规定的属于理事会的其他权力。

ADB理事会一般每年举行一次会议,即ADB理事会的年会。理事会对所讨论的任何事项做出决定的方式有两种。一是按ADB程序规定召开理事会会议,理事在会上投票表决,作出决定。各成员所指派的理事或副理事须亲自投票表决,只有在他们都缺席时才可由经正式任命的临时副理事出席并投票。二是以特别的方式,即书信投票方式作出决定。每位理事的总投票权包括基本投票权数和比例投票权数;基本投票权数是全体成员的基本投票权数和比例投票权数总和的20%在全体成员中平均分配的结果;每一成员的比例投票权数等于其持有的ADB股本数。理事会通常需要的法定票数是总投票权数的2/3。

(二) 董事会

由行长主持的董事会是ADB组织结构中最为核心的部分,负责ADB的日常业务经营,既行使章程赋予的权利,也行使理事会赋予的权利,是ADB事实上的领导机构。董事会的工作职责包括:为理事会做准备工作;根据理事会的总方针,就有关贷款、担保、股本投资、借款、提供技术援助和其他银行业务作出决定;在每届理事会年会上,提请理事会批准财政年度报告;批准ADB预算。

董事会由理事会选举12名代表产生,ADB行长兼任董事会主席。ADB的68个成员分成12个选区,选区结构及董事见官网。[1] 每个选区各派出一名董事和一名副董事,并且区内董事(8名)和区外董事(4名)要分别选举;日本、美国和中国三大成员是单独选区,各自派出董事和副董事;其他成员组成9个多国选区,董事和副董事由选区内成员根据份额大小分别派出或轮流排出。选举董事时,要

---

[1] https://www.adb.org/who-we-are/organization/board-directors.

求理事所代表的成员的全部投票权数须投给同一个人。区内外分别选出规定的董事人数,区内当选董事所获最低投票权数应占区内总投票权数的8%;区外当选董事所获最低投票权数应占区外总投票权数的17%。

董事数量是发展中成员与发达成员博弈并且发达成员占优势的结果。最初达成的是10名执董的方案(一是基于ADB最初股份总额为10亿美元,二是基于让更多的亚洲国家有机会获得直接代表),但在地区席位分配上却存在分歧,发展中成员坚持区内外席位分配比为7∶3,捐助国则坚持6∶4,双方互不妥协。最终双方协定,在ADB成立两年内,区内外执董席位分配比为7∶3,两年后将重新审查董事人数及构成,并适当增加董事人数,以满足欠发达成员的愿望。然而在1969年年会上,加拿大和许多小捐助国也寻求在董事会中的更大代表性,在捐助国的压力下,理事会最终同意将执董人数增至12名,区内外各增一名副董事,并于1971年开始执行实施。这样,区内成员在董事会的代表性在某种程度上被削弱了。

ADB行长担任董事会主席。行长可根据ADB业务需要召集董事会会议,也可主动或应任何董事的书面要求随时召开董事会会议。代表不少于2/3的成员总投票权数的过半数董事即构成任何会议的法定人数。除董事、副董事、行长、副行长以及秘书外,能参会的只能是行长指定的工作人员、成员根据ADB宪章第三十二条第三款所派的代表,以及董事会邀请的其他人士。应行长或任何董事的要求,董事会可举行内部会议。参加内部会议的只能是董事、副董事、行长、副行长。在董事出席董事会会议的情况下,副董事只能在董事通知行长后才能发言。董事会每次会议的议程,应由行长或由他人按行长的指示准备。除在特殊情况下召集的会议外,议程应至少提前24小时送交每位董事及副董事。

如任何董事要求就等待董事会处理的任何事项进行正式表决,表决应按如下规则进行:(1)每一成员的总投票权包括基本投票权数和比例投票权数。每一成员基本投票权数是全体成员的基本投票权数和比例投票权数总和的20%在全体成员中平均分配的结果。每一成员的比例投票权数应等于该成员持有的ADB股本数。(2)在董事会投票时,每名董事有权按其当选时所代表的投票权总数投票,但不可将全部投票权作为一个单位来投票。除在ADB宪章中另有明确规定外,董事会讨论问题时,由出席会议的董事的过半数投票权作出决定。

(三) 以行长为代表的管理层

以行长为首的管理层包括六名副行长和一名管理总干事,负责监督管理ADB业务部门、行政部门和知识部门的工作,构成了ADB组织结构中的第三层次。

行长是ADB最高的行政负责人,对外代表ADB。行长是ADB全体工作人员的首长,在董事会的指导下处理ADB日常业务并负责ADB官员和工作人员的任

命和辞退。行长任董事会主席,不得兼任理事、董事或二者的副职;可参加理事会会议,但无表决权,除在意见分歧的双方票数相等时投决定性一票外,不参加表决程序。根据 ADB 宪章,行长由理事会选举产生,选举要求拥有投票权半数以上的理事参加选举且其中的大多数投赞成票,行长任期 5 年,可由理事会连选连任。除年薪 9.5 万美元之外,ADB 还支付行长一笔特别代表津贴以及执行公务的合理费用。长期以来,行长一般由日本人出任,现任行长浅川雅嗣(Masatsugu Asakawa)于 2020 年 1 月 17 日正式上任。

副行长由董事会根据行长的推荐任命,其任期、权利、职责和薪金由董事会决定。ADB 也支付副行长津贴和执行公务的合理费用。截至 2021 年 5 月底,ADB 设有六个副行长的职位,分别管理业务一部(辖南亚局和中西亚局),业务二部(辖东亚局、东南亚局和太平洋局),知识管理和可持续发展(辖对外关系局、经济研究和区域合作局、可持续发展和气候变化局),私营部门和联合融资业务(辖私营部门业务局和公私合作伙伴关系办公室),财务和风险管理(辖风险管理办公室、主计局和资金局),以及行政和企业管理(辖秘书长办公室、行政服务办公室、总顾问办公室、预算人事和管理系统局、采购、投资和财务管理局、信息技术局)。此外,ADB 还设有由行长直接管理,由总干事协助管理的亚洲开发银行研究所、督查专员办公室、总审计师办公室、反腐和廉政办公室、职业行为办公室、特别项目协调人办公室以及战略、政策和伙伴关系局。[1]

本章小结

现有 MDB 作为国际发展融资机构,在宗旨职能、治理机制等方面均与一般的商业银行有所不同。主要 MDB 的宗旨和职能大致分为减少贫困和促进经济发展、促进区域发展和融合、促进社会弱势领域的发展和促进可持续发展。在股权结构上,呈现以区域内成员国为主、美国和日本两国参与程度高和机构股东的参与程度低等特点。组织结构层面,大体都由理事会、董事会/执行董事会、执行委员会和审计委员会组成。具体来说,WB 的主要宗旨为减贫,其职能包括贷款、信托基金与赠款、分析与咨询服务和能力建设。WB 的治理机制包括股份和投票权的决定以及组织结构。成员国的投票权与其持有股份呈正比,而股份由布雷顿森林公式计算。WB 的组织结构由理事会、执董会和行长等组成。而 ADB 的核心宗旨是减贫,主要采用开展政策对话、提供贷款、担保、技术援助和赠款等方式。其投票权由认缴股本决定,并兼顾区内外成员投票权的平衡。其组织结构类似于 WB,由理事会、董事会和行长构成。

---

[1] https://www.adb.org/documents/adb-annual-report-2020.

第三章 多边开发银行的治理机制

 关键词

WB理事会；WB执行董事会；治理结构；布雷顿森林公式

 简答题

1. WB的宗旨是什么？
2. WB的主要职能是什么？
3. 主要MDB的宗旨和职能是什么？
4. 主要MDB在股权结构上呈现什么特点？
5. 主要MDB的治理结构是怎样构成的？

思考题

1. 多边开发银行的主要宗旨和职能与这些机构的历史使命和机构特征有何关联？
2. 如何评价当前多边开发银行的治理机制？多边开发银行治理机制改革主要包括哪些方面？

第四章

多边开发银行的财务运行机制

引言

　　多边开发银行（Multilateral Development Banks，MDB）是主要为发展中国家提供贷款，帮助特定地区解决区域性、甚至是全球范围的经济和社会发展问题的金融机构。为了实现促进全球社会进步和经济发展的目标，第二次世界大战后，一系列 MDB 陆续建立，为全球或区域内的国家和地区提供资金贷款、发展援助和技术援助等。MDB 本质上是金融机构，因此，保持充足稳定的资金来源、通过良好的财务运作模式来维持其资金充足度是其实现宗旨和目标的重要保证。本章以 WB 及 ADB 为例探讨 MDB 作为一种特殊的金融机构其财务运营的独特性及其财务可持续性，并由此分析 MDB 的业务运营特征和财务稳健性。

学习目标：

1. 熟悉 WB 的财务可持续性并掌握 WB 的财务运行机制
2. 掌握 ADB 的财务可持续性及财务运行机制
3. 掌握 MDB 财务运营模式并区分其与商业性金融机构的不同
4. 从盈利能力、资本充足率、流动性以及信用评级等方面了解 MDB 的财务可持续性

第一节　MDB 的财务运营特征

良好稳健的财务状况是每个组织和机构得以持续运营,并实现战略目标的重要基础。通过对主要国际 MDB 的负债状况、资产状况和盈利能力的分析,既可以有效把握现有 MDB 财务运营模式,也可以区分其与商业性金融机构的不同。

一、负债水平和结构

负债水平和结构是衡量一个金融机构短期和长期偿债能力的重要方面,它不仅通过融资结构影响治理结构继而影响到机构的市场价值,而且还决定了机构的日常运营以及债务风险的大小。

(一) 资金来源和使用

足够的资金来源是 MDB 维持自身运营和开展全球性业务的重要前提和保证,每个 MDB 根据其自身情况采取不同的方式来获得其所需资金,同时通过不同的方式提供给各自的援助和业务对象。表 4-1 为主要 MDB 的资金来源和资金使用状况。

表 4-1　MDB 资金来源与使用情况

MDB	资金来源		资金使用	
	来源渠道	具体方式	使用对象	具体方式
CAF	债券	发行债券和行业票据;从国际商业银行、官方机构和出口信贷机构获得贷款和信贷额度;拉美地区中央银行和商业银行等机构投资者的存款	安第斯地区的公共和私人行业,包括股东国、私人企业和金融机构等广大的客户群体	短期、中期及长期贷款,银团贷款,股权投资、结构性融资
	存款			
	商业票据			
	其他中长期借款			
IDB	普通资本	在国际资本市场发行债券和商业票据;会员国多次增资,缴纳股本	会员国	提供贷款、担保和技术合作,技术援助,提供股权投资赠款、小贷款
	特殊运行基金			
	IDB 资助基金		大型、中小型、微型私人企业	
	多边投资基金			
	美洲投资公司			

续表

MDB	资金来源		资金使用	
	来源渠道	具体方式	使用对象	具体方式
AfDB	普通资金	核定资本认缴;自行筹措资金;提供担保、发放贷款收益;捐赠的特别资金和受托管理资金;其他资金和收入	成员国	银行一般贷款业务;成员国担保的款项,非政府担保贷款;基金和信托基金;股权投资
	特别资金			
WB	会员国缴纳股本	会员国多次增资,缴纳股本;在国际资本市场发行债券,通过投资银行、商业银行和储蓄机构等借款;EBRD的投资和贷款业务收益	非洲、南亚、东亚、太平洋、欧洲和中亚、拉丁美洲和加勒比海,以及中东和北非的联合国成员国	投资贷款和发展政策贷款,信托基金和赠款,其他发展活动
	在国际金融市场或向会员国筹资			
	业务收益			
EBRD	权益	成员国股本权益;对金融机构的借款、债券和商业票据	成员国	贷款、股权投资和担保,技术援助
	借款		中小型企业	
EIB	权益	股东认缴的股本;存款,在国际资本市场发行债券及票据	欧盟成员国	项目发展贷款、项目投资、担保,特别贷款,为中小企业投资筹措资金
	负债		非欧盟国家	
ADB	股本	股本、借款、普通储备金;佣金和担保费收入;ADB发达会员国或地区成员的捐赠	成员国(地区)	普通资金贷款,银团贷款,优惠贷款、赠款和技术援助,成员国的公营、私人部门的资本投资,股本投资
	借款			
	业务收入			

资料来源:各MDB年度报告。

从表4-1可以看出,各MDB的资金来源有许多相似之处,如股东股本权益、在国际资本市场发行债券及票据、互换资产和投资(股票投资、股权投资等)等。另外,WB、ADB和AfDB还长期收到来自其成员国或非成员国的资金捐助;在资金使用上根据其宗旨各MDB基本上是将资金提供给各自的成员国使用,EIB、CAF则会拨出少部分资金用于非成员国的资金所求。由于MDB的性质是国际发展融资机构,其首要目标并非盈利,而是帮助成员国解决经济增长、社会发展问题,因此在资金使用手段上,虽然贷款仍是最常见的方式,包括普通贷款、特别优惠贷款(低息或零息)、政府性担保贷款和非政府担保贷款等多种形式;但是资金援助、技术援助,以及股本投资和担保也是MDB帮助需要帮助的国家或私人企业组织获得资金和融资的重要手段。

第四章 多边开发银行的财务运行机制

（二）负债规模与结构

不同 MDB 业务覆盖的行业领域、地理范围都有各自的侧重，所以资产和负债规模方面存在相当大的差别。从负债总水平来看，EIB 的负债总额最高，2019 年达到 5 032 亿美元[1]；其次是 WB，负债额超过 2 200 亿美元；排第三位的为 ADB，约为 2 100 亿美元，其后为 IDB；EBRD 的负债为 503 亿美元；CAF 和 AfDB 负债总额最低，少于 300 亿美元，明显低于其他银行；在变动趋势上，从 2015—2019 年 5 年间，7 个 MDB 的负债水平除 EIB 呈波动趋势外（在 2016 年达到峰值），其余 6 个 MDB 变动基本相同，均呈增长态势。例如，CAF 和 IDB 负债总额一直明显稳步提高，负债增长幅度分别为 28.56% 和 19.36%，而 AfDB、WB、EBRD 和 ADB 四个银行的负债总额在 2019 年均达到其各自峰值。

从负债结构上看，各 MDB 根据融资手段和业务运营模式不同，负债结构差异较大。从各 MDB 负债中占比最大的前三个项目来看，各银行之间有相似，也有不同。相似处主要体现为借款是所有 MDB 融资以及债务来源的主要方面。然而这点相似中也有区别：第一，借款在各银行债务中的占比不同，从 2015 年和 2019 年数据来看，EIB 和 CAF 借款占总债务的比重最低，仅为 8.4% 和 8%，除这两者之外，其他 MDB 的借款占总债务比重都较高，WB[2] 基本达到 50%，其他银行的借款占比则高于 50%，IDB 和 EBRD 甚至高达 90% 以上，可见大多数 MDB 债务结构相当集中。第二，除借款以外的金融负债成为各 MDB 第二债务来源，包括发行债券、商业票据和金融衍生品等，根据各银行发债渠道不同其占比也大相径庭：EIB 主要依靠发行债券和票据筹资，其金融债务占总债务 83%；WB 筹资结构相对平衡，金融负债占总债务的比重在 45% 以上，而其他 MDB 这一比重则很低。在所有的负债组成中，除以上两项之外还有其他多样的融资方式，如客户的存款、金融衍生品（货币和利率互换）、应付账款和应付互换等，在每个银行间差别较大，例如 CAF 负债中客户存款占比第二，约为 17%，ADB 的应付互换方式的债务在 2019 年达到了总负债额的 34.79%，在其他银行债务中占比却十分小。

二、资产状况

MDB 的资产总规模、资本存量水平以及业务（主要为贷款）资金周转期的长短都是影响其资金流动、财务稳健性和风险大小的重要因素，同时也是反映一个 MDB 财务管理政策有效性以及银行健康运转的重要风向标。

---

[1] EBRD 和 EIB 数据由当年各行财务报告数据的欧元转换为美元，汇率根据 2019 年 Fitch 对 EIB 评级报告所得，2018 年：1 USD=0.847 4 EUR，2019 年：1 USD=0.892 8 EUR。
[2] WB 由 IBRD 和 IDA 组成，此处仅以 IBRD 的负债情况为主进行对比分析。

(一) 总资产规模

从各 MDB 建立至今,其资产水平和规模是通过不同的增资方式逐渐扩大的,从 2015—2019 年 7 个 MDB 的总资产水平及排名情况如表 4-2 所示。

表 4-2 各 MDB 总资产水平(2015—2019 年) 单位:亿美元、亿 UA

MDB\年份	2015 年	2016 年	2017 年	2018 年	2019 年
EIB	5 706.1	5 732.3	5 495.4	5 557.9	5 535.6
WB	2 129.31	2 314.08	2 586.48	2 638.00	2 820.31
ADB	1 176.97	1 258.54	1 816.94	1 918.60	2 218.66
IDB	1 111.16	1 133.25	1 262.40	1 294.59	1 363.58
EBRD	550.26	561.50	561.93	618.51	682.01
AfDB	25.34	29.72	32.57	35.24	33.77
CAF	324.70	356.69	381.12	400.41	422.94

注:EIB 和 EBRD 的总资产由年报数据与当年汇率换算所得,汇率根据 Fitch2014 年评级 EIB 报告,分别为 2013 年:1 USD=0.725 10 EUR,2012 年:1 USD=0.757 90 EUR,2011 年:1 USD=0.772 90 EUR,2010 年:1 USD=0.748 40 EUR,2009 年:1 USD=0.694 16 EUR。下文中同类数据处理方式与此相同。WB 的资产总额由当年 IBRD 和 IDA 的资产之和计算所得。AfDB 财务报告中数据金额单位为 UA(Unit of Account),AfDB 记账单位,2009—2013 年 1 UA 与美元之间的兑换比例为 2009 年:1 UA=1.567 69 USD,2010 年:1 UA=1.540 03 USD,2011 年:1 UA=1.535 27 USD,2012 年:1 UA=1.536 92 USD,2013 年:1 UA=1.539 88 USD。下文中 AfDB 数据处理方式与此相同。

数据来源:2015—2019 年各 MDB 财务报告。

表 4-2 显示,就资产总规模而言,以上 7 个 MDB 的差异非常大,EIB 是世界上资产规模最大的 MDB,资产总额在 2019 年达 5 535.6 亿美元,其次是 WB,2019 年其资产规模达 2 820.31 亿美元,相当于接近规模最小的 CAF 和 AfDB 的 5 倍。这种巨大的差异与各 MDB 的成员国经济发展水平、成员国的数量以及自身项目业务的盈利和规模再扩大等因素是密不可分的。从资产变动情况看,除去 EIB,6 个 MDB 的资产总额都大致呈增长趋势,其中 ADB 和 AFDB 的增长趋势最明显,2019 年与 2015 年相比,增长率分别为 88.5% 和 33.2%,可见其发展活力蓬勃,规模在迅速扩大;WB 和 CAF 的增长速度也不慢,分别为 32.45% 和 30.25%,然而 EBRD 和 IDB 资产水平的增长与以上 5 个银行相比则相对动力不足,增长率分别为 23.9% 和 15.5%,这一结果也许是由这两个地区的整体经济水平低、发展速度较慢所造成的。

(二) 资本规模

各 MDB 的资本由三部分组成:融资获得的资本、留存收益以及法定资本(成员国家认缴资本),在各 MDB 的融资渠道中,认缴资本在总资本中占据重要地位,一般占 50% 以上(CAF 比较特殊,成员国认缴的资本占总资本的 27% 左右)。

认缴资本,是银行在合理情况下可期望获得的资本。认缴资本可分为实付资本(paid-in capital)和待缴资本,或称通知即缴资本(callable capital)。实付资本是指实际缴纳的资本,可以为开发银行的运转提供实实在在的资金,提高其流动性;待缴资本或通知即缴资本则为开发银行提供资金后盾,是当且仅当 EBRD 需偿还到期债务时,一旦通知,成员国必须缴纳的资本。

现有 MDB 都在其协定或条例中将业务规模上限与认缴资本或实收资本相联系。各 MDB 的资本和业务规模见表 4-3。EIB 条例第十六条第 5 款将 EIB 的未偿贷款和担保总余额上限设定为"认缴资本、储备及未分配利润等项之和的 250%"。IBRD(协定第三条第 3 部分)、ADB(协定第十二条第 1 款)、EBRD(协定第十二条第 1 款)、AfDB(协定第十五条第 1 款)、IDB(协定第三条第 5 部分)规定,未偿贷款和担保总额不得超过认缴资本、储备和盈余之和的 100%。CAF 协定第八条规定,公司债务(按存款、债券、第三方贷款和其他类似债务总和计)的上限应为其(资产)净值(实收资本、储备、盈余、应计净收益和其他权益的总和)的 3.5 倍。

表 4-3 各 MDB 的资本和业务规模

单位:亿美元、亿欧元、%

MDB	认缴资本	实收资本	待缴资本	实收/认缴(%)	所有者权益	未偿贷款
IBRD	2 799.5	170.6	2 628.9	6.1	421	1 980
ADB	1 471	73.6	1 397	5.0	519	1 050
EBRD[1][2]	297.4	62	235.3	20.8	162.8	332
EIB[2]	2 432.8	217	2 215.9	8.9	736.9	4 380
CAF	81	93.7	15.9	115.7	128	234
IDB[1]	1 709	110	1 649	6.4	329	889
AfDB[3]	900.6	60.6	832	6.7	99.4	131.8

注:[1] IBRD 为 2018 年 6 月底数据;其他机构为 2019 年底数据;[2] EBRD 和 EIB 数据单位为亿欧元;[3] AfDB 为非洲记账单位,其他 MDB 数据单位为亿美元。
数据来源:相关年份的各 MDB 年报以及三大评级机构(标普、惠誉和穆迪)的评级报告。

据 7 个 MDB 的财务报告显示,7 个 MDB 的认缴资本水平参差不齐。截至 2019 年,EIB、WB 和 EBRD 认缴资本规模在 7 个 MDB 中是位列前三,尤其是 EIB 和 WB,认缴资本分别为 2 915 亿美元和 2 880 亿美元,远远高于其他 MDB,而 AfDB 和 CAF(尤其是 CAF)的认缴资本规模则非常小,仅 53 亿美元,资本获得的空间有限。从实付资本占已认缴资本的比例上看,CAF 和 EBRD 成员国实付资本占已认缴资本的份额最高,基本维持在 55%—60%,除此之外的其他各 MDB 的这一比例基本维持在 5%左右(AfDB 为 10%)。随着银行盈利、业务的扩张以及成员国家认缴资本的增多,各 MDB 资产规模也呈现增长趋势,例如 EIB,其主要业务针对欧洲等地区的基建项目和中小实业的发展,所以资产规模增长非常快。

为扩大业务规模,近年来现有 MDB 都在尽其所能地实现增资。如表 4-4 所示,在 2013—2019 年,7 个 MDB 中有 4 个的认缴资本实现了上升,分别是 IBRD(平均增长率为 3.88%)、EBRD(平均增长率为 0.04%)、IDB(平均增长率为 6.65%)以及 CAF(平均增长率为 6.78%)。

ADB 为扩大业务规模,正如前文述及,ADB 在 2017 年 1 月将 ADF 中的大部分资产(超过 300 亿美元)注入 OCR 的普通储备金中(不改变股东的实缴资本,从而不改变投票权结构)使 ADB 总体融资能力提高 50%。改革后优惠贷款由扩大后的 OCR 提供,条件与原 ADF 贷款一致;ADF 作为"赠款"专用捐赠基金得以保留。将普通业务与特殊业务资金合并,这在 MDB 中前所未有,也反映了 ADB 扩大业务规模的迫切性。

(三)贷款期限结构

所有 MDB 贷款支出按期限长短划分都可以分为短期贷款(short-term loans,1 年以内)、中期贷款(medium-term loans,1—5 年)和长期贷款(long-term loans,5 年以上)。贷款期限的结构不同影响着银行的现金流动情况、资产充足度和承担风险的大小。鉴于 MDB 的宗旨和业务性质,上述 7 个 MDB 中,除 EBRD 外,其余各开发银行贷款期限结构都以中长期贷款为主。由于 EBRD 的贷款主要集中在对中小企业的融资业务上,所以其贷款结构以短期贷款为主,EIB 总资产中贷款所占比例高达 80% 以上,这与 EIB 是专门服务于投资的政策性银行是直接相关的,IDB 的贷款占总资产比为 70% 左右,它们将很少一部分的资金用于投资活动或是风险规避活动,而 WB、AfDB 等则不然,它们在保持贷款优势占比的前提下将资金用途多样化。对比可以发现,IDB 和 CAF 的总资产较之其他开发银行规模较小,故而其资金集中用于贷款业务。

三、MDB 财务可持续性分析

MDB 的财务可持续性主要体现在其盈利能力、资本充足率、流动性及信用评级几个方面。从现有主要 MDB 来看,其财务状况基本稳健,具有充分的可持续性。

(一)盈利能力

盈利能力是衡量一个机构获取利润的能力,也称为资金或资本增值能力,通常表现为一定时期内收益数额的多少及其水平的高低。在对金融机构或银行的运营情况分析时,财务方面的分析不能忽视盈利性指标。

第四章 多边开发银行的财务运行机制

从各 MDB 的财务报告数据看,其 2013—2018 年间的盈利总收入主要包括贷款和担保、投资以及权益投资的利息收入和少量其他收入,而总支出主要是自身融资的相关利息支出、行政管理支出、提供贷款和担保损失等项目,该期间 7 个 MDB 的净盈利情况也都各不相同(见表 4-4)。

表 4-4　各 MDBs 的收益率和融资成本(2013—2018 年)　　　　单位:%

项目	年份	MDB						
		IBRD	ADB	EBRD	EIB	AfDB	IDB	CAF
股权收益率 (ROE)	2013 年	0.8	3.4	5.9	4.4	1.4	5.8	2.8
	2014 年	−2.8	2.0	−5.2	4.5	0.4	2.2	1.7
	2015 年	−1.8	3.4	3.0	4.5	−0.4	4.0	0.7
	2016 年	1.0	0.0	5.4	4.3	0.5	3.4	1.4
	2017 年	−1.0	1.8	3.8	4.0	2.8	2.0	0.7
	2018 年	1.3	1.5	1.5	3.9	0.5	2.8	2.0
总资产收益率 (ROA)	2013 年	0.1	0.5	1.8	0.5	0.4	1.4	0.8
	2014 年	−0.3	0.3	−1.4	0.5	0.1	0.5	0.5
	2015 年	−0.2	0.5	0.8	0.5	−0.1	0.9	0.2
	2016 年	0.1	0.0	1.5	0.5	0.1	0.8	0.4
	2017 年	−0.1	0.5	1.1	0.5	0.6	0.5	0.2
	2018 年	0.2	0.4	0.4	0.5	0.1	0.7	0.6
待缴资本中 评级为 Aaa- Baa3 的占比	2013 年	84.1	91.9	94.1	96.0	52.1	78.8	58.8
	2014 年	85.2	92.2	95.2	97.0	47.0	78.4	58.8
	2015 年	82.7	92.2	91.0	97.0	47.1	78.4	58.8
	2016 年	80.7	91.5	90.6	98.0	46.8	67.3	51.8
	2017 年	79.5	91.5	90.5	98.0	46.6	66.8	49.6
	2018 年	81.0	91.6	91.0	98.0	47.1	66.8	54.7
长期 信用评级	惠誉	AAA	AAA	AAA	AAA	AAA	AAA	AA−
	穆迪	Aaa	Aaa	Aaa	Aaa	Aaa	Aaa	Aa3
	标普	AAA	AAA	AAA	AAA	AAA	AAA	AA−

资料来源:各 MDB 2013—2018 年的穆迪评级报告、各 MDB 官方网站。

从上述收益率指标可以看出以下几个特点:

第一,总体盈利规模小。总体看来,2013—2018 年,7 个 MDB 的净资产收益率及净利差都非常低。ROE 基本在 10% 以下,且大多数低于 5%。可见这些 MDB 的盈利空间确实比非援助类贷款机构要小很多,这也是由于 MDB 的性质决定的。净利差指标中,ADB 明显较高,这主要是因为其业务主要涉及基本建设项目筹资、支持筹建工业体系,尤其注意扶持中小型企业的发展。

第二,各 MDB 的回报率与业务所在的地区有关。从 7 个 MDB 的横向对比看,非洲业务比较大的 AfDB 和 WB 平均 ROE 分别仅为 1.48% 和 1.11%,而业务集中在新兴市场(如亚洲、东欧、拉丁美洲等)的多边开发机构的回报率则要高一些,例如 EIB 和 EBRD,平均 ROE 为 10.88% 和 10.2%。

越高的股权收益率(return on equity, ROE)和总资产收益率(return on assets, ROA),表明 MDB 每年能够产生越多的净收入补充到储备中,从而使股东权益总额得到更快速的增长。据表 4-4,EIB 的 ROE 和 ROA 值是最稳定最可观的,EBRD 的 ROE 值最不稳定。

收益率又与融资成本紧密相关,而后者在很大程度上与信用评级是互为因果关系的。这是因为贷款利差作为发展项目贷款价格与融资成本之间的差额,是大部分 MDB 收益的重要构成部分,而融资成本又取决于 MDB 所发行债券的买方(投资者)对 MDB 风险的评估。在 MDB 认缴资本中,"实收资本"一般只占小部分,占比较高的"待缴资本"[1]的质量往往成为市场判断 MDB 风险的重要依据。据表 4-4,EIB 待缴资本中评级为 Aaa-Baa3 的占比是最高的,这说明 EIB 的成员国普遍拥有较高的信用评级,它们对 EIB 的支持能力较强,这是 EIB 获得"3A"评级的关键因素。同时,这反过来也是 EIB 融资成本较低以及收益率较高的原因。相反,CAF 待缴资本中评级为 Aaa-Baa3 的占比是最低的,这与其较低的信用评级也是互为因果关系的。

(二)资本充足率指标

由于各 MDB 的资本水平、流动资金的水平各有差异,因此各银行统计口径的不一致所导致的资本充足率不具有很强的可比性,这里借鉴惠誉(Fitch)评级报告中统一使用的两个指标:权益占总资产的百分比以及实付资本与认缴资本的比值来衡量 MDB 的资本充足率,这两个指标的数值越大,说明银行资本充足度越高。

权益占资产的比重越高,说明银行的自有资本越多,从而可用资本越充足,除此之外,权益占资产的比重也可以理解为:权益/总资产=1-负债/总资产,负债/总资产是资产负债率,资产负债率越高则权益与总资产比值越低,银行的负债水平越高,从而会降低持续经营的能力,提高运营风险。上述 7 个 MDB 的资本充足率情况及按平均权益资产比排名如下:

---

[1] 根据现有 MDB 的长期实践,实收资本/待缴资本的初始比值一般都高于 20%,在正常运行一段时间后,许多 MDB 逐渐将它调低,这意味着,MDB 的运营可以更多地依靠待缴资本。值得注意的是,至今现有 MDB 对待缴资本的"催缴"从未发生过。参见陈燕鸿,杨权.亚洲基础设施投资银行在国际发展融资体系中的定位:互补性与竞争性分析[J].广东社会科学,2015,3:5—13.

表 4-5　各 MDB 资本充足率指标对比（2016—2019 年）　　　　单位：％

MDB	指标	2016 年	2017 年	2018 年	2019 年
CAF	权益/总资产	29.36	29.18	29.65	30.26
	实收资本/认缴资本	66.49	62.40	64.67	66.47
EBRD	权益/总资产	27.61	28.80	26.40	26.20
	实收资本/认缴资本	20.89	20.89	20.89	20.89
AfDB	权益/总资产	22.22	21.77	21.00	22.00
	实收资本/认缴资本	7.48	7.61	7.60	7.48
IDB	权益/总资产	23.35	25.54	25.44	24.84
	实收资本/认缴资本	3.40	3.40	3.40	3.40
ADB	权益/总资产	16.04	46.72	35.0	32.1
	实收资本/认缴资本	5.01	5.01	5.01	5.01
IBRD	权益/总资产	9.98	9.80	15.86	14.88
	实收资本/认缴资本	6.00	5.99	5.99	6.09
EIB	权益/总资产	10.90	11.92	12.50	12.76
	实收资本/认缴资本	9.55	8.99	9.06	11.27

数据来源：各行 2016—2019 年发布的惠誉评级报告。

对比 7 个 MDB 的资产权益比，WB 和 EIB 相对较低，基本在 10％左右，说明其资产负债率高达约 90％，负债水平高，维持财务的可持续性发展风险较大，偿债压力也较大；其他 5 个 MDB 的权益资产比基本在 20％和 30％之间。从该指标的变动情况看，波动幅度都比较小，ADB 除 2016 年及 2017 年波动较大外，其他银行都基本保持不变，说明各银行的资金水平稳定性都相对良好。

从实付资本与认缴资本的比值指标看，CAF 和 EBRD 最高，实际缴纳的资本分别占总认缴资本的 60％和 20％多，而其他 5 个 MDB 的这一指标值大多在 10％以下，再比照总认缴资本规模，EBRD 资本充足情况比其他 6 个银行都要好得多；从变动趋势看，上述 MDB 该指标的波动基本上都不明显。

（三）流动性指标

如前所述，MDB 发放的贷款大部分都是长期性质的，市场灵活性更差，这就对 MDB 的流动性提出了更高的要求。惠誉的评级报告使用国债资产与短期债务之比（Treasury Assets/Debt＜1Year）以及国债资产与总资产的比值（Treasury Assets/Total Assets）两个指标衡量 MDB 的流动性。本文使用这两个指标对 MDB 进行横向对比。

从 2016—2019 年各 MDB 的这两个流动性指标横向比较来看，各 MDB 之间差别较大。AfDB 的国债资产与短期债务的比值最高,4 年都在 200% 以上,这是因为 AfDB 的借款结构中短期债务占比较小,以及非洲地区资金匮乏,融资相对较难,所以大多以成员国家信用为基础向社会筹集资金。而 EIB 和 CAF 则低至 100% 的水平,甚至更低;从国债资产与总资产的比值来看,比值从 10% 到 40% 不等,EBRD 和 AfDB 相对较高,基本在 35% 以上,ADB、CAF 和 IDB 处于中间水平,该指标约为 20%,比值最低的为 WB 和 EIB,基本在 10% 上下波动。分析这两个指标的波动情况,每个 MDB 的这两个指标的变化方向是完全一致的,但是各 MDB 之间的变动趋势则有所不同,CAF、IDB、EBRD 和 EIB 呈现出较为明显的增长趋势,而 WB、AfDB 和 ADB 则逐年下降,可见其资金的流动性有所下降。

综合两个指标,EBRD 的两项流动性指标都相对优于其他几个 MDB,这主要是由其特殊的资产融资结构决定的,EBRD 的经营对象主要是中小企业,提供的贷款以短期贷款为主,所以资本的流动性较好。与此形成对比,EIB 的两项流动性指标相对其他各 MDB 更差,这是与其借贷款结构中长期借贷款份额更高有关,不过,EIB 强健的资本充足率可以部分弥补其在流动性方面的弱势。从 WB 和 IDB 流动资产与总资产的比值情况看,WB 的资产流动性略差于 IDB,这是因为 WB 贷款面向的国家太多,且对象是全球范围内 189 个成员国尤其是经济发展水平落后的国家,通常提供的贷款为政策发展贷款,这些贷款项目时间较长,利率较低,所以资本的流动性相对较差。

总体而言,这些 MDB 的流动性水平都控制在较为良好的水平,这反映出各银行谨慎的风险控制态度以及风险管理的有效性。

(四)信用评级

国际评级机构在评定 MDB 的信用等级时,MDB 的财务状况以及成员国中高信用等级国家的支持力度是其重要考虑因素,所以信用等级在一定程度上也反映出 MDB 运营情况和财务水平。在 2019 年,国际信用评级机构惠誉、穆迪和标准普尔对上述 7 个 MDB 中的 6 个 MDB 分别给出相同的信用评级,长期评级都是 AAA(或 Aaa),短期评级分别是 F1+、P-1 和 A-1+;它们对 CAF 的长期评级分别是 A+、A1 和 A+,短期评级分别是 F1、P-1 和 A-1。

除了 CAF 信用情况"良好"之外,其他 6 个 MDB 的信用评级在各评级公司的评级尺度分类中是最高的,说明这些 MDB 的资本实力、融资能力、控制和承担风险的能力都非常强,从而保证了这些 MDB 财务的持续性。

各 MDB 的信用评级、财务水平以及财务持续性都表现良好,原因在于这些银行从资金来源和使用两方面均有效地控制和保证了其资金的充足以及财务的持续性。一方面,拓宽资金来源渠道,例如通过信用评级较高的成员国家获得缴纳资本、在国际资本市场发行债券等金融产品等;另一方面,平衡负债的期限结构和自身业务中贷款的期限结构,使得资金需求方的运转周期与供给的周期基本匹配,且借贷款期限大多以中长期为主,从而进一步缓解了 MDB 资金周转的压力;此外,各 MDB 都会实施审慎的财务政策和做法,谨慎地控制其负债的规模和结构,以此保证资金的充分流动性,例如稳定的资产负债比、相对稳定的国债资产与总资产比值等。

上述 7 个 MDB 从成立至今几十年的时间里业务和财务的运营一直从未中断,从近五年的分析中也可以看出,无论是全球性机构 WB,还是区域性机构 EIB、ADB、AfDB 等财务方面都表现出相对稳健的状态和趋势。

第二节 WB 的财务运行机制

WB 的运营和业务操作在减少人类贫穷和促进发展中国家经济增长问题上发挥了重要作用,由于 IDA 资金主要靠捐赠,本节通过探讨 IBRD 在相关财年(某年 7 月 1 日至次年 6 月 30 日)的财务数据探讨 WB 的财务可持续性。

一、IBRD 的资金来源

IBRD 的资金主要来源分为以下三个方面:(1)成员国缴纳的股本;(2)在国际金融市场上或向成员国筹资;(3)业务收入。其资金大体来源和使用及机构运营结构如图 4-1 所示。

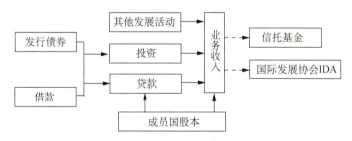

图 4-1 IBRD 的资金来源去向及其业务模式

资料来源:根据 WB2019 年年报整理。

(一)成员国缴纳的股本

IBRD 在 1945 年成立时的法定资本为 100 亿美元,随着世界经济发展的迫切需要和成员国的不断增加,IBRD 的法定资本也随之增加。IBRD 增加法定资本主要采取选择性增资和普遍性增资两种形式。至今，IBRD共进行了五次普遍增资。1959年9月第一次增资，认缴资本增加了一倍，其法定资本总额增加到210亿美元。1980年1月，通过第二次普遍增资的决议，资本总额增加到约800亿美元。第三次普遍增资的决议是1988年4月作出的，决议增资748亿美元，相当于62万股，截至1993年6月30日，总认缴资本为1 655.89亿元。2010年4月25日，WBG发展委员会一致通过了包括提高发展中国家投票权以及增资862亿美元的改革方案，实现了WB的第四次增资。第五次增资是在2018年4月21日，WBG股东国批准了一个雄心勃勃的一揽子计划，包括增加130亿美元认缴资本、一系列内部改革和一整套政策措施，大大强化了这个全球反贫困机构扩大资本规模并在世界最急需援助的地区履行使命的能力。截至2019年6月30日，总认缴资本达2 799亿美元，实缴（实收）资本达171亿美元（见表4-3）。

（二）在国际金融市场上筹资

国际金融市场是IBRD的最重要筹资来源，具体而言主要通过两个渠道。一是在国际资本市场发行债券，出售给成员国政府及其代理机构或中央银行，实现股东资金的杠杆化。截至2021年底，IBRD已向100多个国家发行过债券。二是通过投资银行、商业银行和储蓄机构等，以公募、贷款和私募的形式向私人借款。

根据相关年份年报和财务报告，在2013—2019财年，IBRD的借款总额逐年上升，从2013财年的1 494亿美元升至2019财年底的2 302亿美元。在大部分年份，借款总额中约15%—35%的金额是通过发行债券方式筹得。在2010—2019财年，IBRD在各财年发行债券筹资额度分别为538亿美元、209亿美元、384亿美元、221亿美元、510亿美元、577亿美元、630亿美元、560亿美元、360亿美元和540亿美元。其中，在2011—2013财年间，IBRD发行债券所筹得额度因全球性经济危机而波动较大，但在2014财年又恢复到了510亿美元的较高额度。由于IBRD在国际金融市场上有很高的信誉，加之它的借款范围广和借款币种多样化，所以即便市场波动，IBRD仍能凭借其在资本市场的地位和资金实力，以优厚的条件筹集大量资金。从借款额来看，年均11.9%的慢速增长是对债务的审慎控制，有利于IBRD保持稳健的资金状况。

（三）业务收入

IBRD每年的业务收入主要来自投资和贷款（利息）。此外，IBRD每年还有借款国应偿还的到期贷款，即"资金回流"。

二、IBRD的资产、负债和所有者权益

根据资产负债表（见表4-6），IBRD是世界上资本实力最充足雄厚的MDB之一。

第四章 多边开发银行的财务运行机制

表 4-6 IBRD 的资产负债表(2013—2019 年)　　　　单位：百万美元

	项目	2013 年	2014 年	2015 年	2016 年	2017 年	2018 年	2019 年
资产	现金	4 763	3 701	388	1 284	683	619	895
	投资	36 874	45 482	49 951	53 522	72 973	72 569	81 415
	衍生资产	138 846	154 070	134 325	144 488	150 112	2 460	2 840
	总贷款	141 692	151 978	155 040	167 643	177 422	183 588	192 752
	其他资产	3 426	3 652	3 521	4 323	4 708	4 564	5 129
	总资产	325 601	358 883	343 225	371 260	405 898	263 800	283 031
负债	总借款	149 434	164 416	164 555	183 408	206 315	208 039	230 190
	衍生负债	131 131	146 885	132 324	141 741	153 129	7 932	3 053
	其他负债	5 513	8 597	7 709	9 048	6 656	5 985	7 673
	总负债	286 078	319 898	304 588	334 197	366 100	221 956	240 916
所有者权益	认缴资本	223 181	232 791	252 821	263 329	268 937	274 730	279 953
	待缴资本	209 747	218 786	237 629	247 524	252 828	258 274	262 892
	待缴资本中信用评级为 Aaa-Baa3 的部分	176 397	186 406	196 519	199 752	200 998	209 202	213 994
	实收资本	13 434	14 005	15 192	15 805	16 109	16 456	17 061
	留存收益	29 265	28 287	27 501	27 996	27 759	28 457	28 807
	累计综合收入/损失	-2 921	-3 062	-3 213	-6 126	-3 376	-2 422	-3 103
	其他	-255	-245	-843	-612	-694	-647	-650
	所有者权益	39 523	38 985	38 637	37 063	39 798	41 844	42 115

注：与大部分 MDB 采用自然年度不同，世界银行集团采用"财年"概念（自某年 7 月 1 日至次年 6 月底）作为统计区间。本书所有针对世界银行集团的年度财务数据都是指"财年"概念下的数值。

数据来源：2020 年穆迪评级报告。http://pubdocs.worldbank.org/en/514411583845769239/Final-Moodys-Issuer-In-Depth-IBRD-13Feb20.pdf

根据表 4-6，IBRD 在 2013—2019 年 7 个财年间，总资产呈现出稳步增长的趋势，从 2 079.00 亿美元上升至 3 588.83 亿美元，增幅高达 72.62%；其中，2011—2013 年资产增长疲软，2013 年甚至出现了微弱下降，但到了 2014 年，IBRD 的总资产又有了明显的增长。贷款是 IBRD 总资产的最主要构成部分，其占比超过 60%。IBRD 相关年份的贷款承诺额与未偿贷款净值见本书第五章第一节。IBRD 的总负债总体呈现增资趋势；总负债中，借款是主要部分，且在逐年扩大当中，2019 年，总借款占总负债的比例达到 95.5%。

IBRD 的所有者权益自 2013 年之后呈现总体微弱下降的趋势，其中，在 2014 和 2016 年的下降幅度较为明显，以后财年存在不同程度的回升。

三、盈利能力

据表 4-7，在 2013—2019 年中，IBRD 的净收入波动幅度较大。IBRD 在半数的财年里都实现了较大的净收入，在半数的财年却为净损失。其中，2014 年净损失达 9.78 亿美元，究其原因，IBRD 收入的主要来源为贷款利息收入，主要支出项目为借款支出和行政支出，2014 年，IBRD 的贷款利息收入相对较低，而借款支出和行政支出又相对较高，所以亏损额度较大。

表 4-7　IBRD 的收入水平及结构（2013—2019 年）　　　单位：百万美元

	项目	2013 年	2014 年	2015 年	2016 年	2017 年	2018 年	2019 年
收入	利息净收入	2 113	1 735	1 320	1 828	1 667	1 716	1 787
	利息收入	2 728	2 122	1 712	2 614	3 512	4 635	6 565
	利息支出	615	387	392	786	1 845	2 919	4 778
	其他净收入	654	−114	658	1 560	792	1 218	1 204
	会费净收入	599	672	739	835	890	969	1 015
	投资收入	0	0	0	0	0	0	0
	其他收入	55	−786	−81	725	−98	249	189
支出	其他运营开支	2 572	2 659	2 774	2 836	2 685	2 267	2 436
	管理层、普通员工、雇员支出	1 480	1 568	1 701	1 822	1 751	1 777	2 119
	拨款 & 项目	811	838	825	772	519	196	356
	其他支出	281	253	248	242	415	294	−39
	净收入	218	−978	−786	495	−237	698	505
	其他会计调整和综合收入	1 496	−141	−151	−2 913	2 750	954	−836
	综合收入	1 714	−1 119	−937	−2 418	2 513	1 652	−331

注：数据截至 2019 年 6 月底；净业务收入＋理事会批准转移＋净未实现非贸易组合收益（损失）＝净收入。

数据来源：2020 年穆迪评级报告。http://pubdocs.worldbank.org/en/514411583845769239/Final-Moodys-Issuer-In-Depth-IBRD-13Feb20.pdf.

四、财务可持续性分析

（一）盈利性指标

盈利能力衡量一个组织获取利润的能力，也称为资金或资本增值能力，通常表现为一定时期内收益水平的高低。虽然 IBRD 的宗旨并非利润最大化,但财务分析仍不能忽视其盈利性指标。这里主要关注以下两个指标:净资产收益率(ROE)和总资产收益率(ROA)。据财务报告,IBRD 的盈利情况如表 4-8 所示。

表 4-8 IBRD 的资产收益率、资本充足率、偿债能力和流动性指标(2013—2019 年)

单位:%

指标		2013 年	2014 年	2015 年	2016 年	2017 年	2018 年	2019 年
资产收益率指标	净资产收益率(ROE)	0.8	−2.8	−1.8	1.0	−1.0	1.3	1.3
	总资产收益率(ROA)	0.1	−0.3	−0.2	0.1	−0.1	0.2	0.2
资本充足率指标	有用权益/(未偿贷款+股权业务)	21.79	20.26	19.79	17.90	18.16	18.42	17.69
	债务/有用权益	368.5	399.5	409.7	461.8	455.9	449.9	471.5
	不良贷款/总未偿贷款	0.3	0.3	0.3	0.3	0.2	0.2	0.2
	平均资产回报率(ROA)	0.1	−0.3	−0.2	0.1	−0.1	0.2	0.2
	权益/贷款比率(E/L)	26.8	25.7	25.1	22.7	22.8	22.9	22.8
偿债能力和流动性指标	流动资产/总资产	12.8	13.7	14.7	14.8	18.1	27.7	29.1
	流动资产/借款总额	27.9	29.9	30.6	29.9	35.7	35.2	35.8
	(ST Debt+CMLTD)/流动资产	116.6	127.3	135	158.4	189.2	163.1	163.9
	资产负债率	41.5	42.5	46.3	48.0	51.0	81.0	80.8
	杠杆率	43.52	42.35	45.17	45.16	43.71	69.59	68.10

资料来源:IBRD 2013—2019 年财务报告、2020 年穆迪评级报告。http://pubdocs.worldbank.org/en/514411583845769239/Final-Moodys-Issuer-In-Depth-IBRD-13Feb20.pdf。

净资产收益率(ROE)又称股权收益率,指利润额与平均股东权益的比值,反映股东权益的收益水平,可以用来衡量一个组织运用自有资本的效率。该指标越高,说明投资带来的收益越高;反之,则所有者权益的获利能力越弱。该指标体现了自有资本获得净收益的能力。一般来说,负债增加会导致净资产收益率的上升。

总资产收益率(ROA)是净利润与资产总额的比值,用以衡量每单位资产所创造的净利润。该指标的高低直接反映其发展能力,也集中体现了资产运用效率和资金利用效果之间的关系。

据表 4-8,2003—2019 年,IBRD 的 ROE 和 ROA 变动明显,其中,2014 年、2015 年和 2017 年为负,具体原因是前述财年贷款利息收入下降和行政管理支出的大幅增加。与其他 MDB 相比,总体上 IBRD 收益率偏低,这与其宗旨和职能是分不开的。

(二) 资本充足率指标

根据表 4-8 的数据显示，2013—2019 年，IBRD 的资本充足率不断下降。有用权益/(未偿贷款＋股权业务)的比值从 21.79％下降到 17.69％，债务/有用权益的比率从 368.5％上升至 471.5％。

IBRD 使用权益与贷款余额之比 (equity-to-loans Ratio，E/L 比率) 来反映其资本金的充足度。受国际金融危机和汇率变动等因素影响，近年来 IBRD 的权益贷款比率总体呈逐年下降趋势。其中，在 2015—2016 年降幅最大，跌破了 25％；2016 年后，保持微弱的下降趋势，但总体保持在 WB《战略资本充足率框架》设定的警戒线 (23％—27％) 低位水平。这一比率被严格控制在与 WB 的财务和风险预期相一致的水平，证明了其财务的可持续性。

(三) 偿债能力和流动性指标

偿债能力是指企业或组织用其资产偿还长期债务与短期债务的能力，是反映财务状况和持续经营能力的重要指标，包括短期偿债能力和长期偿债能力。从资产负债率 (总负债/总资产，如果资产负债率达到 100％，说明该结构已没有净资产或资不抵债) 指标来看，表 4-4 显示，IBRD 的资产负债率保持在 90％以下，总体上，相对于其他 MDB 而言是较小的。

流动资产的增加对于提高偿债能力是至关重要的。这里主要讨论流动资产/总资产和杠杆率 (借款/总资本) 两个指标。流动资产/总资产用来衡量近期偿债能力，流动率越小偿债能力越弱，反之偿债能力越强。杠杆率是衡量负债风险的指标，从侧面反映偿债能力，杠杆率越高，风险越大，偿债能力越差。据表 4-8，IBRD 的流动资产/总资产呈现逐年上升的趋势，说明 IBRD 的偿债能力在逐年攀升；杠杆率波动较大，2013—2019 年 7 年间从 43.52％升到了 68.10％，说明 IBRD 外债比例逐渐升高，但是总体没有超过 70％，偿债能力良好稳健。

(四) 信用评级

长期以来，强劲的资金、188 个成员国股东的支持，再加上审慎的财务政策，使 IBRD 始终都保持 AAA 级的信用评级。根据协议，只要 IBRD 的资产流动性保持在最低设置水平之上就可以保持 AAA 的信用评级，这使 IBRD 不需要进行抵押贷款。至今 IBRD 从未进行过抵押贷款，可见其优良的信用度。据表 4-1，2013—2019 年，在 IBRD 待缴资本中，信用评级为 Aaa-Baa3 的部分占比分别为 84.1％、85.2％、82.7％、80.7％、79.5％、77.9％和 81.4％。在良好的信用评级下，IBRD 在筹集资金方面从不曾出现问题，再加上其谨慎的投资和业务运作，从资金的来源和使用两方面充分保证了良好的财务可持续性。

第三节 ADB 的财务运行机制

一、资金来源

ADB 开展业务的资金分为四部分,一是普通资金(the ordinary capital resources, OCR)账户中成员国缴纳的股本(capital);二是普通资金中的借款(borrowings);三是业务收入;四是亚洲开发基金和其他特别基金中的资金资源。

(一)成员国缴纳的股本

普通资金通常用于硬贷款,是 ADB 业务的主要资金来源。ADB 设立时的法定股本(authorized capital)为 10 亿美元,分为 10 万股,每股面值 1 万美元,各成员都须认购股本,区内外成员认缴股本的办法不同。亚太地区成员的股本分配按一个公式计算,公式中包括用人口、税收和出口额进行加权调整的 GDP;亚太地区以外的成员认股额主要根据各自的对外援助政策和对多边机构资助预算的分配,进行谈判确定。新加入成员的认缴股本由 ADB 理事会确定。认缴股本(subscribed capital)是指实际上已向股东发行的股本总额,即股东同意以现金或实物等方式认购下来的股本总额,它包括实缴股本(paid-in capital)和待缴股本(callable capital)。首批股本中实缴股本和待缴股本各占一半。实缴股本分五次缴纳,每次缴 20%,每次所缴金额的 50%用黄金或可兑换货币支付,50%以本国货币支付。待缴部分仅当 ADB 对外借款以增加其普通资本或为此类资本做担保而产生债务时才催缴。待缴股本是 ADB 从国际资本市场筹集资金的后盾,用来应对 ADB 借款人大规模违约等小概率事件以保障 ADB 债权人的收益。ADB(以及所有 MDB)从未向其成员催缴过待缴股本。成员支付催缴股本可选择黄金、可兑换货币或 ADB 偿债时需要的货币支付。普通资金账户中的可用股本主要是指实缴股本。ADB 的股本结构参见本节中的资产负债表(表 4-10)。

(二)借款

在 ADB 成立之初,自有资本是它向成员提供贷款和援助的主要资金。自 1969 年,ADB 开始从国际金融市场借款。ADB 借款的具体途径包括通过发行债券的方式在国际资本市场上借款,同有关国家的政府、中央银行及其他金融机构直接安排债券销售,以及直接从商业银行贷款。ADB 借款时力图使借款货币多样化,避免过多地依靠某种货币或某个资本市场;所借多为汇率十分坚挺的硬货币,这一方面降低了借款利率,另一方面潜在的汇率风险就较大。另外,由于 ADB 所提供的贷款主要是长期的,所以 ADB 的借款也主要是长期的(占 65%—75%)。ADB 的借款总额参见本节中的资产负债表(表 4-10)。

(三) 业务收入

净收益(net income)由提供贷款收取的利息与承诺费形成。根据 2016—2020 年年报,ADB 的收益逐年增长,2016—2020 年 ADB 的净收益依次 4.88 亿美元、6.90 亿美元、8.41 亿美元、10.69 亿美元和 11.32 亿美元(见表 4-9)。此外,ADB 收益率水平总体较高,原因有以下几点:首先,ADB 采取的是可变贷款利率政策,它根据借款费用的变化每半年对贷款利率进行一次调整,避免了国际资本市场利率波动可能对 ADB 造成的损失;其次,ADB 对流动资产进行综合管理,既有一定收益,又能降低风险;最后,ADB 对其留存收益以及实缴股本收益不进行再分配或分红。

根据 ADB 宪章第 40 条,理事会每年将 ADB 净收益的一部分划作普通储备金(ordinary reserve)。根据 ADB 宪章第 18 条,对 1984 年前发放的贷款,ADB 除收取利息和承诺费外还收取一定数量的佣金和担保费以留作特别储备金(special reserve)。此特别储备金用以偿付 ADB 的债务,应以董事会决定的流动资产形式存放。

表 4-9 ADB 可分配净收入的分配情况(2016—2020 年) 单位:百万美元

指标	2016 年	2017 年	2018 年	2019 年	2020 年
可分配净收入	488	690	841	1 069	1 132
分配给普通储备	124	351	499	616	734
分配给 ADF	259	259	259	259	292
分配给其他特别基金	105	80	83	194	105

资料来源:ADB 2020 年年报。

(四) 亚洲开发基金和其他特别基金中的资金资源

亚洲开发基金(the Asian Development Fund, ADF)专门提供赠款,是特别基金(the Special Funds)的主要部分,其资金主要来自 ADB 的 34 个成员[1]的捐赠。

---

[1] 包括澳大利亚、奥地利、比利时、文莱、加拿大、中国、丹麦、芬兰、法国、德国、中国香港、印度、印度尼西亚、爱尔兰、意大利、日本、哈萨克斯坦、韩国、卢森堡、马来西亚、瑙鲁、荷兰、新西兰、挪威、葡萄牙、新加坡、西班牙、瑞典、瑞士、中国台湾、泰国、土耳其、英国、美国。

此外,ADB 理事会按有关规定从各成员缴纳的未核销实缴股本中拨出 10% 作为 ADF 的一部分,净收入分配,以及其他渠道的赠款都构成其资金来源。自 2017 年 1 月 1 日,ADF 中的大部分资产(超过 300 亿美元,包括贷款及其他资产)转移至 OCR 中。截至 2021 年 5 月底,ADF 共补充了 13 次,资金总额为 23.41 亿美元。

其他特别基金共有七种。技术援助特别基金(the Technical Assistance Special Fund,TASF)、日本特别基金(Japan Special Fund)、亚洲开发银行研究所(ADB Institute)、区域合作和一体化基金(Regional Cooperation and Integration Fund)、气候变化基金(Climate Change Fund)、太平洋救灾基金(Asia Pacific Disaster Response Fund)以及金融部门发展伙伴特别基金(Financial Sector Development Partnership Special Fund)也都是以赠款形式提供技术援助。

以上特别基金的具体业务重点参加本书第六章第二节。

二、资产、负债及所有者权益

(一)资产及其结构

ADB 资产主要由未偿贷款总额、投资、其他资产、净股权投资以及现金构成,其中前三项是主要构成部分,见表 4-10。

表 4-10 ADB 的资产负债表(2013—2019 年)　　　　单位:百万美元

项目			2013 年	2014 年	2015 年	2016 年	2017 年	2018 年	2019 年
普通资金账户(OCR)	资产	现金	316	417	753	661	964	1 148	1 235
		投资	25 350	24 293	23 435	26 127	36 714	35 645	39 733
		衍生资产	35 043	33 092	29 538	29 143	40 761	45 500	62 619
		净贷款	53 088	55 890	61 941	67 599	101 008	106 405	114 389
		净股权投资	819	862	862	814	1 185	1 280	1 619
		其他资产	1 252	1 106	1 168	1 510	1 749	1 882	2 271
		总资产	115 868	115 660	117 697	125 854	182 381	191 860	221 866
	负债	借款总额	62 232	62 731	66 054	74 476	87 674	90 507	105 187
		衍生负债	34 347	33 987	32 272	32 079	42 852	48 996	62 569
		其他负债	2 151	2 004	1 925	2 085	1 586	1 373	2 192
		总负债	98 730	98 722	100 251	108 640	132 112	140 876	169 948
	资产负债率		85.21	85.36	85.18	86.32	72.44	73.43	76.60

续表

项目			2013年	2014年	2015年	2016年	2017年	2018年	2019年
普通资金账户(OCR)	所有者权益	认缴资本	162 809	153 056	147 052	142 699	151 169	147 965	147 120
		待缴资本	154 640	145 376	139 678	135 545	143 591	140 550	139 748
		评级为 Aaa-Baa3	142 114	134 037	128 783	124 024	131 386	128 744	128 009
		实收资本	6 843	7 229	7 293	7 075	7 563	7 400	7 357
		普通储备	11 671	12 151	12 393	12 811	43 212	43 893	44 301
		特别储备	282	303	322	340	361	408	384
		贷款损失储备	−6	−1	−1	11	35	122	35
		累计其他综合收入/损失	−641	−1 238	−1 366	−1 576	−199	−191	−633
		其他调整	157	−597	−128	−210	1 377	154	−442
		盈余	566	387	556	7	774	750	1 554
		净收入(拨备后)	560	386	555	18	809	872	1 589
		所有者权益	17 138	16 938	17 446	17 214	50 269[1]	50 984	51 918
	总负债和权益		115 868	115 660	117 697	125 854	182 381	191 860	221 866
亚洲开发基金(ADF)			—	33 319	32 522	32 581	2 067[1]	1 956	2 498
特别基金[2]			—	361	304	186	584	482	368

注：[1] 自2017年1月1日，ADF中的贷款及其他资产转移至OCR，导致2017年ADF、OCR资金资源相比于前一年分别骤减、骤增。

[2] 特别基金包括技术援助特别基金、日本特别基金、亚洲开发银行研究所、区域合作和一体化基金、气候变化基金、太平洋救灾基金以及金融部门发展伙伴特别基金。

资料来源：ADB, ADB 2013—2019 年财务报告；ADB Moody's Rating Report July 27, 2020, https://www.adb.org/sites/default/files/institutional-document/33067/moodys-report-20200727.pdf

（二）负债及其结构

据 ADB 资产负债表(表 4-10)，2013—2019 年，ADB 的总负债金额总体呈增长趋势。ADB 的总体负债水平可用资产负债率(总负债/总资产)这一指标来描述。2013—2016 年，这一指标基本保持在 85% 左右；2017—2019 年降为 72%—76%。ADB 的资产负债率在众多 MDB 中处于中等水平，低于 IBRD、EIB，但高于 EBRD。

ADB 负债由借款、衍生负债和其他负债构成，其中，借款和衍生负债是 ADB 负债的主要构成部分。2018—2020 年，未偿借款和衍生负债在负债总额中的占比为 97%—99%。总体上，ADB 未偿借款的期限结构较为稳定、合理，大部分是中期债券。根据 2020 年财务报告，2019 年，ADB 的中长期借款本金总额为 246.13

亿美元(占 75.43%),平均期限为 5.2 年,短期借款本金总额为 80.18 亿美元(占 24.57%);2020 年,ADB 的中长期借款本金总额为 357.65 亿美元(占 66.98%),平均期限为 4.5 年,短期借款本金总额为 176.33 亿美元(占 33.02%)。

(三) 所有者权益

ADB 的权益资本主要由实收资本、普通储备(ordinary reserve)、特别储备(special reserve)、贷款损失储备(loan loss reserve)、盈余(surplus)、净收益(net income)以及相关调整项目构成,其中,普通储备和实收资本所占比重最大。

三、盈利能力

ADB 的收入来源有贷款收入、利息、投资收入、承诺费以及其他贷款收入等项。1999—2008 年,ADB 在十年间实现了持续盈利;2008 年金融危机爆发后,由于借款及相关成本和贷款损失准备金增加,ADB 在 2009 年净亏损 0.37 亿美元;虽然自 2010 年以来,随着经济形势的好转,ADB 重新实现盈利,但此后的盈利水平总体上低于金融危机之前。(见表 4-11)。

表 4-11 ADB 的收入水平及结构(2013—2019 年)　　　　单位:百万美元

项目	2013 年	2014 年	2015 年	2016 年	2017 年	2018 年	2019 年
净利息收入	576	584	621	699	1 230	1 433	1 550
利息收入	976	901	995	1 450	2 477	3 592	4 080
利息支出	400	317	374	751	1 247	2 159	2 530
净非利息收入	403	167	329	−280	166	41	647
净会费收入	46	50	49	46	53	60	56
股权投资收入	10	17	−19	18	33	12	26
其他收入	347	100	299	−344	80	−31	565
其他运营支出	419	365	395	401	587	602	608
管理层、员工	411	352	383	390	578	591	598
批款 & 项目	0	0	0	0	0	0	0
其他支出	8	13	12	11	9	11	10
预拨款项	560	386	555	18	809	872	1 589
贷款损失准备	−6	−1	−1	11	35	122	35
净收入(损失)	566	387	556	7	774	750	1 554

续表

项目	2013年	2014年	2015年	2016年	2017年	2018年	2019年
其他会计调整和综合收入	157	−597	−128	−210	1 377	154	−442
综合收入（损失）	723	−210	428	−203	2 151	904	1 112

资料来源：ADB, ADB Moody's Rating Report July 27, 2020, https://www.adb.org/sites/default/files/institutional-document/33067/moodys-report-20200727.pdf

四、财务可持续性分析

（一）盈利性指标

这里主要关注ADB的以下三个指标：净利润（见表4-5中的"综合收入/损失"）和表4-12中的净资产收益率（return on equity, ROE）和总资产收益率（return on total asset, ROA）。

ADB的总资产收益率（ROA）因金融危机在2009年出现负值，其他年份的ROE和ROA均为正值。自2013年以来，ADB的ROE和ROA与净利润的变动趋势基本一致，与同类MDB相比，ADB的总体盈利能力处于中等水平，低于EIB、IDB、AfDB，但比IBRD高出许多，比EBRD稳定。

（二）资本充足率指标

资本充足度对于反映企业或组织机构的财务状况及持续性有重要意义。本书使用表4-5中的指标衡量ADB的资本充足率，并主要使用DRA/有用权益和不良资产/DRA。与其他MDB横向对比，前者比值越大，说明企业或组织的资本充足度越高，也越容易满足其业务需要，从而有利于实现盈利目的；后者则相反。据表4-12，2013—2019年，ADB的资本充足率有所下降，具体表现为DRA/有用权益比值的一路下降和不良资产/DRA的总体上升趋势。

（三）流动性指标

ADB采取了一系列措施以保持资产流动性，例如：实施流动性投资组合，流动性投资组合有助于确保不间断的可用性的资金，以满足贷款支出、偿还债务和其他的现金需求，减缓ADB面临紧急事件的财务压力。另外，ADF使用两种方式管理其流动资产，以实现财政资源的最佳利用。第一种旨在保证有充足的流动性去满足预期的资金需要，第二种旨在保持审慎的资产的最低流动性以满足意外的资金需求。

这里选用表 4-5 中的指标衡量 ADB 资本的流动性。据表 4-12,自 2013 年以来,ADB 的资产流动性水平总体有所降低。与其他 MDB 相比,ADB 流动性指标值处于中等水平,高于 EIB,但低于 EBRD。

表 4-12　ADB 盈利性、资本充足率和流动性指标(2013—2019 年)　　单位:%

指标		2013 年	2014 年	2015 年	2016 年	2017 年	2018 年	2019 年
盈利性指标	净资产收益率(ROE)	2.3	2	3.4	0	1.8	1.5	3.4
	总资产收益率(ROA)	0.5	0.3	0.5	0	0.5	0.4	0.8
资本充足率指标	DRA/有用权益	314.8	335.3	360.2	397.1	203.5	211.7	223.9
	不良资产/DRA	0	0	0	0	0	0.1	0.1
	平均资产回报率	0.5	0.3	0.5	0	0.5	0.4	0.8
	净息差	0.7	0.7	0.7	0.7	0.9	1	1
流动性指标	流动性资产/总资产	22.2	21.4	20.6	21.3	20.8	19.2	18.5
	流动性资产/总负债	41.2	39.4	36.6	36	43.3	40.7	38.9
	流动性资产/ST Debt+CMLTD	193.5	175.8	169.9	144.4	196.8	286.4	201.5

注:平均收益性资产回报率(return on average earnings assets);有用权益=所有者权益;流动性资产/ST Debt+CMLTD 指在未来一年内到期的所有债务,含商业票据、货币市场存款、长期债务和债券等。

资料来源:ADB 各年财务报告、穆迪评级报告(ADB Moody's Rating Report July 27,2020, https://www.adb.org/sites/default/files/institutional-document/33067/moodys-report-20200727.pdf)。

(四)信用评级

据 2019 年 ADB 年报和各评级公司对 ADB 的评级报告,惠誉、穆迪和标准普尔在 2019 年分别对 ADB 的短期和长期债务进行了评级,都给了 ADB 与 WB 同等的信用评级,长期评级都是 AAA,短期评级分别是 F1+、P-1 和 A-1+。这反映了 ADB 经营业绩的强度和稳定性、金融和信贷政策管理的审慎性、承担业务的独立性和其股东国家的持续支持度。这一评级有利于 ADB 在国际资本市场上以较优惠的条件筹措到更多资金。

成员的主权信用评级对 MDB 的评级起到决定性的作用。在 ADB 中,持股最多的五个成员依次是日本(A1)、美国(AAA)、中国(A1)、印度(BAA3)和澳大利亚(AAA),中国还是 ADB 最大的主权借款国,占与发展相关资产(DRA)的 14.8%。此外,2/3 的 ADB 成员同时也是 OECD 成员。上述发达成员具有较好的资信和评级,拉高了 ADB 的信用评级。据表 4-4,2013—2019 年,ADB 待缴资本中,评级为 AAA-BAA3 的部分在 91.5%—92.2% 之间平稳波动。[1]

---

[1] ADB, ADB Moody's Rating Report July 27, 2020, https://www.adb.org/sites/default/files/institutional-document/33067/moodys-report-20200727.pdf.

本章小结

MDB的主要目标是为发展中国家提供贷款并帮助特定地区解决区域性、甚至是全球经济和社会发展问题。但是,从本质上来看,其仍然还是金融机构,因此,保持充足稳定的资金来源、通过良好的运作模式来维持其资金充足度是其实现宗旨和目标的重要保证。在资金来源方面,足够的资金来源是MDB维持自身运营和开展全球性业务的重要前提和保证,每个MDB根据其自身情况采取不同的方式来获得其所需资金,通过不同的方式提供给各自的援助和业务对象。WB中IBRD的资金主要来源于成员国缴纳的股本、在国际金融市场上或向成员国筹资和业务收入,而ADB资金来源主要分为普通资金、特别基金和联合融资。在资产负债方面,不同MDB业务覆盖的行业领域、地理范围都有各自的侧重,在资产和负债规模方面存在相当大的差别。IBRD总资产呈稳步增长的趋势,贷款是其主要构成部分,而ADB总体负债金额呈增长趋势,普通储备和实收资本占权益资本的比重最大。在盈利能力方面,MDB总体盈利规模较小,回报率与业务所在地区相关,IBRD净收入波动幅度较大,而ADB在2010年后的盈利水平总体低于金融危机之前。在财务持续性方面,各MDB资金水平稳定性及流动性指标均相对良好,反映出各银行谨慎的风险控制态度以及风险管理的有效性,总体上IBRD收益率偏低,资本充足率不断下降,资产负债率较低,偿债能力逐年攀升,信用评级稳定在AAA级,而ADB总体盈利能力高于IBRD,资本充足率有所下降,流动性指标处于中等水平,信用评级稳定在AAA。总体来看,IBRD和ADB的各项指标证明了其财务可持续性。

关键词

MDB;资产;负债;财务可持续性;WB;ADB

简答题

1. 请简要列出IBRD以及ADB的资金来源。
2. 请简述MDB贷款支出的类别。
3. 请简述衡量MDB盈利能力的指标以及特点。
4. MDB的财务可持续性体现在哪几个方面?
5. 请简述MDB的资本组成。

思考题

1. MDB与商业性金融机构财务运营模式具有哪些根本性的差异,其原因是什么?

2. 多边开发银行主要关注基础设施建设等资金投入量大、建设周期长、回报率低等领域,存在较大的政治经济风险,那么如何从机制和制度上去有效化解这些潜在风险?

3. 后疫情时代,债务国的经济脆弱性以及债务问题引发关注,传统MDB如何应对债务国的债务风险并确保其自身的财务可持续性?

4. 从长远来看,传统MDB要保持其可持续性增资,应如何使其融资渠道及领域多元化?

第五章

多边开发银行的业务运行机制

引言

　　多边开发银行（Multilateral Development Banks，MDB）是主要为发展中国家的经济和社会发展活动提供贷款等资金支持以及技术性的援助，同时帮助特定地区实现金融区域一体化的国际发展融资机构。总的来说，MDB 也是银行，其业务运行的基本内容与一般的商业银行无异，也需要在运营中关注投资的回报性，也需要进行风险管理。本章从业务可持续性的角度，通过业务内容、业务领域、业务对象、年度业务规模和风险控制等方面，分析现有主要 MDB 如 WB、ADB 的业务运行模式，从中提炼出 MDB 的业务运行的四大共同特点，其中包括：业务投资工具多样化但以贷款为主、投资领域以基础设施和能源为主、贷款对象多为主权机构，区域分布兼顾平衡性和回报性、风险控制全面化。

学习目标：
　　1. 熟悉 MDB 的业务运行特征
　　2. 掌握 WB 的业务运行机制
　　3. 掌握 ADB 的业务运行机制

第五章　多边开发银行的业务运行机制

第一节　多边开发银行的业务运行特征

根据对现有 MDB 的业务运行特征的分析可以总结其业务运行特征,仍可以从其业务内容、领域、贷款对象以及风险控制等方面进行分析。

一、投资工具多样化但以贷款为主

国际发展融资机构往往通过为其成员国的公共和私人部门提供一系列灵活多变的金融产品和服务,以促进区域内的经济和社会发展,主要 MDB 在投资工具的选择上具有相似性,大多数的 MDB 都采用了包括贷款、股权投资、担保等在内的一系列金融工具,其中最主要的是贷款。各种投资工具所占的比重及具体的运用方式存在很大的区别。

(一) 贷款是 MDB 最主要的投资工具

在主要 MDB 中,按照 2015—2019 年当年贷款业务量占总资产的比重排名来看(见表 5-1),EIB 贷款额占总资产的比例居于首位,五年内大多维持在 80% 的水平,这是其"为良好的投资项目提供长期贷款,以实现欧盟的长期目标"的宗旨直接驱动下的产物,EIB 一直将为欧洲经济的引擎——中小型企业提供投资贷款作为其业务重心,并且通过和当地商业银行合作以改善中小企业的融资路径;而 WB 的贷款占总资产的比例仅为 6.86%,这源于 WB 的非投资性和非盈利性的本质,为了促进全球经济发展,WB 遵循的原则是采取贷款、技术援助、信托基金以及赠款等多种投资工具并进的方式,其中的赠款和技术援助帮助缓解了全球的贫困状况。

表 5-1　各 MDB 贷款业务规模

项目		2015 年	2016 年	2017 年	2018 年	2019 年
AfDB[1]	贷款额(亿美元)	186.43	246.54	207.29	279.05	270.25
	占总资产比重(%)	50.77	54.13	50.78	67.82	84.31
EIB	贷款额(亿美元)	5 491.86	4 918.05	4 777.65	5 410.93	5 012.52
	占总资产比重(%)	80.20	79.44	82.79	81.13	75.46

---

[1] AfDB 的数据来自 2014 年 Fitch 评级报告,原数据以特别提款权(SDRs)为单位,2015—2019 年 SDRs 与美元之间的兑换比例为:2015 年 1 USD=0.690 2 SDRs,2016 年 1 USD=0.715 2 SDRs,2017 年 1 USD=0.728 3 SDRs,2018 年 1 USD=0.710 3 SDRs,2019 年 1 USD=0.690 9 SDRs。下文中同类数据处理方式与此相同。

107

续表

项目		2015 年	2016 年	2017 年	2018 年	2019 年
CAF	贷款额(亿美元)	204.30	219.77	236.30	251.11	265.20
	占总资产比重(%)	62.92	61.61	62.00	62.75	62.70
ADB	贷款额(亿美元)	619.41	675.99	1 010.08	1 064.05	1 143.89
	占总资产比重(%)	52.62	53.71	55.38	55.46	51.56
EBRD	贷款额(亿美元)	235.24	257.43	232.59	278.82	292.56
	占总资产比重(%)	38.43	39.59	39.42	38.20	38.23
IDB	贷款额(亿美元)	104.04	108.03	130.03	142.50	129.61
	占总资产比重(%)	9.36	9.53	10.30	11.00	9.50
WB[1]	贷款额(亿美元)	350.98	287.66	254.36	263.82	258.10
	占总资产比重(%)	7.44	6.41	5.88	6.60	6.86

注:按 2019 年占总资产比重排名。
资料来源:各行 2015—2019 年财务报告,Fitch 评级报告。

根据各 MDB 贷款的主要对象的不同,其贷款期限结构也存在一定的差异。对于 EIB、IDB、AfDB 和 CAF 等大多数的 MDB 而言,其贷款都呈现出以长期贷款为主,中期贷款占据一定比例,短期贷款比例较低的特点,其中由于 EIB 90% 以上的贷款都被投入到欧盟内部不发达地区的基础设施建设及能源开发项目中,这些项目跨期长的特点使得该行的中长期贷款占比超过了 90%。EBRD 的贷款主要集中在对中小企业的融资业务上,所以其贷款结构以短期贷款为主,占据了 38% 以上的贷款份额。

(二)结构性融资及股权投资也是 MDB 重要的投资工具

除了贷款之外,EIB 和 CAF 还进行了结构性融资(structure financing),提高客户的资产周转率,降低客户的资产负债率,实现信用增级,降低融资成本,丰富投资者的投资品种。受欧盟政策目标驱动,EIB 的结构性融资主要投向基础设施、能源、交通和环境保护等传统领域;而 CAF 结构性融资往往用于资助矿石、石油和天然气的开采。股权投资也是 MDB 的一项传统业务,但由于该项业务的风险较高,各 MDB 股权投资所占总资产的比例仅为 1% 左右。并且,根据其自身不同的定位,现行各 MDB 股权投资的投向区别较大,EBRD 通常的投资方向是金融机构,目的是通过股权投资支持地方银行的发展,影响银行的经营策略、加强公司治理和促进银行的机构建设以加快区域转型步伐;IDB 本身不直接进行股权投资,而是通过多边投资基金(Multilateral Investment Fund,MIF)和美洲投资公司(Inter-American Investment Corporation,IIC)投资私营企业;AfDB 既有直接的股权投资

---

[1] 世界银行数据来自 2014 年 WB 年报,WB 贷款额为 IBRD 和 IDA 贷款实际支付额之和。

也有间接的股权投资,既有私人部门的股权投资也有公共部门的股权投资,并且,AfDB 还进行少量的期权投资。

二、投资领域以基础设施和能源为主

MDB 的主要投资项目受各银行的宗旨目标所驱动,目的是为了促进区域内国家的经济增长,提高人们的生活水平,促进就业。表 5-2 列出了现有主要 MDB

表 5-2　MDB 主要业务分布结构　　　　　　　　　　　单位:%

	行业	占比		行业	占比
WB	公共管理、法律和司法	23.0	EBRD	能源	22.6
	能源与采矿	12.3		金融	20.9
	工业、贸易与服务业	10.2		交通运输	15.1
	金融业	9.9		工业和服务业	10.4
	社会保护	9.1	IDB	基础设施和环境	41.5
	教育	8.0		现代化建设	30.5
	医疗卫生	7.2		社会部门	21.0
	供水、卫生和废弃物管理	6.7		整合与贸易	9.0
	交通	6.4	CAF	交通运输、仓储及通信	30.0
	农林渔业	4.4		社会及其他基础设施项目	28.0
ADB	交通运输	30.0		电力、天然气及水的能源供应	26.0
	能源	19.0		商业银行	11.0
	公共部门	14.0		开发银行	5.0
	其他	12.0		制造业	—
	金融	10.0		农业、狩猎和林业	—
	水	8.0		其他	—
	农业	7.0	AfDB	交通	25.0
EIB	交通运输	28.9		能源	21.8
	全球信贷	22.1		金融	19.3
	能源	14.8		农业	11.1
	健康和教育	7.8		水供应和卫生	8.4
	水和排水系统	6.6		多部门	7.1
	混合基础设施	6.6		社会	3.7
	工业	5.9		工业、采矿	2.2
	社会服务	3.9		通信	0.9
				环境	0.5

资料来源:各 MDB 2019 年年报。

的业务领域。可以看出,所有MDB的业务领域中,基础设施、能源都占据了较大比重。CAF的能源和基础设施总占比最高,达到了54%;随后是IDB,也高达41.5%,AfDB该部分的占比接近46%,ADB总占比49%。究其原因,总的来说这四个MDB都属于区域性较强的MDB,分属于亚洲、非洲、拉丁美洲及加勒比地区,域内多为发展速度比较缓慢或欠发达的国家,它们都旨在帮助所在地区减少贫困,加速域内国家经济的发展和一体化,故而其所在特定区域基础设施和能源的占比高于其他三个多边发展机构。近年来,金融行业地位日渐上升,有成为MDB第三大业务领域的趋势,如2019年EBRD对金融行业的贷款占总贷款额的20.9%,成为其重要业务领域。

除呈现出来的共性外,现有各MDB由于自身定位的不同,投资的重点领域也有所不同。WB的第一大业务领域是公共管理、法律和司法,贷款额占比22.97%,从中可以看出WB致力于公共管理事业,积极为减少全球的贫困而努力。

三、贷款对象多为主权机构,区域分布兼顾平衡性和回报性

基于MDB的宗旨和职能,大多数MDB都致力于促进区域内成员国的经济发展,因此贷款对象多是主权机构,对非主权机构贷款的占比很小。在现有MDB中IDB对主权机构贷款的比例最高,达到了93%。2019年,CAF、ADB和EBRD的主权贷款占贷款总额的比例分别为85.21%、85.6%和17.6%。占比最低的是EBRD,它也是唯一对主权机构的贷款比例低于50%的MDB,该行大部分的贷款都集中于私有部门,这与其致力于促进区域内成员向市场经济转型,帮助其实现非垄断化、非中央集权和私有化的宗旨密不可分。

MDB在考虑贷款对象的区域时有两方面考虑:一是要在成员国之间均衡,二是选择需求大、回报高的地区。由各MDB 2019年的年报可知,WB由于旨在减少全球贫困,促进全球经济发展,故而其主要将贷款的区域定位于欠发达的非洲和南亚地区;而通过观察余下六家MDB 2019年各自贷款的区域分布,可以看出AfDB和CAF为了保证贷款在成员国之间的均衡,各自的贷款都比较均匀地分配至区域内的主要国家;但是在促进欠发达国家或地区经济发展的同时,MDB倾向于选择投资回报较高的区域进行投资。

四、风险控制全面化

MDB面临的风险种类很多,但主要与其使用的金融工具相关,大致包括以下几种风险:信贷风险、利率风险、流动性风险、外汇风险以及市场风险,各MDB对每种风险采取了不同的管理方式和控制手段。但从整体上来看,MDB在综合考

虑自身内部环境与外部环境的基础上,均实施了针对其风险的管理和控制,这些方式具有全面、积极的特点。

(一)建立内部风险评级体系

为防范信用风险,同许多世界顶级商业银行一样,现有 MDB 也建立了自己的风险评级体系。以 EBRD 为例,其内部设立了 11 级风险评级体系,分别是 1 优(excellent)、2 优良(strong)、3 很好(very good)、4 好(good)、5 满意(satisfactory)、6 可接受(acceptable)、6w 关注(watch)、7 特别关注(special attention)、8 次级(substandard)、9 可疑(doubtful)、10 预期损失(expectedloss),并将这种内部的风险评级体系一一对应到标普的评级,再赋予每一个项目和国家相应的信用评级(1—10 以及 6w)和违约概率(0—100%)。[1] 项目评级的高低取决于交易对手的资金实力和项目结构中所蕴含的风险保障,如股东实力和所提供的担保;对于主权国家,该行在考虑外部评级机构的评级后再进行内部评级;对非主权机构的项目,违约率通常也会受到主权评级的影响。这种内部风险评级体系有利于 MDB 在致力于地区发展、减少贫困的同时关注自身体系的优化。

(二)信贷投资组合多样化

多样化信贷投资组合主要体现在两个方面:贷款对象和贷款品种的多样化。具体而言,MDB 的贷款对象主要包括:主权国家、公共机构、银行以及企业,通过多样化其贷款对象,如 EIB、ADB 和 IDB 等的贷款对象众多,可以在一定程度上分散其出现不良贷款的风险。同时,MDB 内部设立的一些制度也有助于多样化信贷投资组合,如 EBRD 规定不应将资源不成比例地分配给任一成员国,对单个成员国的风险敞口不得超过其实付资本和非限制一般准备金的 90%。CAF 在一些特定项目中允许私人部门参与融资或借助联合融资、银团贷款等方式和其他合适的投资者,如商业银行、政府机构和其他国际组织金融机构一起分担风险。各MDB 提供的贷款品种也较为多样化,从贷款利率来看有浮动利率、固定利率和利率互换等,从贷款期限来看有 1 年以下短期贷款、2—5 年和 5 年以上的中长期贷款,以利于构建一个均衡的利率体系从而帮助银行良性发展。

(三)流动性风险管理

流动性风险是指经济主体由于金融资产的流动性的不确定性变动而遭受经济损失的可能性。EBRD 致力于维持充足的流动性,风险副经理和财务副总裁每月对该行的流动性状况进行监控,该行还规定其流动性比率不得低于未来三年现

---

[1] EBRD. Annual Report 2007 Financial Statements[R], 2007. http://www.ebrd.com/downloads/research/annual/fr07.pdf.

金要求的45%,所有贷款承诺(减去未支付贷款加上一年的债务)的75%;EIB通过制定流动性应急计划(Contingency Liquidity Plan,CLP)和提前融资这两种措施控制和管理其面临的流动性风险;ADB设有各种管理委员会,风险管理办公室(Office of Risk Management,ORM)制定和实施政策和程序来衡量、检测和控制风险;IDB通过其流动性政策,资产负债管理政策及其短期借款计划来管理其流动性风险;AfDB持有足以满足银行滚动一年所需的现金流量需求,设立了一个最低流动性下限,并将要投资的资产按照更细致的分类,对于那些有需要时要立即变现的资产投资于高度流动的证券,其他的则投资于流动性相对差的金融产品中。

第二节 WB的业务运行机制

WB的业务可持续性可从其业务内容、业务领域、业务对象、年度业务规模和风险控制等方面来分析。

一、主要业务内容

WB的业务活动可分为贷款业务、资本管理和财务运作三大类。在财务和资本方面,WB必须独立运作,保证收支平衡以满足自身生存和发展的需要。

(一) 贷款及其类型

向成员国尤其发展中国家提供贷款是WB最主要的业务。目前,世界银行贷款主要有项目贷款、部门贷款、结构调整贷款和技术援助贷款四种,其中项目贷款是世界银行贷款的主要内容,也是世界银行业务活动的主要组成部分;部门贷款可进一步细分为部门投资贷款、中间金融机构贷款和部门调整贷款三种;结构调整贷款条件严格、苛刻;技术援助贷款应用于项目贷款中。

WB贷款可以分为几个种类:

(1) 项目贷款(project loan)。这是WB传统的,也是最重要的贷款业务,约占WB贷款的90%。该贷款属于WB的一般性贷款,主要用于成员国的基础设施建设和国家城镇建设发展。

(2) 非项目贷款(non-project loan)。它不与具体工程和项目相联系,而是与成员国进口物资、设备及应付突发事件、调整经济结构等相关的专门贷款。

(3) 技术援助贷款。它又分两种:第一种与特定项目有关,如对项目的可行性研究、规划、实施,项目机构的组织管理及人员培训等方面提供的贷款;第二种不与特定项目相联系,亦称"独立"技术援助贷款,主要资助为经济结构调整和人力资源开发而提供的专家服务。

(4) 联合贷款(co-financing)。它设立于20世纪70年代中期,是由WB牵头,联合其他贷款机构一起向借款国提供的项目融资。主要有两种形式:一是WB与有关国家政府确定贷款项目后,即与其他贷款者签订联合贷款协议,而后它们各自按通常的贷款条件分别与借款国签订协议,各自提供融资;二是WB与其他借款者按商定比例出资,由WB按贷款程序和商品、劳务的采购原则与借款国签订协议,提供融资。

(5) "第三窗口"贷款(the third window facility),亦称中间金融机构贷款(intermediate financing facility),是指在WB的一般性贷款和IDA的优惠贷款之外的另一种贷款,其贷款条件比前者宽,但不如后者优惠,期限可长达25年,主要面向低收入发展中国家。

(6) 调整贷款(adjustment facility),包括结构调整贷款和部门调整贷款。结构调整贷款的目的是通过1—3年的时间促进借款国宏观或部门经济政策的调整和机构改革,有效地利用资源,5—10年内实现持久国际收支平衡,维持经济增长。结构调整问题主要是宏观经济问题和影响若干部门的重要部门问题,包括贸易政策(如关税改革、出口刺激、进口自由化)、资金流通(如国家预算、利率、债务管理等)、资源有效利用(如公共投资计划、定价、刺激措施等)以及整个经济和特定部门的机构改革等。部门调整贷款的目的是,支持特定部门全面的政策调整与机构改革。

(二) 贷款条件和程序

1. WB的贷款条件

世界银行只向其成员国政府或经成员国政府、中央银行担保的公私机构贷款,贷款包括国际复兴开发银行提供的贷款条件不很优惠的"硬贷款"和国际开发协会信贷提供的条件优惠的"软贷款"。"硬贷款"利率只比国际金融市场的商业贷款低一点,升降幅度较小,还款期限最长达20年,平均17年,宽限期为3—5年,而"软贷款"基本无息,贷款期限可达35年,宽限期10年。基于促进发展中国家的经济发展和社会进步的基本原则,世界银行贷款项目主要集中于社会发展、基础设施、农业和工业等部门,重点领域是交通、公用工程、农业建设和教育建设等基础设施,只有在特殊情况下,世界银行才会考虑发放非项目贷款。

成员国确实不能以合理的条件从其他方面取得资金来源时,WB才考虑提供贷款。且贷款只发放给有偿还能力,且能有效运用资金的成员国。WB贷款必须专款专用,并接受WB的监督。WB不仅在使用款项方面,而且在工程的进度、物资的保管、工程管理等方面都可进行监督。

2. WB的贷款程序

主要包括:借款成员国提出项目融资设想,WB与借款国洽商,并进行实地考

察；双方选定具体贷款项目；双方对贷款项目进行审查与评估；双方就贷款项目进行谈判、签约；贷款项目的执行与监督；WB对贷款项目进行评价。

(三) 项目周期

WB项目贷款周期包括选定、准备、评估、谈判、执行、总结评价六个阶段。

(1) 项目的选定(identification of project)。申请借款国选定那些需优先考虑的,有助于实现国家和地区的发展计划且符合WB贷款原则的项目。

(2) 项目的准备(preparation of projects)。申请借款国对选定项目进行可行性研究,主要内容有:技术可行性、财务可行性、经济可行性、组织体制可行性以及社会可行性等。

(3) 项目的评估(appraisal of projects)。由WB对选定项目进行审查:第一,技术方面的评估要求设计合理,工程技术上处理得当。第二,组织方面的评估目的在于保证该项目建设能够顺利和有效地执行,并建立一个由当地人员组成的管理机构。第三,经济方面的评估是从整个经济角度来分析项目提供的效益,从而作出是否进行投资的决策。第四,财务方面的评估首先要审查项目在执行过程中是否有足够的资金来源。

(4) 项目的谈判(negotiation of projects)。谈判是前三个阶段的继续,是进一步明确所应采取措施的阶段,也是WB和借款国为保证项目成功,就双方所采取的共同对策达成协议的阶段。

(5) 项目的执行(implementation of projects)。借款国负责项目的执行和经营,WB负责对项目的监督。

(6) 项目后评估(completion/validation and evaluation of projects)。项目完成后,WB要与借款人共同对项目实施结果进行全面总结,从各方面把结果通过评估报告进行比较,编写出项目后评估报告(也称项目完成报告)。报告既是对项目的总结,也是对借款方和WB工作情况的评价,还要提出今后的改进建议。该报告应于贷款截止后六个月内完成,送交WB行长直属的业务评价局审查后再提交执董会。

二、年度业务规模

WB通过提供资金、分享知识、与公共和私人部门合作促进合作伙伴国家可持续发展。如表5-3所示,2016—2019年世界银行集团的承诺额和支付额总体保持稳定。2020年新冠肺炎疫情大流行,世界银行集团加紧有关国家医疗卫生、企业扶植、食品供应等方面的资金扶持,承诺额和支付额均有所增长。2021年世界银行的承诺额和支付额达到创纪录水平,主要用于采购医疗物资、施打新冠疫苗、加强卫生系统和疫情准备、保护穷人和弱势群体、向企业提供支持、创造就业、促进增长和扩大社会保护等紧急领域。为促进疫情后国家的恢复和发展,世界银行还积极增加各国韧性基础设施、人力资本等领域的长期投资,使之能着眼于疫情之后的更长远未来,在不破坏环境、不加剧不平等的情况下实现长期增长。

表 5-3　世界银行各机构贷款承诺额及支付额(2016—2021 年)

单位:百万美元

机构	贷款	2016 年	2017 年	2018 年	2019 年	2020 年	2021 年
WBG	承诺额	64 185	68 274	74 265	68 105	83 547	98 830
	支付额	49 039	43 853	45 724	49 395	54 367	60 596
IBRD	承诺额	29 729	22 611	23 002	23 191	27 976	30 523
	支付额	22 532	17 861	17 389	20 182	20 238	23 691
IDA	承诺额	16 171	19 513	24 010	21 932	30 365	36 028
	支付额	13 191	12 718	14 383	17 549	21 179	22 921
IFC	承诺额	11 117	11 854	11 629	8 920	11 135	20 669
	支付额	9 953	10 355	11 149	9 074	10 518	11 438
MIGA	总发放额	4 258	4 842	5 251	5 548	3 961	5 199
受援国实施的信托基金	承诺额	2 910	2 962	2 976	2 749	3 641	6 411
	支付额	3 363	2 919	2 803	2 590	2 433	2 546

资料来源:世界银行 2016—2021 年年度报告。

三、主要业务领域

WB 贷给各成员国的款项主要是帮助发展中国家促进经济增长,消除贫困。资金的使用按照部门划分,则有农林渔业、教育、能源和采掘业、金融业、工业和贸易、信息和通信、公共管理、社会保护、交通、供水、卫生等(见表5-4)。其中社会保护、公共管理、医疗卫生位居前三。2020 年新冠肺炎疫情大流行,为应对世界范围内的公共卫生紧急状况,世界银行加大了在医疗卫生领域的贷款支出。2020 年医疗卫生领域贷款占比明显上升,2021 年仍保持较高水平。新冠肺炎疫情增加了民众患病、失业的可能性,各国医疗救治、失业补助的支出大幅增加。2020—2021 年WB 社会保护领域的贷款力度也明显加大。

表 5-4　WB 贷款的部门分布情况(2016—2021 年)

单位:百万美元

	类别	2016 年	2017 年	2018 年	2019 年	2020 年	2021 年
按部门划分	农林渔业	2 410	2 779	4 003	3 821	3 745	3 452
	教育	3 219	2 847	4 521	3 642	5 172	5 602
	能源与采掘业	7 413	6 325	7 112	6 315	5 271	6 180

续表

	类别	2016年	2017年	2018年	2019年	2020年	2021年
按部门划分	金融业	3 100	3 106	1 310	3 169	4 236	5 738
	医疗卫生	2 372	2 435	4 266	3 410	8 275	6 446
	工业、贸易与服务业	4 189	4 235	5 407	4 324	4 920	5 204
	信息与通信技术	272	1 022	743	1 390	2 088	1 924
	公共管理	6 611	6 708	7 202	8 436	8 553	11 238
	社会保护	3 868	2 691	4 203	4 278	8 971	11 152
	交通	6 846	5 822	3 529	3 194	3 455	4 640
	供水、卫生和废弃物管理	5 463	4 102	4 715	3 143	3 654	5 256
	总计	89 379	106 340	118 625	121 363	162 510	212 497
	其中 IBRD	57 765	53 674	61 412	60 154	76 141	96 801
	其中 IDA	31 614	52 666	57 213	61 209	86 369	115 696

资料来源：世界银行 2016—2021 年度年报。

四、主要业务对象

按地区分，IBRD 和 IDA 的贷款主要流向欧洲和中亚地区、东亚和太平洋地区、亚洲地区、拉丁美洲和加勒比海地区、中东和北非地区以及南亚这六大区域。在 2016—2020 年间，根据各地区经济发展水平以及经济增长速度的差异，WB 在各地区的贷款比重也产生了一定程度的调整和转移。据表 5-5，2016—2020 年 IBRD 对南亚、非洲等欠发达地区的贷款上升；对欧洲等发达地区的贷款力度下降；对拉美和加勒比地区、东亚和太平洋地区等中等收入地区的贷款保持稳定。

表 5-5 IBRD 对世界各地区贷款情况（2016—2020 年）

单位：百万美元，%

地区	年份	2016年		2017年		2018年		2019年		2020年	
	项目	金额	占比	金额	占比	金额	占比	金额	占比	金额	占比
非洲	承诺额	669	2.3	1 163	5.1	1 120	4.9	820	3.5	1 725	6.2
	支付额	874	3.9	427	2.4	734	4.2	690	3.4	1 087	5.4
东亚和太平洋	承诺额	5 176	17.4	4 404	19.5	3 981	17.3	4 030	17.4	4 770	17.1
	支付额	5 205	23.1	3 961	22.2	3 476	20.0	5 048	25.0	4 679	23.1

续表

地区	年份 项目	2016年		2017年		2018年		2019年		2020年	
		金额	占比	金额	占比	金额	占比	金额	占比	金额	占比
欧洲和中亚	承诺额	7 039	23.7	4 569	20.2	3 550	15.4	3 749	16.2	583	2.1
	支付额	5 167	22.9	2 799	15.7	4 134	23.8	2 209	10.9	931	4.6
拉美和加勒比	承诺额	8 035	27.0	5 373	23.8	3 898	16.9	5 709	24.6	6 798	24.3
	支付额	5 236	23.2	3 885	21.8	4 066	23.4	4 847	24.0	5 799	28.7
中东和北非	承诺额	5 170	17.4	4 869	21.5	5 945	25.8	4 872	21.0	3 419	12.2
	支付额	4 427	19.6	5 335	29.9	3 281	18.9	4 790	23.7	2 415	11.9
南亚	承诺额	3 640	12.2	2 233	9.9	4 508	19.6	4 011	17.3	5 565	19.9
	支付额	1 623	7.2	1 454	8.1	1 698	9.8	2 598	12.9	3 158	15.6

资料来源:根据世界银行2016—2021年度报告的数据测算。

2016—2020年IDA在世界范围内的贷款,非洲地区是援助重点,南亚次之(见表5-6)。IDA前十大借款国大部分是非洲国家(见表5-7)。

表5-6　IDA对世界各地区贷款情况(2016—2020年)

单位:百万美元,%

地区	年份 项目	2016年		2017年		2018年		2019年		2020年	
		金额	占比	金额	占比	金额	占比	金额	占比	金额	占比
非洲	承诺额	8 677	53.7	10 679	54.7	15 411	64.2	14 187	64.7	19 095	62.9
	支付额	6 813	51.6	6 623	52.1	8 206	57.1	10 190	58.1	13 373	63.1
东亚和太平洋	承诺额	2 324	14.4	2 703	13.9	631	2.6	1 272	5.8	2 500	8.2
	支付额	1 204	9.1	1 145	9.0	1 252	8.7	1 282	7.3	1 589	7.5
欧洲和中亚	承诺额	233	1.4	739	3.8	957	4.0	5 699	26.0	1 497	4.9
	支付额	365	2.8	310	2.4	298	2.1	3 100	17.7	365	1.7
拉美和加勒比	承诺额	183	1.1	503	2.6	428	1.8	430	2.0	978	3.2
	支付额	303	2.3	229	1.8	223	1.6	340	1.9	466	2.2
中东和北非	承诺额	31	0.2	1 011	5.2	430	1.8	611	2.8	203	0.7
	支付额	44	0.3	391	3.1	569	4.0	647	3.7	151	0.7
南亚	承诺额	4 723	29.2	3 828	19.6	6 153	25.6	4 849	22.1	6 092	20.1
	支付额	4 462	33.8	3 970	31.2	3 835	26.7	4 159	23.7	5 235	24.7

资料来源:根据世界银行2016—2021年度报告的数据测算。

表 5-7　IBRD 和 IDA 前十大借款国(2021 年)

单位:百万美元

IBRD		IDA	
国家	承诺额	国家	承诺额
菲律宾	3 068	尼日利亚	2 875
印度	2 648	巴基斯坦	2 692
印度尼西亚	2 200	埃塞俄比亚	2 505
摩洛哥	1 800	孟加拉国	2 310
墨西哥	1 725	苏丹	1 885
土耳其	1 500	肯尼亚	1 830
哥伦比亚	1 350	刚果民主共和国	1 450
巴西	1 325	莫桑比克	1 368
阿根廷	1 242	坦桑尼亚	1 142
中国	1 230	尼日尔	1 058

资料来源:世界银行 2021 年年度报告。

五、风险控制

WB 的风险控制主要体现在以下方面。

第一,对贷款业务进行严格控制。据前文,WB 贷款具有如下特点:①贷款期限较长。按借款国人均国民生产总值,WB 将借款国分为四组,人均 GDP 越低的国家贷款期限越长。第一组为 15 年,第二组为 17 年,第三和第四组为最贫穷的成员国,期限为 20 年。贷款宽限期 3—5 年。②贷款利率参照资本市场利率而定,一般低于市场利率,采用浮动利率计息,每半年调整一次。③借款国要承担汇率变动的风险。④贷款须如期归还,不得拖欠或改变还款日期。⑤贷款手续严密,从提出项目、选定、评定到取得贷款,一般需 1.5—2 年。⑥贷款主要向成员国政府发放,且与特定的工程和项目相联系。WB 贷款从项目的确定到贷款的归还,都有一套严格的条件和程序,保证了该业务的可持续性。

第二,在资本管理和财务运作方面的控制。IBRD 采取了持有相当数量的储备资产,分散资金来源,大量使用流动性投资组合,严格控制信用风险、市场风险和流动性风险等策略。为了平衡资产负债的利率结构、期限结构和货币结构,IBRD 大量使用互换、掉期金融衍生工具。例如在 2009 财年,IBRD 总资产为 2 754 亿美元,其中 1 230.7 亿美元为证券投资和金融衍生产品,占总资产的 44.7%;而 IBRD 当年的贷款余额仅为 1 057 亿美元,是资产总额的 38.4%。2008 年金融危

第五章 多边开发银行的业务运行机制

机爆发以后,为应对国际金融市场流动性下降的局面,IBRD采取了延长资产/负债的平均久期等措施。为增加收益,IBRD于2009财年开始实施长期收益证券组合投资计划,将10亿美元资金投资于一个由多币种债券组成的投资组合,并利用互换工具将其转换为美元资产以规避投资汇率风险。

第三,控制筹资成本。高资本充足率使IBRD获得了AAA信用评级;谨慎的投资策略带来了一定的收益;大量应用互换、调期等工具使其资产负债的利率结构、期限结构和货币结构实现了较好的匹配。得益于这些因素,IBRD的筹资成本得以控制在LIBOR以下,为其对外提供低息贷款提供了条件。

第四,为借款人提供多样化、个性化的金融服务。较强的资本管理和财务运作能力使IBRD能够为借款人提供多样化、个性化的金融服务。例如,对于部分贷款品种,借款人往往可根据国际金融市场汇率变化,要求WB调整贷款的计价币种以达到调整外债结构、规避汇率风险等目的。此外,IBRD的资金运作部门也在利用这种资本市场运作能力,积极拓展财务咨询服务市场,如针对发展中国家政府和中央银行推出代客投资理财、债务管理、财务咨询、货币和利率互换等服务。这些活动增加了IBRD的手续费等额外收入。以上各项业务都处于盈利状态,保障了IBRD有足够资金维持自身发展,也有能力更好地开展后续业务。

第三节　ADB的业务运行机制

亚洲开发银行(ADB)作为区域性政府间金融开发机构,以扶贫为首要战略目标,致力于通过贷款、股本投资、技术援助和联合融资等发展援助方式帮助亚太地区发展中国家成员消除贫困,促进成员国在基础设施、能源、环保、教育和卫生等领域发展。一般来说,亚洲开发银行主要通过硬贷款、软贷款、技术援助、双边贷款、赠款等方式安排联合融资,以实现"没有贫困的亚太地区"的终极目标。ADB的具体业务运行可从其业务内容、业务领域、业务对象、年度业务规模和风险控制等方面来分析。

一、主要业务内容

ADB宪章规定,ADB的业务分为普通业务(涉及普通资金)和特殊业务(涉及特别基金)两种,普通资本和特别基金在保存、使用、贷出、投资或作其他处置时,在任何时候和一切方面均截然分开;财务报表亦应将普通业务和特别业务分别列出。因此,以下讨论ADB业务时将按照普通业务和特殊业务分别讨论。在ADB正式开业后的第四年,ADB开始经营联合融资业务,通过联合融资动员金融资源,

将官方、商业和出口信用资源结合在一起,以使发展融资效果最大化。ADB 的联合融资计划可以是外部形式的贷款、技术援助赠款、贷款计划的一部分,因此本书将在相应普通和特殊业务部分介绍该内容。

(一) 普通业务

1. 普通资金贷款(OCR Loans)

以贷款条件划分,ADB 贷款可分为硬贷款、软贷款、赠款,其中,"硬贷款"是利用 ADB 普通资金提供的贷款。以贷款方式划分,ADB 的贷款业务可分为项目贷款、规划贷款、部门贷款、开发金融机构贷款、特别项目执行援助贷款和私营部门贷款等,其中,项目贷款是最主要的贷款业务方式。

ADB 在贷款中严格贯彻 ADB 宪章的规定,对项目审查提出了三点要求:项目经济效益好;有利于借款成员经济发展;借款成员须有较好的资信。ADB 的贷款项目须经一系列工作环节才能最终完成,主要涉及项目确定、可行性研究、实地考察和预评估、评估、准备贷款文件、贷款谈判、董事会审核、签署贷款协定、贷款生效、项目执行、提款、终止贷款账户停止提款、项目完成报告和项目完成后评价。

2001 年后,伦敦同行拆借利率贷款(LIBOR Based Loan, LBL)成为 ADB 的 OCR 主权贷款的主要方式。LBL 为满足成员对适合工程需要和有效管理外债的贷款产品的需求而设计,允许借款人根据项目的特定需求选择适用的货币和利率,并可根据实际偿还能力选择偿还方案。在贷款期间任何时间内,借款人可变更最初的贷款条款(货币和基础利率),选择浮动利率的上限和下限。可见,LBL 在利率和外汇风险管理方面给了借款国高度的灵活性,同时使 ADB 承担较低的中介风险。

自 2002 年 10 月,ADB 开始为非主权借款人提供本币贷款(Local Currency Loan, LCL)。2005 年 8 月,ADB 将该业务拓展至主权借款人。在本币贷款窗口,借款人可在有效期内,通过请求利率转换改变本币贷款的基本利率。本币贷款产品对借款人有利,因为那些用本地货币收税的借款人无须冒借外币的风险。ADB 目前只向一部分已确保相关获准进入本地市场的发展中成员提供本币贷款产品。对非主权贷款,ADB 采用市场定价方式来决定每一项贷款的借贷息差、先征费和承诺费。借贷息差用以支付 ADB 承担特定借款人和项目的风险,先征费用来弥补贷款发放的管理成本。先征费取决于交易,通常 1%—1.5%不等。ADB 对于未支付贷款的适用承诺费通常在每年 0.50%—0.75%的范围内。本币贷款的定价基于相关地方融资基准或 ADB 的融资成本和市场息差。根据 ADB 宪章,ADB 在普通业务经营中发放或参与的直接贷款,除利息外,所收的佣金或其他费用,应留作特别储备金。

多批次贷款机制(Multitranche Financing Facility, MFF)是 ADB 于 2005 年向其借款成员推出的融资新模式,用以支持贷款国中长期的投资项目或投资计划,较适用于项目分散、内容差异大、准备期不确定的一系列项目。对于每一笔多批次融资模式贷款,ADB管理层将会批准一个最大贷款额度,明确相关特定条款和条件,并与贷款国签署融资框架协议。在此基础上,ADB根据贷款国的融资需要以及提交的阶段性融资申请,分批次对贷款国提供贷款,每一批次的贷款都是相对独立的项目,且需分别谈判并签署对应批次的贷款协议和项目协议。多批次融资工具同样适用于非主权贷款项目。与传统贷款方式相比,多批次贷款机制具有程序简化效率提高、灵活性强、节约成本等优点。

2009年6月,为应对全球经济危机对亚太地区的影响,ADB成立了逆周期支持机制,该机制为主权借款工具,用于支持逆周期发展开支及发展中成员的政策项目。

ADB项目设计基金(Project Design Facility, PDF)以试办形式成立于2011年4月,通过项目设计预付款支持项目筹备,尤其是详细的工程设计。PDF下批准的贷款执行OCR或ADF标准利率。利息支付可推迟,直至该项目设计预付款进行再融资超出贷款所得款项,或其他还款协议生效。

ADB不仅自身为其发展中成员的发展提供资金,还吸引多边、双边机构以及商业金融机构的资金,联合融资投向共同的项目,这是ADB所发挥的"催化"作用。联合融资对各方均有利:对受款国而言,增加了筹资渠道,且条件优惠于纯商业性贷款;对ADB而言,克服了资金不足的困难;对联合融资者而言,可节省对贷款的审查费用。

2. 担保(Guarantees)

为推动资本的流入和在发展中成员体间的流动,ADB将担保业务拓展至合作项目,从而使其融资伙伴能够转移部分其无法吸收或管理的风险至ADB。ADB主要提供政治风险担保和信用担保,这两种担保业务旨在减轻融资伙伴的风险。担保业务可提供全面的(金融风险)或范围有限的风险覆盖,包括政治风险。通过担保,ADB将提升其信用,帮助发展中成员从私营机构那里争取到优惠的贷款,使项目的举债融资更为容易。ADB已在基础设施项目、金融机构、资本市场和贸易融资等领域成功地开展了担保业务。这些手段一般不被认为包含在资产负债表中,也不存在资产负债表以外的风险。ADB为担保收取一定的费用,担保费根据ADB是否从一个主权对背担保中获得收益而定。主权对背担保中的费用定价与ADB主权借贷息差一致;无主权对背担保时则由市场定价。根据ADB宪章,ADB在普通业务经营中的担保贷款,所收取的担保费用,应留作特别储备金。ADB的担保业务始自1989年。截至2019年12月底,ADB批准的担保业务未偿余额为19.1亿美元。

3. 股权投资(Equity Investment)

根据ADB宪章,ADB有权决定将业务经营中暂时不需要的资金投资于成员国,购买该国或该国国民的债券;将ADB持有的用于年金或类似目的的资金投资于成员国,购买该国或该国国民发行的可供出售的证券。

ADB 宪章规定,使用 ADB 普通资本进行股权投资时,其总额不得超过当时 ADB 未动用的实收股本加上普通资本中的储备金和利润的总金额的 10%(特别储备金不计算在储备金之内);对公司或企业的股权投资额,不得超过该公司或该企业股票总额的一定比例(具体比例由董事会确定),ADB 除了在需要保护它的投资的情况之外,不应通过股权投资寻求获得对该公司或企业的控制权。

在普通业务使用未动用的实缴股本、储备、未分配的利润,以及 ADB 在资本市场上筹集到的资金、借款,或通过其他方式获得的增加到普通资本的资金进行股权投资,须经理事会全体理事中代表过半数投票权的过半数理事投票决定 ADB 是否可以开展这种业务。

4. 银团贷款(Syndications)

银团贷款使得 ADB 可通过联合融资转移部分或全部的贷款和担保等相关风险至其融资伙伴。因此,银团贷款可降低和分散 ADB 融资组合的风险。银团贷款可能基于资助或无资金准备,或任何其他与行业惯例一致的基础上。

5. 债务管理(Debt Management)

债务管理业务是对 ADB 基于 LIBOR 贷款(LBL)债务管理功能的有益补充。第三方债务涉及除 ADB 以外的其他机构的债务,包括诸如来自商业和双边金融机构或公开发行债券的贷款。通过对成员提供第三方债务的债务管理,ADB 可在不影响客户希望的货币构成、期限和利率结构的条件下,帮助他们实现债务管理目标。这些产品将有益于成员改善债务管理,降低潜在的金融风险,减少借贷成本,增加发展中成员进入资本市场的机会,释放稀缺的金融资源,促进经济发展。

由 ADB 提供的债务管理产品,包括货币互换(包括本币互换)和利率互换。尽管货币互换包含成员或担保实体将外币负债转化为本币负债的可能,但不提供本币负债反向转换成外币负债的业务。

6. 贸易融资(Trade Finance Program)

ADB 于 2004 年启动贸易融资计划,主要由以下三种业务组成:①信用担保,在该业务下,ADB 为参与的国际和区域银行提供担保,保证发展中成员体或其指定的当地银行发行的付款义务;②循环贷款额度,ADB 为发展中成员的银行提供与贸易有关的贷款,以支持发展中成员公司的出口和进口活动;③风险参与协议,ADB 与国际性银行共同分担风险以支持和扩大在具有挑战性和前沿性市场的贸易。信用担保和风险参与协议是无资金准备的产品,而信贷资金周转是资助性的。

(二) 特殊业务:特别基金和信托基金

ADB 管辖下的基金主要有两种,一是"特别基金",二是"信托基金"。

1. 特别基金

特别基金中的资金体现在 ADB 资产负债表中,但与普通资金是彼此分开的。

根据《ADB宪章》第十九条,"特别基金"中的资金用于担保或发放比普通资金账户中所设立的期限更长、还款期限更长、利率更低的优先发展性贷款。特别基金共有以下八种。

亚洲开发基金(ADF)成立于1974年,最初以优惠条件提供贷款。自2017年1月,ADB的优惠贷款由其普通资本资源(OCR)提供,ADF则成为仅提供赠款的部门,其业务对象是ADB最贫穷和最脆弱的低收入发展中成员。[1]

亚洲开发银行研究所基金用于支付ADBI的运营成本。亚洲开发银行研究所(Asian Development Bank Institute,ADBI)成立于1996年,是ADB的附属机构。ADBI确定了有效的发展战略,并在管理发展方面为成员国提供支持。

太平洋救灾基金(Asia Pacific Disaster Response Fund)是2009年成立的一项专项基金,旨在向ADB的发展中成员提供快速拨款,帮助发展中成员支付直接费用,用于在自然灾害引发的重大灾害发生后立即挽救生命。

气候变化基金(Climate Change Fund,CCF)成立于2008年5月,旨在通过加强对ADB发展中成员的低碳和气候适应性发展的支持,促进对发展中成员的更多投资,以有效应对气候变化的原因和后果。CCF对于实现亚开行2030战略的第三个业务重点下的气候目标至关重要,即应对气候变化、建设气候和灾害复原力以及增强环境可持续性。该基金通过以下方式提供融资:投资的赠款部分、技术援助(独立和附带或与贷款挂钩)和直接收费。

金融部门发展伙伴特别基金(Financial Sector Development Partnership Special Fund)旨在加强亚太地区的区域、次区域和国家金融体系。该基金于2013年12月设立,以不附带条件的赠款形式为投资项目的组成部分提供技术援助,要求项目的选择应符合相关发展中成员国的金融部门业务计划目标和国家伙伴关系战略。

日本特别基金(Japan Special Fund,JSF)成立于1988年,通过无条件赠款支持ADB的技术援助计划,帮助ADB发展中成员重组经济以应对不断变化的全球环境,扩大新投资的机会,并准备贷款项目。主要关注的领域为发展中成员的工业化、自然资源开发、人力资源开发和技术转让。

区域合作和一体化基金(Regional Cooperation and Integration Fund)是2007年2月为响应ADB亚太地区成员对区域合作与一体化活动日益增长的需求而设立的专项基金,主要目标是通过促进汇集和提供额外的财政和知识资源来改善区域合作和一体化。该基金旨在改善跨境交通设施的连通性;增加区域和非区域经济体在发展中成员的贸易和投资流量;维护该地区的宏观经济和金融稳定;改善区域环境、卫生和社会条件。

---

[1] https://www.adb.org/what-we-do/funds/adf/overview.

国际发展融资

技术援助特别基金(the Technical Assistance Special Fund, TASF)向借款成员提供赠款以帮助准备项目,进行技术或政策研究。其资金包括定期补充资金和成员的直接自愿捐款,来自 OCR 净收入的拨款以及来自投资和其他来源的收入。技术援助活动旨在提升 ADB 发展中成员制定、设计、实施和运营发展项目和部门贷款的能力。区域和次区域的部门研究、调查、讲习班、研讨会和培训也通过技术援助进行。

2. 信托基金

信托基金的资金不体现在 ADB 的资产负债表中。它们的主要职能是使合作伙伴能够将联合融资资源用于资助符合某些资格标准或特定重点领域的各种项目和活动,包括灾害风险管理、清洁能源、私营部门发展、性别与发展、良好治理、信息技术、减贫和区域贸易。ADB 作为受托人或管理人全面管理资金。信托基金的主要优点是一份协议可以涵盖多个项目,从而减少了逐案谈判的需要。信托基金可涉及单个或多个捐助者。据 ADB 2020 年年报,截至 2020 年底,ADB 管理下的正在运行中的信托基金共 33 个,其中 20 个涉及单个捐助者,13 个涉及多个捐助者。[1]

二、年度业务规模

如表 5-8 所示,2016—2019 年亚洲开发银行的承诺额和支付额波动变化,而 2020 年承诺额和支付额均显著增长,支付额实际增长 43.7%,承诺额增长 33.5%,达到历史新水平。且 2020 年承诺的 224.68 亿美元有 116.77 亿美元用于应对新冠肺炎疫情,占比达到 51.97%。

表 5-8 ADB 贷款承诺额与支付额(2016—2020 年)

单位:百万美元

	2016 年	2017 年	2018 年	2019 年	2020 年
承诺额	10 693	16 445	16 012	16 824	22 468
承诺额增长	—	53.8%	−2.6%	5.1%	33.5%
支付额	9 763	8 717	11 475	13 148	18 891
支付额增长	—	−10.7%	31.6%	14.6%	43.7%

资料来源:根据 ADB 2016—2020 年年度报告测算。

按资金来源划分业务量,ADB 主要的业务有普通资金(OCR)贷款业务、亚洲开发基金(ADF)贷款业务、技术援助特别基金(TASF)。

---

[1] https://www.adb.org/what-we-do/funds.

(一) OCR 贷款业务与 ADF 贷款业务、TASF 援助业务

ADB 是业务增长最快的 MDB 之一。如图 5-1 所示,在 2015—2020 年,ADB 的 OCR 贷款金额快速地增加,且增长趋势十分平稳;2019 年度,OCR 贷款业务总额创下历史新高,达 747.26 亿美元;在 2015—2020 年,OCR 贷款业务额增长了 34.68%。ADF 由于在 2017 年 1 月与 OCR 业务合并,因此自 2017 年下降巨大。

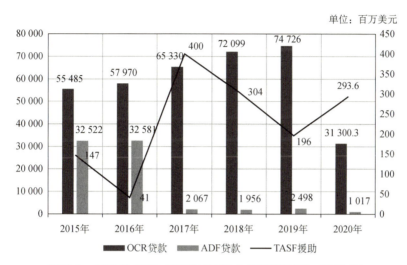

图 5-1　ADB 的 OCR、ADF 和 TASF 业务规模(2015—2020 年)

数据来源:ADB 2015—2020 年年报。

(二) 主权业务和非主权业务

ADB 业务还可分为主权和非主权业务,2016—2020 年这两种业务规模如表 5-9 所示。

表 5-9　ADB 年度批准的主权和非主权业务(2016—2020 年)

单位:百万美元

	项目	2016 年	2017 年	2018 年	2019 年	2020 年
主权业务	贷款	11 012	16 712	17 022	17 799	25 749
	赠款	491	193	1 423	844	1 077
	担保	—	498	—	—	—
	技术援助	170	192	227	221	282
	联合融资	6 369	5 976	6 753	5 418	11 123
	主权业务和	18 042	23 571	25 425	24 282	38 231
	占比(%)	77	82	80	80	92

国际发展融资

续表

项目		2016年	2017年	2018年	2019年	2020年
非主权业务	贷款	1 486	2 000	2 862	2 670	1 151
	股权投资	96	287	274	155	255
	担保	168	—	—	175	—
	技术援助	11	9	14	17	12
	联合融资	3 702	2 882	3 161	3 218	1 937
	非主权业务和	5 463	5 178	6 311	6 235	3 355
	占比（%）	23	18	20	20	8

资料来源：ADB 2016—2020 年年报。

ADB 的主权业务包括贷款、赠款、担保、技术援助和联合融资等子项目，其中，贷款和联合融资为最主要项目；非主权业务则包括贷款、股权投资、担保、技术援助和联合融资等子项目，贷款和联合融资也是最主要项目。ADB 的主权业务和非主权业务的总金额相对平稳，保持在 300 亿美元左右。非主权业务大致为 30 亿—50 亿美元。新冠疫情危机暴发后，主权业务占比上升，非主权业务占比下降。

三、主要业务领域

根据 ADB 宪章，ADB 可向任何成员或其机构、所属单位或行政部门，或在成员的领土上经营的任何实体或企业，以及参与本地区经济发展的国际或区域性机构或企业，提供资金融通。目前 ADB 的主要供资领域包括：农业和以农业为基础的工业（一般农业、渔业、牲畜、森林、灌溉和农村发展）、运输（机场、港口、公路和铁路）、通讯、供水和卫生、城市发展、健康和人口、工业、能源（油、汽、煤）、电力（发电、输电、配电），以及金融行业，促进发展中成员国金融体系、银行体制和资本市场的管理、改革和开放。

2008 年，ADB 制定了《ADB 长期战略框架（2008—2020）》[1]。在其中，为落实消除贫困这一宗旨，ADB 提出这一时期的三大任务：促进包容性增长、推动环境友好型可持续增长以及推动区域经济一体化。在综合发展中成员的需求、ADB 的优势以及 ADB 未来的主要任务等三个方面的考虑后，ADB 提出其未来长期战略重点业务领域包括：基础设施、环境、区域合作一体化、金融部门发展、教育以及其他领域等。据 ADB 2019 年年度报告，其投入金额最多的部门依次是：交通（35%）、公共部门管理（14%）、能源（12%）、农业、自然资源和乡村发展（10%）以及金融（10%）（见表 5-10）。

---

[1] ADB, Strategy 2020 The Long-Term Strategic Framework of the Asian Development Bank 2008-2020, 2008, http://www.adb.org/documents/strategy-2020-working-asia-and-pacific-free-poverty.

第五章　多边开发银行的业务运行机制

表 5-10　ADB 承诺资金的部门分布(2019 年)

部门	承诺金额（百万美元）	占比（%）
交通	7 502	34.7
公共部门管理	2 945	13.6
能源	2 631	12.2
农业、自然资源和农村发展	2 271	10.5
金融	2 160	10.0
供水、其他市政基础设施和服务	1 221	5.6
教育	1 127	5.2
保健	636	2.9
工业和贸易	576	2.7
信息和通信技术	575	2.7

资料来源：ADB 2019 年年报。

2020 年 ADB 在医疗卫生、公共管理领域的贷款承诺额大幅增长，交通领域贷款承诺额大幅缩减，突显出亚洲开发银行面对新冠疫情，加强医疗卫生系统、保护弱势群体、维护公共利益和福祉的倾向。

四、主要业务对象

亚洲开发银行的业务主要对标亚洲区域。据表 5-11，2020 年 ADB 承诺资金总额为 377.4 亿美元，从区域层面来看，其主要业务对象是东南亚、南亚、中西亚以及东亚地区，它们占 ADB 2020 年承诺资金总额的 93.29%。东南亚、南亚等欠发达地区是 ADB 贷款重点地区。从国家层面来看，ADB 的业务对象主要是区内发展中成员国，并主要流向印度、菲律宾、巴基斯坦、中国、印度尼西亚、孟加拉国、斯里兰卡、泰国、越南、乌兹别克斯坦、缅甸、格鲁吉亚、蒙古、尼泊尔、阿富汗等国家，它们占 2020 年 ADB 承诺资金总额的 91.79%。其中，流向前五个国家的资金占比为 61.37%，流向前三个国家的资金占比为 39.51%。总体上，ADB 的业务对象高度集中。目前 ADB 已支付贷款中超过 3/4 的额度贷给了"投资级"(investment-grade)(指 AA 的平均风险级别)的国家，其最大借款人的严重或长期恶化可能对 ADB 产生评级下行的压力。截至 2019 年底，CAF 的已发放贷款中的 96.4% 提供给非投资级对象，而仅有 3.6% 提供给非投资级对象。

国际发展融资

表 5-11 ADB 承诺资金国家/区域分布(2020 年)

成员	承诺贷款额(百万美元)	占比(%)	地区	承诺贷款额(百万美元)	占比(%)
印度	6 164.5	13.42	东南亚	18 144	39.51
菲律宾	5 764.8	12.55			
巴基斯坦	4 410.2	9.60			
中国	3 384.4	7.37	南亚	12 764	27.79
印度尼西亚	6 655	14.49			
孟加拉国	4 266	9.29			
斯里兰卡	1 757	3.83	中西亚	8 416	18.33
泰国	1 616	3.52			
越南	2 004.8	4.37			
乌兹别克斯坦	1 765	3.84	东亚	3 515	7.65
缅甸	1 450	3.16			
格鲁吉亚	728.9	1.59			
蒙古	564	1.23	区域性	1 682	3.66
尼泊尔	912	1.99			
阿富汗	707	1.54			
其他发展中成员	3 772.4	8.21	太平洋	1 401	3.05

注:数据为 ADB 的普通资金资源(Ordinary Capital Resources, OCR)、亚洲开发基金(Asian Development Fund, ADF)、技术协助和联合融资的贷款、担保、股权投资、赠款之和,所列成员国为 2020 年度获批总额 3 亿美元以上的成员国;因四舍五入,各数字加总与总和有微小差异。

资料来源:ADB 2020 年年度报告、ADB Statement of the Asian Development Bank's Operations in 2020。

五、风险控制

(一)综合风险管理

ADB 在业务中会面对多种风险,如信贷风险、市场风险、流动性风险、操作风险。因此,风险管理是 ADB 的核心纪律,它在所有 ADB 的决策和行政操作中发挥主导作用。ADB 设有各种管理委员会,负责监督风险问题的决策权事宜。风险管理办公室(Office of Risk Management, ORM)全面负责监控和管理财务和经营风险。ORM 以其制定和实施的政策和程序来衡量、监测和控制此等风险,为 ADB 面临的风险提供了高水平的监管,并向行长建议风险政策及措施。

ADB 对新的非主权交易进行风险评估,提供独立监测,并承担必要时解决不良交易的责任。ADB还监控其市场和国债风险,如交易方的资信、利率风险、外汇风险等。最后,ADB监管限额,留出贷款损失准备金,并评估其自身的资本充足率。

(二)审慎保守的投资策略

ADB投资策略的首要目标是确保流动资金及资本保值的最优水平。根据这一目标,ADB寻求最大限度地提高投资回报。因此,ADB的流动性组合管理是谨慎而保守的。流动性投资会以政府和政府相关的债务票据、定期存款或其他方式持有。在有限的程度上,ADB也会持有至少评级为A-的企业债券。这些投资以五种资产组合方式持有:核心流动性、运营资金、现金储备、可支配流动资金、特定(临时)资金,所有组合都具有不同的风险状况和业绩基准。

本章小结

MDB也是银行,其业务运行的基本内容与一般的商业银行无异,也需要在运营中关注投资的回报性,也需要进行风险管理。在业务投资工具的选择上,主要MDB具有相似性,大多数的MDB都采用了包括贷款、股权投资、担保、技术合作等在内的一系列金融工具,其中最主要的是贷款,且大多为中长期贷款,但各种投资工具所占的比重及具体的运用方式存在很大的区别。在投资领域方面,与一般的商业银行相比,MDB的独特性体现为其并非以营利为唯一目的,其主要投资项目旨在促进区域内国家发展,提高人们的生活水平,促进就业,因此投资领域以基础设施建设和能源为主;MDB的贷款对象主要为主权机构,地区分布注重平衡性。就业务运行而言,WB的援助资金主要流向非洲、南亚、东亚和太平洋、欧洲和中亚、拉丁美洲和加勒比海以及中东和北非等六大地区;涉及教育、卫生、能源、交通、环境、重债穷国等各个领域;主要业务类型包括项目与非项目贷款、技术援助、联合贷款、第三窗口贷款以及调整贷款等。ADB的业务对象主要是区内发展中成员国,并主要流向印度、菲律宾、巴基斯坦等国家,它们占2019年ADB承诺资金总额的91.38%。ADB的业务对象高度集中;涉及交通、公共部门管理、能源、农业,自然资源和乡村发展以及金融等各个领域。

关键词

MDB;业务领域;业务对象;业务规模、风险控制

简答题

1. 请简述 MDB 的业务运行特征。
2. MDB 针对其风险采取的管理和控制措施有哪些？
3. 请对比 EBRD、IDB 及 AfDB 的股权投资投向的区别。
4. WB 的业务内容有哪些？
5. 请简述 ADB 主要业务内容。

 思考题

1. 为何各 MDB 的主要投资领域以基础设施和能源为主？战后主要多边开发银行投资领域变化的理论基础是什么？
2. 分析多边开发银行业务投资工具的演进过程和趋势，并探讨其合理性。

第六章

多边开发银行的项目评估

引言

长期以来,多边开发银行(Multilateral Development Bank,MDB)不仅在宗旨和职能方面存在差异,在项目实施、项目评估等具体业务操作的政策、程序和方法等方面更是各有特点。因此,所谓 MDB 的"最佳实践",并不是指某一 MDB 拥有的最优的实践经验,也不能单一地理解为"MDB 政策和实践的标准化",而应该是各个 MDB 不断努力增进其对共性和差异的理解的一种结果。作为贯穿整个 MDB 项目的重要环节,项目评估体系一直是讨论现有 MDB"最佳实践"的重要议题。它一方面体现了 MDB 对项目的评估标准,另一方面也涉及了其具体业务操作的标准。本章将通过对主要 MDB 现有项目评估体系的总结归纳,从项目评估框架、评估重要主体、评估实施频率、IEO 项目评估的具体指标等角度对主要 MDB 的项目评估体系进行详细阐述,并从项目评估体系角度探讨现有 MDB 的"最佳实践"。

学习目标:
1. 了解 MDB 项目评估的基本框架
2. 掌握 MDB 项目评估的重要主体
3. 熟悉 MDB 项目事后评估的主要类型和结构

第一节 现有 MDB 的项目评估框架

一、项目评估的定义和目的

项目评估是由投资决策部门或贷款机构(主要是银行、非银行金融机构)对上报的建设项目可行性研究报告进行全面审核的再评价工作,即对拟建项目的必要性、可行性、合理性及效益、费用进行的审核和评价。简单来说,项目评估就是发现哪些项目可行,哪些项目不可行,并解答为什么可行等一系列问题的行为。

不同于一般的金融性机构,MDB 致力于促进发展中国家的经济和社会发展,其项目评估活动主要有两大目的。

第一是问责。问责制评估的基础是监测,通过跟踪投入如何转化为产出,从而检验发展项目是否实现了预期目标。由于过程评估通常建立在确保成本效率和遵守指导方针(例如采购、信托监督、环境和社会保障等)的监督的基础上,因此,MDB 对问责制评估往往侧重于项目早期、预先遵守的保障措施和其他管理如何组织和购买投入的政策。

第二个目的是学习。以学习为目的的评估旨在确定哪些解决方案最有效从而达到预期的结果和影响,同时回答如何和为什么它们起作用或不起作用,是否会产生意想不到的后果,以及怎样修正来改善结果等一系列问题。因此,以学习为目的的评估有助于找出有效的方法来改进发展项目,以便发现、复制和扩大积极的经验教训。包括影响评估等在内的评估方法都是很好的学习评估工具,通过评估项目的结果和影响,为项目提供重要的反馈,大大增加项目参与者获得重要和可持续成果的前景。

二、项目评估基本框架

(一) 项目周期中的评估

项目评估不单单指事前对项目经济可行性的评估或事后的项目效果评估,而是贯穿于 MDB 项目周期的各个阶段,从项目的设计、实施、完工一直到数年后的审查。尽管各 MDB 项目的具体目标和计划有所不同,但都拥有最基本的项目评估框架,主要包括:事前项目设计、事前政策制定、项目中评估和事后项目评估四个评估阶段。在 MDB 项目周期的不同阶段,不同的实施主体(主要包括 MDB 内外部机构)根据各自的目标执行相应的评估工作,从而确保项目的顺利执行,具体项目环节和各环节的工作内容及目标见表 6-1。

第六章 多边开发银行的项目评估

表 6-1 项目周期与评估的各个环节

阶段	具体环节	具体时间	实施主体	工作内容及目标
事前项目设计	项目可评估性工作	项目立项前	负责项目设计的团队	将评估计划融入项目建议书,将项目设计为可评估的,以确保完工后的项目监控和评估具有可行性。例如,项目设计者按照特定的目标管理原则,比如具体的、可衡量的、可实现的、相关的和有时限的(Specific, Measurable, Attainable, Relevant, Time-based, SMART)标准建立相关评估指标,并确保基准数据在项目初期得以收集
事前政策制定	制定社会环境保障、反腐、风险管理和采购相关政策	项目开始前	MDB 的内部控制单位,如政策和合规部门	负责设计、监控和修改所有 MDB 项目的质量标准和保障措施;确保项目已为评估做好充分准备(如具有清晰的理论以及健全的检测和评估计划等);若项目不满足准备事后评估的最低标准,确保项目团队须在项目提交董事会批准前解决存在的问题
项目中	监控和评估	项目开始后	MDB 外勤人员、外部顾问	持续记录项目过程和结果;适当吸收当地合作伙伴和受益方的反馈;尽早发现问题,以便在项目进行时得到校正;在监测和评估框架中进行数据收集,有助于项目完工后的发展结果衡量,以便作为后续评估的基础
事后项目评估	项目自评(Self-evaluated)	项目完工后 6—12 个月内	MDB 项目工作人员	主要评估项目投入和产出是否顺利得以进行(虽偶尔涉及项目结果和影响,但这并非它的目标)
事后项目评估	项目校验(Validations)	项目自评后	IEO	对项目自评的分析质量进行独立验证,以认可或推翻项目自评的评估评级结果
事后项目评估	项目深度评估(In-depth Evaluation)	项目完工后 1—4 年内	IEO	包括实地考察和对受益者、当地政府官员以及 MDB 员工的访谈
事后项目评估	专业评估(Major Evaluations)	项目完工后	IEO	选择各种主题(如脆弱国家、安全保障等)、行业或部门(如基础设施、农业)或地区(例如中非、次撒哈拉非洲等)开展评估;往往超出单个项目范围
事后项目评估	项目影响评估(Impact Evaluations)	项目完工后	业务团队和外部专家	研究项目的因果效应

资料来源:根据各 MDB 网站以及 United States Department of the Treasury, Report to Congress on Evaluation Standards and Practices at the Multilateral Development Banks, September 2014, https://www.treasury.gov/resource-center/international/development-banks/Documents/2015-03-01%20(Evaluation%20Report).pdf 整理而得。

在 MDB 项目评估的各个相关环节中，完全由 MDB 直接操作的两个重要部分是事前的政策制定和事后评估中的专业评估。而在其他评估环节中，项目开始前（事前）的政策制定（制定社会环境保障、反腐、风险管理和采购相关政策）是较为复杂并且充满争议的内容，详见第七章（多边开发银行的事前政策制定）的讨论。另外，在众多实施主体中，独立评估办公室（The Independent Evaluation Office, IEO）是 MDB 评估工作的核心机构，它直接向 MDB 董事会进行报告，并负责对 MDB 项目、国家方案、部门和政策进行独立评估。在 IEO 工作中最复杂、最需要综合性知识的是专业评估（Major Evaluations），其具体指标见本章第四节。

（二）事后项目评估"金字塔"

MDB 的事后项目评估并不是一刀切的，而是由 MDB 内部和外部的各种办公室和组织共同参与的。事后项目评估中每一种评估方法除了评估目的有所不同，所需要的资金资源、专业知识、专门技术人员等投入要素也有所差异，而 MDB 的事后项目评估体系可以很好地理解为一个经典的"金字塔"结构（见图 6-1），随着项目评估的深度不断扩大，评估方法所需的资金、知识、技术等资源投入需求越大，资源密集度程度越高，相应地评估项目的样本数量越小。

图 6-1　事后项目评估"金字塔"

事后项目评估"金字塔"的广泛基础是由 MDB 工作人员领导的项目自评（Self-evaluated），主要评估项目投入和产出是否顺利得以进行（虽偶尔涉及项目结果和影响，但这并非它的目标），一般在项目完成后的 6—12 个月内开展，并且通常覆盖到 MDB 资助的每个项目。

"金字塔"的下一级是项目校验（Validations），旨在为员工领导的项目自评的分析质量提供独立、客观的验证，从而激励项目团队进行有效反思，主要由各个 MDB 中的独立评估办公室（The Independent Evaluation Office, IEO）来进行。不同 MDB 设立的 IEO 有所区别，并且对项目校验的要求也有所不同，WB 的独立评估小组对每一个项目评估都进行校验，而更多的独立评估办公室则使用既定的标准来选择需要校验的项目份额。例如，美洲开发银行的 OVE 对大约 33% 的项目评估进行审核，而非洲开发银行的 OPEV 对大约 89% 的项目评估进行审核。值得注意的是，虽然在各个 IEO 每年的评估中项目校验占据很大的比重，但它不一定代表 IEG 工作的最大份额。实际上，从预算的角度来看，项目校验在 IEO 中所占的比例要小得多，例如，在 WB 的独立评估小组 2014 财年预算中，只有 20% 的预算用于验证，53% 用于深入和重大的评估。

"金字塔"的第三层是项目深度评估（In-depth Evaluation），通常在项目完成后

1—4年内进行,主要包括前往外地现场进行实地考察,并与项目工作人员、当地政府官员以及受益者进行面谈。项目深度评估是一种资源密集型的评价方法,一般仅仅针对于MDB项目的一个子集进行。因此,战略性地选择一个子集项目开展深入评价被普遍认为是一个谨慎的、基于风险的以及明智的评估做法。

"金字塔"的第四级是专业评估(Major Evaluations),如部门或专题审查和超越单一项目的国家方案评价。MDB选择不同的主题(如脆弱国家、保障措施),部门(如基础设施、农业)或区域(如中非、次撒哈拉非洲)轮流来进行此类评估。专业评估也是一种资源密集的评估方法,但专业评估比项目级别的评估更有可能导致业务方面的变化,因为它们提供了更广泛适用于MDB业务操作的高级建议。

在"金字塔"的顶端是项目影响评估(Impact Evaluations),由于影响评估旨在研究项目的因果效应,需要广泛的资源和特定的专业知识,例如ADB、美洲开发银行以及WB有特殊的部门为项目影响评估提供技术或资金支持,因此MDB每年只进行少量的影响评估。影响评估专家普遍认为,对类似主题进行少量的、做得非常好的影响评估比进行大量的影响评估更有价值,虽然大量的影响评估会使得整个项目组合有更大的覆盖,但关于有效性的知识却不多。

第二节　MDB项目评估的重要主体

在MDB项目周期的不同阶段,不同的实施主体根据各自的目标执行相应的评估工作,从而确保项目的顺利执行。MDB的项目评估并不是单一的,各种层次的评估可以由MDB内部和外部的多种主体共同执行或参与,呈现出评估主体多元化的特征。其中:MDB的内部主体机构,主要包括政策和合规部门(Policy and Compliance Departments)、独立评估办公室(The Independent Evaluation Office, IEO)、项目工作人员和外勤人员等,尤其IEO是最重要的关键评估部门;而MDB的外部主体机构,主要包括相关领域的业务团队、专家、顾问以及其他MDB组成的IEO等。

一、内部机构

(一)政策和合规部门

MDB的内部控制单位是参与项目周期早期评估的关键利益相关者。正如信

托审计存在控制部门一样,MDB 也有自己的政策和合规部门。政策和合规部门主要负责设计、监控和调整所有项目的质量标准和保障措施,它们制定和监察有关环境与社会安全保障、反腐、风险管理和采购等相关政策。同时,政策和合规部门还确保被评估的项目已经为评估作好充分准备,如果项目没有达到事后评估准备工作的门槛标准(例如明确的变化理论、健全的监测和评估计划以及彻底的风险评估),项目团队必须在项目提交 MDB 董事会批准之前解决存在的不足之处。

(二)独立评估办公室

在 MDB 内部,执行评估工作的核心机构是独立评估办公室(IEO)。它一般由经济、统计、发展或特定领域(如能源或社会政策)的评估专家构成,承担广泛的、独立的事后评估,具体包括对项目自评的校验、项目深度评估以及专业评估等(见表 6-1),直接向 MDB 董事会提交报告,并负责对 MDB 项目、国家方案、部门和政策(如采购、保障措施或性别)进行独立评估。

每个 MDB 都有各自的 IEO,并且具体名称也各有不同,例如,非洲开发银行(African Development Bank,AfDB)、亚洲开发银行(Asian Development Bank,ADB)、欧洲复兴开发银行(European Bank for Reconstruction and Development,EBRD)、美洲开发银行(Inter-American Development Bank,IDB)和 WB(The World Bank,WB)的 IEO 分别称为业务评估部(Operations Evaluation Department,OPEV)、独立评估部(Independent Evaluation Department,IED)、评估部(Evaluation Department,EVD)、评估与监督办公室(Office of Evaluation and Oversight,OVE)以及独立评估小组(Independent Evaluation Group,IEG)。

"独立性"是独立评估办公室最主要的特征,主要表现在以下方面:首先,独立评估办公室在组织上是独立的,它们向 MDB 的董事会报告,而不是向管理层报告(除了非洲开发银行,但它也正在不断修订并加强其独立评价政策)。这使它们能够进行客观的评估,而无须承受政治压力或需要对银行项目保持忠诚,也不用担心负面评估所带来的不良影响。其次,独立的资源供给来源以及可以全面控制其自身评价工作计划的设计和执行,使得这些独立评估办公室进一步免受外部影响。另外,MDB 管理层也不参与独立评估人员的招聘、雇用或解雇。MDB 的董事也有任期限制,并且在任期届满后被禁止在 MDB 内工作。

1974 年,WB 是第一个使其评估部门独立的 MDB,它通过改革将评估部门与管理部门分离,并将其置于董事会权力之下。20 世纪 90 年代末和本世纪初,通过财政部主导和支持的改革,区域性 MDB 实现了评估职能的独立。MDB 通过制订足够的利益冲突保障措施,从而有助于确保工作人员的个人和专业关系以及财务利益不会影响他们的判断或损害客观性。

二、外部机构

(一) 各 MDB 间的 IEO 组成"评估合作小组"

所有 MDB 的 IEO 均为"评估合作小组"(The Evaluation Cooperation Group, ECG)的一部分。ECG 由 AfDB、ADB、EBRD、IDB 和 WB 五个主要 MDB 组建,成立于 1996 年,旨在促进 MDB 之间的评估协调。2011 年后,欧洲投资银行(European Investment Bank, EIB)、IMF、伊斯兰开发银行(Islamic Development Bank, IsDB)以及国际农业发展基金(International Fund for Agricultural Development, IFAD)陆续加入 ECG。2012 年,黑海贸易和发展银行(Black Sea Trade and Development Bank, BSTDB)和欧洲发展银行委员会(the Council of Europe Development Bank, CEB)被接受为正式成员。同时,ECG 还有三位永久观察员,分别是联合国、经济合作与发展组织(Organisation for Economic Co-operation and Development, OECD)的发展援助委员会(Development Assistance Committee, DAC)以及全球环境基金(the Global Environment Facility, GEF)评估单位的负责人。[1]

ECG 的宗旨是加强对评估的利用,提高 MDB 的成效和责任;分享经验教训;协调绩效指标和评估方法及途径;改善 MDB 的专业评估水平;加强双边和多边发展组织评估部门之间的协作;促进借款国在评估方面的参与度并建立他们自身的评估能力。自成立以来,ECG 致力于以高标准协调业绩衡量指标和评估方法,从各 MDB 的项目评估中分享经验教训,以加强 MDB 项目评估的专业化和协作性。ECG 的任务重点在于统一评估的原则、标准和实践,从而更好地实现结果的可比性,同时它还考虑到各个成员机构的不同情况。

ECG 为 MDB 六个方面的共同评估建立了最佳实践标准(Good Practice Standards, GPS)[2],包括:评估机构的治理和独立性;公共部门的运行;私人部门的运行;国家战略和计划;基于政策的贷款评估;技术援助/合作评估。[3] 制订这些标准的目标是在 ECG 的成员中协调评估实践并改进对评估实践的理解。这些最佳实践标准提炼自 OECD-DAC 的评估原则,建立在最佳评估实践的基础之上,以与 MDB 的运作政策保持一致。

(二) 外部和同行评审

一些 MDB 设立了常设审查委员会,一般由知名学者和决策者组成,负责向

---

[1] ECG, https://www.ecgnet.org/ecg-member-institutions.
[2] ECG, Good Practice Standards, 2012. https://wpqr4.adb.org/LotusQuickr/ecg/Main.nsf/h_9BD8546FB7A652C948257731002A062B/daf1de8e9ecece6c48257731002a0631/?OpenDocument.
[3] ECG, https://www.ecgnet.org/about-ecg.

MDB 的高级管理层提供相关建议。例如,欧洲复兴开发银行内部设立了一个经济政策研究顾问委员会(Economic Policy Research Advisor Council),该委员会开展深度的报道并对银行在某些特定领域的活动开展评估工作。

还有一种积极的做法是保留外部专家从事 MDB 的项目评估工作,以及经常性地对独立评估参与者的评估进行临时的同行审查。专业的团体工作可以促进同行之间的审查以及外部评估人员的其他类型参与。例如,多边组织绩效评估网(Multilateral Organization Performance Assessment Network, MOPAN)会根据股东和客户调查对 MDB 项目的有效性进行评估;经济合作与发展组织的 DAC 的评估网促进了由多个发展伙伴共同参与的联合与协作评价,可以有效地作为相互问责和学习的工具。

(三)外部机构对 MDB 项目实施"影响评估"

为更好地衡量 MDB 的运作业绩,WB、AfDB、ADB、EBRD、IDB 以及 IsDB 等 MDB 组成发展结果管理工作组(Working Group on Managing for Development Results, WG-MfDR),并于 2005 年建立了 MDB 的通用业绩评估体系(Common Performance Assessment System, COMPAS),用于跟踪 MDB 对发展结果的管理能力。WG-MfDR 成员每年按 COMPAS 体系就各 MDB 公共业务和私人业务的一系列"发展影响指标"提供报告,这些指标基于对发展结果的影响程度定期更新。[1] 目前 COMPAS 已成为公认的 MDB 进行发展结果管理(Managing for Development Results, MfDR)以及 MDB 之间就此进行建设性对话的体系。

但是,MDB 越来越多地与专门从事进行影响评估的外部组织、智库和学术机构开展合作。例如,WB、ADB 和 IDB 都与阿卜杜勒·拉蒂夫·贾米尔贫困行动研究室(the Abdul Latif Jameel Poverty Action Lab, J-PAL)对它们的项目进行影响评估。J-PAL 是一个杰出的研究中心,专门进行严格的评估测试和改善减贫程序和政策的有效性。再如,WB、AfDB 和 ADB 为了研究、培训和学习目的,都与国际影响评估倡议(the International Initiative for Impact Evaluation, 3IE)合作。后者实施影响评估和系统性审查,以为未来发展项目提供有用信息为导向,提炼多方面的影响结果。

(四)外部机构对 MDB 数据公开披露进行审查

MDB 数据的公开披露,具体是指 MDB 项目层面的数据具有公开的、透明的可得性,使独立学者和其他外部利益相关者能够获得并用以评估项目业绩和进展,从而为改善未来的同类项目提供外部建议。MDB 一般而言,项目评估本身也

---

[1] WB et al. Common Performance Assessment System(COMPAS), 2012. http://www.mfdr.org/Compas/index.html.

是公开披露的,并且优于其他银行。尽管如此,对于某些 MDB 而言,在公共平台(如网络)数据不易得到的情况仍是常见的。

第三节　MDB 项目评估的实施频率

项目事后评估是 MDB 项目评估体系的核心环节,可以更好地观察到项目实施的成效和质量,从而有助于对项目进行调整修正并从中积极吸取教训。MDB 的事后项目评估主要包括项目自评、项目校验、项目深度评价、专业评估以及项目影响评估五种类型的评估。每个 MDB 项目都会受到以上某种层面的评估,但并非每个项目都会受到所有类型的评估,各种评估的实施频率也有所不同。

通过整理 AfDB、ADB、EBRD、IDB、WB 等 MDB 的项目评估,可以发现在实际操作中,各种类型的评估的实施频率确实遵循着"金字塔"结构,具体见表 6-2。大部分(并非所有)项目都开展了项目自评,在所有类型中,其项目占比覆盖率最高,最终目标都设定在 100%。深度项目评估和专业评估都是资源密集型的,各个 MDB 根据自身情况只针对部分项目开展相关评估工作。而相对深度项目评估而言,专业评估因为可以向 MDB 提供更高层次的、更为广泛的建议,因此其比项目层面的评估更有可能对 MDB 业务产生影响。而影响评估则需要广泛的资源和特定的专家,一些 MDB 还设置了专门的部门、政策以及资金等来支持影响评估,其实施的频率则是更低的。

表 6-2　部分 MDB 的评估频率

项目/MDB	非洲开发银行(AfDB)	亚洲开发银行(ADB)	欧洲复兴开发银行(EBRD)	美洲开发银行(IDB)	世界银行(WB)
独立评估办公室(IEO)的具体名称	业务评估部(Operations Evaluation Department, OPEV)即将重命名为独立发展评估(Independent Development Evaluation, IDEV)	独立评估部(Independent Evaluation Department, IED)	评估部(Evaluation Department, EvD)	评估与监督办公室(Office of Evaluation and Oversight, OVE)	独立评估小组(Independent Evaluation Group, IEG)

续表

项目/MDB	非洲开发银行（AfDB）	亚洲开发银行（ADB）	欧洲复兴开发银行（EBRD）	美洲开发银行（IDB）	世界银行（WB）
接受项目自评的项目占比	100%的项目开展项目自评	100%的项目开展项目自评	100%的项目开展项目自评	100%的项目开展项目自评	100%的项目开展项目自评
在项目自评中，通过IEO校验的项目占比	2012年，开展自评的项目中有89%通过了独立案头审查(Independent Desk Review, PCREN)	目标是校验通过75%的公共部门贷款项目自评，100%的私人部分贷款年度审查报告	取决于独立评估或EvD校验所需的样本数量，目的是获得统计稳健性和可靠性结果	经OVE校验，约33%的自评有效；OVE校验通过了100%的非主权担保业务	IEG校验通过了100%的自评
接受IEO深度审查(In-Depth Review)的项目占比/数量	OPEV选择一部分作为样本接受独立业绩评估，选择标准主要有：自评的质量，可供学习的教训，国家或部门的重要性，MDB的企业战略重点等；2015—2019财年的深度审查的覆盖率平均为78.1%	IED每年有目的地选择约10个公共部门项目和3个非主权业务开展深度评估；2015—2019财年的深度审查的覆盖率平均为62.4%	EvD每年选择3—5个项目开展深度评估；2015—2019财年的深度审查的覆盖率平均为26.8%	OVE选择一个样本项目接受深度评估；2015—2019财年的深度审查的覆盖率平均为35.9%	2015—2019财年的深度审查的覆盖率平均为34.6%
IEO实施专业评估（部门、主题和地区）的项目数	在2012—2014年工作计划中，每年5个项目	在2013—2014年工作计划中，每年8个项目	在2014年工作计划中，每年8个项目	在2013—2015年工作计划中，每年9—14个项目	在2015—2017年工作计划中，每年约20个项目
IEO实施影响评估的项目数	2014年首次开展，2015年1月第二次开展	在2013—2016的工作计划中，每年1个项目	无	首次影响评估由OVE实施，但OVE后来建议IDB的项目工作人员更适合实施此项评估	由WB的业务工作人员和外部顾问实施

续表

项目/MDB	非洲开发银行（AfDB）	亚洲开发银行（ADB）	欧洲复兴开发银行（EBRD）	美洲开发银行（IDB）	世界银行（WB）
非 IEO 实施影响评估的项目数	无	20 个正在进行中	无	67 个正在进行中	324 个正在进行中
支持影响评价的部门或特殊项目	无	在经济和研究部（Economics and Research Department）的支持下，"执行影响评价"（Implementing Impact Evaluation）技术援助项目提供 100 万美元用于在每个区域部门进行影响评价	无	战略规划和发展有效性办公室（Office of Strategic Planning and Development Effectiveness, SPD）为项目影响评估提供支持	DIME 为项目影响评价提供支助；战略影响评价基金(Strategic Impact Evaluation Fund, SIEF)为保健、儿童营养、教育和卫生领域的影响评价提供资金；非洲影响评价倡议（Africa Impact Evaluation Initiative）为非洲的影响评价提供支持

资料来源：根据 United States Department of the Treasury, Report to Congress on Evaluation Standards and Practices at the Multilateral Development Banks, https://home.treasury.gov/policy-issues/international/multilateral-development-banks/reports-to-congress 整理而得。

第四节　IEO 项目评估的具体指标

各 MDB 的 IEO 在评估工作中所使用的具体指标不尽相同。为此，各 MDB 的 IEO 联合组成了"评估合作小组"（the Evaluation Cooperation Group, ECG），其具体工作目标是：(1)加强评估者之间的合作；(2)在成员机构间寻求协调一致的评估方法，从而在考虑各机构不同环境的同时，尽可能提高评估结果的可比性。ECG 协调指增加信息共享和改善对评估政策、程序、方法和实践的共性和差异的

理解,而不是"评估政策和实践的标准化"。[1]

具体而言,ECG 制订了《评估最佳实践标准大全》为 MDB 的以下四类评估建立最佳实践标准(Good Practice Standards, GPS):核心评估部门(Central Evaluation Department, CED)的治理和独立性;公共部门的运行评估(Public Sector Operations Evaluation);私人部门的运行评估(Private Sector Operations Evaluation);国家战略和计划的评估(Country Strategy and Programme Evaluation)。[2] 制订 GPS 的目的在于协调 ECG 成员之间的评估实践,并提高其对评估实践的理解。这些实践标准主要源自经合组织的发展援助委员会评估原则,它以良好的评估实践为基础,旨在与 MDB 的业务政策保持一致。事实上,这主要涉及表 6-1 中的"专业评估"。具体指标框架见表 6-3、表 6-4、表 6-5 和表 6-6,《评估最佳实践标准大全》对上述框架中的"评估要素"进一步展开,逐项评估。

表 6-3　ECG 对核心评估部门的独立性的主要评估原则

标准	要素	操作惯例数
1. 核心评估部门的治理和独立性	A. 职责 B. 职责的覆盖面 C. 结构独立性 D. 监督 E. 磋商框架 F. 责任范围 G. 访问权限	4
2. 核心评估部门领导的独立性	A. 任命 B. 续约 C. 解约 D. 权威性与报酬 E. 业绩评估	4
3. 核心评估部门工作人员的独立性	A. 选择 B. 技能 C. 机会 D. 利益冲突	3
4. 核心评估部门的工作程序和预算	A. 工作程序 B. 预算的决定 C. 预算的充足性 D. 问责性和透明度	2

---

[1] ECG, Big Book on Evaluation Good Practice Standards, November 2012, https://www.ecgnet.org/document/ecg-big-book-good-practice-standards.

[2] Ibid.

第六章 多边开发银行的项目评估

续表

标准	要素	操作惯例数
5. 核心评估部门报告和披露的独立性	A. 汇报程序 B. 主要利益相关者 C. 其他利益相关者 D. 核心评估部门的建议 E. 披露政策 F. 结果的推广	5
标准数:5	要素数:26	操作惯例数:18

表 6-4　ECG 对公共部门业务的主要评估原则

标准	要素	操作惯例数
一、报告的准备和过程		
1. 时机	A. 业绩评估报告	2
2. 覆盖范围和选择	A. 问责性和学习 B. 样本大小 C. 附加样本大小 D. 抽样方法	1 2 1 3
3. 磋商和审查	A. 利益相关者的磋商 B. 审查	3 3
二、评估途径和方法		
4. 评估基础	A. 目标导向 B. 项目目标在评估中的使用 C. 预期之外的结果 D. 对政策性贷款的评估	8 1 3 2
5. 标准	A. 评估范围 B. 相关性 C. 有效性 D. 预期的结果 E. 效率 F. 可持续性 G. 国际金融机构业绩 H. 借款方业绩	2 7 3 4 6 4 2 2
6. 评级	A. 标准评级 B. 规则 C. 项目业绩总体指标	2 2 6

143

续表

标准	要素	操作惯例数
三、传播和利用		
7. 传播和利用	A. 综合报告 B. 评估结果的可获得性 C. 披露 D. 传播 E. 对建议的利用	5 3 2 1 3
标准数:7	要素数:27	操作惯例数:83

表6-5 ECG对私人部门业务的主要评估原则

标准	要素	操作惯例数
通用原则:定期报告的关注范围和及时性,评估报告和结果的披露,来自评估体系的经验教训的获得、传播和运用		
1. 公司年度业绩报告	A. 公司业绩报告 B. 评级结果报告 C. 分析 D. 建议 E. 披露	5
2. 关于评估体系的定期报告	A. 定期报告 B. 品质效应 C. 校准 D. 可评估性 E. 经验教训的运用	5
3. 得自评估的经验教训和结果	A. 覆盖范围 B. 相关性 C. 可获得性	3
通用原则:评估评级体系的特点、评估指导方针的准备和传播		
4. 项目评估指导方针	A. 准备 B. 内容 C. 传播	2
5. 业绩评级的范围	A. 分级和平衡 B. 描述性 C. 二元制报告的使用	3

续表

标准	要素	操作惯例数
通用原则:如何决定一项业务何时已做好评估的准备,如何从特定人群中选择样本,对直接评估和自我评估的独立验证过程		
6. 评估项目总体的确定	A. 一致性和客观性 B. 符合条件的项目 C. 筛选 D. 不符合条件的项目 E. 排除 F. 披露	6
7. 评估项目样本的选择	A. 随机抽样代表 B. 样本汇总 C. 披露 D. 目的性抽样	4
8. 核心评估部门的直接评估过程	A. 核心评估部门的选择 B. 报告 C. 案头文件评估 D. 深度评估 E. 透明度 F. 审查过程	4
9. 核心评估部门的独立校验过程	A. 校验 B. 深度检验 C. 核心评估部门的报告 D. 审查过程	3
私人部门原则:在评估框架内,对每个业绩指标进行评级的衡量范围和标准		
10. 对项目结果的评级	A. 综合评级 B. 基准 C. 财务标准 D. 经济标准 E. 国际金融机构职责标准 F. 环境和社会标准	2
11. 结果指标1-财务业绩和项目业务目标的完成	A. 利益相关者分析 B. 时间跨度 C. 项目业务目标的完成 D. 方法 E. 基准	5
12. 结果指标2-经济可持续性	A. 利益相关者分析 B. 时间跨度 C. 净利益 D. 方法 E. 基准	5

续表

标准	要素	操作惯例数
13. 结果指标3-对IFI职责目标的促进	A. 方法 B. 平衡 C. 基准	2
14. 结果指标4-环境和社会业绩	A. 对环境和社会的贡献 B. 对环境和社会的管理能力 C. 子项目对环境和社会的贡献 D. 基准	3
15. 对国际金融机构投资盈利能力的评级	A. 范围 B. 净值法 C. 总值代替法 D. 基准	5
16. 对国际金融机构工作质量的评级	A. 范围 B. 独立操作 C. 预先承诺 D. 事后承诺 E. 基准	4
17. 对国际金融机构的额外影响评级	A. 反面角度的衡量 B. 金融溢出性 C. 非金融溢出性 D. 基准	2
标准数:17	要素数:75	操作惯例数:63

表6-6　ECG对国家战略和规划的主要评估原则

标准	因素	操作惯例数
一、与流程相关的最佳实践标准		
1. 国家战略和规划评估目标、目的、客户反应和分析单位	A. 国家战略和规划评估目标 B. 目的 C. 客户反应 D. 分析单位	1 1 1 1
2. 国家选择和相互问责原则	A. 国家选择 B. 联合国家战略和规划 C. 相互问责	2 1 2
3. 时机	A. 国家战略和规划评估的及时性	2
4. 提前准备工作	A. 准备步骤 B. 部门/主题学习	1 2

续表

标准	因素	操作惯例数
5. 覆盖面	A. 时间跨度 B. 产品和服务覆盖度 C. 第二代或第三代国家战略和规划评估 D. 国家战略和规划评估的局限范围 E. 验证报告	2 2 2 2 1
6. 国家战略和规划评估方法	A. 具体评估方法	1
7. 准备阶段	A. 实施阶段	1
8. 人员配置	A. 评估团队	2
9. 指导方针	A. 统一的指导方针、质量控制和适宜性	3

二、与方法相关的最佳实践标准

标准	因素	操作惯例数
10. 国家战略和规划评估的方法和途径	A. 概览 B. 评估问题 C. 反设事实 D. 归因与贡献 E. 可评估性 F. 多重证据来源 G. 客户参与 H. 免责声明	6 2 2 2 2 2 1 1
11. 国家战略和规划评估的标准	A. 相关性 B. 定位 C. 连贯性 D. 效率 E. 有效性 F. 可持续性 G. 影响 H. 机构发展 I. 借款方业绩 J. MDB业绩 K. 合作与协调	6 1 3 1 1 1 1 1 1
12. 业绩评级	A. 评级原则和可比性 B. 评级标准 C. 评级子标准 D. 权重的标准	5 3 1 1

续表

标准	因素	操作惯例数
三、与报告相关的最佳实践标准		
13. 结果、教训和建议	A. 结果和教训 B. 国家战略和规划评估的建议	2 1
14. 报告和审查	A. 报告 B. 国家战略和规划评估的审查	3 1
15. 结果的可获得性	A. 披露 B. 传播	2 1
16. 提炼结果并跟踪建议	A. 提炼结果 B. 跟踪建议	1 1
标准数:16	要素数:50	操作惯例数:86

除了 ECG 制订的《评估最佳实践标准大全》作为 MDB 的通用评估指标,一些 MDB 还根据项目的性质和所属领域提出相关指标。最常被 MDB 应用的是经济内部收益率(Economic Internal Rate of Return, EIRR),即使拟建项目在计算期内各年经济净现金流量折现值的累计数等于零的折现率。EIRR 作为项目经济分析的重要指标,旨在检验评估项目是否经济可行,同时也常被作为校验竣工评估报告与项目绩效评估的衡量标准,在事后评估中检测项目是否达到预期产出。各个 MDB 对投资项目的 EIRR 不尽相同,但都会设置一个投资决策所需的最低经济内部收益率,当投资项目的 EIRR 大于等于最低标准时,项目被认为在宏观效益上可行;否则,项目在经济上不可行。此外,由于不同部门的内在性质、敏感性、营利性以及外部性等因素有所差异,不同行业的最低经济内部收益率也不同,如对水利工程、环境改良工程、稀缺资源的开发利用等特殊项目,MDB 会设置较低的经济内部收益率指标,而对交通运输项目等营利性较强的项目的要求则相对较高。

第五节　MDB 项目评估存在的问题

相较于其他发展性组织,MDB 的项目评估体系已经相当健全,拥有较为丰富的实践经验。国际发展专家一致认为,就项目评估而言,MDB 是该领域的标准制定者,也是同行中的先锋。然而,随着 MDB 项目呈现多样化的趋势,对项目评估体系的要求日益严格,但 MDB 在项目评估体系的评估指标、评估类型、评估方法等方面仍存在一定的问题,有较大的改进空间。

第六章　多边开发银行的项目评估

一、放之四海而皆准的评估指标和标准并不存在

MDB项目评估的主要目的在于识别有效操作和无效操作,以及其中的具体原因是什么。这一目标一方面有助于证明特定的MDB发展项目是否达到既定目标;另一方面有助于在MDB整体层面克服失败的教训,推广成功的经验,并从中学习。然而,不同MDB的宗旨和职能有所不同,开展或投资项目的内容侧重点以及预期达到的目标也存在不同程度的差异,无法用一个统一的标准进行规范。

此外,MDB的项目业务本身就具有广泛性和多样性,同时业务对象在经济、社会、法律等方面的历史和现实具有较大的差异。因此,并不存在适用于所有MDB、所有项目的单一评估方法,也不存在单一"最优"标准、类别或体系。

二、项目评估类型决定并不明确

项目评估包括多种类型形式,每一种类型所需的资源、专业技术、知识都有所不同。一个项目要进行深度评估,是主题或国家层面的评估,还是影响评估,并非随意为之。首先,应当确保所有项目都有机会被选中进行审查,保证项目评估的随机性和公平性,从整体上提高项目质量。其次,应当确保资源集中于那些风险最大的或学习机会最多的项目,以免造成评估成本的增加和有效资源的浪费。例如,如果对MDB的所有贷款、捐赠活动都进行影响评估,以确定减贫和公平增资活动的最终效果,则会导致适得其反和浪费的结果,并且往往使项目评估的成本超过发展活动本身的成本。对MDB进行的每一个项目都进行严格的评估将会导致资源分配不当,因为这意味着需要对风险非常低的项目进行评估,从而将资源从高风险活动的评估中转移出来。此外,这种方法的费用高得令人望而却步,而且不太可能从评价中获得更多的知识和教训。更重要的是,立法规定没有试图区分可能需要或受益于或多或少程度评价的不同类型的项目。

鉴于此,广泛的共识认为,MDB应在一个基于风险的战略组合框架下部署一系列评估,并使用清晰的指导方针和触发条件来指导MDB和IEO如何在各种评估类型中分配资金和人员。但现实存在的一个挑战是,缺乏明确的方法用以选择部分项目开展更高水平的评估,例如在事后评估的"金字塔"结构中,MDB没有一个统一或系统的方法来选择项目应该在"金字塔"的哪个层次,特别是选择哪些项目开展影响评估。目前,特定项目团队领导人的个人兴趣是对项目开展影响评估的一个主要驱动因素。[1]

---

[1] United States Department of the Treasury, Report to Congress on Evaluation Standards and Practices at the Multilateral Development Banks, September 2014, https://www.treasury.gov/resource-center/international/development-banks/Documents/2015-03-01%20(Evaluation%20Report).pdf.

正如前文所指出的,对于项目评估,没有一种"一刀切"的解决方案。对于 MDB 而言,拥有一个动态的评估策略是十分重要的,应该采用基于风险的战略投资组合方法进行评估,它可以指导项目应该接受何种级别的评估。虽然项目的一个子集接受不同类型的评价(包括影响评价)是一种良好的做法,但对该子集的选择必须遵循透明的、预先确定的标准。

三、评估方法多样影响结果的可比性

对于特定类型的评估而言,具体的评估方法也并非单一的。例如,在"影响评估"方面,就没有单一的方法。近年来,随机对照试验法(the Randomized Control Trial,RCT)得到重视,并被广泛运用到发展项目的影响评估中。它通过比较项目受益人群(试验组)与项目无关人群(控制组)之间的差异来识别项目的因果效应,非常适合对定向的、微观层面的干预措施(如蚊帐对减少疟疾发病率的影响)进行评估,但并不适用于那些会产生影响系统变化的复杂项目(如引入关税改革的影响)。不仅如此,RCT 需要大量的前期规划、专家设计、基线数据收集、复杂评估方法的执行和技术的事后统计分析,并且需要获得参与各方的同意,以减少来自对照组的项目收益,但出于伦理方面的考虑并非所有政府或民间社会合作伙伴都愿意参与。而其他影响评价的方法,例如非随机的对照方法,虽然可以在随机选择谁从项目中受益的伦理问题的情况下有用,但仍然需要广泛的数据收集和技术专长,而且成本也十分昂贵。

此外,项目评估的目标、宗旨和主题等因素都会使评估方法产生差异,例如,评估的目标是为了证明特定发展项目是否达到既定目标,还是致力于在 MDB 整体层面克服教训并推广经验,会影响具体的评估方法。

另外,不同的评估方法使同一层面上的评估(例如都是"影响评估")结果并不具有完全的可比性。

四、对评估机构独立性的质疑

普遍认为,MDB 的外部性或"置于外部"常常等同于独立性。虽然"独立性"是独立评估办公室最显著的特征,但它仍属于 MDB 的内部机构之一,所以无法达到真正的独立。在实践中,这种权衡则更加复杂,独立的感觉和它的现实不一定是相同的。外部评估者也不能免受可能影响独立性的压力或激励。

首先是对 MDB 内部评估机构 IEO 的独立性的质疑。长期以来,IEO 通过制度保障措施而变得越来越独立。1974 年,WB 成为第一个使其评估部门独立的 MDB,它通过改革把 IEO 从管理部门分离出来并直接置于董事会的管辖之下。1990 年代末和 2000 年代初之后,各区域性 MDB 才陆续使其 IEO 独立出来。但是,IEO 毕竟是 MDB 的内部机构,在治理和独立性、领导和工作人员的独立性、工

作程序和预算以及报告和披露的独立性方面都存在不同程度的改进空间。对 IEO 开展外部评估有助于加强 IEO 的独立性并在发展评估领域带来更广泛的知识。但是，此类 IEO 接受此类评估的频率非常低。ADB 的 IED 和美洲开发银行的 OVE 分别于 2008 年和 2012 年接受过一次外部审查，而 WB 的 IEG 于 2014 年接受了一项外部审查，但上一次接受外部审查是在 2004 年，而其他 MDB（例如 IBRD 和 AfDB）的 IEO 则尚未接受过外部评估。

其次是对外部评估机构的客观性的质疑。外部评估机构有效地克服了 IEO 作为 MDB 内部机构的弊端，但是也存在一些因素导致其客观性和公正性的下降。例如，当评估工作的"外包"经常重复性地选择特定的咨询公司或学术机构时，后者对该项服务的当前和未来收益的依赖将会对其评估的诚信度和完整性构成威胁。另外，虽然 IEO 并不需要直接向管理层进行报告，但如果 MDB 管理层聘用项目评估的顾问，这种关系也有可能损害评估的公正性。

因此，对 MDB 的独立评估办公室要进行定期的外部评估。这种定期的外部评估不仅仅是对 MDB 的独立评估办公室开展，同时还应该在所有 MDB 之间定期进行这类外部评估。此外，为了保证外部评估的公平性，外部评估应该由各 MDB 的董事会监督，时间表尽可能要与各独立评估办公室主任的任期一致。

本章小结

MDB 的项目评估主要是发现哪些项目可行，哪些项目不可行，并解答为什么可行等一系列问题的行为。MDB 开展项目评估活动主要有问责和学习两大目的。

MDB 项目评估体系的基本结构主要包括事前项目设计、事前政策制定、项目中和事后项目评估四个评估阶段。在 MDB 项目周期的不同阶段，不同的实施主体根据各自的目标执行相应的评估工作，主要包括内部和外部的两种性质的参与主体。事后项目评估主要包括项目自评、项目校验、项目深度评价、专业评估以及项目影响评估五种类型。由于各种类型的项目评估的资源密集度和所需的专业技术程度有所差异，不同类型的评估的实施频率也不同，呈现出"金字塔"结构。

相比较于其他银行，虽然 MDB 在项目评估上已经具有了较好的实践经验。例如由各 MDB 的 IEO 联合组织的"评估合作小组"制订了《评估最佳实践标准大全》，为 MDB 的四类评估建立了最佳实践标准，包括：核心评估部门的治理和独立性；公共部门的运行评估；私人部门的运行评估；国家战略和计划的评估。同时，一些 MDB 还会设置投资决策所需的最低经济内部收益率，用于评估项目是否经济可行或在事后评估中检测项目是否达到预期产出。但是 MDB 的项目评估仍然存在一些问题有待解决，包括：评估指标和标准的普适性问题；项目评估类型难以明确问题；评估方法的多样性对评估结果可比性的影响；评估机构的独立性问题等。

关键词

项目评估;项目评估体系;事后项目评估;项目自评;项目校验;项目深度评价;专业评估;影响评估;独立评估办公室;评估合作小组

简答题

1. MDB 开展项目评估的主要目的是什么?
2. 现有 MDB 的项目评估体系有哪些环节?
3. 参与 MDB 项目评估的主体主要有哪些?
4. 事后项目评估包括哪些类型?它们呈现怎样的结构?
5. IEO 项目评估有哪些具体的指标?
6. 现有 MDB 项目评估体系存在哪些问题?

思考题

1. 从项目评估角度,怎样理解现有 MDB 的"最佳实践"?"最佳"的内涵和意义是什么?
2. MDB 的事后项目评估的方式呈现"金字塔"结构,试分析其原因,并说明项目影响评估位居顶端的原因。
3. MDB 项目评估与一般商业银行项目评估相比有什么区别?
4. 试讨论主要 MDB 项目评估存在的问题,并提出建议措施。

第七章

多边开发银行的事前政策制定

事前政策制定是 MDB 顺利开展评估的重要前提与基础。MDB 项目开始前(事前)的政策制定具体涉及了环境与社会安全保障、反腐、风险管理和采购政策等较为复杂并且充满争议的内容。在数十年的发展进程中,WB、ADB 等 MDB 不断完善自身的建设,在事前政策制定方面积累了很多的经验和较好的做法,从而实现投资合理性、良好规划性、经济和财务可行性或使社会和环境的负外部性达到最小化。本章将通过对 WB 和 ADB 的环境与社会安全保障政策、采购和反腐败政策的具体内容及其改革的讨论,为探讨现有 MDB 的"最佳实践"的合理性提供参考,也为其他 MDB 的事前政策制定提供重要的借鉴和学习。

学习目标:

1. 了解 MDB 项目事前政策制定的主要内容
2. 掌握 MDB 关于环境与社会安全保障的改革内容
3. 熟悉 MDB 关于采购和反腐败政策的主要内容

国际发展融资

第一节　MDB 的环境与社会安全保障及其改革

在事前政策制定中,环境与社会安全保障政策的溢出效应最大,所以也占据了最为重要的地位。MDB 设置环境与社会安全保障要求基于这样一种逻辑:公共和私人投资者都不会自动降低其行为的溢出效应的危害,而安全保障政策旨在降低或使 MDB 融资项目对社会和环境产生的不良外部影响最小化,确保 MDB 的运作符合可持续发展目标。本节主要以世界银行和亚洲开发银行为例对现有 MDB 的环境与社会安全保障政策及其改革进程进行详细阐述。

一、WB 的环境与安全保障政策及其改革

WB 是安全保障政策方面的全球领先者,同时,其安全保障政策的发展和推进常常是环境运动和政治压力的结果。早在 1984 年,WB 就出台了环境评估政策《关于环境的操作说明书》(Operational Manual Statement on Environmental),这实质上是 20 世纪 60—70 年代的环境运动的结果。而包括 WB 在内的所有主要 MDB 都实施了环境评估(Environmental Assessment, EA)程序和信息披露程序,这主要应归功于《1989 国际发展与融资法案》521 节(Sec. 521 of the International Development and Finance Act of 1989)[1],它使 MDB 对环境问题更加敏感,促使 MDB 进行更为广泛的项目检查。1991 年 6 月,WB 委派摩尔斯委员会(the Morse Commission)调查 WB 在充满争议的印度撒多撒罗瓦大坝(the Sardar Sarovar Dam)项目中的作用。摩尔斯委员会指出,撒多撒罗瓦大坝项目转移了超过 30 万人,对社会和环境可持续性缺乏充分考虑,造成了严重的负面影响。不久,一个投资组合管理工作小组在同年发表了《瓦彭汉斯报告》(the Wapenhans Report),指出在 WB 贷款协议中 78% 的融资条件并未得到执行,37.5% 的银行项目未能满足基本的经济目标和评估标准。此外,WB 普遍存在"审批文化"(culture of

---

[1] 1989 年,美国国会通过法律《1989 国际发展与融资法案》521 节(Sec. 521 of the International Development and Finance Act of 1989),规定自 1991 年起,禁止美国在各大 MDB 的执行董事投票赞成那些可能对人类环境造成重大不良影响的项目,除非执董们和公众在投票的至少 120 天前已获环境评估或综合环境概要等文件。Sanford, Jonathan & Susan R. Fletcher, Mulilateral Development Banks' Environmental Assessment and Information Policies: Impact of the Pelosi Amendment, February 12, 1998, CRS Report for Congress, http://congressionalresearch.com/98-180/document.php?study=MULTILATERAL+DEVELOPMENT+BANKS+ENVIRONMENTAL+ASSESSMENT+AND+INFORMATION+POLICIES+IMPACT+OF+THE+PELOSI+AMENDMENT.

第七章 多边开发银行的事前政策制定

approval),使贷款迅速获批但项目实施却缺乏关注度。[1]此类报告及大量国际压力使WB在20世纪90年代做出了重大的政策调整。1992年,WB用操作政策和银行程序(Operational Policies and Bank Procedures)替代原先的操作指令(Operational Directives),并沿用至今。1993年,WB建立了独立检查小组(Independent Inspection Panel)。[2] 1997年,WB十项已有操作政策被视为"安全保障政策",即"安全保障政策"正式产生于已有的操作政策。[3]

2003年6月,花旗集团、荷兰银行、巴克莱银行以及西德意志银行等9个国际性银行和IFC根据WB及IFC的环境和社会政策标准制定了非强制性的赤道原则(Equator Principles, EPs),这是为私人融资机构设计的风险管理框架,用于确定、评估和管理基础设施项目融资过程中所涉及的环境和社会风险,将WB和IFC的环境和社会政策扩展至私人领域。至今,已有遍及38个国家的110家赤道原则金融机构(Equator Principles Financial Institutions, EPFIs)采用赤道原则,覆盖新兴市场超过70%的国际项目融资。[4]赤道原则虽是自愿性的;但金融机构一旦采用,就须遵守所有赤道原则并执行所有合规步骤。

2008年3月,WB引入使用国家体系(Use of Country System, UCS)试点[5]。使用UCS旨在提升国家自主权,减少交易成本。UCS需在弹性和问责性间取得平衡,即借款方执行自身的安全保障,须使WB判定当地政策是"可接受"的,若借款方的国家系统不够强,WB安全保障政策有权优先得到执行。近年来,国际社会越来越多地推动使用借款方层面可获得的法律和机构减少环境和社会危害,使UCS方式的使用越来越多,借款方对项目的控制权和责任也越来越大。2005年超过100个国家签署《关于援助有效性问题的巴黎宣言》承诺共同协作建立有效的国家体系,也体现了这一趋势。例如五个原则中的两个是改进所有权结构和实现同盟和协调,分别强调发展中国家"改进制度应对腐败"及捐赠国"支持这些战略并使用当地系统"的目标。[6]但对UCS方式的审查表明,借款国的"环境"保护法律特别强有力,但"社会"安全保障(例如非自愿移民)仍是脆弱的;此外,国家对项目"实施"环节的跟踪和监控常常是不足的。[7]

---

[1] Alex Mourant, Douglas Emeott, Jagabanta Ningthoujam, Jasmin Yu, Ensuring Sustainability in the Asian Infrastructure Investment Bank and the New Development Bank, http://www.sais-jhu.edu/sites/default/files/SAIS-WRI-PracticumMay2015.pdf.

[2] http://ewebapps.worldbank.org/apps/ip/Pages/Home.aspx.

[3] World Bank. The World Bank's Safeguard Policies Proposed Review and Update: An Approach Paper. 2012. p.6.

[4] "Equator Principles Frequently Asked Questions", Equator-Principles.com, 2020.

[5] 试点项目的详细介绍见2008年3月3日和3月25日题为"在世行资助的项目中使用国家体系:拟定的试点项目"(R2008-0036和0036和0036/1)的董事会文件,WB董事会于2008年4月24日批准了该文件。

[6] "The Paris Declaration for Aid Effectiveness: Five Principles for Smart Aid", OECD.org.

[7] "Striking the Balance: Ownership and Accountability in Social and Environmental Safeguards", World Resources Institute, 2014.

2008年,WB开展独立评估小组(Independent Evaluation Group, IEG)审查,旨在评估IBRD和IDA的工作业绩,总结经验教训并提出建议,进而改进WB的工作。

早在2006年,国际金融公司(The International Finance Corporation, IFC)就已建立了自身的可持续框架(Sustainability Framework),明确了在可持续发展方面的战略承诺。该框架的构成部分"环境和社会可持续性绩效标准"(Performance Standards on Environmental and Social Sustainability)在私人部门中已被许多机构作为识别和管理环境和社会风险的国际标准。[1] 2012年,IFC更新了这一标准,进一步明确了IFC有关环境和社会可持续性的承诺、作用和责任。它指导客户识别并以可持续的营商方式避免、缓解、管理风险和影响,强调客户在项目活动中与利益相关者的沟通以及披露信息的义务。具体而言,提出八项绩效标准:(1)环境和社会风险与影响的评估和管理;(2)劳工和工作条件;(3)资源效率和污染防治;(4)社区健康、安全和治安;(5)土地征用和非自愿迁移;(6)生物多样性保护和生物自然资源的可持续管理;(7)原住民居民;(8)文化遗产。IFC的绩效标准在安全保障标准领域越来越具有影响力,成为私人部门环境和社会风险管理领域的标准设定者。

自2012年,WB开展安全保障审查。

在上述进程中,国际社会关于发展援助有效性问题的进展(例如2005年的《巴黎宣言》[2]、2008年的阿克拉行动议程[3]以及2011年的《釜山宣言》[4]等)也在一定程度上推动WB的环境和社会保障工作。

WB的安全保障政策所涉领域共十个:环境评估(Environmental Assessment)、自然栖息地(Natural Habitats)、病虫害管理(Pest Management)、森林(Forests)、物质文化资源(Physical Cultural Resources)、非自愿移民(Involuntary Resettlement)、原住民(Indigenous Peoples)、大坝安全(Safety of Dams)、国际水道(International Waterways)和争端地区(Disputed Areas)(见表7-1)。其中针对环境评估,各MDB都设定了四类环境评价类型(A、B、C或FI,见表7-2)。

---

[1] "IFC Performance Standards," First for Sustainability.
[2] 2005年3月,100多个国家签订了《关于援助有效性的巴黎宣言》(Paris Declaration on Aid Effectiveness),就援助有效性衡量达成一致,列出五个使援助更有效的基本原则:第一是自主性原则,即发展中国家自行制定减贫战略,改善制度和处理腐败,承担发展的责任;第二是联系原则,即援助应当与受援国的发展目标相联系;第三是协调原则,即援助国之间应协调其援助计划和行动以简化程序,避免重复和资源浪费;第四是结果原则,即发展中国家和援助国应重视援助实效和发展结果,使结果可测量,从而对其进行管理;第五是相互问责原则,即援助国和受援国都应对发展结果负责。
[3] 2008年,在阿克拉举行的OECD第三次援助有效性高级会议,制定了推进《巴黎宣言》目标的议程,即阿克拉行动议程(Accra Agenda for Action)。
[4] 2011年11月,OECD第四次援助有效性问题高级会议于韩国釜山举行,《釜山宣言》正式提出国际援助政策应当从关注"援助有效性"转为关注"发展有效性"。

表 7-1 WB 的环境和社会安全保障政策框架

类型	内容	政策出发点	政策内容
环境政策	OP 4.01 环境评估	对贷款项目进行环境评估是申请融资的借款方的责任。WB 工作人员根据需要向借款方提供帮助	项目工作组通过与地区环境部门协商来研究申请项目的种类、地点、敏感性及规模,审议项目潜在影响的性质和程度。在项目周期最初阶段,项目工作组会同地区环境部门,在四类环境评价类型(A、B、C 或 FI;见表 7-2)为申请项目指定一种类型,类型确定由潜在负面影响最严重的子项目来决定。"环境管理计划"包含一整套减缓、监测和机构措施,在项目实施和运行中,消除负面环境和社会影响,或将其降低到可接受水平;计划还应包括实施上述措施的具体行动
环境政策	OP 4.04 自然栖息地	WB 支持并期望借款方在自然资源管理方面采取防御性措施,确保环境的可持续性发展。WB 的经济调研、项目贷款和政策对话等诸项工作都支持对自然栖息地及其功能的保护、维护和恢复活动	经济调研:确认自然栖息地存在的问题及对其保护的特殊需要;确认在国家发展战略框架下对此类地区所采取的保护措施 项目设计与实施:WB 倡导并支持保护自然栖息地和改善土地使用的活动,对利于发展的自然栖息地和生态保护项目提供援助资金,提倡对环境开始恶化的自然栖息地进行恢复和重建,不支持会导致关键自然栖息地发生重大转化或退化的项目。WB 在决定是否支持对自然栖息地具有潜在负面影响的项目时,要考虑借款方是否有能力实施妥善的保护和缓解措施 政策对话:在涉及自然栖息地的资助项目中,WB 希望借款方考虑受项目影响的地方非政府组织和地方社区等团体的观点、作用和权利,使之参与到项目的规划、设计、实施、监控和评估等工作中去
环境政策	OP 4.09 病虫害管理	WB 推行生物或环境治理方法协助借款人管理病虫害 在 WB 融资项目中,借款人应将害虫管理放在项目环境评价中来解决,WB 应评估项目所在国是否有能力促进安全、有效和环境友好的病虫害管理。必要时,WB 和借款人应在项目中加强这种能力	WB 用多种手段评价所在国病虫害管理、支持综合病虫害管理和安全使用农药:经济和行业调研、行业或对具体项目的环评、参与性的综合病虫害管理评价和调整或投资性项目以及专门支持综合病虫害管理的子项。WB 一般用综合病虫害管理方法来控制害虫种群,如生物治理、当地习惯做法,以及研发和使用抗、耐害虫的多种作物品种,减少合成化学农药的使用。在 WB 融资的公共卫生项目中,WB 主要支持使用与环境有关的办法。若仅使用环境办法效用不大,WB 也可投资于使用农药去控制病菌传播。关于农药种类和其具体剂型,WB 应参考世界卫生组织发表的《农药按危害分类的建议和分类指南》(日内瓦,1994—1995)

续表

类型	内容	政策出发点	政策内容
环境政策	OP 4.36 森林	旨在帮助借款方有效利用森林资源,以可持续的方式减贫,保护当地和全球性的重要环境服务和森林价值 若森林的恢复和人工林的发展对上述目标必不可少,WB应帮助借款方开展维持或加强生物多样性和生态系统功能的森林恢复活动,帮助借款方建立和可持续地管理适于环境、利于社会并具经济活力的森林	对于会导致重要森林地域或重要自然栖息地转化或退化的项目,WB将不提供融资。若某项目造成的天然林或有关自然栖息地的重要改观或退化并非至关重要,且项目选址无其他替代方案,项目收益大于环境成本时,WB会提供融资,前提是必须制定适当措施以消除影响。向人工林提供融资时,WB会优先考虑将项目安排在无林地或已被转化的土地上。仅在根据环境评估或其他信息确定受采伐影响的地区不是重要的森林或自然栖息地时,WB才会对商业性的采伐经营提供融资。要符合WB的融资条件,工业化规模的商业采伐经营还须:经WB接受的独立森林认证制度认证,符合负责任的森林管理和使用标准,否则须执行WB所接受的为实现符合此标准的认证而制订的有时间限制的分阶段行动计划
	OP 4.37 大坝安全	大坝若不能正常发挥功能或出现失事,将产生严重的后果,因此,WB关注其资助建造的新坝和其所资助项目将依靠的已建大坝的安全	WB在为大坝相关项目提供资金时,将要求安排有经验和胜任的专业人员进行大坝的设计和施工监理,要求借款人在大坝及相关建筑物的设计、招标、施工和运行维护过程中采纳并实施必要的大坝安全措施。WB把坝分为小型坝和大坝,小型坝的高度一般小于15米,大型坝的高度大于或等于15米。对于大型坝,WB要求由独立专家小组对大坝的勘测、设计和施工以及启用进行审查;制订并实施以下详细计划:施工监理和质量保证计划、观测仪器计划、运行维护计划和应急准备计划;在招标采购期间对投标人的资格进行预审;在项目完成之后对大坝进行定期安全检查

续表

类型	内容	政策出发点	政策内容
社会政策	OP 4.10 原住民	项目建设可能会扰乱原住民原有的生活秩序。WB原住民政策旨在推进对原住民的人权、经济和文化的全方位尊重;避免项目建设对原住民产生不良影响	原住民指归属于特定地理生境或历史疆域,拥有与项目区域不同的文化及语言的独特的、脆弱的社会文化群体
	OP 4.11 物质文化资源	避免(减轻)项目建设对物质文化资源(例如历史、古生物、宗教以及其他文化资源的遗址、结构和自然风貌等)产生不良影响	通过环境评估实现评价或减轻影响。减轻措施从全方位保护到救助和文档编制等,该项工作高度依赖国家主管部门和法律
	OP 4.12 非自愿移民	非自愿移民可能会造成长期严重困难、贫穷和对环境的破坏。WB非自愿移民政策目标:(a)项目设计方案尽可能避免或减少非自愿移民。(b)若移民不可避免,移民活动应作为可持续发展方案来构思和执行。应提供充分资金,使移民能分享项目效益,并有机会参与移民安置方案的规划和实施。(c)帮助移民提高生计和生活水平,至少使其真正恢复到搬迁前或项目开始前的较高水平	借款方应编制移民安置规划或政策框架,须涵盖以下内容:(a)采取措施确保移民被告知在移民安置上的选择权和其他权利;了解技术上和经济上的可行方案,参与协商并享有选择机会;按全部重置成本,获得迅速有效的补偿,抵消由项目造成的直接财产损失。(b)若影响包括搬迁,则应采取措施,确保移民在搬迁期间获得帮助(如搬迁补贴);获得住房或宅基地,或根据要求获得农业生产场所。(c)必要时应采取措施,确保移民在搬迁后的"过渡期"内获得帮助(根据恢复生计和生活水平可能需要的时间,合理估算出过渡期);除了经济补偿措施,还可获得诸如整地、信贷、培训或就业方面的发展援助 经借款方请求,WB可通过提供以下援助来支持借款方和相关主体:(a)评估和加强国家、地区或部门的移民政策、战略、法律框架和具体计划;(b)提供技术援助资金,以提高移民负责部门或受影响主体更有效地参与移民行动的能力;(c)资助制定移民政策、战略和具体计划,并用于移民行动的实施、监测和评价;(d)资助移民投资所需的费用

续表

类型	内容	政策出发点	政策内容
法律政策	OP 7.50 国际水道	国际水道项目可能影响WB同其借债国之间的关系以及国家之间的关系。WB意识到,为有效地利用和保护水道,沿岸国间的合作和诚意必不可少。因此,沿岸国须就整个水道或水道的任何部分达成适当协定或安排。WB时刻准备帮助沿岸国实现这个目标	若在为项目供资前,提出项目的国家(受益国)和其他沿岸国间的分歧尚未得到解决,WB通常促请受益国主动提出与其他沿岸国举行谈判,以便达成适当协议。若拟议受益国不愿发出此通知,并反对WB亲自发出通知,WB则将停止办理项目手续。WB应查明各沿岸国是否已就所涉国际水道达成了协定或安排,或建立了某种机构体制,在后一种情况下,WB应查明该机构的活动范围和职能,以及在所拟议项目中的地位,必要时向该机构发出通知。发出通知后,若其他沿岸国对拟议项目表示反对,WB可适时指派一名或多名独立专家,审查所涉问题。若WB决定尽管其他沿岸国表示反对,仍将举办该项目,则应把其决定通知这些国家
	OP 7.60 争端地区	争端地区内的项目可能引发一系列微妙的问题,不仅影响WB同成员国的关系,还影响项目所在国与其邻国之间的关系,鉴于此,应尽早解决拟议项目的任何争端	为争端地区内的项目编写的项目评估文件(PAD)应讨论争端的性质,并确认WB工作人员已审议该问题,并确保:(a)对争端地区提出权利要求的其他国家不反对该项目;或(b)鉴于所涉项目的特殊情况,尽管其他国家或是表示了反对意见,或是未给予核准,WB仍应对项目提供资助。此特殊情况包括:项目无损于提出权利要求的国家的利益;所提出的权利要求没有得到国际承认,或提出者并未积极争取要求的权利

资料来源:http://siteresources.worldbank.org/OPSMANUAL/Resources/OP401AChinese.pdf。

第七章 多边开发银行的事前政策制定

表 7-2 部分 MDB 的项目环境影响分类

MDB	第一类 内容	第一类 例子	第二类 内容	第二类 例子	第三类 内容	第三类 例子	第四类 内容	第四类 例子
WB	项目(或项目组成部分)可能导致敏感的、不可逆转的、多样性的重大不良影响,且该影响可能是广泛的、明显的、全部门的或不成比例的,需进行全面的环境评估	大坝和水库,林业生产项目,大规模的工业设施,大规模的灌溉和防洪项目,包括石油和天然气在内的矿产开发,港口与港口发展,移民安置等	不要求全面的环境评估,但仍需环境分析。所需环境分析的规模或程度比A类项目的要小,因为B类项目的负面影响不如A类重大,几乎不具不可逆转性,不那么敏感的、大量的、主要的或多样的	B类项目与A类的区别在于规模或程度。B类项目的补救措施较为容易,可能减缓计划就足够了	通常不需要环境评估或环境分析,因为它们不太可能产生负面影响。专业评判认为项目具有可忽视的、非重大的或较小的环境影响	教育,计划生育(family planning),保健,营养,制度建设,技术援助以及大部分人力资源项目	IFC 也使用上述类别并加入第四类 "金融中介贷款" (financial intermediary loans, FI)	(无)
IDB	专门为改善环境质量而设计的项目。总体上不要求 EIA,但明确实施需要环境专家在项目准备、分析以及实施阶段的监控时集中参与	流域治理,减少空气污染,土地使用规划以及采取保护区建立等	对环境没有直接或间接影响,因此不需要环境影响评估	教育项目,科学和技术以及适用技术信息转播等	对环境产生中等影响,已意识到这一点并设置了良好的解决措施。通常要求"半详细的"(semi-detailed)或特定部分详细的环境影响评估	可饮用水,农业和林业信贷,卫生工程,已有基础设施修复,小型水力发电厂以及小型灌溉项目	对环境具有重大负面影响(包括项目影响范围内的土著居民和其他弱势群体),要求提供详细的环境影响评估	在生态脆弱区域的道路建设,大型水力发电,大规模采矿,灌溉,有毒垃圾处理项目等
EIB	可接受;风险低;具有积极影响或没有不良影响	(无)	可接受;中等偏下风险;具有微小不良影响	(无)	可接受;中等偏上风险;不良影响中等偏高	(无)	不可接受;风险很高;不良影响很高	(无)

国际发展融资

续 表

MDB	第一类		第二类		第三类		第四类	
	内容	例子	内容	例子	内容	例子	内容	例子
ADB	初始环境检测显示对环境具重大负面影响的项目,需进行环境影响评估。可能涉及环境敏感区域,规模较大并(或)对大量人口产生影响。影响可能是不可逆转的,导致土地使用、社会、物理和生态环境重大改变,或引起有害物质排放	大规模林业、大规模灌溉、江河流域发展、大规模发电站和电力工业以及新型交通项目等	具负面环境影响,但程度小于A类的项目。可能不需环境影响评估,但需初始环境监测。影响指可能引起土地使用或(和)生态环境的某些改变,但一般不是大规模的,不涉及环境敏感区域	旅游、可再生能源,水产养殖,小规模农产品工业、无毒性排放的工业以及修复项目等	对社会、物理和生态环境没有明显影响的项目,一般不要求环境影响评估或初始环境监测	林业研究与推广,农村医疗服务,海洋科学教育,计划生育(family planning),资本市场发展研究等	(无)	(无)
AfDB	对环境具潜在重大影响的项目,需要详细现场检查,在大部分情况下,需要进行环境影响评估	机场、大坝水力发电厂,公路铁路建设,江河流域发展,采矿、大规模工业设施及具严重事故风险的项目;在生态敏感区域内的项目[1]	对环境影响有限,并能通过减缓措施和设计调整等常规方式来解决	再造林,小规模灌溉与排水,小规模产业发展,可再生能源发展,道路修复等	不存在可预期的负面环境影响,不需详细的环境评估	制度建设,医疗项目,教育项目,环境项目,但如果对环境采取了物理干预,则会上升为第二类	对环境具潜在有利影响的项目	(无)

资料来源:根据 Sanford, Jonathan & Susan R. Fletcher, Mulilateral Development Banks' Environmental Assessment and Information Policies: Impact of the Pelosi Amendment, February 12, 1998, CRS Report for Congress, http://congressionalresearch. com/98-180/document. php?study=MULTILATERAL+DEVELOPMENT+BANKS+ENVIRONMENTAL+ASSESSMENT+AND+INFORMATION+POLICIES+IMPACT+OF+THE+PELOSI+AMENDMENT。 Environmental Assessment Guidelines, African Development Bank, African Development Fund, Côte d'Ivoire, May 1992, p. 11.

[1] 包括珊瑚礁,热带雨林,水土流失区域,少数民族关键区域等。

2010 年,WB 独立评估小组(the Independent Evaluation Group,IEG)对安全保障政策的审查报告(Safeguards and Sustainability Policies in a Changing World)指出,已有安全保障更多地只是作为"书面承诺"(paper compliance)而非项目设计和实施的组成部分,建议 WB 加强对潜在社会风险的评估,改进监管(supervision),采用更有效率和效果的方式实施监控(monitoring)、评估(evaluation)和完工报告(completion reporting)。[1]

为持续推进政策完善,WB 于 2012 年发起了一轮对环境和社会安全保障政策进行审查和更新的多阶段进程,这一进程目前仍在进行中。[2] 此外,鉴于社区强行安置保护措施的不良效果,WB 已发布改进移民安置政策实施的新计划。[3]

2014 年 7 月,WB 执董会发展效益委员会就环境安全保障政策革新的初步草案公开征求意见。目前的草案包括一个对环境与社会可持续性的愿景宣言、一项概述 WB 职责的政策和要求伙伴国家遵守的 10 项环境和社会标准。草拟的标准包括:社会风险及影响评估与管理;劳动和工作条件;资源效率和污染管理(包括对气候变化及其他相关问题的考虑);社区健康与安全;经济或物理意义上的移民(非自愿移民);生物多样性保护和生物自然资源的可持续管理(森林、栖息地、生物自然资源的可持续管理,生活活动的生产如粮食安全、负责任的收获、国际标准等);原住民人群、文化遗产、金融中介和利益相关方参与。

新框架草案旨在进一步明确 WB 和借款国的作用,加强管理贷款项目中环境与社会风险及影响的能力,具体而言指维护和提升现有保护措施,包括加强对弱势人群、原住民人群、社区及环境的保护,也包括病虫害管理、大坝和道路安全、自然栖息地和文化遗产的有关规定,并强调了非歧视性原则的重要性。例如,建议扩大对原住民人群的保护,提出"原住民人群自由、事先和知情同意"的理念。在存在内乱的风险或者其他对原住民不平等的特殊情况下,在与受某个项目影响的人群进行磋商时,WB 建议对原住民人群保护采取一种替代方式。再如,草案建议加强生物多样性保护,吸收现有的自然栖息地和森林安全保障政策,提出更严格的要求,并进一步明确如何必须做到减轻对自然栖息地的风险和不利影响。

二、ADB 的安全保障政策及其改革

长期以来,ADB 也在安全保障领域中扮演重要角色。1995 年的非自愿移民

---

[1] World Bank. The World Bank's Safeguard Policies Proposed Review and Update: An Approach Paper. 2012. p. 4.
[2] For more information see the Consultations section of the World Bank website, which outlines the review timetable, posts copies of draft reviews, and allows feedback (https://consultations. worldbank. org/consultation/review-andupdate-world-bank-safeguard-policies).
[3] World Bank. "World Bank Acknowledges Shortcomings in Resettlement Projects, Announces Action Plan to Fix Problems." March 4, 2015. Press Release.

政策(the Involuntary Resettlement Policy)、1998年的原住民政策(the Policy on Indigenous Peoples)以及2002年的环境政策(the Environment Policy)共同构成了ADB的安全保障政策框架。随着社会、环境新挑战和国际安全保障实践新变化的不断出现,2004年12月,ADB发起了对上述已有政策进行修订和改革的进程,修订的核心是:精简程序、提高对国家系统的重视以及引入新的贷款方式和金融工具。[1]

2009年7月,ADB出台了《安全保障政策声明》(Safeguard Policy Statement,SPS),将已有三大独立的安全保障政策合并为一个同时应对社会和环境影响的综合性政策。该声明在多方面完善了安全保障政策。

第一,它新增了一些要求,例如社区健康和安全(community health and safety)、生物多样性保护(biodiversity conservation)、温室气体排放(greenhouse gas emissions)和物质文化资源(physical cultural resources)领域以拓宽安全保障政策覆盖的范围。

第二,它授权独立评估部(IED)审查该政策自其生效之日(2010年1月20日)起五年内的有效性,强调对使用国家安全体系(Country Safeguard Systems, CSS)进展的审查。它规定ADB需重点评估借款国的环境和社会监管体系的等价性(ADB的安全保障政策要求与当地法律和法规是否等价)和可接受性(借款国是否有能力执行它们自身的法规框架),并确保其能够在全国、单个或多个部门范围内、地区或单个政府机构层面实施。[2]

第三,它采用更严格的尽职调查(due diligence)要求。例如,ADB须确保借款方(客户)理解ADB的安全保障政策,作出必要的承诺且有能力管理环境和社会风险;需确保第三方的作用已在安全保障计划中得以恰当的规定;对于对环境具有潜在重大负面影响的项目,ADB须确保借款方(客户)聘用了合格的有经验的外部专家或NGO判定安全保障相关监控信息。

ADB的《安全保障政策声明》在某些方面领先于其他MDB,例如它已将性别问题融入安全保障政策中。根据声明,ADB应明确要求借款人(客户)在执行保障政策时需与受影响的人群和社区进行"有效协商",包括"不应存在性别歧视,考虑贫困人群和弱势群体的需求";应对每个拟定项目进行环境评价,以识别项目在物质、生物、社会经济(通过包括弱势群体和性别问题在内的各种渠道)对受影响人群生计的影响,等等。[3]

在SPS实施政策的10年里,ADB提高了发展中成员国和私营部门客户管理

---

[1] Asian Development Bank. Safeguards Operational Review: ADB Processes, Portfolio, Country Systems, and Financial Intermediaries. 2014. p. 36.
[2] ADB, Safeguards Operational Review, October 2014, http://www.adb.org/sites/default/files/evaluation-document/89401/files/ces-safeguards.pdf.
[3] http://www.moa.gov.cn/sydw/wjzx/zcfg/201110/W020111008554165245812.pdf.

社会和环境风险的能力。然而随着各国和地区环境的变化,需要更新卫生和植物检疫措施,以保持针对性和强有力地应对不断变化的发展需求。ADB 管理部门于 2020 年提出了对 2009 年的 SPS 进行全面审查和更新。保障政策审查和更新 (Safeguard Policy Review and Update, SPRU)过程将采用一个强有力的利益相关者参与计划(Stakeholder Engagement Plan, SEP),囊括整个 SPRU 过程中与涉众参与的过程和内容。SEP 将采用包容性和透明的咨询过程,征求政府、私营部门、民间社会组织、受影响社区和其他可能在审查过程中确定的利益攸关方的反馈意见。

第二节 MDB 的采购和反腐败政策

长期以来,各个 MDB 将反腐败作为其制定事前政策的重要组成部分,并出台了一系列的政策、法案等来预防、减少此类事件所带来的不良影响,从而保障 MDB 项目的有效实施。由于 MDB 不同于其他金融机构,在采购方面的政策制定尤为重要,因此,本节将以 WB 和 ADB 为例对现有 MDB 的采购和反腐败政策的总体框架进行详细阐述。

一、WB 的采购和反腐败政策

在采购方面,《国际复兴开发银行协定》[1]规定 WB 有责任保证贷款资金仅用于既定项目,并充分注意资金节约和效益,而不受政治和其他非经济因素或考虑的影响。WB 制定了借款人在采购 WB 资助的项目所需货物、工程和咨询服务时应遵守的采购规则及 WB 审查程序。采购原则为:按《协定》要求,确保货物、工程和服务采购的经济性和效益性;向发达国家和发展中国家的合格投标人提供均等机会,使其公平竞争;鼓励借款人国内承包业、制造业和咨询业的发展;保证采购过程的透明度。

反欺诈和反腐败政策则是基于以下逻辑:欺诈、腐败、共谋、胁迫或妨碍行为一般都以价格上升以及质量或性能下降为代价,不但会分流发展项目的资金,还导致公共服务和基础设施不合标准,削弱政府、捐款人和 WB 实现减贫、吸引投资和鼓励良政目标的能力,降低公众对政府机构的信任。1996 年,WB 颁布《采购指导方针》和《咨询顾问指导方针》,为制裁在货物或服务采购、咨询顾问的选择或相

---

[1] 详见《国际复兴开发银行协定》第 3 条第 4、5 部分以及《国际开发协会协定》第 5 条第 1 部分。

关行为中的欺诈或腐败提供依据。2006年,WB重新定义腐败、欺诈、胁迫和共谋行为,将制裁制度扩大到采购领域外;定义"妨碍行为"(故意妨碍WB调查)为新的应制裁行为;将国际金融公司和多边投资担保机构的业务也纳入制裁范围。

借款人和其他受资助方须采取的行动:预防项目欺诈和腐败行为,如建立适当的信托及行政管理安排;加强宣传,向项目相关方提供《反腐败指导方针》;向WB举报涉嫌欺诈和腐败的行为,配合WB调查;如发生欺诈或腐败,须及时采取适当行动处理;借款人须在与其他相关方(包括项目执行机构)的协议中加入反腐败条款。

对于受指控的主体,由WB机构诚信部(The Integrity Vice Presidency, INT)进行调查。WB可对被制裁方处以多种制裁:发出公开斥责信;除名(永远或在规定期限内取消参与WB项目的资格),立即生效;有条件不除名,指被告知除非遵守特定条件,即采取特定措施以保证欺诈和腐败行为不会再次发生和(或)赔偿所导致的损害(例如退款),否则将被除名;有条件除名,指被除名直至满足规定的条件;以及退款,指向政府或受害者退还所有不当所得。

二、ADB的采购和反腐败政策

ADB将"腐败"定义为滥用公职或私人职务以谋取私利,具体指公共部门或私人部门的工作人员利用职务上的便利,不正当、非法地为自己或其亲近的人谋取利益,或者诱使他人谋取利益的行为。1998年7月,ADB通过了《反腐败政策》(The Anticorruption Policy),旨在减轻腐败对该地区政府和经济造成的负面影响。ADB的反腐败政策涵盖了与ADB资助项目有关的所有企业和个人,包括ADB所有员工,并且还涵盖了ADB所有公共和私营部门业务中拟议的、正在进行的和已完成的项目。

此外,《反腐败政策》还指定了审计长办公室(the Office of the Auditor General, OAG)作为ADB项目和工作人员中涉及欺诈和腐败指控的联络点。1999年9月,ADB在OAG内部设立了一个反腐败机构(Anticorruption Unit, OAGA)来专门处理有关欺诈和腐败的指控。随着ADB不断改革发展,反腐败和廉洁办公室(The Office of Anticorruption and Integrity, OAI)成立,通过开展调查、积极主动的廉洁审查、廉洁尽职调查以及与亚行利益相关者分享知识等方式来领导ADB的廉洁倡议。

2006年2月,AfDB、ADB、EBRD、EIB、IDB、IMF和WB同意需要标准化定义腐败并设立了一个工作小组来开发一个统一的框架,防止和打击欺诈和腐败。各机构原则上同意了腐败、胁迫、串通和欺诈行为的标准化定义,并同意了在该机构资助的活动中调查此类行为的准则。2006年8月,ABD对参与特别工作组的国际金融机构之间的协调腐败和欺诈行为又提供了新的定义,尤其是建议将其纳入 ADB 的采购准则和关于 ADB 及其借款人使用顾问的准则。

2016 年 12 月,ABD 董事会批准了最新的《反腐败政策》,以解决税收保密、逃税和激进形式的税收筹划问题,统称为"税收诚信问题"。同时,更新的政策内容包括一项新的承诺,即向 ADB 的发展中成员国提供技术援助,从而帮助其遏制逃税行为,达到国际税收透明度标准,并参与打击激进税收筹划形式的全球倡议。

在采购方面,ADB 主要采用国际竞争性招标(ICB)方式,当 ICB 不是最经济、最有效的采购方式时,根据具体情况,使用其他采购方式,见表 7-3。

在 ADB 采购招标中,来自新兴国家的企业因具有成本优势中标率非常高,日本企业得到的订单数量不到 1%。时任 ADB 行长中尾武彦指出,虽然价格竞争力是个非常重要的因素,但是考虑到设施的使用期限和环境影响等因素,项目竞标者需要更高水平的技术,建议 ADB 考虑引入新的竞标框架,更加重视定价之外的其他因素。[1]

表 7-3　ADB 的采购方式

采购方式	内容
国际竞争性招标(International Competitive Bidding,ICB)	目的在于将借款人的要求及时地、充分地通知给所有合格的、潜在的投标人并为其提供对所需货物和土建工程进行投标的平等机会
有限国际竞争性招标(Limited International Bidding,LIB)	不公开刊登广告而直接邀请投标人投标的国际竞争性招标,适于(1)供货商数量有限,(2)合同金额不够大,不足以通过国际竞争性招标吸引国外供货商或承包商,(3)有其他理由,说明不完全按照国际竞争性招标的程序进行采购是正当的
国内竞争性招标(National Competitive Bidding,NCB)	是国内公共采购中通常采用的竞争性招标程序,也可能是采购那些因其性质或范围不大可能吸引外国厂商和承包商参与竞争的货物和土建工程的最适当的方式。要在 ADB 贷款资助的采购中被使用,就须对这些国内程序进行必要的审查和修改,以确保其经济性、有效性、透明度。该方式可能基于如下情形:外国厂商因为(1)合同金额小,(2)土建工程地点分散或时间很长,(3)土建工程为劳动密集型,(4)当地可获取的货物或土建工程的价格低于国际市场价格,而对投标不会感兴趣
询价采购	对几个供货商(采购货物时)或几个承包商(采购土建工程时)提供的报价进行比较的一种采购方式。通常至少有三家报价,以确保价格具有竞争性。该方式适合用于采购小金额的货架交货的现货或标准规格的商品或简单的小型土建工程

---

[1] Mainichi Japan, Japan-backed ADB Ready to Cooperate with Nascent AIIB, November 14, 2015, http://mainichi.jp/english/articles/20151114/p2a/00m/0na/010000c.

续表

采购方式	内容
直接签订合同	在没有竞争(单一来源)的情况下直接签订合同的采购方式,可能适于下列情况:(1)现有合同下的额外货物,这是按照国际竞争性招标程序授予的合同。ADB 应满意地认为,在这种情况下,不可能再得到更好的报价,且价格不比原来的高。通常,重复订货应在原订货的 18 个月内进行,而所增加的数量不应超过原合同数量的 30%。(2)为与现有设备相配套,设备或零配件的标准化可作为向原供货商增加订货的正当理由。证明这种采购合理的条件是:原有设备须是适用的,新增品目的数量一般应少于现有的数量,价格应合理,且已对从其他厂或设备来源另行采购的好处进行了考虑并已予以否定,否定的理由是 ADB 可接受的。(3)所需设备具有专卖性质,并且只能从单一来源获得。(4)负责工艺设计的承包商要求从特定供应商处采购关键部件,并以此作为性能保证的条件。(5)所承担的土建工程是先前或正在进行的工作的自然延伸,并可证明聘用同一家承包商将会更经济,并可确保工作质量的一致性。(6)特殊情况下,如应付自然灾害
自营工程	借款人使用自己的人员和设备进行施工,这可能是承建某些种类土建工程的唯一实际可行的方法。在下列情况下,采用自营工程是正当的:(1)无法事先确定所涉及的工程量;(2)工程小而分散,或位于边远地区,有资格的工程公司不大可能以合理的价格投标;(3)要求在不给日常运营造成混乱的情况下进行施工;(4)不可避免的工作中断风险由借款人承担要比由承包商承担更合适;(5)需要迅速采取行动的紧急情况
从专门机构采购	在某些情况下,从作为供货商的专门机构按其自己的程序采购,可能是采购:(1)小批量的货架交货的货物,主要是用于教育及卫生等领域的货物;(2)供货商有限的特殊产品,如疫苗或药品的最适当方式
采购代理	当借款人缺乏必要的机构、资源和经验时,借款人可能希望(或 ADB 要求借款人)聘请一家专门从事采购的公司作为其代理。采购代理须代表借款人遵循资助协定和 ADB 指南规定的所有采购程序,包括使用 ADB 的标准文件、遵循审查程序和文件要求。这一条也适用于联合国机构作为采购代理的情况。可采取类似的方法聘请管理承包商,通过向其付费让其承包涉及在紧急情况下重建、修复、恢复和新建的零散土建工程,或涉及大量小合同的土建工程
检验代理	装运前的检验和进口的验收是保护借款人的措施之一,特别是对那些有大量进口计划的国家而言更是如此。检验和验收通常包括质量、数量和价格的合理性。国际竞争性招标程序采购的进口货物不应进行价格核定,只核定质量和数量。但对不是通过国际竞争性招标采购的进口货物可以另外进行价格核定。对检验代理通常根据货物的价值付费。国际竞争性招标的评标中不得考虑进口货物的验收费用

续表

采购方式	内容
中间金融机构贷款的采购	如果贷款是发放给一个中间金融机构的,如农业信贷机构或开发金融公司,由该机构再转贷给受益人,如个人、私营部门的企业、中小型企业或公共部门的自主经营的商业性企业,作为对子项目的部分融资,采购通常由相应的受益人按照 ADB 可接受的那些当地私营部门通用的或商业惯例进行。不过,即使在这种情况下,对于那些单个品目数量很大的采购或大量的相近货物可打捆进行大批量采购的情况,国际竞争性招标可能是最适当的采购方式
BOO/BOT/BOOT 特许经营和类似的私营部门参与融资的采购	若向私营部门提供无政府担保的贷款,ADB 不坚持使用国际竞争性招标程序,但要求借款人使用 ADB 认可的公开透明的采购程序,最好是采用竞争性招标程序,借款人采购的货物和工程应来自合格国家且适用于该项目。若 ADB 参与资助 BOO/BOT/BOOT 或其他类似项目,有以下两种采购程序可供选择:(1)对 BOO/BOT/BOOT 或类似项目经营者的选择应采用透明的方式进行,最好采用 ADB 可接受的竞争性招标方式。为得到最经济和最有效的建议书,该方式可能包括几个步骤,以得到评价标准的最佳组合。这些评价标准包括:所提供设施的性能规格、向使用者或购买者收取的费用以及设施折旧期限等。按照这种方式选定的项目经营者接下来便可采用合适程序从合格国家采购建设这些设施所需货物和工程。(2)若项目经营者并非按照上述(1)段描述的方式挑选,对于设施所需并将由 ADB 贷款支付的货物和土建工程,应该以透明的方式、通过 ADB 可接受的竞争性招标程序从合格国家采购
基于履约表现的采购	又称基于产出的采购,系指竞争性采购程序(国际或国内竞争性招标)产生了一种合同关系,付款是以可计量的产出为依据的,而不似传统的以投入的计量为依据。技术规范定义了所要求的结果和对产出的计量及其计量方法。产出的目的是在质量、数量和可靠性方面达到满意的功能。如果产出满足了要求的质量水平,那么,支付则依据完成的数量。如果产出的质量低,支付额或保留金就要减少,在某些情况下,对高质量的产出可以给予奖励。招标文件一般不说明承包商的投入,也不限制承包商的工作方法。根据工程的性质和实践证明的成功经验,承包商可以自由选择最适当的方案,并证明可以满足招标文件规定的质量标准。基于履约表现的采购可用于:(1)收费服务,以产出为基础;(2)设施的设计、供应、施工(或恢复)和试运行,该设施将由借款人运营;(3)设施的设计、供应、施工(或恢复)和试运行以及为其在试运行后的一段时间内的经营和维护提供服务。如需要设计、供应和/或施工,一般要进行资格预审,并采用"两步法"招标程序
由 ADB 提供担保的贷款项下的采购	如果 ADB 对另一贷款人的贷款偿还提供担保的话,那么,由该贷款资助的货物和土建工程应按照经济性和有效性的原则并按照规定要求的程序进行采购

续表

采购方式	内容
社区参与采购	出于对项目可持续性的考虑,或为实现特定的社会目的,在选定的项目内容中有必要(1)请当地社区和/或非政府组织参与完成任务,(2)增加当地的专有技术和材料的使用,(3)使用密集型劳动和其他合适的技术。在此情况下,采购程序、技术规格和合同包的使用应适当,以反映这些考虑,但前提是这些都是有效率的并被 ADB 接受。建议使用的程序和由社区参与实施的项目部分应在资助协定中明确规定,并在经 ADB 批准的采购计划或有关项目实施文件中进一步详细规定
灾害与紧急援助下的采购	灾害与紧急援助下的货物与工程采购应具有较大灵活性。国际竞争性招标的要求可放宽至国内竞争性招标,并缩短招标过程时间。有限国际竞争性招标方式是货物采购的标准,最短招标时间为一至二周。向目前贷款或赠款项下的承包商和供货商直接签订合同的做法允许用于新合同,协议的费率应参照已签订合同中所采用费率,并考虑到通货膨胀和工程因素有所调整。其他捐款方资助项目中通过竞争性方式选择的承包商和供货商,可在新 ADB 资助项目中使用直接签订合同方式时给予考虑

资料来源:ADB,采购指南,2015 年 4 月,http://www.adb.org/sites/default/files/institutional-document/32811/procurement-guidelines-april-2015-zh.pdf。

  ADB 的反腐败政策要求借款人(包括 ADB 资助活动的收益人)以及 ADB 资助合同下的投标人、供货商、承包商在采购和执行合同时遵守最高的道德标准。为此,ADB 规定了如下术语:(1)"腐败活动"意指直接或间接地提供、给予、收受或要求任何有价财物来影响任何一方在采购或合同执行过程中的行为;(2)"欺诈活动"意指通过歪曲或隐瞒事实来影响采购进程或合同的执行;(3)"胁迫行为"指直接或间接损害或伤害,或威胁要损害或伤害任何一方或任何一方的财产以不正当地影响该任何一方的行为;(4)"串通行为"指两方或多方为达到不正当的目的而事先设计的安排布置,包括不正当地影响任何一方的行动。

  ADB 的权力还包括如下方面:(1)ADB 有权拒绝该授标建议,如果确定被推荐授予合同的投标人在为该合同进行的竞争中直接或通过代理参与了腐败、欺诈、串通或施加压力的活动。(2)注销已分配给某个合同的资助,如果 ADB 在任何时候确定借款人的代表或贷款受益人的代表在采购或执行该合同的过程中参与了腐败、欺诈、串通或施加压力的活动,而借款人又没有及时采取适当的、令 ADB 满意的行动来进行补救。(3)如果 ADB 在任何时候确定某个公司或个人直接或通过代理参与了腐败、欺诈、串通或胁迫活动,将在任何时候根据 ADB 的《反腐败政策》和《诚信原则和指南》(两者都有可能不定时修改)制裁该公司或个人,包括宣布该公司或个人无限期地或在 ADB 确定的一段时期内没有资格参与 ADB 贷款或 ADB 管理的活动,或没有资格从 ADB 贷款或 ADB 管理的合同获得财务或其他方面的利益。(4)有权要求在招标文件和 ADB 资助的合同中包含一个条款,

第七章　多边开发银行的事前政策制定

要求投标人、供货商和承包商允许 ADB 或其代表检查其与投标和履行合同有关的账户、记录和其他文件,并由 ADB 指定的审计师对其进行审计。(5)经 ADB 特别同意,ADB 资助的受益人可要求投标人在 ADB 贷款资助投标书中承诺在竞争及实施合同时遵从国家反腐败反欺诈(包括行贿受贿)的法律。如果 ADB 感到满意,可按借款人的要求,接受引入这样的承诺。(6)对于由 ADB 全部或部分资助的合同,合同文件应包含承包商的承诺,即在有关采购或执行合同的过程中,除了其投标书载明的之外,没有赠予或收取费用、小费、回扣、礼品、手续费或其他款项。(7)在一方的利益会不恰当地影响其职责或责任、合同义务、或遵守法律、法规的表现,且这种利益冲突会导致或构成反腐败政策所禁止的行为时,ADB 会认为存在利益冲突。按照反腐败政策的要求,借款人(包括 ADB 资助活动的受益方),ADB 资助合同的投标人、供货商和承包商均应遵守最高的道德标准。ADB 将采取恰当措施控制利益冲突,或者,如果 ADB 认为利益冲突损害了采购过程的廉正,ADB 可能拒绝授标建议。

为了帮助减少端到端采购时间、提高质量和改进采购交付系统,ADB 建议对其采购政策和程序进行修改。ADB 董事会于 2017 年 4 月正式批准了《亚洲开发银行采购政策》,新的采购框架旨在使其采购政策和方法现代化,同时扩大其业务规模。其中融资协议规定了借款人[1]与 ADB 之间的法律关系,适用于协议中规定的项目所需货物、工程和服务的采购。借款人与项目所需货物、工程和服务提供者之间的权利与义务由招标文件确定并由借款人与货物、工程和服务提供者之间所签订的合同规定,而不由本政策或融资协议确定。

本章小结

MDB 项目开始前(事前)的政策制定具体涉及环境与社会安全保障、反腐、风险管理和采购相关政策等较为复杂并且充满争议的内容,在此领域,MDB 在数十年的发展进程中积累了很多的经验和较好的做法。

"环境与社会安全保障政策"在事前政策制定中的溢出效应最大,占据最为重要的地位。WB 是安全保障政策方面的全球领先者,但其安全保障政策的发展和推进也常常是环境运动和政治压力的结果,国际社会关于发展援助有效性问题的讨论也在一定程度上推动了 WB 的环境和社会保障工作。在过去几十年里,WB 一直对安全保障政策进行修订和完善,但都不是重构,而是个别政策的逐项更新。ADB 也在安全保障领域中扮演

---

[1] 政策中的"借款人"包括 ADB 融资的赠款及管理的基金的受款人,也指 ADB 融资项目的执行机构,但均指 ADB 主权业务的借款人。除非另有明确规定,借款人不包括 ADB 非主权业务的借款人。有时,借款人仅担任中间人,项目实际由其他机构或实体实施。在此情况下,借款人包括该等机构或实体,也包括转贷协议项下的子借款人。

重要角色。1995年的非自愿移民政策、1998年的原住民居民政策以及2002年的环境政策共同构成了ADB的安全保障政策框架;随着社会、环境新挑战和国际安全保障实践新变化的不断出现,2009年6月,ADB出台了《安全保障政策声明》,将其已有三大独立的安全保障政策合并为一个同时应对社会和环境影响的综合性政策,并在此基础上对其安全保障政策进行审查和更新。

反腐败是MDB事前政策制定的重要组成部分。在反腐败政策中,MDB不断更新"腐败"的定义与内涵,形成一个被普遍接受的定义并不断完善其反腐败政策的内容。同时,MDB还设立了专门的内部机构来负责反腐败政策中的指控行为。

采购作为是反腐败的关键所在,在反腐败政策中占据来较大的比重,针对包括采购方式、借款人条件、采购中的欺诈行为等各方面MDB都作出了相关的要求。

关键词

事前政策制定;环境与社会安全保障政策;反腐败政策;采购政策

简答题

1. MDB的事前政策制定主要包括哪些内容?
2. WB的环境与社会安全保障政策是怎样进行改革的?
3. ADB的《安全保障政策声明》在哪些方面完善了其安全保障政策?
4. WB的采购和反腐败政策是怎样实施的?
5. ADB在采购和反腐败政策的制定上有哪些特点?

思考题

1. 从事前政策制定的角度,怎样理解现有MDB的"最佳实践"?
2. 你认为现有MDB的事前政策制定在哪些方面可以进行改进和完善?
3. 本章事前政策制定主要针对的是环境与社会安全保障以及采购和反腐的事前政策制定,如果MBD的这些事前政策制定相对"完善",这会不会对事后项目的执行过程中的效率问题产生一定的负面影响?
4. 腐败产生的原因有二,一个是执行者的个人欲望,另一个是执行者对自身的投入产出比不满的一种校准机制,如何区分这两种腐败原因,并通过制度设计筛选出那些有能力的执行者从而减少腐败的发生?

第八章

新兴 MDB 的治理结构和业务运作

长期以来,国际发展融资格局以世界银行、亚洲开发银行等为代表的传统 MDB 所主导。在为世界发展做出长足贡献的同时,其运行模式和理念也在受到不同程度的质疑。其对于发展中国家具体国情和需求的忽视,以及试图利用金融工具附加条件或者政策贷款等模式推行发达国家认同的优先发展手段,并对借款国的治理体系加以改造等方面受到广泛的批评。另外,这些银行往往机构庞大,官僚主义滋生,运行效率低下,这些问题也被多方诟病。亚洲基础设施投资银行以及金砖国家新开发银行是 2015 年相继成立的两个 MDB。它们的成立标志着国际发展融资格局的历史性转变,反映了新兴经济体在国际发展合作中的日益崛起及其从受援国到发展资金重要提供者的角色转换。在 AIIB 及 ADB 中,新兴经济体及发展中国家意图吸取传统开发银行的经验和教训,对运营过程中的短板进行改革,并探索新型开发性金融的发展模式。这其中包括简化组织架构及工作流程以进一步提高运营效率,对借款国发展需求和话语权的进一步尊重以及对基础设施建设投资的进一步加强等。同时,AIIB 和 NDB 在支持可持续发展目标的贯彻执行及促进低碳发展等方面,被国际社会寄予厚望。AIIB 和 NDB 的总部都在中国,分别位于北京与上海。虽然诞生的背景与身肩使命相似,但两行在运营制度上差异显著,体现在股权结构、投融资模式、主营业务、环境与社会保障政策、伙伴关系等诸多方面。本章旨在对 AIIB 和 NDB 目前的运营状况做简单回顾,并对两行的治理机构、财务及业务运行做出初步的比较分析。

学习目标:
1. 了解新兴 MDB 产生的背景和原因
2. 熟悉新兴 MDB 与传统 MDB 的不同之处
3. 掌握新兴 MDB 的治理机制及运作模式

国际发展融资

第一节　新兴 MDB 的治理机制

一、AIIB 的治理机制

2016 年 1 月 16 日,拥有 57 个创始成员(其中域内成员 37 个,域外成员 20 个)的 AIIB 在北京开业。截至 2022 年 6 月底,AIIB 共有 105 个成员(其中域内成员 51 个,域外成员 54 个,借款成员 21 个)。创始成员有权参与构建 AIIB 的治理和业务运行。其治理结构包括三个层次:理事会、董事会和管理层。理事会为最高权力机构,并根据《建立亚洲基础设施投资银行的协定》授权一定的权力给董事会和管理层。AIIB 设"非常驻"董事会,每年定期召开会议就重大政策进行决策。AIIB 还设立了行之有效的监督机制以落实管理层的责任,并根据公开、包容、透明和择优的程序选聘行长和高层管理人员。下文将适当结合现有 MDB 的实践,重点分析 AIIB 的股权及投票权结构、决策制度与规则、董事会等决策机构设置及其职能等内容及特征。

(一) 宗旨与职能

AIIB 的立行之本在于"促进可持续发展,创造财富,并通过对基建及其他生产部门的投资改善亚洲基础设施联通";"与其他多边和双边机构紧密合作,为解决发展的挑战共同促进区域合作及合作伙伴关系"。AIIB《企业战略:投资未来基建》中指出其核心价值观即"精简、廉洁、绿色"。精简强调效率,在满足客户需求的同时,减少不必要的损耗。这就需要以有效的企业内部工作流程及合作伙伴关系作为支撑,能够做到随时快速地调配资源。廉洁立足于坚持最高标准,在项目执行和组织治理中贯穿公开透明、诚信负责以及对腐败的零容忍的原则。绿色表达了 AIIB 力争成为一个"绿色机构"的决心,在项目投资、执行以及自身企业的各项活动中嵌入绿色发展的元素。绿色同时意味着对区域及成员国减缓和适应气候变化项目的特别关注和支持。

(二) 股权、投票权及决策机制

AIIB 的股权结构与传统 MDB 相似,即根据成员经济规模(GDP)来分配股权。AIIB 在银行建立的初始阶段吸收了大量的成员国。截至 2022 年 6 月底,AIIB 一共有 105 个成员,代表了世界 79% 的人口,占全球生产总值的 65%。借款国和捐款国在 AIIB 的股权规则中并没有明显的区分,原则上所有成员国均可以借款。发达国家作为传统捐款国,更倾向于在环境与社会保障、项目监管等方面提倡更高标准和更为严格的政策措施,而非资金上的需求。

AIIB 的治理架构更遵循大股东责任与担当,追求决策效率。中国是 AIIB 最大的股东,投票权占比为 27.4%。AIIB 除中国外最大的股东国分别为印度、俄罗斯、德国、韩国、澳大利亚和法国。《AIIB 协定》规定,"除本协定另有明确规定,理事会讨论所有事项均应由投票权的简单多数决定,但一些重要事项需要理事会超级多数投票通过,包括占理事总人数 2/3 以上、且所代表投票权不低于成员总投票权 3/4 的多数通过"。因此,在重大事务(例如改动资本结构等)的决策上,中国暂时拥有否决权,能够发挥最大股东的作用。

AIIB 的模式更靠近传统 MDB 的发展范式,由中国引领,并由多方推进治理模式的进一步改善。

(三) 组织结构

AIIB 理事会主要负责新成员的加入,包括其加入的条件,撤销成员,增资或减资,董事选举,行长任免和撤职等。理事会在经营方面,下放一系列权力给董事会。董事会(12 个成员)主要负责银行的经营管理,包括战略及政策的制定及其运营监督。与 NDB 相同,董事会也是非常驻,以确保精简的组织架构及运行效率。董事会按需召开,采取面对面和网上并用的形式。行长在董事会的指导下,负责银行日常的事务和运行。与 NDB 不同,AIIB 董事会下设三个委员会,分别为"审计及风险委员会""预算及人力资源委员会"及"政策及战略委员会"。

二、NDB 的治理机制

2012 年 3 月,金砖国家第四次峰会提议设立由"金砖五国"(巴西、俄罗斯、印度、中国和南非)主导的南南开发银行(BRICS-led South-South Development Bank)。金砖国家在 2013 年 3 月的第五次峰会上决定建立"金砖国家新开发银行"(the BRICS New Development Bank,NDB),在 2014 年 7 月的第六次峰会通过《福塔莱萨宣言》,签署《建立新开发银行的协议》,正式启动 NDB。2015 年 7 月 21 日,NDB 在上海正式开业。《建立新开发银行的协议》[1]对 NDB 的治理结构(包括股权结构和组织机构设置)等内容作了相关规定,下文拟结合现有 MDB 的长期实践,探讨 NDB 在治理结构方面的特征。

---

[1] BRICS, Articles of Agreement of the New Development Bank, July 15, 2014, http://brics.itamaraty.gov.br/media2/press-releases/219-agreement-on-the-new-development-bank-fortaleza-july-15.

(一) 宗旨和职能

NDB 的立行之本是"为发展中国家及新兴经济体筹融资,支持基础设施及可持续发展项目,促进世界经济的增长和发展。"NDB《2017—2021 总体战略》明确指出,作为 21 世纪新型多边开发性金融机构,NDB 力争从以下三个方面做到创新:(1)新型伙伴关系:NDB 与成员国的关系是建立在平等互重、互相信任的基础之上的。NDB 不干涉成员国内政及主权,借款不附加任何政治条件,并把成员国的发展议程和要务放在首位。NDB 强调成员国的法律法规、制度以及程序,在项目执行中依靠国别系统;(2)新项目及手段:NDB 以支持基建及可持续发展为己任,试图填补这两个领域巨大的资金缺口。为实现这一目标,需要调动一系列的金融工具,包括股权投资、银团贷款、项目融资等。其中本币融资也是重要手段之一,以降低成员国面临的汇率风险,并进一步深化其资本市场;(3)项目管理新方式:NDB 试图能够快速、高效地执行项目,减少不必要的官僚层级及其影响。为此,银行设置了从项目评估、谈判到董事会审批不超过六个月的目标。

(二) 股权、投票权和决策机制

根据现有 MDB 的长期实践,其在治理结构方面面临的主要问题包括:成员国的代表性(包括各国投票权和发言权的分配、关键席位分配以及决策规则的制订等)与 MDB 的合法性之间难以平衡;小股东国(往往是 MDB 的主要业务对象)因对 MDB 决策的影响力不足而缺乏归属感,更倾向于以尽可能低的成本受益于贷款项目,而大股东国往往能通过将政策偏好强加给 MDB 以保障本国利益从而影响了发展效果;增资虽能提升 MDB 的业务能力,但往往因其将改变既有治理结构而受阻,等等。

在成员股权方面,NDB 股权在五个创始成员国之间(巴西、俄罗斯、印度、中国及南非)平等分配,享有均等的投票权,构成了与传统开发银行最大的不同之处。所有创始成员国总共持有 55% 的股票权,并均为借款国。根据 NDB《2017—2021 总体战略》(General Strategy: 2017—2021),扩员一直是该行的长远计划和目标之一。扩员工作会逐步开展。潜在成员国的对象面向联合国 193 个成员国,并综合考虑经济发展阶段、地理区域等因素,在高收入以及中低收入国家中做出合理的权衡和选择。根据《建立新开发银行的协议》(Articles of Agreement)规定,金砖五国作为创始成员国会始终保持 55% 的股权。发达国家可以选择作为捐款国加入,但整体投票权不超过 20%,单个捐款国不能超过 7%。因此,NDB 的股权架构已经确保其作为新兴经济体及借款国主导的新型多边开发性金融机构。

在治理结构方面,NDB 在追求民主及平等话语权方面做出全新的尝试。《建立新开发银行的协议》规定:"除本协定另有规定外,银行的所有事务均以简单多

第八章 新兴 MDB 的治理结构和业务运作

数同意方式投票决定。本协定中规定的有效多数为成员总投票权的三分之二赞成票。本协定中规定的特别多数为创始成员国中的四名成员赞成且占总投票权的三分之二赞成票。"由此,金砖五国没有一国拥有一票否决权。简而言之,NDB 在股权和治理结构上都与传统 MDB 存在很大的差异。借款国的主导地位使其可被视为成员国共同发起的信用合作社,可以更低的成本聚合资金并促进共同繁荣和发展。[1]

(三) 组织结构

理事会是 NDB 最高决策主体,负责增资或减资、净收入的分配、行长选举、接收新成员国的决定,批复 NDB 每五年总体战略,及与其他国际机构一般合作的决定等。理事会每年召开一次。董事会负责 NDB 总体运营的管理,包括经营策略及行业战略的决议,贷款、担保、股权投资、借贷及业务政策及流程、技术援助及预算批复等。董事会向管理层提供战略性的指导,并监督银行业务的发展。NDB 的董事会是非常驻董事会。这个创新的机制使得银行可以快速、高效地决策。董事会至少每季度召开一次会议,并在需要时召开线上会议。目前,董事会下设四个委员会,分别是"审计、风险及合规委员会""预算、人力资源及补偿委员会""信贷和投资委员会"及"财务委员会",分别处理银行不同领域的事务。

第二节 新兴 MDB 的运作机制

一、AIIB 的财务运行机制

AIIB 增加了可以提供的金融产品范围,包括本地货币融资、部分信用担保、可变利差贷款和非美元硬通货贷款。同时投资额也持续增长,到 2019 年底,已批准的融资额超过 120 亿美元。本节通过探讨 AIIB 在相关财年(某年 7 月 1 日至次年 6 月 30 日)的财务数据探讨其财务运行机制。

(一) 资金来源

AIIB 以成员(国家或地区)出资(成员股本)、赠款和特别基金以及发行国际债券融资为主,不吸收存款,同时也进行私人资本动员的努力。根据《筹建亚洲基础设施投资银行备忘录》,AIIB 的法定资本为 1 000 亿美元,各意向创始成员同意将

---

[1] 朱杰进.新型多边开发银行的运营制度选择[J].世界经济与政治,2018(8):30—61。

以国内生产总值(GDP)衡量的经济权重作为各国股份分配的基础。AIIB作为一家年轻的金融机构,发行债券的经历比较少,发型面额比较大的仅有两次。2019年5月9日,AIIB终于迈出全球融资第一步,在英国伦敦首次发行25亿美元5年期全球债券。从投资者分布看,49%的投资者来自亚洲,从投资者类别看,此次债券既有各国中央银行、商业银行、保险公司,也有其他各种类型的长期投资机构。2020年6月11日,AIIB在中国银行间债券市场发行30亿元人民币首笔熊猫债。此次发行债券的期限为3年,票面利率为2.40%。随着业务范围的不断扩大,相信债券在AIIB融资中的比重会不断提高。此外,银行根据《美洲基础设施投资银行协定》(the Articles of Agreement of the AIIB)第17.1条设立和管理的特别基金,这是一个出于会计目的而未合并的结构化实体。特别基金建立在接受赠款的基础上,在项目的准备和早期执行过程中支持和促进筹备活动,以使AIIB的一个或多个成员受益。

AIIB融资的总体目标是中长期实现融资成本最优化,与其投资者主导的融资战略保持一致,并力争被视为一个灵活、透明并能充分响应客户需求的融资者,能够提供流动性强的公开募股,并能提供量身定做的金融产品。其融资手段包括美元债、欧元债及私募等。据预测,AIIB的融资需求在2020年代中期逐步达到每年超过100亿美元的水平。

可持续发展融资

2019年,AIIB批准了"亚洲气候债券组合"项目。该项目与欧洲最大的资产管理者Amundi合作,旨在加速成员国气候治理行动,并辅助气候债券在不发达国家的进一步增长。此次合作伙伴关系强调了MDB与私营资本合作的无限潜力,特别在影响投资决策及原则方面助力气候变化相关行动。此项目主要投资贴标绿债以及未贴标的气候债券,并同债券发行公司共同商讨如何进一步提升它们的绿色领导力,加速商业模式的转型。AIIB旨在开创一套"气候投资框架",主要考虑三个维度的指标,包括绿色商业活动占比、气候减免(climate change mitigation)及气候适应性(resilience to climate change)的增强,以及分析和界定公司自身气候治理的能力。

(二) 资产、负债和所有者权益

根据表8-1,AIIB在2016—2019年,总资产呈现出稳步增长的趋势,从12.82亿美元上升至31.14亿美元,增幅高达143%,且增长趋势稳定。此外,AIIB总资产在现金存款和贷款分布中相对平衡,体现出AIIB营业时间较短的特征,但是也可以发现,随着经营的持续,贷款在AIIB的总资产中的占比逐渐上升。

第八章　新兴 MDB 的治理结构和业务运作

表 8-1　AIIB 的资产负债表（2016—2019 年）

单位：千美元

	项目	2016 年	2017 年	2018 年	2019 年
资产	现金	1 281 992	1 104 866	2 252 741	3 113 763
	存款	2 292 141	5 885 854	8 223 299	11 864 578
	投资（以公允价值计算，变动计入损益）	3 179 873	3 255 140	3 325 484	4 096 263
	为联合融资安排存入的资金	23 623	1 592	5 992	787
	摊余成本计量的贷款	9 553	773 238	1 365 187	2 272 950
	摊余成本计量的债券	—	—	—	479 767
	实缴资本	11 007 227	7 948 901	4 386 984	748 267
	衍生资产	—	1 983	—	49 987
	无形资产	—	1 032	906	1 934
	其他资产	958	—	1 676	3 348
	总资产	17 795 367	18 972 606	19 562 269	22 631 644
负债	借款	—	13 587	—	2 557 324
	预缴实收资本	—	—	2 560	600
	其他负债	5 538	13 587	47 291	87 549
	总负债	5 538	13 587	49 851	2 645 473
权益	实收资本	18 065 400	19 000 300	19 268 000	19 343 700
	实收资本增加准备	−282 868	−160 444		
	应收款	—	—	(70 481)	(15 688)
	留存收益	7 297	119 163	314 899	658 159
	总会员权益	17 789 829	18 959 019	19 512 418	19 986 171
	权益负债总和	17 795 367	18 972 606	19 562 269	22 631 644

注：数据截至 2019 年 12 月底。数据来源：AIIB 相关年份财报，https://www.aiib.org/en/about-aiib/financial-statements/index.html#statement。

（三）盈利能力

据表 8-2，在 2016—2019 财年中，AIIB 的净收入处于稳定增长的阶段。业务相对其他 MDB 较为单一是 AIIB 的收入稳定增长的重要原因，随着业务的扩增和复杂度的提升，AIIB 在未来的运营中将要面临更多的收入波动风险。

表 8-2　AIIB 的收入水平及结构（2016—2019 年）　　　　　　　　单位：千美元

项目		2016 年	2017 年	2018 年	2019 年
收入	利息收入	23 455	124 193	250 761	435 550
	利息支出	—	—	—	−35 156
	净利息收入	23 455	124 193	250 761	400 394
	会费收入	−70	−866	12 654	11 911
	公允价值计算的金融工具收入	14 873	53 783	56 622	78 642
支出	减值准备	−277	−9 088	−39 608	−21 677
	行政开支	−30 658	−56 098	(84 737)	−125 695
	净外汇收入/损失	−26	−58	44	−315
	年利润	7 297	111 866	195 736	343 260
	实缴资本增加准备	160 063	140 442	103 780	57 617
	净利润	167 360	252 308	299 516	400 877
	其他综合收入	—	—	—	—
	总收入	167 360	252 308	299 516	400 877
	进入股东权益	167 360	252 308	299 516	400 877

资料来源：AIIB 2016—2019 年财报，https://www.aiib.org/en/about-aiib/financial-statements/index.html#statement。

（四）财务可持续性分析

1. 盈利性指标

盈利能力是衡量一个组织获取利润的能力，也称为资金或资本增值能力，通常表现为一定时期内收益水平的高低。利润最大化并不是 AIIB 的目标，但我们仍然要根据其盈利能力指标来分析其财务可持续性。本书主要关注以下两个指标：净资产收益率（ROE）和总资产收益率（ROA）。据财务报告，AIIB 的盈利情况如下，见表 8-3。

表 8-3　AIIB 的资产收益率和资本充足率指标（2016—2019 年）　　　　单位：%

项目		2016 年	2017 年	2018 年	2019 年
资产收益率	净资产收益率（ROE）	0.90	1.30	1.50	2.00
	总资产收益率（ROA）	0.90	1.30	1.50	1.80
资本充足率	债务/有用权益	0.03	0.07	0.25	11.69
	不良贷款/总未偿贷款	0	0	0	0
	平均资产回报率（ROA）	0.90	1.30	1.50	1.80

资料来源：根据 AIIB 2016—2019 年财务报告计算。

净资产收益率(ROE),又称股权收益率,指利润额与平均股东权益的比值,反映股东权益的收益水平,可以用来衡量一个组织运用自有资本的效率。该指标越高,说明投资带来的收益越高;反之,则所有者权益的获利能力越弱。该指标体现了自有资本获得净收益的能力。一般来说,负债增加会导致净资产收益率的上升。总资产收益率(ROA),是净利润与资产总额的比值,用以衡量每单位资产所创造的净利润。该指标的高低直接反映其发展能力,也集中体现了资产运用效率和资金利用效果之间的关系。据表8-3,2016—2019年,AIIB的ROE和ROA稳步上升。与其他MDB相比,总体上AIIB收益率偏高,这与其新成立资本规模小是有关系的。

2. 资本充足率指标

据表8-3,2016—2019年,AIIB的资本充足率不断下降。债务/有用权益的比率处于稳定上升期,由于AIIB正式营运时间不久,按照其他MDB经验推算债务/有用权益比率还有一定的上升空间。作为一家年轻的MDB,AIIB运营6年以来(截至2020年底)尚未有贷款难以收回现象,这是由于初期项目主权业务较多并且部分贷款并未进入偿还期,因此整体上未偿贷款指标处于优秀水平。

3. 偿债能力和流动性指标

偿债能力是指企业或组织用其资产偿还长期债务与短期债务的能力,是反映财务状况和持续经营能力的重要指标,包括短期偿债能力和长期偿债能力。截至2019年12月底,AIIB主权贷款评级处于2—10的范围,该年度违约概率(probability of default)处于0.10%—8.67%区间范围,[1]相较于2018年3—10的评级范围0.14%—8.67%波动稍大但是整体相较于其他MDB来说是十分稳健的。

4. 信用评级

2017—2020年,国际三大评级机构(穆迪、标准普尔和惠誉)都对AIIB给出了"AAA"长期信用评级。尽管在2019年部分借款国面临信用危机,例如阿曼(Ba1负向),巴基斯坦(B3负向)和土耳其(B1负向),但AIIB高实缴资本比例的优势使其仍将保持强劲的资本水平。同时,包含中国在内的优质债权人能够提供进一步的信用支持更加提升了AIIB的信用状况。

二、AIIB的业务运行机制

AIIB的业务可持续性可从其主要业务内容、年度业务规模、主要业务对象、主

---

[1] AIIB, Auditors-report-and-AIIB-Annual-Financial-Statements-20191231-signed. Oct 15, 2020. https://www.aiib.org/en/about-aiib/financial-statements/.content/index/pdf/Auditors-report-and-AIIB-Annual-Financial-Statements-20191231-signed.pdf.

要业务领域和风险控制等方面来分析。

(一) 主要业务内容

AIIB 按照稳健原则开展经营。AIIB 的业务分为普通业务和特别业务。其中,普通业务是指由 AIIB 普通资本(包括法定股本、授权募集的资金、贷款或担保收回的资金等)提供融资的业务,主要包含:(1)直接提供贷款、开展联合融资或参与贷款;(2)进行股权投资;(3)提供担保;(4)提供特别基金的支持;(5)技术援助等方式。特别业务是指为服务于自身宗旨,以 AIIB 所接受的特别基金开展的业务。两种业务可以同时为同一个项目或规划的不同部分提供资金支持,但在财务报表中应分别列出。

(二) 年度业务规模

AIIB 通过提供资金、分享知识、与公共和私人部门合作促进合作伙伴国可持续发展。2016—2019 年 AIIB 贷款承诺额和支付额持续增长,2020 年 AIIB 贷款承诺额突升至 99 亿美元,同比增长 119.82%;支付额增长至 62.30 亿美元,同比增长 320.95%,均创下历史新水平。

表 8-4 AIIB 贷款承诺额和支付额(2016—2020 年)　　单位:百万美元

	2016 年	2017 年	2018 年	2019 年	2020 年
承诺额	1 690	2 500	3 310	4 540	9 980
承诺额增长	—	47.93%	32.40%	37.16%	119.82%
支付额	10	790	620	1 480	6 230
支付额增长	—	7 800.00%	−21.52%	138.71%	320.95%

数据来源:根据 AIIB 2016—2020 年年报的数据测算。

(三) 主要业务对象

据 AIIB 财务报告,2016—2020 年期间,AIIB 年度批准项目个数和金额和已支付项目金额都呈稳步直线上升趋势。按业务对象的性质分,AIIB 的业务对象以主权贷款为主,但与 NDB 相比,AIIB 更支持私营部门的运作。其《2030 企业战略》提出,私营部门业务在 2030 年将占比 50%。AIIB 的模式主要依赖与传统 MDB 的共同融资(co-financing),借此利用已有 MDB 的项目准备、管理流程以及环境与社会风险评估等方面积累的资源和能力。截至 2019 年,AIIB 49% 的项目是与其他 MDB 的共同开发与融资,这有利于其向成熟的开发机构学习,并规避项目风险。但 AIIB 共同融资的比例也在下降,从 2016 年的 74% 下降到 2019 年的 33%,说明其自身也在不断成长和发展,项目准备的能力在逐步提升。

第八章 新兴 MDB 的治理结构和业务运作

表 8-5 AIIB 年度批准项目额度及业务类型分布（2016—2020 年）

项目		2016 年	2017 年	2018 年	2019 年	2020 年	总计
批准项目（个）	主权业务	7	10	8	15	33	73
	非主权业务	1	5	4	13	12	35
	总计	8	15	12	28	45	108
批准金额(十亿美元)		1.69	2.50	3.31	4.54	9.98	22.02
已支付金额(十亿美元)		0.01	0.79	0.62	1.48	6.23	9.13

资料来源：AIIB 2020 年财报。

（四）主要业务领域与国别分布

AIIB 在其《2030 企业战略》中提出其投资的重点领域为"未来基础设施"。这其中包含以下重点内容：(1)绿色基础设施：包含为了改善当地环境状况并有利于气候变化治理的项目。这些项目涉及的领域投资包含可再生能源、低碳公共交通、水资源管理、卫生、污染防治及改善生态系统等；(2)互联互通及区域合作：优先考虑能够连接经济体的关键基础设施项目，从而在境内、亚洲地区之间以及亚洲和全球经济间实现互联互通；(3)科技赋能基础设施：致力于利用科技手段改善传统基础设施，包括教育及医疗相关基建。优先支持的项目包括利用科技手段在传统基建项目全周期中改善基建质量、提高运行效率及透明度，增强设施适应性及治理等的项目。截至 2019 年底，能源是 AIIB 投资占比份额最大的领域(35%)，其次是交通(24%)。

表 8-6 AIIB 贷款的行业和国别分布

排名	行业分布		国家分布	
	行业	占比(%)	国家	占比(%)
1	能源	35	印度	26
2	交通	24	土耳其	12
3	其他	16	印度尼西亚	8
4	水资源	13	中国	6
5	城市发展	9	阿塞拜疆	5
总计	—	97	—	46

资料来源：Chris Humphrey(2020)和 AIIB 官网。

为应对新冠肺炎疫情危机，2020 年 AIIB 投资项目数增加至 47 个，其中"其他"类别中主要是与疫情相关的项目，包含 8 个公共卫生项目、7 个缓解流动性约束项目和 12 个经济弹性项目。

表 8-7　AIIB 在各行业投资项目数（2016—2020 年）

行业	2016 年	2017 年	2018 年	2019 年	2020 年
能源设施	4	6	2	7	3
交通设施	3	3	3	4	5
供水设施	0	2	3	3	3
金融设施	0	3	3	9	3
城市设施	1	0	1	2	1
ICT 设施	0	1	0	1	3
农村基础设施和农业发展	0	0	0	1	2
其他	0	0	0	1	27
总计	8	15	12	28	47

资料来源：AIIB 2020 年年报。

（五）风险控制

AIIB 始终坚持稳健的银行业原则，强大的风险治理能力和资产负债表帮助 AIIB 连续保持高信用评级。总的来说 AIIB 利用具有三道防线的模型来加强风险管理体系结构。

（1）AIIB 在董事会的支持下批准采用自上而下的风险分配模式。根据最新发布的《财务与风险管理政策框架》和《风险管理框架》。AIIB 特别重视风险管理的基础性建设，对合规风险进行监控，其中包括反洗钱和打击资助恐怖主义。在 2019 引入模型风险以后便使用其作为风险管理的补充模式，最新更新的模型里面还包含了银行的退出风险。

（2）通过将前述的模型风险管理模式制度化数字化来增强其风险吸收能力。技术支持将进一步促进 AIIB 未来的增长，并且规范 AIIB 的风险管理和决策制定水平。

（3）努力建设银行的重建功能。尽管 AIIB 在 2019 年没有不良贷款，但其仍然制定了相关规则为不良贷款做减值准备，以备在面临复杂情况时可以充分应对。在资本充足和压力测试原则的指导下，AIIB 会对风险压力范围进行相关的测试，在 2019 年，AIIB 甚至将包含气候变化在内的多项指标纳入测试范围以提高自身的风险应对能力。

在银行形象方面，AIIB 坚持对资产管理、内外部监督、风险控制合法性、财务损失和声誉损失建立指导性的原则，以此降低因为违反法律和相关国际规定对银行带来的损失。2019 年，AIIB 提高了与金融犯罪和诚信尽职调查相关标准的最低要求。同时加快了《反洗钱和打击资助恐怖主义法令》的执行。

在人员培训方面,AIIB 将尽职数据库进行了整合,并举办相关的培训,以期加强风险识别人员的识别能力,减少交易中的风险。并在穆迪的支持下银行进行了了解你的客户(KYC)和金融犯罪与尽职调查的宣讲活动。

三、NDB 的财务运行机制

(一) 资金来源

NDB 的融资战略旨在确保充足的资源,保证银行流动性需求。随着银行业务的不断扩张以及运营成本的相应增长,此融资目标越发凸显其重要性。NDB 投资项目的资金来源主要由认缴资本、留存收益以及资本市场筹资。该行的融资手段,包括在国际资本市场以及成员国内资本市场的本币融资并考虑相应的风险及对冲机制。为加强本币及其他国际通用货币融资渠道,NDB 建立了一系列的融资平台(表 8-8)。截至 2019 年底,NDB 在中国累计发行人民币本币债券 60 亿元。2020 年 4 月,其再次发行 50 亿元人民币抗击新冠疫情债券,为期 3 年,票面利率 2.43%。

表 8-8 NDB 货币融资平台

时间	融资平台
2019 年 1 月	NDB 根据熊猫债新规,成为第一个成立建立在岸人民币债券计划的海外机构
2019 年 4 月	NDB 为管理其流动性,建立其第一个商业本票项目,最高达 20 亿美元
2019 年 4 月	NDB 在南非注册了 100 亿兰特债券计划,在南非证券交易所上市
2019 年 11 月	NDB 在俄罗斯注册了 1 000 亿卢布债券计划,在莫斯科证券交易所上市
2019 年 12 月	NDB 在国际资本市场注册了其首个 500 亿美元欧洲中期票据计划

> **可持续发展融资**
>
> NDB 是第一家在中国银行间证券市场发行绿色债券的国际金融机构。2016 年,NDB 发行 30 亿元人民币的绿债,为期 5 年,票面利率 3.07%,由国内知名评级机构(中诚信国际及联合资信评估)评级为 AAA。此绿债的发行遵照国际资本市场协会制定的绿色债券原则,并符合中国绿色债券的监管。截至 2019 年底,此绿债的资金已经全部用于 NDB 支持的五个重点领域项目,包括四个清洁能源项目及一个能效项目。

资金来源:NDB 2019 年年报。

(二)资产、负债和所有者权益

《建立新开发银行的协议》第七、八条以及附录规定,NDB 的法定资本为 1 000 亿美元;初始认缴资本为 500 亿美元(其中的 20% 即 100 亿美元是实收资本),由金砖国家平均出资;根据协定"金砖国家在总资本中的占比须总高于 55%",所以后续认缴的另外 500 亿美元须由金砖国家成员和非金砖国家成员(包括新兴经济体和发展中国家以及发达国家)共同出资。与其他 MDB 一样,NDB 的业务规模也同样受制于资本规模。因为《建立新开发银行的协议》第二十条 a 款规定,银行普通业务中的未偿贷款总额在任何时候都不得超过其普通资金来源(Ordinary Capital Resources)中的认缴资本、储备和盈余之和。此外,创始国"平均出资"明显限制了 NDB 的初始规模和未来增资空间。根据各 MDB 的实践,大国的出资比例都较高。而就 NDB 各创始国 GDP 世界占比来看,南非的经济体量与其他金砖国家的差距非常悬殊;从各国的官方外汇储备来看,中国的出资能力超过印度、俄罗斯以及巴西的 10 倍,接近于南非的 100 倍(见图 8-1)。这使得 NDB 的初始资本规模受限于经济实力和官方外汇储备量最小的南非。

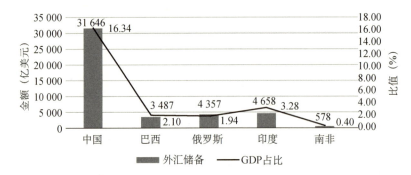

图 8-1　金砖国家的经济规模及官方外汇储备规模(截至 2019 年末)

注:GDP 世界占比是基于 GDP(PPP)数据。

数据来源:IMF 官方网站与中国国家外汇管理局。

就可用权益/(未偿贷款+股权投资业务额)比率而言,作为债券发行方的 NDB(特别是在早期阶段)至少应参照大部分 MDB 保持在 30% 左右,以便使潜在债券购买方建立稳健的投资预期。随着业务的顺利开展,NDB 有可能逐渐在市场上赢得良好的声誉,并逐渐获得更大的操作空间,即降低该比率,从而能在同等权益水平下,使业务额更高。就杠杆率而言,由于金砖国家普遍缺乏管理高杠杆率风险的经验,因而对 NDB 杠杆率的设置不应操之过急,而应循序渐进。

(三)盈利能力

在收益率上,NDB 的 ROE 和 ROA 要达到现有 MDB 的平均水平,还需投入大量的努力。因为 NDB 与现有 MDB 一样,需主要依靠待缴资本质量(成员国的信用评级)在国际市场上发行债券进行融资。从创始国来看,当前,中国的评级是"A1",巴西、印度、南非和俄罗斯都属于投资级中的最低等级。基于上述状况和主要债券评级机构的基本方法,NDB 充其量获得"A"评级。[1] 虽然 MDB 有可能获得高于其成员国的评级,例如 CAF 的信用评级是"AA－"或"Aa3",高于其成员国的评级,但这并非短期内可以实现的,它是 CAF 长期保持突出业绩和超低不良贷款率的结果。NDB 的评级会使其融资成本高于那些 AAA 级的 MDB(甚至评级为 AA－的 CAF),这将降低 NDB 的贷款利差。

(四) 财务可持续性分析

在成立之后的五年时间里,两家国际评级机构(标准普尔评级和惠誉评级)均给予了 NDB "AA＋"的评级,高于任何一家成员国的主权评级。2019 年,NDB 从日本信用评级机构(Japan Credit Rating Agency)获得 AAA 评级。在中国,NDB 从中诚信国际信用评级及联合资信评估也均获得 AAA 评级,也为其人民币本币融资奠定了基础。NDB 的信用评级主要基于以下因素:充实丰厚的资本及流动性、有力的募集资金能力、成员国非凡的支持和承诺、创始成员国系统的重要性、完善并谨慎的风险管理机制、较强的总体技术能力以及资深的领导力、成员国对基础设施和可持续发展项目需求驱动的快速成长、优先债权人地位等。

四、NDB 的业务运行机制

(一) 主要业务内容

NDB 建立在金砖五国共同发展的现实需要基础上,不存在传统 MDB 和发展机构所强调的所谓共同价值观基础,也不会在发展合作项目中附加具有价值观导向的政治或者经济条件。因此,NDB 不是一个价值观绑定和输出的开发机构,而是以实现共同发展为纽带的新兴开发银行。

(二) 主要业务对象

1.《建立新开发银行的协议》对在"非成员"经济体开展业务作出特别规定

已有七大 MDB 中,只有 EIB(在条例第十六条中)对在"非成员国"从事业务作出了详细的规定,经董事会特定多数建议,经理事会批准,EIB 可在成员国(全部或部分)之外从事投资活动;贷款的批准尽可能以其他融资来源也得以使用为前提;

---

[1] Moody's Investor Service. Rating Methodology: Multilateral Development Banks and Other Supranational Entities. 16 December. 2013.

向非成员国实体批准贷款时,应以 EIB 成员国(如果是项目所在地)担保为条件,或以债务人的财务实力为条件,或存在其他充分的担保;董事会有权为具有特殊风险的融资业务制订特定条件。

《建立新开发银行的协议》(以下称《协议》)特别对 NDB 在"非成员"经济体开展业务作出规定,从而有利于 NDB 突破成员国结构的局限并建立合意的贷款组合。例如,经特别多数同意,理事会有权批准一份总方针,授权银行在能使成员国受益的条件下,在非本银行成员的新兴经济体或发展中国家开展本协定前述条款论及的有关公共或私人项目业务(《协议》第十九条 d 款)。经特别多数同意,董事会可能特别批准在非成员新兴经济体和发展中国家开展一个本协议前述条款论及业务的特定公共或私人项目。在非成员国家开展的主权担保业务的定价将充分考虑主权风险、风险缓冲因素,以及董事会可以决定的任何其他条件(《协议》第十九条 e 款)。

上述规定的潜在原因是,NDB 成员的多样性不足,(特别是在早期阶段)NDB 成员可能是一些迫切需要新融资来源的低收入小国,因此《协议》必须在现有的制度安排下尽可能为未来的投资组合多样化目标创造条件。成员国多样性不足首先是因为金砖国家对 NDB 具有较强的控制权。金砖国家的投票权占比被锁定为 55%以上;非借款国的总投票权不能超过 20%;非创始国的投票权不能超过 7%(《协议》第八条 c 款)。同时,获得 2/3 投票权的要求使金砖国家很容易否决它们所反对的事项。其次是因为 NDB 可能具有相对较高的融资成本和较短的贷款到期时间,这抑制了大型中等收入国家加入 NDB 的热情。但 NDB 对于中小国家而言,仍具有一定的吸引力,一方面,它们比大型中等收入国家更需要资金;另一方面,也需要 NDB 所构建的市场。《协议》第二十一条第 v、vi 款规定,银行及特别基金一般业务中的投融资活动必须使用采购自成员国并产自成员国的产品和服务(否则须经董事会批准),这一规定与 ADB 和 AfDB 等 MDB 类似。中小国家希望本国企业有机会竞得 NDB 合同。成员国数量有限并且多样性不足,不但会影响股本规模、未来的业务规模,还会影响业务组合质量(风险评级),反过来又会影响 NDB 在国际资本市场上的融资成本。

因此,NDB 在践行自身的宗旨和职能,促进南南发展合作的同时,基于市场回报率的考虑,也应适当选择投资回报率较高的中等收入国家,包括"非成员"经济体。

2. 主权(公共)与非主权(私人部门)

与 AIIB 相比,NDB 主权贷款类投资占比略高。在 2016—2020 年五年中,NDB 累计主权贷款投资额占比超过 85%(见表 8-10)。这与其战略目标是相符的。根据 NDB《2017—2021 总体战略》,主权贷款或有主权担保的投资业务在第一个五年运营中将占据主要的地位。但是随着银行能力的不断提升,非主权业务,尤其是涉及私营部门的投资将逐步扩大。此外,NDB 与 AIIB 展开业务的模式也不尽相同。NDB 项目准备主要依靠自身的资源和能力,并在一定程度上通过对成员国金融机构、国际组织等的借贷,完成一部分投资业务。例如,NDB2016 年通过巴西开发银行(Brazilian Development Bank)贷款 3 亿美元,主要投资于可再生能源类项目。此外,NDB 还与其他 MDB 合作,为某些项目平行融资(parallel financing)。

(三)年度业务规模

如表 8-9 所示,2020 年新开发银行的审批额增长至 102.77 亿美元,为历年之最;2020 年支付额达到 53.83 亿美元,同步增长 488.31%,创历史新高。

表 8-9 NDB 贷款审批额和支付额(2016—2021 年)

单位:百万美元

	2016 年	2017 年	2018 年	2019 年	2020 年	2021 年
审批额	1 544	1 851	4 697	7 192	10 277	24 435
审批额增长		19.88%	153.75%	53.12%	42.89%	137.76%
支付额		24	601	915	5 383	
支付额增长			2 404.17%	52.25%	488.31%	

资料来源:根据 NDB 2016—2021 年年报数据测算。

2018—2020 年,NDB 的业务规模以年均 50% 的增速迅速增长,项目总金额和项目总数量上都是以主权贷款项目为主,非主权贷款项目的批准金额次之但波动较大,股权投资金额很小(见表 8-10)。

表 8-10 NDB 年度批准项目的业务类型分布(2016—2020 年)

项目	2016 年	2017 年	2018 年	2019 年	2020 年	2016—2020 年
年度批准总金额(百万美元)	1 544	1 851	4 697	7 192	10 277	25 703
其中:						
主权贷款	1 144	1 851	3 697	5 594	9 554	21 934
非主权贷款	0	0	1 000	1 498	623	3 569
股权投资	400	0	0	100	100	200
年度批准项目总数(个)	8	6	17[1]	22	19	72
其中:						
主权贷款	5	6	11	16	14	54
非主权贷款	3	—	4	5	4	16
股权投资	—	—	—	1	1	2

注:[1]2018 年度,NDB 共批准 17 个项目,其中主权贷款项目 11 个,非主权贷款项目 4 个,二者和小于总数 17,年报如此。

资料来源:NDB 2020 年年报。

(四)主要业务领域与国别分布

NDB 至今没有制定行业投资战略,只有其一般企业战略中相关的重点投资领域指导。NDB《2016—2021 总体战略》列出的其优先投资领域。

具体包括:第一是清洁能源,致力于支持成员国能源结构转型,包括清洁能源和能效项目以及新型技术推广应用(例如能源储存系统)等。第二是交通设施以促进人员、市场及公共服务的互联互通,包括低排放及高能效交通设施及促进均衡及包容发展的设施投资。第三是灌溉、水资源管理及卫生。优先考虑灌溉设施、清洁饮用水及卫生基础设施以及通过高科技的应用以促进高效水资源管理的基础设施。第四是可持续城市发展。主要支持成员国可持续城镇发展的相关项目,包括供水、清洁卫生及固体废物处理、城市交通、社会服务及基建、信息技术基建包括数字治理,以及气候适应性强的城市等;第五是经济合作及整合。致力于支持 NDB 成员国之间经济合作的项目,例如至少一个国家参与的支持贸易联通的基建设施,例如铁路、公路、港口等,以及有利于科技共享的基建和可持续发展项目。NDB 也会支持其他有助于可持续发展的项目,例如气候变化治理、自然资源及生物多样性保护等。

从贷款领域来看,2018—2020 年新发展银行对清洁能源、社会基础设施等各方面贷款等领域贷款占比情况如表 8-11 所示。由表可知,2020 年清洁能源、环境效率等服务于社会发展的贷款占比明显下降,而"COVID-19"紧急援助的贷款占比高达 25%,这凸显出 2020 年新发展银行将援助重点放在新冠肺炎疫情的紧急应对上,暂时减轻了其他领域的贷款力度。

表 8-11 NDB 贷款的行业分布(截至 2020 年底)

行业/项目	项目金额 (百万美元)	项目金额 占比(%)	项目数量 (个)
清洁能源	3 496	14.31	14
交通基础设施	5 736	23.47	16
水利、水资源管理和卫生	1 891	7.74	7
城市发展	3 466	14.18	13
环境效率	900	3.68	3
社会基础设施	1 010	4.13	3
数字基础设施	300	1.23	1
多主题	1 566	6.41	4
新冠肺炎疫情紧急援助	6 070	24.84	6
总计	24 435	100.00	67

数据来源:NDB 2020 年年报。

截至2020年底,NDB主要投资领域依次为新冠肺炎疫情紧急援助、交通基础设施、清洁能源和城市发展,投资额占比分别为24.84%、23.47%、14.31%和14.18%,四项总占比为76.80%。此外,NDB还投资于"多主题"项目。相对于聚焦于某个领域的项目投资,"多主题"项目支持的子项目从属于多个领域,以从多角度创造影响力。NDB首次股权投资便为"多主题"项目投资。2019年,NDB投资1亿美元于一家专门从事巴西及拉丁美洲基础设施投资的私募基金帕特里夏基础设施基金4(Patricia Infrastructure Fund IV)。该投资致力于支持巴西电力、能源、交通、信息与通信技术、水资源和清洁卫生等领域的发展。

在国别分布上,NDB目前的主营业务仅限于五个成员国(见表8-12)。从对各国的总投资金额来看,截至2020年底,在NDB批准的总贷款额度中,印度占28%,中国和巴西各占20%,南非占18%,俄罗斯占14%。根据NDB《2017—2021总体战略》,其力争实现主营业务在地理区域、行业领域等方面的综合平衡。因此,加强NDB在国别和区域的存在成为该行的又一战略重点。其设立的区域中心旨在项目发掘、准备和执行中发挥重要的作用,并在建立长期合作伙伴关系和建立NDB的影响力等方面助力。NDB的第一家区域机构是非洲区域中心(Africa Regional Center),于2017年8月7日在南非约翰内斯堡成立。自其成立并投入运营起,NDB在南非累计投资总额占比从2017年的5%提升至2019年的16%。在非洲区域中心的经验基础之上,NDB计划在其他成员国也建立相应的运营中心,进一步扩大其业务及影响力。

表8-12 NDB年度批准项目额度的国别分布(2016—2020年)

	2016年		2017年		2018年		2019年		2020年	
	金额(百万美元)	占比(%)	金额(百万美元)	占比(%)	金额(百万美元)	占比(%)	金额(百万美元)	占比(%)	金额(百万美元)	占比(%)
巴西	300	19.43	—		321	6.83	900	12.51	3 491	33.97
俄罗斯	100	6.48	529	28.58	840	17.88	1 316	18.30	875	8.51
印度	600	38.86	815	44.03	1 135	24.16	1 783	24.79	2 841	27.64
中国	364	23.58	507	27.39	1 901	40.47	1 478	20.55	1 070	10.41
南非	180	11.66	—		500	10.65	1 715	23.85	2 000	19.46
总计	1 544	100.00	1 851	100.00	4 697	100.00	7 192	100.00	10 277	100.00

资料来源:NDB 2020年年报。

(五)风险控制

相比于传统的多边机构,NDB资历尚显年轻,无论在项目监督还是风险控制方面的经验都十分浅显。其经营模式和内容决定了其未来将要面临的多为回报

周期长、回报率低的业务,全球经济的不景气甚至倒退都是对 NDB 巨大的考验,虽背靠全球最有发展前景的国家之五,也不可对风险控制掉以轻心。

NDB 与 AIIB 对新冠疫情的支持政策

为支持成员国抗击新冠肺炎疫情,NDB 承诺提供 100 亿美元的紧急援助措施(Emergency Assistance Facility)。这其中一半的资金用于支持成员国紧急需求,包括医疗和社会保障相关的支出,另外的一半资金用于支持成员国的经济复苏等各项措施。为了更快更有效地响应成员国的需求,NDB 制定了应对新冠肺炎疫情的快速审批政策(Policy on Fast-Track Emergency Response to COVID-19),支持快速简化项目审批流程等多项优惠措施。2020 年 NDB 累计向成员国提供 60 亿美元紧急贷款,支持成员国各项措施,应对新冠肺炎疫情造成的负面影响。

AIIB 通过建立 130 亿美元的危机复苏措施(Crisis Recovery Facility)支持成员国抗击新冠肺炎疫情。此项目基金遵循灵活和适用的原则,对成员国医疗卫生紧急需求(包括短期急需医疗器械和供给品采购以及长期医疗系统改善等)、经济复苏(包括基础设施投资、社会保障等)以及成员国流动性资金短缺给予相关支持。与 NDB 不同,除了贷款之外,AIIB 也考虑其他模式的资金支持,包括政策性融资等。后者一般限用于与其他 MDB 共同融资。AIIB 的危机复苏相关支持同样享受简化审批流程等优惠措施。

资料来源:https://www.ndb.int/new-development-bank-board-of-governors-statement-on-response-to-covid-19-outbreak/;https://www.aiib.org/en/policies-strategies/COVID-19-Crisis-Recovery-Facility/index.html

---

第三节　新兴 MDB 的项目政策及影响

一、环境与社会保障政策

NDB 和 AIIB 都有自己的环境与社会保障评估框架和标准[1]。与传统 MDB 相似,这些政策框架都试图避免、降低或者补偿项目可能造成的负面影响。环境及社会风险评估是项目前期准备的重要环节之一。根据影响程度,每个项目都会有一个等级划分(表 8-13),便于后期项目执行过程中持续跟踪和监控可能的风险变化。一般来说,MDB 会公示项目环评和社评报告,并设有项目申诉机制,处理项目执行可能引发的纠纷。

---

[1] https://www.aiib.org/en/policies-strategies/framework-agreements/environmental-social-framework.html;
https://www.ndb.int/wp-content/themes/ndb/pdf/ndb-environment-social-framework-20160330.pdf.

表 8-13 环境及社会风险等级划分

等级	等级划分依据
A	有重大、不可逆转、史无前例的环境及社会消极影响;对项目实施地之外可能有短暂或持久的影响
B	环境和社会影响有限;几乎没有不可逆或累积的影响;影响仅限于项目实施地,并能通过良好实践成功处理
C	很小或没有环境和社会风险
FI	通过金融中介机构的借款必须遵循以上的评估标准和程序

AIIB 的环境与社会保障政策与传统 MDB 的设置相似,强调与"国际最佳标准"保持一致。政策内容覆盖环境、非自愿性移民、原住居民等方面的考量。不同之处在于,AIIB 更注重灵活性和效率,因此对于项目前期准备的要求相对比较少。例如,AIIB 在特定条件下,允许采用"阶段性"的方法,即项目批准后再由借款国提供相关行动计划管理环境社会风险,而不是将后者作为项目批准的必要条件。再如,AIIB 针对原住居民的政策规定,借款国必须在第三方专家的协助下与利益相关者进行磋商。而世界银行却规定需要征得利益相关方的同意才能进入项目准备的下一个阶段。

与传统 MDB 不同,NDB 在环境及社会保障政策执行上,主要依赖国别体系。如其总体战略所述,在项目执行中,NDB 首先对成员国的环境、社会、采购等相关的法律法规和制度流程做相应的评估。如果达到标准,优先适用借款国标准。若发现不达标,借款国需要提出行动计划以弥补不足之处。国别体系的提出和执行主要基于一些理论上的优势,例如借款国,尤其是经济发展达到一定程度的发展中国家,会对项目及发展议程更有自主权和认同感。同时,国别系统的执行,尤其是能力建设相关项目的执行,可为系统性改善国家环境和社会治理水平提供机会。国别系统执行也可以减少合规和时间成本,提高项目运营效率。

二、项目影响及其对可持续发展的贡献

多边开发性金融机构的使命是促进成员国经济、社会和环境等方面积极的发展。如前文所述,AIIB 和 NDB 成立的历史契机恰为《2030 可持续发展议程》和《2015 巴黎气候协定》一致通过之时。因此国际社会对其为可持续发展目标的实现及国际气候变化治理作出应有的贡献寄予厚望。

(一) 对可持续发展目标的贡献[1]

AIIB 对于基础设施和其他生产部门的投资对于促进可持续发展,创造财富,并对成员国实现可持续发展目标具有至关重要的作用。AIIB 对于可持续发展目标的支持主要体现在以下几个方面:

首先,AIIB 目前对能源、交通、可持续城镇化、数字基础设施及水资源领域的投资可以直接贡献于以下四个目标:

◇ 目标6:清洁饮水和卫生设施
◇ 目标7:经济适用的清洁能源
◇ 目标9:产业、创新和基础设施
◇ 目标11:可持续城市和社区

其次,新冠肺炎疫情及其后续的经济影响为可持续发展目标的实现造成了一定的挑战。AIIB 对于社会基础设施的加大投资会更多贡献于目标3和目标4的实现:

◇ 目标3:良好健康与福祉
◇ 目标4:优质教育

再次,AIIB 在投资的过程中也会考虑交叉主题。例如 AIIB 对气候投融资的初步进展对目标13的实现有所贡献。另外,AIIB 对于互联互通及区域合作的投资有望贡献于目标8和目标17的实现。并且,AIIB 在项目设计中逐步加大对性别因素的考虑,改善亚洲性别平等的问题,这对目标5的实现有一定的帮助:

◇ 目标5:性别平等
◇ 目标8:体面工作和经济增长
◇ 目标13:气候行动
◇ 目标17:加强执行手段,重振可持续发展全球伙伴关系

最后要说的是,AIIB 成立于可持续发展目标正式执行之后。因此,"它能在项目识别、准备和执行的过程中遵循可持续发展的原则"[2],并能将可持续发展目标纳入其环境与社会评估政策框架。不同于信用评级,ESG 评级是投资者驱使,根据在社会、环境及治理三个维度不同指标考量所得出的评级。截至2019年底,AIIB 接受了来自三家不同机构的 ESG 评级。AIIB 被 ISSESG 评为"C+(Prime)",被 Sustainalytics 评为"平均表现"(Average Performer),并被 VigeoEiris 评为"强劲"(Robust)。

NDB 则致力于通过一系列优先领域的投资,支持成员国及新兴经济体实现他们的发展目标。对于这些优先投资领域的战略选择有助于成员国实现特定的可

---

[1] 项目案例,参考 Financing the Sustainable Development Goals: The Contributions of the Multilateral Development Banks。
[2] AIIB Environmental and Social Framework.

持续发展目标。2019年,NDB开发并适用了一套方法,将其投资业务对可持续发展目标的潜在贡献相关联。这是一套基于证据的方法论,根据每一个项目在项目层面的预计产出和结果,与一个主要的可持续发展目标相关联;即这个项目最直接紧密相关,能做出相应贡献的目标。根据项目的设计思路和逻辑,每一个项目通过其"瀑布效应"(cascading effects)还可以与一个或多个可持续发展目标相关。应用这个方法,截至2019年底,NDB的审批项目总共与8个可持续发展目标直接相关(表8-14)。2016—2019年,随着NDB业务规模的不断扩大和多元化,其审批项目对可持续发展目标的贡献也随之扩展。其主要关联的可持续发展目标数量从2016年的2个发展成为2019年的8个,充分体现其满足成员国发展需求的能力正稳步提升。此外,NDB的项目准备和执行都是与其他合作伙伴共同进行,因此是符合"目标17:加强执行手段,重振可持续发展全球伙伴关系"的基本原则的。

表 8-14　NDB 项目与可持续发展目标的关联

可持续发展目标	项目数量	累计投资额（百万美元）	累计投资额占比（%）
目标 2	1	345	2
目标 4	1	500	3
目标 6	6	1 735	12
目标 7	14	3 519	24
目标 9	17	5 221	35
目标 11	10	2 653	18
目标 13	1	500	3
目标 16	1	460	3

资料来源:NDB 2019 年年报。

(二) 对气候变化的贡献

NDB 和 AIIB 与其他传统 MDB 一道,自 2016 年起就签署和发表了一系列声明(表 8-15),为帮助成员国实现巴黎气候协定的目标而做出相应的努力。AIIB 在其《2030 企业战略》中明确规定,截至 2025 年,其总投资额的 50% 将用于支持对气候变化有贡献的基建项目。根据披露,AIIB 2019 年气候融资总额达到 17 亿美元,占当年总投资额的 39%。这其中,8.06 亿美元(46%)用于支持减缓气候变化的项目,3.87 亿美元(32%)用于支持适应气候变化的项目,剩余的 5.49 亿美元(32%)用于支持有减缓和适应气候变化双重利益的项目[1]。2020 年 9 月,AIIB 正式宣布退出所有与煤相关的项目投资。AIIB 行长金立群在不同场合的发言中提到,"AIIB 将不

---

[1] 2019 Joint Report on Multilateral Development Banks' Climate Finance.

国际发展融资

再投资与煤相关的项目,包括运输煤的公路或者铁路,或者煤电发电厂等"[1]。

2021年NDB开始参与多边发展银行的关于气候融资的联合报告,其中披露了其气候融资的相关数据。在2022—2026年NDB总战略(NDB General Strategy for 2022—2026)中,NDB宣称其不再支持煤电项目。

表8-15 MDB支持气候变化的相关声明

年份	声明	相关承诺
2016年	多边开发银行声明:落实2030年可持续发展议程[2]	共同发展支持气候变化的联合合作伙伴关系,帮助成员国执行国家自主贡献及加强适应性能力;加大力度扩大低碳投资,尤其为有助于实现巴黎气候协定目标的能源结构转型
2017年	国际发展金融俱乐部协同多边开发银行联合声明:主要发展金融机构共同使资金流动与巴黎协定保持一致[3]	进一步将气候变化纳入战略及商业活动之中;重新调动资金投入低碳及气候适应性发展的项目;加大对程序、工具、方法论及制度安排的探索和开发,以期在相应需要的层面执行气候变化治理行动;与中央及地方政府合作,提倡减排,尤其通过开发化石燃料的替代品而努力;制定相关政策及法规,创造有利气候变化行动的环境;进一步加大对国家和合作伙伴的支持,至2020年加速气候治理的雄心
2018年	多边开发银行联合声明[4]	宣布MDB投融资与巴黎气候协定的实现保持一致的愿景,并决定共同研发特定方法来实现这一目标
2019年	多边开发银行关于气候雄心的高级别联合声明[5]	进一步提高气候投资的额度;进一步加大对成员国实现巴黎气候协定的支持;研发一个新的关于透明度的框架;通过协助成员国的长期气候战略及包容性转型,以实现脱离对化石燃料的依赖

(三)可持续基础设施投资

在过去的几年时间里,NDB和AIIB都在绿色及可持续项目投资上取得了一定的进展。然而,对于"可持续基础设施"(sustainable infrastructure)的概念和分类,国际社会并未达成统一的认知。例如,美洲开发银行认为可持续基础设施是"在基础设施项目计划、设计、建设、运营过程中,确保在整个项目周期实现经济和

---

[1] https://www.climatechangenews.com/2020/09/11/asian-multilateral-bank-promises-end-coal-related-financing/.
[2] https://www.worldbank.org/en/news/press-release/2016/10/09/delivering-on-the-2030-agenda-statement.
[3] https://www.afdb.org/fr/news-and-events/one-planet-summit-joint-idfc-mdb-statement-together-major-development-finance-institutions-align-financial-flows-with-the-paris-agreement-17685.
[4] https://www.worldbank.org/en/news/press-release/2018/12/03/multilateral-development-banks-mdbs-announced-a-joint-framework-for-aligning-their-activities-with-the-goals-of-the-paris-agreement.
[5] https://www.adb.org/sites/default/files/page/41117/climate-change-finance-joint-mdb-statement-2019-09-23.pdf.

金融、社会、环境(包括气候适应力)及制度等方面的可持续性"[1]。又如,G20 提出高质量基础设施投资的基本原则(G20 Principles for Quality Infrastructure Investment)[2]包括:(1)最大化基础设施所产生的积极影响以支持可持续增长和发展;(2)从周期成本的角度提高经济效率;(3)在基础设施投资中加入环境方面的考量;(4)加强基础设施对自然灾害及其他风险的适应性;(5)在基础设施投资中加入社会因素方面的考量;(6)加强基础设施治理。

NDB《2017—2021 总体战略》中提出将其总投资的三分之二用于支持可持续基础设施项目,但并未明确规定可持续基础设施的定义。AIIB 对于可持续基础设施的划分基于其对气候变化相关项目的投资,包括减少和适应气候变化的项目,以及其他环境类的项目。相关数据显示,AIIB 可持续基础设施项目的数量从 2016 年的 2 个增长至 2019 年的 40 个。

根据基金会平台(F20)[3]的定义和分类,可持续基础设施主要包括五大投资领域的投资,即能源、水资源、交通、废物处理及自然资本基建[4]。根据这个行业归类的方法,NDB 和 AIIB 在 2016—2019 年累计可持续基础设施投资占总项目审批额的比例分别为 51.2%和 39.8%。

本章小结

新兴 MDB 的诞生标志着国际发展合作的里程碑。两家新成立的 MDB,即 NDB 和 AIIB,为世界可持续发展,尤其是可持续发展目标及《巴黎气候协定》目标的实现,提供了新的融资可能性。这标志着发展中国家和新兴经济体在世界经济政治舞台的进一步崛起。与此同时,两家银行的建立意味着他们对世界所面临的共同发展挑战(包括气候变化、贫困及包容性增长等)的意识觉醒,以及通过进一步合作以共同面对和提出解决方案的决心。

相对于传统 MDB,NDB 和 AIIB 自成立起运营的五年,已经取得了积极的进展。两家银行都快速建立了自己的治理体系,制定了战略及项目层面的政策措施及相应指南,并通过人才的培养,在与其他传统 MDB 的互动中,迅速成长,成为了全面运营、有活力的、高效的并致力于创新的新兴开发性金融机构。两家银行在成员国的构成和股权分配上,与传统 MDB 差异很大,这对全球治理体系的进一步改革也会起到积极的推进作用。在新兴与传统模式的互动之中,NDB 与 AIIB 致力于走出自己的特色道路,更高效

---

[1] Attributes and Framework for Sustainable Infrastructure, 2019. Consultation Report. Global Economy and Development at Brookings, IDB Group.
[2] https://www.mof.go.jp/english/international_policy/convention/g20/annex6_1.pdf.
[3] 基金会平台(The Foundations Platform F20)是一个由来自世界不同地区的 60 多个基金会和慈善组织组成的网络,呼吁采取联合跨国行动实现可持续发展,以及积极的转型范例,为解决当今最紧迫的挑战(气候变化和能源)提供实现途径,向可持续发展的公正过渡。F20 希望成为解决方案的一部分,并在 G20 国家内部和其他国家之间的民间社会、商业和金融部门、智库和政治之间架起桥梁。
[4] Bhattacharya et al., 2019. Aligning G20 Infrastructure Investment with Climate Goals and the 2030 Agenda. Foundations 20 Platform, a report to the G20. Brookings Institution and Boston University.

合理支配本已稀缺的资本,为可持续发展献计献策,并有效平衡对项目质量和发展影响的追求及对借款国发展需要和主权的尊重。

NDB 与 AIIB 的治理和运营模式不同。AIIB 在很多层面继承了传统多边银行的运营模式(例如环境与社会保障政策),但采取了更流程化、更便利于借款国的措施。NDB,由于其股权架构完全以股东国利益和发展需求为出发点,并在项目管理方式上独具特色(例如国别系统在社评和环评中的应用,本币借贷)。中国在两家银行均持有股份,扮演举足轻重的角色。因此,两家银行为进一步提升中国在国际经济政治合作及发展合作中的话语权,也存在很大的潜在空间。

关键词

国际发展合作;开发性金融;新兴 MDB;NDB;AIIB

简答题

1. 新兴 MDB 是在什么样的背景下产生的?
2. 新兴 MDB 成立的意义是什么?
3. 简述新兴 MDB 与传统 MDB 的不同之处。
4. 比较 AIIB 与 NDB 的治理机制及运作模式。

思考题

1. 比较 AIIB、NDB 与传统 MBD 的治理机制有何相同与不同?
2. 金砖银行采用了一种本土化的运营模式,而亚投行采用的是国际化运营模式,两者形成的这种差异的具体原因有哪些?
3. AIIB、NBD 对传统多边融资机构来说主要体现为补充作用还是竞争作用?

第三篇

国 别 篇

第九章

发达国家的国别发展融资机构

引言

　　发达国家的发展融资机构多始于第二次世界大战后,为促进战后发达国家规模庞大的基础设施及基础产业快速恢复及发展做出了重要贡献。随着发达国家经济的恢复及基础设施的饱和,发达国家的发展融资机构的角色和定位随着经济发展进程不断进行调整,一方面弥补市场失灵及在逆周期调节中发挥重要作用,在历次经济危机中通过增加信贷融资支持促进危机后的经济恢复,另一方面也注重弥补社会经济发展过程中难以被常规商业性金融所涉及的领域,关注社会民生,注重促进高科技发展、中小企业发展及经济社会可持续发展。与此同时,发达国家的开发性金融机构也逐渐走出去,为全球的企业及可持续发展项目等提供融资支持。本章选取了美国国际开发金融公司(U. S. International Development Finance Corporation,DFC)、德国复兴信贷银行(Kreditanstalt für Wiederaufbau,KfW)和日本国际协力银行(Japan Bank for International Cooperation,JBIC)这三家具有代表性的机构,介绍并分析发达国家国别发展融资机构的发展历程、治理机制、财务运行机制及业务运行机制。

学习目标:

1. 了解发达经济体的国别发展融资机构的发展历程
2. 认识发达经济体的融资机构在经济发展过程中发挥的作用
3. 掌握美国、德国和日本等主要发展融资机构的组织架构及运作模式
4. 认识美国、德国和日本等主要发展融资机构投融资模式及财务表现,并掌握其与商业银行及政策性金融机构的差异

第一节 发达国家国别发展融资机构的运行特征

一、发达国家国别发展融资机构的发展和作用

国别发展融资机构常常又被称为"开发性金融机构"。19世纪初,开发性金融机构首次出现于欧洲,它是实现政府发展目标、弥补体制落后和市场失灵,维护国家经济金融安全、增强竞争力的一种金融形式。开发性金融机构一般为政府拥有,赋权经营,具有国家信用,体现政府意志,把国家信用与市场原理特别是与资本市场原理有机结合起来。发达国家的国别发展融资机构的发展历程主要可分为如下几个阶段。

(一)初始阶段

1816年,法国信托储蓄银行(Caisse des Dépôts, CDC)正式成立,这也意味着世界上首个开发性金融机构的诞生,开发性金融的历史由此展开。CDC是法国政府全资所有、拥有永久法定地位的开发性金融机构。CDC成立的初衷是为了掌管包括养老基金在内的公共资金,从事长期投资,以帮助法国走出拿破仑战争后的经济困境。近二百年来,CDC也一直在服务公众利益和国家发展战略中发挥着重要作用,成为法国最主要的中长期投资人。

19世纪中期,随着工业革命的发展,欧洲各国加快了工业化发展步伐,各产业正在新兴发展,欧洲各国的投融资需求激增,在此背景下,对中长期大额资金的需求成为开发性金融机构在这一时期大量出现的主要驱动力。为此,欧洲多国相继涌现了工业银行、信贷银行等金融机构,为各产业提供大量信贷资金,促进了国家工业化发展步伐。而当时的工业银行、信贷银行其实就承担了开发性金融机构的部分功能。

发展初始阶段的开发性金融机构在所有权结构、资金来源、运作方式等方面具有丰富的多样性。部分机构非政府主导,吸收储户存款,以商业银行的运行方式从事开发性金融业务。由国家政府设立、主要依靠发行债券筹集资金、专注于长期投融资业务等现代开发性金融机构的主要特点在这一阶段已经出现。[1]

---

[1] 益言.开发性金融机构发展历程及面临挑战[J].金融发展评论,2016(7):20—28.

（二）快速发展阶段

20世纪二三十年代，苏联通过计划组织、财政调配等手段实施了第一、第二个五年计划，在工业化上取得了大飞跃，解决了其经济发展从0到1的问题。大萧条时期以财政手段扩大需求，同时主张政府干预经济的凯恩斯主义在美国经济中发挥了重要作用。第二次世界大战后，世界各国在重建和恢复国民经济的过程中面临巨大的资金需求，需要长期投资重建或建立经济基础；但各国的商业性金融机构缺乏一定的资金实力并且以自身利益最大化的目标，银行业和金融市场难以顾及投资额大、周期长的重大项目。经历过大萧条后，各国普遍认识到，单纯依靠市场难以完全实现社会资源的有效配置，若要达到社会资源配置的最优程度，需要政府参与调控经济。受到凯恩斯主义的影响，很多国家建立以政府信用为基础、不以营利为目的、根据政府意图在特定领域内提供融资的发展融资机构。第二次世界大战后，开发性金融机构正式进入快速发展阶段，发达国家相继设立了大量开发性金融机构，如德国复兴信贷银行。德国复兴信贷银行成立之初的资本金由德国联邦政府和各州政府提供，分别占80%和20%，目的是为第二次世界大战后的联邦德国提供重建和恢复所需的资金援助。创立伊始，德国复兴信贷银行的政策性特征十分明显，资金投放的规模和领域严格遵循政府指令，十分注重扶持和援助性。

（三）分化阶段

20世纪七八十年代，发达国家进入了后产业化和消费阶段，产能过剩问题日益严重，原来的经济扩张遇到了问题，经济亟需向产业升级转型，基础设施建设及基础行业投资等传统开发性业务需求出现萎缩，发达国家部分开发性金融机构伴随国家战略转移及时调整开发性业务重点；与此同时，各国经济发展逐渐演变成全球化发展，根据亚当·斯密理论，各国根据自身优势在全球化中进行分工，一国所取得的财富与其在全球贸易中的地位密切联系。随着经济全球化的不断推进，当财富不再单一地体现在财政税收的积累时，凯恩斯理论主张的财政政策统管一切的局限性日益凸显，财政政策完全局限于国家财政能力，仅仅依靠税收收入和发行国债是有限和低效的，通过财政政策对经济进行宏观调控难以长久。与此同时，新自由主义开始兴起，它继承了亚当·斯密理论的自由贸易思想，强调市场化的重要性，大力倡导以超级大国为主导的全球一体化，去产能和私有化是其主要措施。但是，新自由主义反对任何形式的国家干预，一味强调对金融发展保持放任的态度，以金融利益最大化为目标，忽略实体经济的发展和政府宏观调控作用，由此导致了发达国家国别发展融资机构的分化。

二、发达国家国别发展融资机构的运行特征

（一）发达国家国别发展融资机构的运行宗旨

国别开发性金融机构一般受专门立法约束。通过立法明确机构的性质、使命及配套政策，依法成立、依法运行。不同于全球性多边开发金融机构，发达国家发展融资机构通常由国别政府推动成立，主要以服务于单个国家的国家战略或公共政策为主要宗旨。与商业银行有所不同的是，发展融资机构并不以追求利润最大化为发展目标，而是致力于促进发展为目的并具有可持续发展能力的金融机构。国别开发性金融机构在弥补各国的基础设施投资缺口、发挥反周期效应、促进产业结构培育、转型及促进经济可持续发展方面发挥重要作用。

（二）发达国家国别发展融资机构的运行规模

若以 WB 2019 年的 GNI 的标准将国家分成四类发展阶段，开发性金融机构还是主要分布在高收入国家和中高收入国家。开发性金融机构的绝对规模可分成超大型（超过 1 000 亿美元）、大型（100 亿至 999 亿美元）、中型（10 亿至 99 亿美元）和小型（小于 10 亿美元）这四个级别。50% 以上的开发性金融机构属于规模小的级别。发达国家开发性金融机构中，属于超大型级别的有：德国复兴信贷银行、意大利存贷款银行、魁北克储蓄投资集团、日本政策金融公库、法国存款与信托金库、日本国际协力银行等。属于大规模级别的包括芬兰出口信贷担保公司、法国农业信贷银行等。

（三）发达国家国别发展融资机构的运行特征

1. 政府给予特定信用支持

发达国家的发展融资机构融资的显著特征是，来自公共机构与市场主体的资金来源相结合，行政化与市场化的融资方式相交织。从资金来源上看，发达国家的发展融资机构的资金来源通常是多元化的，包括来自政府的资本金、借款及补助，发行债券，吸收居民存款，自身收益留存，及国际金融机构的转贷款和官方发展援助等。开发性金融机构一般为国家全资所有或国有控股，来自政府的资金支持或以政府信用背书的开发性金融债券通常是开发性金融机构的主要资金来源。发展融资机构投资的项目多周期长、收益低、不确定性高，因此难以在市场经济条件下获取大量的资金支持，需要政府提供资金或对其负债提供信用支持，使其能够以高信用评级在资本市场获得相对低成本的资金。

2020 年，三大评级机构对发达国家几个主要的国别发展融资机构的长期信用评级如表 9-1 所示。

表 9-1　发达国家国别发展融资机构的运行规模及长期信用评级(2020 年)[1]

机构	运行规模[2]	国际评级		
		标准普尔	穆迪	惠誉
美国国际开发金融公司(DFC)	大型	AAA[3]	Aaa[3]	AAA[3]
美国海外私人投资公司(Overseas Private Investment Corporation, OPIC, 是 DFC 的前身)				
德国复兴信贷银行(KfW)	超大型	AAA	Aaa	AAA
日本国际协力银行(JBIC)	超大型	A+	A1	—
法国信托储蓄银行(CDC)	超大型	AA+	Aa1	AA+

注:[1]日本国际协力银行的数据截至 2021 年 4 月 9 日,其他银行数据截至 2020 年底。[2]"运行规模"按 2020 年总资产计;[3]由于 DFC 于 2019 年底刚开始运行,2020 年国际三大评级机构未对其作出信用评级。

资料来源:各机构官网及 https://www.jbic.go.jp/en/ir/condition.html。

2. 资本充足率普遍较高

资本金是金融机构用以开展业务、消化损失、抵御风险的基础,也是约束过度扩张的有效手段。由于开发性金融机构担负着支持本国经济发展战略的重要使命,资本金水平普遍较高,并且可随政策需要而追加。2013 年末,德国复兴信贷银行、韩国开发银行、巴西国民经济和社会发展银行、马来西亚开发银行的资本充足率分别为 22.3%、14.64%、19.2%和 14.4%。

3. 以中长期投融资业务为主

国别开发性金融机构投资项目多为一些项目周期较长、资金需求庞大、项目面临的风险或不确定性较高但具有促进社会发展及改善民生等正外部性但存在一定程度"市场失灵"的基础设施、私人企业、绿色经济、社会发展等领域。少数开发性金融机构投资对象聚焦于某一领域,集中于解决某一领域的经济发展或社会发展的短板。德国复兴信贷银行、法国储蓄托管机构、意大利储蓄信贷机构都是长期投资者俱乐部(Long-term investors club)的创始成员,致力于以中长期投融资服务实体经济,并维护金融市场的稳定。

4. 市场化运作

国别开发性金融机构不同于直接运用财政资金展开发展援助或补贴的机构,开发性金融机构具体运作中往往以整体业务财务可平衡和机构长期发展可持续为目标,将政府资金进行了市场化运作,并以此带动社会资金的参与,从而充分发挥政府资金的杠杆作用,引导社会资金共同支持经济社会发展,将市场的资金转化为长期大额资金,服务于发展目标,从而实现可持续发展的目标。

三、发达国家国别发展融资机构与国际发展融资

不少发达国家的国别发展融资机构并不完全局限于国内业务,它们不仅为本国的国家战略和经济政策服务,同时也对世界经济产生了重要影响。因此在某种程度上,它们也是国际发展融资主体的构成部分。例如,美国国际开发金融公司向发展中经济体与新兴市场国家提供融资。根据美国国际开发金融公司的发展框架,至少60%的项目将集中在低收入国家或者中低收入国家;每年增长15个客户,其中30%来自发展中国家。德国复兴信贷银行也将一部分资金用于向发展中和新兴市场国家的基础设施类项目和当地银行提供资金支持。此外,德国复兴信贷银行也一直与德国联邦政府开展合作,帮助德国联邦政府实现其国际发展合作目标,向发展中国家提供官方发展援助。日本国际协力银行也大力支持日本企业对海外基础设施建设的参与。

第二节　美国国际开发金融公司

一、美国国际开发金融公司的发展历程

美国国际开发金融公司(U.S. International Development Finance Corporation, DFC)的前身是美国海外私人投资公司(Overseas Private Investment Corporation, OPIC),曾经是美国国内最重要的发展融资机构之一。2018年10月5日,根据《善用投资促进发展法案》,美国海外私人投资公司(OPIC)与美国国际开发署(U.S. Agency of International Development, USAID)下属的发展信贷管理局进行合并,成立了集中于发展融资事务的DFC。尽管成立时间相对较短,美国国际开发金融公司充分发挥了国别发展融资机构的作用并积极活跃于国际市场,持续投资于发展中经济体,以扩大美国的外交影响力,并促进发展中国家的经济社会发展。

(一) 初创阶段

1971年,根据《1961年外国援助法》,美国海外私人投资公司成立。其成立的目的是通过推动私人资本投资于发展中经济体,以帮助发展中国家应对相应挑战,同时借此服务于美国的外交政策。美国海外私人投资公司下设四个部门:保险部、金融部、财经部及政策部。其中,保险部主要负责给发展中国家投资者提供

包括政治动乱险、财产没收险以及外汇不能兑换险的保险业务,为存在政治不稳定因素的发展中国家的投资者提供保障。金融部主要为在发展中国家进行投资的美国公司提供贷款。财经部负责具体的索赔,并提供保险费。政策部负责研究和执行政府的政策。1987年,由于投资需求的快速发展,美国海外私人投资公司扩展了其融资工具,可以选择为私募股权基金提供支持。同时,美国政府国际开发署(USAID)下面也设立了信贷管理部门(DCA),主要负责提供一些部分风险担保基金来带动私人投资,从而带动美国国际发展政策。

(二)发展调整期

自2000年来,随着时间的推移与经济形势的变化,美国海外私人投资公司的投资结构也逐渐发生变化,具体表现为:一是金融领域的投资占比不断增大;二是越来越注重公益事业的发展。经济因素不再是其投资项目的唯一考量,社会影响力和政治因素也是其重要的考虑目标。2010年,美国海外私人公司采用了世界银行国际金融公司的标准《环境与社会政策》声明,明确了其投资项目应满足相应的要求:环境和社会的可持续、低碳经济发展模式、尊重人权及接受国际劳工权利等。

(三)改革与重组

2018年10月5日,美国前总统特朗普签署了《善用投资促进发展法案》(BUILD Act)。根据该法案的要求,美国海外私人投资公司(OPIC)与美国国际开发署(USAID)下属的发展信贷管理局合并成立了美国国际开发金融公司(DFC)。DFC继承了两个机构的发展融资业务,同时推出新的创新金融产品,以便更好地为私人资本投资于发展中市场带来便利,使得美国有更大的灵活性来支持对发展中国家的投资,以推动发展中国家的经济增长、创造稳定的政治局面并改善民生。DFC于2019年12月正式运营,其主要目标相较于原有的机构并没有很大的改变,依然是促进私有主体参与到发展中国家的经济发展中,推动美国的外交政策,但结构和特点上都有了很大的变化。首先,DFC提升了其融资能力,一年最高可达600亿美元,相比之前有很大提升。其次,DFC的融资工具也进行了扩展,除保留合并前原有融资工具外,还可以参与股权投资,最多可以持有项目20%股权并且可提供技术支持等。

二、美国国际开发金融公司的运营模式

DFC的成立是优化美国政府资源配置,使美国政府适应国际环境发展的重要举措。DFC是在基于海外私人投资公司和发展信贷管理局合并而成的,其功能特

点和之前的这两个机构既有联系,也有区别,可以称之为原有体系的升级版,本质上是为了更好地支持美国的外交政策,扩大美国政府在全球事务方面的影响力。

(一)职责

根据《善用投资引导发展法提案》,DFC 的主要职责是:投资发展中国家,为发展中国家所遇到的严峻挑战提供融资帮助。主要领域包括:能源、医疗保健、关键基础设施和技术;支持中小企业及女性企业发展;坚持尊重环境、人权和工人权利的原则;与发展中经济体进行合作,为其提供财务替代方案。DFC 的目标是促进私营主体参与发展中经济体的发展过程,推动美国和发展中经济体的共同发展,以此来扩大美国的政治影响力,推进美国的安全、外交与发展政策。

(二)组织架构

DFC 目前由一个含有 9 名成员的董事会管理,同时设立首席风险官、风险和审计委员会、发展咨询委员会、监察长和首席发展官等机构和职务。

董事会具体由国际发展金融公司的首席执行官、四名政府官员和四名私营部门成员组成。四名政府官员分别为:国务卿、美国开发署署长、财政部长和商务部长或者他们的指定成员。

董事会下设执行委员会、风险委员会、审计委员会,负责制定公司总体的运行规划和决定各项重大事务。其中:执行委员会由不少于 4 人组成,当董事会不能召开董事会会议时,执行委员会可以全权负责执行任何需要移交董事会的事务;风险委员会由 3 名董事或官员组成。风险委员会委员由董事长负责提名董事担任,并在经董事会批准的情况下提名风险委员会主席 1 名。风险委员会成员的过半数构成法定人数。风险委员会应向董事会报告,并协助董事会履行相应的监督职责;审计委员会主要负责公司的财务监督,负责评估风险,成员由董事会主席提名董事担任,并提名审计委员会主席 1 名。审计委员会成员过半数构成法定人数;此外,DFC 还特别设有发展咨询委员会,就公司的发展目标向董事会提供意见。

(三)资金来源与资金使用

DFC 的资金主要来自政府的拨款。从资金的使用来看,DFC 主要的投资对象是来自不发达经济体的企业,以及国内部分中小型企业。根据 2020 年数据,DFC 投资的项目中,有 66% 为不发达经济体。DFC 投资的领域主要包括:能源、基础设施、健康医疗、农业发展、环境保护等。DFC 还注重投资创新产业,以促进经济的持续健康发展,其 46% 的投资项目可以激发进一步的创新。同时,DFC 也注意其投资项目对女性企业家和劳动者以及非代表人群的影响。

三、美国国际开发金融公司的财务运行机制

由于 DFC 为新成立的国别发展融资机构,本身并没有长期数据,为研究其财务数据的长期变化趋势,本节将其前身 OPIC 在 2016—2019 年的数据与 DFC 2020 年的数据放在一起进行分析(见表 9-2)。

表 9-2 体现了两个趋势。第一,从 OPIC 向 DFC 的过渡总体是平稳的。第二,由于 OPIC 打下了坚实的基础,且 DFC 是它与美国国际开发署(USAID)下属的发展信贷管理局合并而成的机构,2020 年 DFC 的业务规模与 2019 年的 OPIC 相比有较为显著的增长,同时也呈现出了较好的盈利能力。在 DFC 2020 年的业务构成中,投资是最主要部分。总投资 61.96 亿美元,占总资产的 52%,其中,票据共 58.93 亿美元,债券共 3.03 亿美元;其次是贷款,2020 年应收贷款总额 42.01 亿美元,占总资产的 35%。在盈利能力方面,DFC 业务收益额为 60.66 亿美元,具有非常好的盈利能力。

表 9-2 美国国际开发金融公司资产负债表　　单位:百万美元、%

项目	2016 年	2017 年	2018 年	2019 年	2020 年
总资产	8 538	9 076	9 632	10 150	12 024(100%)
资金库余额	584	580	960	900	1 616(13%)
投资	5 694	5 759	5 828	5 877	6 196(52%)
应收贷款	1 886	2 485	2 688	3 093	4 201(35%)
其他资产	374	252	156	280	11(<0.5%)
总负债	2 836	3 412	3 808	4 228	5 851(100%)
向国库借款	2 491	3 015	3 475	3 830	4 678(80%)
重估和资产转入国库的负债	236	270	204	253	999(17%)
其他	109	127	129	145	175(3%)
总权益	5 702	5 664	5 824	5 922	6 172(100%)
未用批款总额	0	0	4	8	106(2%)
累计业务收益	5 702	5 664	5 820	5 914	6 066(98%)

注:2016—2019 年的是 OPIC(DFC 的前身)的数据,2020 年的是 DFC(2019 年 12 月开始运营)的数据;2020 年数据截至 2020 年 9 月底。

资料来源:DFC、OPIC 相关年度年报和财务报告。

四、美国国际开发金融公司的业务运行机制

(一) 美国国际开发金融公司的投资领域

1. 向发展中经济体与新兴市场国家提供融资

DFC设立的本质目的是进一步增强美国的影响力,使美国在国际贸易竞争中占有有利地位,使得美国企业在发展中经济体获得更多的利益,因此,发展中经济体与新兴市场国家将会是DFC一直持续投资的主要领域。根据DFC的发展框架,至少60%的项目将集中在低收入国家或者中低收入国家;每年增长15个客户,其中30%来自发展中国家。

2. 为中小企业和女性企业家提供帮助

DFC的重要目标是为美国企业挖掘前沿市场的商业机会,使美国经济跟上时代发展的步伐,走在创新领域的前端。中小企业或者某些初创企业代表了经济发展的前沿,对于科技创新等领域提供充足的活力。DFC不仅需要追求利润最大化,还要开发出目标市场的可见价值,决定了中小企业发展是DFC投资的重点领域。同时,DFC还特别注意其公益形象的塑造。DFC提出了"2x妇女倡议",并积极促进私人资本投资于女性企业家,以扩大DFC在此领域的政治及公众影响力。

3. 关注能源领域与基础设施的开发与建设

美国国家开发金融公司一直倡导减少经济活动对环境所造成的负面影响,大力发展新能源产业。这种策略一方面符合时代发展的方向,另一方面有利于塑造一个负责任的正面形象,扩大美国政府的政治影响力。传统的油气能源等战略资源无论从经济效益或者政治影响力来看都有重大意义。对该领域DFC同样有很大的投入。根据2019年美国国际开发公司项目开展情况来看,其能源领域总承诺金额20.8亿美元,占总承诺金额的37.1%;其中清洁能源8.3亿美元,占比14.8%,油气能源12.5亿美元,占比22.3%。基础设施的建设同样是DFC的重点关注领域,2019年投入占比21.5%,达到12.1亿美元。加大基础建设的投入尤其是发展中经济体的基础设施的建设可以促进相应地区的连通性,创造就业机会,促进经济增长。

4. 支持金融同业项目的发展

DFC业务的重要组成部分是与金融机构合作,为金融机构提供贷款、担保和保险,金融机构再为具体的项目提供支持。这种方式大大提升了DFC利用国内外同业资金的能力,缓解了DFC规模较小、资金规模不大的问题。2019年DFC同业合作项目共50个,承诺金额达到20.4亿美元,占总承诺金额的36.4%。

(二) 美国国际开发金融公司的投资对象及规模

从投资规模来看,DFC拥有更强的融资能力,其融资总金额可达600亿美元/年,对单个项目的融资上限达30亿美元。从具体项目而言,DFC融资金额更为灵活,大多数项目集中在1 000万至1亿美元之间。从业务形式来看,DFC更新了其业务形式,主要从事包括债务融资、股权投资、可行性研究、投资基金、政治风险保险及技术援助支持六大业务。

从投资对象来看,投资的项目绝大多数都处于欠发达地区,分布于非洲、中东、拉丁美洲、东欧等地。2020年财务报告显示,资金总额27%投入非洲、28%投入拉丁美洲,18%投入印度洋太平洋地区(见表9-3)。DFC注重对小型企业和女性企业家以及公益事业的投资,从而挖掘经济增长的活力和社会影响力。

表9-3 美国国际开发金融公司承诺资金区域分布(2020年)

区域	金额(百万美元)	占比(%)
非洲	8 000	27
拉丁美洲	8 500	28
印度洋太平洋地区	5 400	18
欧亚大陆	3 200	11
中东	3 000	10
多区域	1 800	6
总计	29 900	100

资料来源:DFC 2020年年报。

第三节 德国复兴信贷银行

一、德国复兴信贷银行及其发展历程

德国复兴信贷银行(Kreditanstalt für Wiederaufbau, KfW)成立于1948年11月,是德国在马歇尔计划下组建的政府所有的开发性银行。自成立以来,KfW坚持开发性金融机构的功能定位,不断从法律层面健全和完善公司治理结构,依靠国内外资本市场坚持市场化融资,并始终坚持贯彻政府经济政策,加强对"强位

弱势群体"的扶持,为德国经济、世界经济发展持续贡献力量。KfW 的投资范围广泛,涉及中小企业贷款、环境与气候保护、基础设施、技术创新及国际合作等领域。它前后共经历了三个发展阶段。

(一) 初创及快速发展阶段(20 世纪 20 年代末—20 世纪 60 年代末)

1948 年,根据《德国复兴信贷银行促进法》,KfW 成立于法兰克福市。KfW 成立之初的资本金由德国联邦政府和各州政府提供,分别占 80%和 20%,目的是为第二次世界大战后的联邦德国提供重建和恢复所需的资金援助。创立伊始,KfW 的政策性特征十分明显,资金投放的规模和领域严格遵循政府指令,十分注重扶持和援助性。20 世纪 50 年代初,KfW 将低利率资金投向能源系统和住宅重建方面,集中在采矿、钢铁、发电等基本设施行业。同时,为了解决粮食供应问题,KfW 大力支持农业领域的发展,为生产机械的公司提供资金支持以及为农民购买机械提供补贴。随着战后重建工作的完成,1955 年以后,KfW 核心业务转向对中小企业扶持,为中小企业提供融资服务。1960 年后,KfW 开始为德国的对外投资提供融资服务,确保德国企业和国际发展援助项目能够得到资金支持,业务重心逐渐从国内信贷逐渐转向国外投资。这一时期,KfW 为二战后德国经济恢复做出卓越的贡献,同时自身也实现了快速的成长与壮大。

(二) 曲折前进阶段(20 世纪 70 年代初—20 世纪 90 年代末)

20 世纪 70 年代,两次石油危机爆发,石油价格上涨,造成包括德国在内的欧洲国家经济出现衰退。这一时期,为了重振国内经济,KfW 又将业务重心从国外转回国内,开始支持能源节约和创新行业的发展。KfW 采取的措施包括为中小企业提供优惠利率贷款,推动中小企业快速成长。20 世纪 80 年代两伊战争爆发,石油危机爆发,其影响从发达国家蔓延至发展中国家,造成 KfW 投至发展中经济体的信贷难以收回,面临着资金缺乏的压力。在此背景下,KfW 积极调整信贷政策,努力推动本国出口和与发展中国家展开资金合作,致力于减少贫困和资源保护。

90 年代初,随着德国实现统一,KfW 开始致力于德国东部经济恢复。KfW 每年向东部联邦州投入大量贷款,同时为东欧发展提供咨询服务等。同时,KfW 为德国东部地区修建了大量的房屋,一方面创造了就业的机会,另一方面也促进了当地经济的发展以及社会稳定。

(三) 结构性调整阶段(21 世纪初至今)

进入 21 世纪以后,KfW 对其运作模式进行了结构性调整,逐步将开发性业务和商业性业务分离,并将自身业务板块分为五个主要部分,分别负责服务境内中小企业,境内开发性业务,向发展中国家提供 ODA,向发展中及新兴国家私营企业提供融资支持和投资,以及为德国和欧盟企业提供出口融资和国际项目融资。KfW 以不同的银行运行这五个业务板块,对政策性强、无法实现独立运营的板块实行集团公司内部的分账经营,对具有独立运营能力的模块设立子公司(例如德国复兴信贷银行 IPEX-Bank 和 DEG)独立运营。

2001 年 6 月,KfW 收购了德国投资银行,主要负责出口融资和与发展中国家金融合作。德国投资银行前身是德国经济合作协会(German Association for Economic Cooperation, DEG),曾经参与东欧和苏联的转型国家的南南合作和基础设施项目。

2003 年德国复兴信贷中小企业银行(KfW Mittelstands Bank)与德国清算银行(DtA, Deutsche Ausgleichs Bank)合并,接管 KfW 的中小企业业务,具体而言,对中小企业和创业初期的企业、自营业者提供资金支持,同时对高新技术企业、能源再利用领域和提高能源效能领域提供资金支持。

2004 年德国复兴信贷进出口银行(KfW IPEX-Bank)成立,负责进出口信贷业务,并按照商业银行标准独立经营。IPEX-Bank 按照"行中行"模式运行一段时间后,为回应欧盟委员会对不公平竞争的担忧,于 2008 年成为独立的子公司运营。它直接与商业银行竞争,主要投资方向是港口、机场、收费公路、桥梁和隧道、铁路、船舶、飞机、电信、能源和制造业等。

德国复兴开发银行(KfW Development Bank),主要与德国联邦经济合作与发展部(BMZ)合作,资助和支持发展中国家和新兴经济体公共部门参与者的计划和项目。预算资助款主要分配给欠发达国家。

德国复兴促进银行(KfW Promote Bank)负责住房、教育、基础设施、环境和气候保护等领域的活动。促进银行积极推广节能住房,其房屋能效标准已成为德国公认的标准;它还促进了光伏能源(太阳能电池)行业发展;近年来主要关注绿色金融的发展。

经过结构性调整,KfW 进一步明确其开发性金融定位,持续为本国和世界经济发展做出贡献。

二、德国复兴信贷银行的治理机制

KfW 坚持开发性金融机构的功能定位,从法律层面健全和完善公司治理结构,依靠国内外资本市场坚持市场化融资,走出一条独具特色的市场化融资道路,积极贯彻政府意图,支持经济发展。

(一) 宗旨与职责

根据《德国复兴信贷银行法》,KfW 的主要职责包括:支持中小企业发展,为中小企业提供融资服务；与德国政府合作，为发展中国家提供官方援助贷款；支持本国开发项目，向基础设施、教育等领域提供贷款支持；为本国或欧盟企业提供出口和境外项目融资；为发展中国家或者欠发达国家私营企业提供融资贷款，等等。KfW 致力于改善德国、欧洲、世界人民生活条件，推动经济、环境实现可持续发展。

（二）组织结构

截至 2019 年底，KfW 的组织架构主要由董事会和监督董事会构成，没有股东大会。

董事会成员包括董事会主席在内共 29 人，主要负责制定战略规划和审定和批准财务报表，以及在公司章程的框架下批准相关决议。董事会下设信贷风险委员会、市场价格委员会、操作风险委员会。信贷风险委员会负责分析公司业务中与部门和产品有关的信贷风险，市场价格风险委员会讨论 KfW 集团的市场价格风险状况，并评估市场价格风险策略，而操作风险委员会负责帮助董事会识别业务和声誉风险以及在紧急情况下做出决策。同时，董事会还对联邦财政部门、经济技术部和联邦审计署负有监管职责。

董事会有 37 名成员，主要来自联邦政府、议会议员、社会各行各业和工会等，监督董事会主席和副主席都由政府任命。监督董事会下设提名和任命委员会、薪酬管理委员会、风险和信贷委员会、审计委员会，分别负责人员的任命和调整、薪酬的制定和审查、评估风险和进行管理、提出审计意见和计划等。

作为全球开发性金融机构的代表，KfW 从法律层面制定和规范公司的组织架构，董事会和监督董事会成员的任命以及相关的职责和商业银行存在明显的不同，有效地促进 KfW 业务开展和使命的履行。

三、德国复兴信贷银行的财务运行机制

（一）业务规模

据表 9-4，2014—2020 年，KfW 的业务稳步扩张，总资产从 4 792 亿欧元升至 5 464 亿欧元；总负债从 4 599 亿欧元升至 5 146 亿欧元；总权益从 193 亿欧元升至 318 亿欧元。KfW 总体上发展较为平稳。

表 9-4　德国复兴信贷银行资产负债表（2014—2020 年）

单位：百万欧元、%

项目	2014 年	2015 年	2016 年	2017 年	2018 年	2019 年	2020 年
总资产	479 224	493 205	500 685	477 947	489 634	505 991	546 400
贷款	400 793	412 069	412 089	404 283	409 426	486 200	543 100

续表

项目	2014年	2015年	2016年	2017年	2018年	2019年	2020年
总负债	459 923	471 323	477 513	453 879	464 682	474 629	514 603
借款	435 810	448 646	455 237	425 731	441 421	461 221	496 357
总权益	19 301	21 882	23 172	24 068	24 952	31 362	31 797
实收资本	3 300	3 300	3 300	3 300	3 300	3 300	3 300
资本公积	7 197	8 447	8 447	8 447	8 447	8 447	8 447
合并利润	883	1 331	1 290	895	884	1 367	525
成本收入比	36%	38%	43%	48%	56%	44%	41.8%

资料来源：2014—2020年德国复兴信贷银行财务报告。

（二）资金来源与使用

KfW的主要资金来源为"借款"，具体是其自身发行的中长期债券和票据。KfW在国内国际资本市场发行的债券主要有三大来源：美元或欧元基准债券、其他公开发行债券和私募债券，这三种债券构成KfW的主要资金来源，其余资金来自向银行和客户的借款、衍生品和资本金等。

KfW资金主要用于"放贷"，贷款中约有一半的资金流向了商业银行，这构成了KfW资金使用方面与其他开发性银行的主要区别之处。为避免与商业银行的竞争及同时达成支持企业发展的目标，KfW与商业银行展开了较多合作，通过商业银行间接进行投资，对一些重点企业提供贷款期限更长，利率更为优惠的贷款。例如，KfW非常重视中小企业贷款业务，创业贷款期限甚至能达到10年以上，且往往有3年以内的宽限期。另外，KfW也有资金流向银行客户，以及由德意志联邦共和国提供的发展中国家贷款。

（三）财务可持续性

如表9-5所示，2015—2020年期间KfW年度净利总收入保持在24.13亿—29.04亿欧元之间，总体相对稳定。2014—2020年，合并利润在8.83亿—13.67亿欧元之间波动，2020年降至低谷，主要是受新冠肺炎疫情的冲击。根据2020年财报，新冠肺炎疫情对KfW合并利润的负面影响高达8.01亿欧元。其他年份KfW盈利降低的原因主要是KfW以低利率、补贴的方式推动促进性业务发展，包括绿色金融、具有特殊战略地位的产业和领域等，这拉低了总体的利润率。

资产回报率也是反映盈利能力的重要指标。KfW 2005—2019年的资产回报率总体上呈现逐年下降趋势。主要原因仍然是由于净利润下降，这主要取决于KfW投资方向和投资方式。

权益资产比率、一级资本比率和总资本比率都是资本充足率指标。据表9-5, 2014—2020年,KfW的资本充足率总体是稳步上升的。

表9-5 德国复兴信贷银行的盈利性和资本充足率指标(2014—2020年)

项目	2014年	2015年	2016年	2017年	2018年	2019年	2020年
净利息收入(百万欧元)	—	2 904	2 802	2 579	2 413	2 484	2 601
ROA(%)	—	0.43	0.39	0.30	0.34	0.27	—
权益/资产(%)	4.0	4.4	4.6	5.0	5.1	6.2	5.8
一级资本比率(%)	14.1	18.3	22.3	20.6	20.1	21.3	24.1
总资本比率(%)	15.1	18.4	22.3	20.6	20.1	21.3	24.3

资料来源:ROA数据来自穆迪评级报告(https://www.kfw.de/PDF/Investor-Relations/Pdf-Dokumente-Investor-Relations/Credit-Reform-Rating-Update-2020.pdf);其他数据来自2014—2020年德国复兴信贷银行财务报告。

四、德国复兴信贷银行的业务运行机制

(一)投资领域

1. 支持中小企业发展

长期以来,KfW将支持中小企业发展作为自己核心投资业务。这是因为德国中小企业众多,而中小企业对于经济发展、科技创新起到极大的推动作用。KfW以政府信用为担保,从资本市场上筹集资金;同时KfW信用等级高,且有政府提供的利息补贴,使其能够以非常低的利率向中小企业提供金融支持。KfW主要向中小企业提供一般商业贷款、初创贷款、科技创新贷款以及咨询服务等。KfW的中小企业贷款已经成为德国政府扶植中小企业发展的重要政策工具,对德国经济持续健康发展发挥着重要作用。

2. 支持境内开发性业务的发展

KfW支持的开发性业务包括基础设施、房屋住宅、教育、环境和气候保护等多方面。对基础设施领域的支持涵盖电力、能源、运输等行业。在房屋住宅方面,KfW主要为建造和翻新房屋提供补助金,积极推广节能房屋建设。在全球环境和气候保护方面,也是KfW提供信贷支持的一个重要方向。近年来,KfW开始关注绿色金融的发展,针对绿色金融项目的主要投资方式是提供长期贷款和低息贷款。

3. 向发展中及新兴市场国家企业提供融资支持和发展援助

KfW也将一部分资金用于向发展中和新兴市场国家的基础设施类项目和当地银行提供资金支持。此外,KfW也一直与德国联邦政府开展广泛的合作,

帮助德国联邦政府实现其国际发展合作的目标,并向发展中国家提供官方发展援助。

4. 为德国和欧盟企业提供出口融资和国际项目融资

KfW广泛参与了德国或欧洲出口相关的项目融资和企业融资,主要投资方向为港口、机场、收费公路、桥梁和隧道、铁路、船舶、飞机、电信、能源和制造业等。

(二)投资特征

KfW的投资范围广泛,涉及中小企业贷款、环境与气候保护、基础设施、技术创新及国际合作等领域。其主要投资特征体现为:

一是基础设施类投资占比较低。与一般开发性银行通常主要将资金投向基础设施建设不同,KfW基础设施类投资占比较低,大部分资金投向中小企业以及环境和气候保护方面,这两者占其总投资额的约三分之二。

二是贷款利率较为优惠。KfW所提供给企业的贷款利率较商业银行有较大优惠。例如,KfW对中小企业给予优惠利率或者利率补贴,以及对于环境保护方面还设有3年免于偿还期的规定。

三是贷款多数通过商业银行转贷。KfW提供贷款的一个重要特征是多数通过商业银行转贷,较少自己直接提供贷款项目。在KfW的投资项目中,除了企业初创等少数几种贷款由KfW直接提供,其余基本都是由商业银行转贷。KfW运用商业银行转贷一方面可以充分利用商业银行的风控系统,减少人力物力成本;另一方面可以做到避免和商业银行展开竞争,坚持开发性银行定位。

第四节　日本国际协力银行

一、日本国际协力银行的发展历程

日本国际协力银行(Japan Bank for International Cooperation, JBIC)是日本的政策性金融机构,服务于国家政策目标,自1999年成立以来,根据国内外经济形势不断调整业务范围,经历了数次改革。其目的是促进日本和国际经济社会的稳健发展,履行融资职能以促进海外资源开发,发挥对本国企业海外扩张行动的支持,提高日本产业的国际竞争力,保护全球环境和维护国际金融稳定,同时补充私营金融机构的职能。二十多年来,日本经济快速发展,海外市场不断扩大,JBIC发挥了不可替代的重要作用。

自1999年成立以来,与日本政治经济发展的政策性金融需求紧密结合,JBIC主要经历了三个发展阶段。

(一) 第一阶段(1999—2007年):合并成立,统管业务

第二次世界大战后,日本实行市场经济模式和对外开放政策,以制造业为龙头进入了经济快速增长期。1980年代,日本经济高度繁荣,为了降低生产成本和回避外国贸易制裁,企业从以出口为主开始转向出口与海外投资并重。1999年10月1日,JBIC由日本进出口银行(Export-Import Bank of Japan, JEXIM)和海外经济协力基金(Overseas Economic Cooperation on Fund, OECF)合并而正式成立。JBIC统一接管了JEXIM和OECF的核心业务:国际金融业务(International Financial Operations, IFO)和海外经济协力业务(Overseas Economic Cooperation Operations, OECO),并分别设立不同的账户。其中,国际金融业务主要包括出口贷款、进口贷款、海外投资贷款、无条件贷款、股权参与、担保等业务,其主要目标是促进日本进出口、海外经济活动以及国际金融秩序的稳定。1997年亚洲金融危机后,JBIC向亚洲国家提供了无条件贷款,以稳定国际金融秩序,同时为经营环境恶化和因信贷紧缩而遇到困难的日本公司提供支援。

(二) 第二阶段(2008—2011年):拆分重组,精简业务

2008年,美国次贷危机席卷全球,导致国际金融市场动荡和各国经济大幅倒退。日本经济面临严重的股价暴跌、出口下滑和信贷危机等重大挑战,有必要通过实施一系列政策措施来应对。同时,日本国内改革派人士呼吁缩减政策性金融机构的职能范围,充分发挥私营部门金融机构的作用。

根据2006—2007年通过的《促进行政改革实现廉政建设法》《日本国际合作机构法部分修正案》和《日本金融公库法》,2008年10月1日JBIC原有的两项核心业务进行了调整,具体如下:国际金融业务由日本政策金融公库(Japan Finance Corporation, JFC)接管作为其国际业务,海外经济协力业务(主要是ODA业务)则由新成立的独立行政法人国际协力机构(Japan International Cooperation Agency, JICA)接办。[1] 经调整后,为了保持JBIC的国际信用,JFC将继续使用"日本国际协力银行"的名义进行国际金融业务。

(三) 第三阶段(2011年至今):独立法人,扩大业务

在2008年次贷危机后各国经济普遍不景气,随后接连爆发的欧债危机使世界金融秩序更加混乱。在新的全球经济条件下,日本的国际环境发生了重大变

---

[1] Japan Bank for International Cooperation. JBIC to Undergo Organizational Realignment in October 2008 [EB/OL]. Japan Bank for International Cooperation Annual Report 2008.

化。首先,在自然资源部门,全球人口增长使资源竞争越来越激烈。由于日本国内能源和矿产资源供不应求,特别在2011年东日本大地震后,政府日益重视资源供应的稳定性。其次,无论是在制造业还是全球需求不断增长的基础设施领域,发达国家企业之间的传统竞争模式被打破,新兴国家公司势头强劲。最后,实现环境可持续下的经济发展模式成为一个全球议题。

在此背景下,《日本国际协力银行法案》(《JBIC新法案》)于2011年4月28日通过,并于2011年5月2日颁布并生效。《JBIC新法案》增强了JBIC的现有权力,并于2012年4月1日将其与JFC分开成为独立机构。这一法案的目的是加强JBIC的流动性和专业性,更有效地支持日本企业在基础设施等领域的海外战略投资,同时保证财务独立透明,以增进JBIC资金筹集的稳定性。

《JBIC新法案》进一步规定完善了其业务领域,为解决日本社会面临的问题提供支持:一是促进日本在海外重要资源的开发和获取;二是维持并提高日本产业的国际竞争力;三是促进以防止全球变暖等保护地球环境为目的的海外业务的开展;四是防止国际金融秩序混乱以及应对由其导致的危害。另外,新法案还规定了7项新增功能,将其以往应对国际金融危机的部分临时业务固定化:(1)面向发达国家的出口信贷;(2)为日本企业所需的短期资金提供海外投资贷款;(3)为对外国公司进行股权投资的日本企业提供海外投资贷款;(4)通过日本银行提供两步贷款(Two Step Loan);(5)外汇掉期担保;(6)协助应收账款流动化和证券化;(7)出口信贷的再担保。

二、日本国际协力银行的运营模式

(一) 宗旨与职责

JBIC服务于国家政策目标,着眼于稳定富裕的未来,发挥自身的高专业性,为日本和世界的可持续发展做贡献。JBIC以补充民间金融机构开展的金融业务为出发点,围绕以下四大领域开展业务:促进日本在海外重要资源的开发和获取;维持并提高日本产业的国际竞争力;促进以防止全球变暖等保护地球环境为目的的海外业务的开展;防止国际金融秩序混乱以及应对由其导致的危害。

(二) 组织结构

JBIC在日本国内划分为:企划部门、审查和风险管理部门、财务和系统部门、资源金融部门、基础设施和环境金融部门、产业金融部门以及股权金融部门,并在新加坡、北京、曼谷、巴黎、伦敦等地设立海外事务所,为管辖地区内的项目形成提供支持。截至2020年年底,日本政府持有JBIC全部股份,资本金为18 838亿日元,担保余额为21 184亿日元。

三、日本国际协力银行的财务运行机制

(一) 业务规模

2016—2020 年,JBIC 的总资产保持在 17 万亿—18 万亿日元左右,总负债 14 万亿—16 万亿日元之间波动,总权益 2.5 万亿—3.1 万亿日元之间呈稳步上升趋势。(见表 9-6)。

表 9-6　日本国际协力银行资产负债表(2016—2020 年)　　单位:亿日元

项目	2016 年	2017 年	2018 年	2019 年	2020 年
总资产	175 806.22	185 716.73	179 984.24	176 412.14	173 305.23
现金和应收账款	12 201.87	15 262.09	17 508.21	11 910.40	15 443.23
证券	2 366.02	2 812.49	3 389.28	3 629.75	3 527.50
贷款和贴现票据	135 406.61	143 091.38	135 136.80	135 765.61	131 339.80
其他资产	2 561.88	2 617.90	3 773.70	2 773.53	4 336.04
物业、厂房和设备	278.04	276.13	283.55	279.40	281.15
无形资产	27.37	27.11	34.64	67.01	52.20
客户的承兑和担保责任	24 647.03	23 849.97	22 593.69	24 917.67	21 183.83
贷款损失准备金	(1 682.62)	(2 220.36)	(2 735.64)	(2 931.26)	(2 858.55)
总负债	151 082.55	160 640.61	154 654.77	149 621.76	142 233.23
借款	94 384.50	99 087.05	83 707.58	75 747.13	67 864.99
应付债券	26 685.58	33 015.65	43 925.97	45 834.92	48 866.46
其他债券	5 288.90	4 614.42	4 353.85	3 046.08	4 244.36
奖金准备金	5.16	5.19	5.46	5.66	5.86
董事花红准备金	0.06	0.06	0.09	0.09	0.10
退休福利准备金	70.90	68.07	67.85	69.88	67.15
董事退休福利准备金	0.39	0.16	0.25	0.31	0.44
承兑和担保	24 647.03	23 849.97	22 593.69	24 917.67	21 183.83
总权益	24 723.67	25 076.11	25 329.47	26 790.37	31 072.00
股本	13 910.00	16 830.00	17 652.00	17 853.00	18 838.00
留存收益	9 721.40	8 423.66	8 836.15	9 053.43	9 955.83
股东权益总额	23 631.40	25 253.66	26 488.15	26 906.43	28 793.83

第九章　发达国家的国别发展融资机构

续表

项目	2016 年	2017 年	2018 年	2019 年	2020 年
可供出售证券的估值差异	43.03	24.68	(12.09)	(5.57)	(34.86)
对冲的递延收益或损失	1 049.23	(202.23)	(1 146.58)	(110.48)	(2 313.03)
估值和换算调整总额	1 092.26	(177.55)	(1 158.68)	(116.06)	2 278.16

注：每年数据截至当年 3 月底。
资料来源：JBIC 2016—2020 年年报。

（二）资金筹措

JBIC 通过各种来源为其运营提供资金，包括从日本财政投资和贷款计划（the Fiscal Investment and Loan Program，FILP）财政贷款、政府担保的外国债券发行、政府担保的长期外币贷款、FILP 机构债券发行、FILP 产业投资资本、外汇基金特别账户等几种途径借款（见表 9-7）。

由于 JBIC 提供长期融资，因此所筹措的也主要是长期资金，以匹配融资和贷款的期限。它从 FILP 财政贷款项目、政府担保外债发行、政府担保长期外币贷款、FILP 产业投资资本等途径中的借款，均列入国家预算（作为一般账户预算或特别账户预算）。

表 9-7　JBIC 的融资来源（2016—2020 年）　　　　　单位：亿日元

项目	2016 年	2017 年	2018 年	2019 年	2020 年
FILP 产业投资出资	1 420	822	201	985	800
向 FILP 财政贷款借款	5 305	2 095	1 096	437	2 810
外汇基金特别账户借款	11 427	8 544	6 549	4 229	—
政府担保的长期外币贷款	—	—	—	—	400
政府担保的外国债券发行	11 062	16 297	7 242	8 494	29 025
FILP 机构债券	—	600	—	—	200
含还款在内的其他资金来源	−7 210	−11 089	−574	2 895	765
合计	22 004	17 269	14 513	17 041	34 000

注：2016—2019 年的数据为实际发生值，2020 年的数据为计划值。
资料来源：JBIC 2020 年年报。

（三）资金运作

表 9-8 显示了截至 2019 年 JBIC 出资和融资累计承诺项目数和金额。JBIC

221

在亚洲的出资和融资累计承诺金额和项目均为最多,金额为 231 495 亿日元,项目数达 11 424 个。例如在印度尼西亚为兰道德达普(Rantau Dedap)地热发电业务提供项目融资、为爪哇 1 号气转电(Jawa 1 Gas-to-Power)项目提供融资,在乌兹别克斯坦为地面数字电视广播设备的出口提供资金支持。

表 9-8 JBIC 承诺项目数和金额(截至 2019 年底累计值)

	承诺项目数(个)	承诺金额(亿日元)
欧洲	3 902	109 906
亚洲	11 424	231 495
非洲	2 375	43 171
大洋洲	1 134	37 046
北美洲	3 047	97 414
南美洲	4 192	106 543

四、日本国际协力银行的业务运行机制

(一) 投资领域

1. 支持日本企业的能源和自然资源业务

能源和自然资源是国家经济发展的基础之一。日本国内的能源资源和矿产资源,与其庞大的经济发展需求相比十分匮乏,不得不依赖海外资源供应。因此,JBIC 主要通过进口信贷等金融业务,支持日本企业在海外资源权益的获取、开发和进口资源等。

进口信贷是指 JBIC 为本国企业进口资源等重要物资提供的贷款,其贷款对象既可以是日本的进口商,也可以是外国的出口商(如图 9-1 所示)。

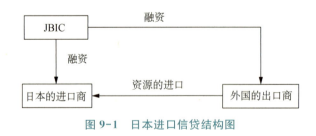

图 9-1 日本进口信贷结构图

2. 支持日本企业对海外基础设施建设的参与

随着新兴市场国家的经济增长和城市化进程加快,全球对基础设施的需求不断增加。但是,由于基础设施项目的长回报周期和高风险,相关项目投资存在供

求不平衡的现象。为了将庞大的海外基建需求转为新的经济增长点,JBIC致力于提供高质量的长期资金以促进基础设施出口,并发展公私伙伴关系(Public-Private Partnership,PPP),进一步调动私营机构投资的积极性。因此,"高质量基础设施伙伴关系"迅速发展并在全球不断扩大。

在JBIC《中期业务计划(2015—2017年)》中,JBIC特别关注电力行业的可再生能源发电项目,同时强调加大社会基础设施项目(如铁路和供水项目)的开发力度。对此,JBIC提出了两个方案:(1)通过股权参与的出资方式,建立公司,从早期项目制定阶段参与海外基础设施项目;(2)与东道国政府定期进行对话,确保海外基础设施项目的可行性。

3. 支持日本中坚及中小企业的海外扩张

日本中坚及中小企业一直是日本海外业务开展的重要组成部分。《2018年度日本制造业公司海外业务调查报告》显示,日本中坚及中小企业的海外扩张率不断增强,在进驻海外的日本企业中,中坚和中小企业的比例从1989年的9.7%提高至2018年的33.2%。新冠肺炎疫情在全球暴发后,日本企业海外扩张的速度有所放缓,为进一步支持日本企业海外扩张,2020年,日本国际协力银行(JBIC)为支持受疫情影响的日本中坚及中小企业的海外业务持续发展,向其提供了2 500亿日元发展资金。

为此,JBIC为资金支持致力于拓展海外市场的日本中坚及中小企业,实施了如下六项措施:(1)融资条件优惠措施的适用;(2)应对几百万至几千万日元的小额融资;(3)以当地货币计价的融资;(4)海外企业收购的支持;(5)与民间金融机构(日本的地方银行、信用金库、大型银行)的合作协调;(6)海外驻在员事务所的有效利用。2012年,JBIC对这些公司作出了34项承诺,到2015年贷款承诺大幅增加至133项,金额高达429亿日元。

具体来说,JBIC通过私人金融机构设立投资信贷额度,加强与日本地方金融机构和租赁公司海外子公司的合作。JBIC还对私人融资进行补充,提供除美元、欧元和日元以外的其他地方货币贷款,如泰铢、印度尼西亚盾和墨西哥比索等,以满足中坚及中小企业开展海外业务时对当地货币资金的需求。

(二)投资特征

由于岛国的地理环境限制和自然资源的相对短缺,日本经济存在国内市场狭小的问题,其战后经济发展主要依托于出口贸易和海外投资的大幅增长。因此,日本是一个外向型经济体。作为日本的政策性金融机构,JBIC主要发挥了对本国企业海外发展的支持作用。因此,JBIC的投资分布上"国际化"程度较高;在大部分年份中,亚洲和欧洲地区是其业务重点,在少数年份中,中东和北美地区的占比显著升高(见表9-9)。JBIC在其业务实践过程中,客观地起到

国际发展融资

了促进发展中国家社会经济发展、稳定国际金融秩序和保护全球环境等辅助作用。

表 9-9　日本国际协力银行承诺资金（贷款、股权投资和担保）地区分布（2015—2019 年）

单位：亿日元、%

地区	2015 年		2016 年		2017 年		2018 年		2019 年	
	金额	占比	金额	占比	金额	占比	金额	占比	金额	占比
亚洲	3 329	14	8 432	38	1 743	15	5 616	33	7 928	47
大洋洲	69	0	111	1	182	2	—	—	25	0
欧洲	5 983	25	5 257	23	600	5	6 694	39	4 151	25
中东	4 276	18	1 342	6	4 040	34	1 514	9	764	5
非洲	149	1	—	—	1 384	12	343	2	53	0
北美	4 936	21	6 058	27	1 806	15	516	3	1 725	10
国际组织等	—	—	149	1	—	—	109	1	216	1
拉美和加勒比	5 073	21	890	4	2 012	17	2 326	14	1 870	11
其他	155	1	154	1	161	1	50	0	53	0
总计[1]		100		100		100		100		100

注：[1]因四舍五入，占比总计约等于 100。
资料来源：JBIC 2020 年年报。

本章小结

本章介绍了主要发达经济体的国别发展融资机构。基于发展历史、发展规模及影响力，本章选取了美国、德国、日本的典型发展融资机构作为代表，展开介绍了发达经济体的国别发展融资机构的基本情况、运作模式、投融资特征及财务表现状况。发达国家的国别发展融资机构的发展多始于二战后，为促进战后的经济恢复及为大型基础设施及投资项目提供融资支持，其发展融资的资金投向既包括国内也包括国外。总体来看，发达国家的国别发展融资机构总体围绕政府的发展目的展开业务，但也会根据自身的盈利需求及战略定位增加或调整投资的领域。在不同的历史发展阶段，国别发展融资机构不断根据本国经济的发展特征及经济全球化的发展不断调整发展定位及发展方向。进入 21 世纪，发达国家的国别发展融资机构的发展总体呈现为投资方向多元化、国际化的趋势。这具体体现为：发展融资机构的投资主体不再局限于基础设施投资，而是广泛包括私人企业支持及社会、民生改善等多方面。同时，发展规模较大的国别发展融资机构开始积极拓展国际业务，通过直接向其他国家及与多边金融机构合作的方式向全球范围内项目提供融资支持。

第九章　发达国家的国别发展融资机构

 关键词

国别发展融资机构；美国国际开发金融公司；德国复兴信贷银行；日本国际协力银行

 简答题

1. 发达国家创立开发性金融机构的主要政治动机和经济动机是什么？
2. 发达国家的开发性金融机构的主要职责是什么？
3. 发达国家国别发展融资机构的主要投资领域及其特征是什么，以及是如何随着其经济发展背景及经济发展进行调整的？
4. 发达国家的代表性开发性金融机构各自运作模式有什么特点，有什么不同之处？

思考题

1. 发达国家的发展融资机构的政策性业务和市场性业务是如何管理的？
2. 发达国家的代表性发展融资机构是如何促进本国企业的出口和对外投资的？
3. 美国国际开发金融公司的变革过程经历了三个阶段，新机构在资金规模、融资工具、治理结构等方面发生较大变化，这个变革过程中的外部影响因素有哪些？
4. 日本开发性融资机构与德国、美国相比，有哪些突出特征？

第十章

发展中国家的国别发展融资机构

如今,国别发展融资机构正在全球很多新经济体萌芽并发展,以填补基础设施、生产制造、出口融资的缺口。许多发展中国家近来也已建立或正在计划建立国别发展融资机构,以应对经济、社会和环境的发展挑战。国别发展融资机构在发展中国家扮演着相当重要的角色,是纠正市场失灵、培育市场和促进结构转型的有效政策工具,其业务范围分为综合发展的多领域和着重聚焦于某一具体市场领域。本章将聚焦于巴西、俄罗斯和印度这三个发展中国家的典型国别发展融资机构,分别介绍其发展历程、运营模式、投资领域、投资特征并总结发展中国家的开发性金融机构的运行特征。

学习目标:

1. 认识国别发展融资机构在发展中国家的经济发展中的地位和作用
2. 了解巴西、俄罗斯和印度的主要发展融资机构的运行机制和特征
3. 了解发展中国家不同的发展阶段对发展融资机构的组织架构、战略定位和商业模式的要求

第一节 发展中国家国别发展融资机构的运行特征

一、发展中国家国别发展融资机构发展历程

国别发展融资机构是通过市场化的手段来实现国家的政策规定,达到社会绩效与经济绩效的双重统一,是为适应制度落后和市场失灵,维护国家金融安全,增强经济竞争力而出现的一种金融形式。国别发展融资机构着力于为国家战略和经济政策服务,肩负促进国家的可持续和竞争性发展,创造就业机会,减少社会和地区不平等现象等职责。

由于发达国家的工业化进程走在世界前列,发达国家的国别发展融资机构设立得比较多,在这一方面积累的经验也较多。总体而言,发展中国家的国别发展融资机构的建设很大程度上也借鉴了发达国家的经验。

第二次世界大战后,发展融资机构在世界范围内快速发展。发达国家为了战后经济复苏,大规模设立国别发展融资机构,发展中国家也不甘落后,抓住机遇,效仿发达国家建立了本国的发展融资机构,以此实现战后经济腾飞,这一时期的发展融资机构与政府关系紧密,主要职责是服务于国家战略。20 世纪 70—80 年代,新保守主义兴起,其最鲜明的特征就是反对国家干预社会经济生活,并且同一时期,部分发展融资机构开始出现亏损状况,所以发展融资机构对于国家的服务发展受到了国际社会的重新审视。这直接导致发展融资机构的发展出现了分化,部分机构启动私有化、商业化改革,或因亏损而重组;部分机构则配合国家战略调整业务重点。而 20 世纪 70—80 年代恰逢发展中国家经济发展的初期,各国需要大力发展基础设施建设和基础行业投资等投资额大、周期长的项目,但此时大部分发展中国家的经济环境脆弱,缺乏有力的财政支持,缺少长期投资经验与人才,因此,部分发展中国家的发展融资机构积极学习发达国家成功经验,以实现自身的可持续发展,但也有部分机构因经营状况不佳而被迫进行重组。

二、发展中国家国别发展融资机构的运行特征

(一)发展中国家国别发展融资机构的治理机制

国别发展融资机构是在政府支持下,以实现国家战略为使命的发展融资机

构,是纠正市场失灵、培育市场和促进结构转型的有效政策工具。

国别发展融资机构的董事会成员中一般有政府代表,比如来自财政部、劳工部、住房部、贸易部甚至中央银行的代表。[1] 为了使发展融资机构运行更加透明、完善机构治理,多数发展融资机构都会定期发布年度报告,向政府、公众、立法机构及时分享内部信息,有的机构甚至会公开资产负债表,这样的信息披露政策对于机构是一种有效治理。

同时,对于大型发展融资机构而言,监管是很重要的一种治理方式。大多数的发展融资机构的权力是分散的,决策、执行、监管都有专门的部门掌控。例如,巴西的发展融资机构巴西国家开发银行,其最高决策机构是咨询委员会。咨询委员会主要关注与巴西开发银行相关的国家宏观经济和社会发展的重大问题。其管理委员会主要致力于规范管理标准,促进机构之间的上下联系,监督和执行高管执行层制定的战略和计划。

(二) 发展中国家国别发展融资机构的资金运行特征

发展中国家国别发展融资机构的资金来源主要包括来自政府的资本金、由WB等其他国际发展机构的转贷款和官方发展援助,政府担保下在资本市场发行的债券,吸收的存款(如印度小型工业发展银行)以及机构自身留存利润等。

从资产情况来看,无论是发达国家还是发展中国家,其发展融资机构都是以中长期贷款为主,这也不难理解,毕竟发展融资机构的存在很大程度上就是为了财政力所不及、商业资金不好介入的开发性领域服务的,而这些领域的开发投资大多属于中长期项目。例如2014年,巴西国家经济社会发展银行执行政府的中长期投资信贷政策,贷款占总资产的69.05%,俄罗斯相关法规明确要求俄罗斯开发和对外经济银行的贷款应以期限为三年以上的中长期贷款为主,比例不低于80%。[2]

为了更好地服务国家战略、同时兼顾机构自身的发展,发展中国家的发展融资机构会进行股票、债券等金融资产投资、开展股权投资类业务,以此来提高资金流动性和盈利性,多元化服务于国家战略。2014年俄罗斯开发和对外经济银行的金融资产投资占资产15%。

从负债情况来看,发展中国家的发展融资机构普遍以政府性资金作为重要资金来源。尽管发达国家的发展融资机构也会吸收政府资金作为资金来源的渠道,但是这种现象在发展中国家更为明显。由于发展中国家的市场还未充分成熟,多元化、多渠道地吸收资金对大部分发展中国家来说还是较为艰难的,很难调动民间投资的积极性,所以发展中国家融资机构的政府性资金占负债的比例一般会高

---

[1] 于换军,姚云. 开发性金融机构公司治理的国际经验与借鉴[J]. 银行家,2017(10):112—114.
[2] 杨云杰. 国际开发性金融机构资产负债比较研究[J]. 开发性金融研究,2016(1):36—41.

第十章 发展中国家的国别发展融资机构

于发达国家。俄罗斯开发和对外经济银行政府性资金的来源包括政府借款和俄罗斯国家福利基金的存款,政府性资金占负债的比例接近25%。

(三) 发展中国家国别发展融资机构的业务运行特点

发展中国家发展融资机构是发展中国家经济改革的重要产物,服务于国家经济战略和政策目标。对于发展中国家而言,长期项目的融资不足、中小企业存在资金缺口等问题十分棘手,仅仅凭借商业银行解决这类资金匮乏的问题是很难实现的。但这将很大程度上限制国家经济的健康稳步发展,甚至会导致国内的经济环境恶化。所以,国别发展融资机构在发展中国家的经济运行中显得尤为重要,它将财政力所不及、商业资金不好介入的开发性领域培育为市场成熟、商业可持续的领域,坚持以中长期投融资促进重点领域、重大项目建设。[1] 例如,巴西国家开发银行、俄罗斯国家开发集团的投资重点领域都为国家的基础设施建设。巴西国家开发银行在基础设施领域投入资金约占总投资金额的50%左右,俄罗斯国家开发集团在该领域的投资占比约为40%,主要用以支持国内的电力、天然气、交通运输、物流等行业的发展。基础设施建设对于发展中国家的经济发展、机会创造起着关键性作用,发展融资机构作为为国家战略服务的机构更是将投资基础设施领域作为机构的重点业务范围。

另外,支持中小企业、扶持高科技产业和创新部门也是发展中国家发展融资机构投融资的重点领域。为了缩小和发达国家之间的差距,发展中国家需要大力发展高科技产业,提高生产效率,减少对发达国家的进口依赖。由于高科技产业投入资金较多、收益回报存在不确定性,但对于国家经济实力的提升意义重大,所以也成为发展融资机构的重点支持领域。中小企业作为国家经济中的重要组成部分,也受到了政策扶持,印度小型工业发展银行便是一个很好的例子。

发展中国家国别发展融资机构在业务运行中注重政府政策与市场的相互结合,促进服务国家战略与自身发展有机统一,保证中长期大项目的持续推进,协助国家经济平稳健康发展。

三、发展中国家国别发展融资机构的国际竞争力

若将开发性金融机构的绝对规模分成超大型(超过1 000亿美元)、大型(介于100亿至999亿美元)、中型(介于10亿至99亿美元)和小型(小于10亿美元)这四个级别,则巴西国家开发银行属于超大型机构,俄罗斯国家开发银行和印度小型工业发展银行属于大型机构。

---

[1] 邹立行.怎样看待开发性金融[J].新理财,2020(1):35—37.

发展中国家的国别发展融资机构,大多数只关注国内业务,例如巴西国家开发银行、俄罗斯国家开发银行和印度小型工业发展银行;少数涉及国际业务,例如中国的国家开发银行和进出口银行等机构在主要服务于国内相关领域外,也服务于其他发展中国家。

与美国国际开发金融公司、德国复兴信贷银行和日本国际协力银行等发达国家的开发性金融机构相比,发展中国家的开发性金融机构的国际信用评级明显较低,印度小型工业发展银行甚至未获得三大国际信用评级机构的评级。这直接影响其筹集资金的能力和成本,从而影响国际竞争力,详见表10-1。

表10-1 发展中国家国别发展融资机构的运行规模和长期信用评级(2020年)

机构	运行规模	信用评级		
		标准普尔	穆迪	惠誉
巴西国家开发银行	超大型	BB—	Ba2	BB—
俄罗斯国家开发银行	大型	BBB—	Baa3	BBB
印度小型工业发展银行	大型	三大国际评级机构未对其作出信用评级[1]		

注:[1]印度小型工业发展银行的信用评级由印度信用评级机构 Credit Rating Information Services (CRISIL Ltd.)和 Credit Analysis & Research Ltd. (CARE)作出,印度主要信用评级机构还有 ICRA Limited, India Ratings and Research Pvt Ltd. , Brickwork Ratings India Pvt Ltd. , SMERA Ratings Limited. ,以及 Infomerics Valuation and Rating Pvt Ltd. 。

资料来源:各发展融资机构及国际评级机构官网,
https://www.bndes.gov.br/SiteBNDES/bndes/bndes_en/Institucional/Investor_Relations/rating_bndes.html,
https://www.fitchratings.com/entity/banco-nacional-de-desenvolvimento-economico-e-social-bndes-80089767,
https://veb.ru/en/press-center/48087/。

第二节 巴西国家开发银行

一、巴西国家开发银行的发展历程

巴西国家开发银行(Brazilian Development Bank, Banco Nacional de Desenvolvimento Econômico e Social, BNDES)发展历程与巴西二战后的发展轨迹紧密相关,对促进巴西经济社会转型和经济发展发挥了巨大作用。

(一)初始阶段(1952—1982年)

BNDES的雏形为巴西经济发展银行(Banco Nacional de Desenvolvimento Econômico, BNDE),成立于1952年6月20日,最初是一个政府机构。早期,

BNDE 主要是为基础设施建设项目提供资金。进入 20 世纪 60 年代,BNDE 开始为国内消费品行业的发展提供资金支持。1971 年 6 月 21 日,BNDE 改制为国有公司,除政治干预减少外,它在筹集和投资资金方面拥有更大的灵活性。到了 20 世纪 70 年代,BNDE 在"进口替代"计划中发挥了重要的作用,推进了石油化工等工业领域的发展,促进了本国 IT 和微电子等技术产业发展,并促使巴西成为拉丁美洲工业部门较为完整的国家。1974 年,经济发展银行成立了三个子公司,目的是为本国的私有企业提供融资支持,扩大融资渠道。这三家公司于 1982 年合并,并更名为 BNDESPAR,以全新子公司形式运营。

(二) 快速发展阶段(1982—2008 年)

1982 年,BNDE 更名为 BNDES,开始更为广泛地参与推动经济发展和解决社会问题。20 世纪 80 年代,BNDES 鼓励巴西公司在国内市场上与进口产品竞争,并刺激巴西能源出口,以及扩大农业生产规模。1984 年,为促进巴西国际收支平衡,BNDES 发起了"出口增长计划(PROEX)"。BNDES 还负责巴西私有化计划的行政、财务和技术支持,并协助出售自 1991 年开始的大型国有公司。同时,它通过对巴西欠发达地区的大量投资以及对微型、中小型公司出口的支持,发挥其在区域分权中的作用。1995 年开始,BNDES 通过投资电影制作和保存巴西历史和艺术遗产来支持文化部门。2006 年后,它对文化经济的投资已系统化,并为生产链的各个阶段提供了资金。自 2003 年,BNDES 开始参与大规模的"国家冠军"计划,旨在大规模支持各行各业的企业成为行业冠军。

(三) 职能进一步扩大(2008 年至今)

2008 年全球金融危机爆发后,公共银行特别是 BNDES 按照政府的要求,充分发挥逆周期的调节作用对经济进行支持。2009 年 BNDES 得到巴西国库资金的大力支持,这种支持一直持续到 2015 年。进入 21 世纪以来,BNDES 加大了对大型基础设施、物流项目的支持力度。BNDES 成为巴西重大基础设施项目的重要推动者。2016 年,BNDES 通过与公共管理部门和私营部门签署伙伴协议等形式参与到巴西重大基础设施投资计划中,并扮演着联邦政府基础设施投资伙伴计划的代理人角色。另外,BNDES 还向符合可持续发展标准的领域提供金融产品和服务,管理着三只专门由亚马逊基金、巴西商船基金以及气候基金组成的三只"绿色基金"。

二、巴西国家开发银行的运营模式

作为世界上最大的开发性金融机构之一,BNDES 不断加强顶层设计,完善公司

治理结构,主要依赖政府融资,履行服务经济社会发展、改善人民生活水平的职责。

(一) 职责

BNDES 的总体职责是促进巴西经济的可持续和竞争性发展,创造就业机会,同时减少社会和地区不平等现象;其现阶段的主要职责是推动创新,促进社会环境发展以及地方和区域发展,并优先支持巴西欠发达地区发展。

(二) 组织架构

BNDES 最高决策机构是咨询委员会。咨询委员会主要关注与 BNDES 相关的国家宏观经济和社会发展的重大问题,向行长提供有关政策及建议,核准一些包括公司治理在内的制度,就财务状况发表意见,但是委员会成员不参与 BNDES 的政策执行。咨询委员会由 11 位成员组成,其中 1 名来自劳工部,1 名来自财政部,1 名来自外交部,1 名来自外经贸部,3 名来自计划规划部,1 名由 BNDES 员工直接选举产生,另外 3 名是独立成员,由计划规划部任命。

咨询委员会下设有财政委员会、审计委员会、管理委员会等。财政委员会由三名成员组成,两名成员由国家计划规划部门任命,一位由财政部任命,它负责监督 BNDES 的合规经营管理和法定职责履行,对财务状况进行评估及发表意见。审计委员会由咨询委员会任命的三名成员组成,负责聘用和解雇独立审计师,审核半年度财务报表,包括解释性说明、管理报告和独立审计报告,评估独立和内部审计的有效性。管理委员会主要致力于规范管理标准,促进机构之间的上下联系,监督和执行高管执行层制定的战略和计划,管理委员会共有 7 个下属小组委员会对管理层提供决策支持。

(三) 资金运作

1. 资金来源

BNDES 的资金主要来自政府部门。第一是财政资金。自 2010 年以来,随着转贷款业务规模的扩大,国库资金作为主要的资金来源,一度达到 50% 以上。第二是劳工救济基金。从 1990 年开始,劳工救济基金成为 BNDES 的主要资金来源之一。2019 年,BNDES 中来自劳工救济基金的资金余额总计 2 903.40 亿雷亚尔,占 BNDES 负债总额的 39.9%。第三是国际融资,包括发放债券和国际组织合作等。第四是权益性资金,即资本金,2018 年末该部分资金来源占全部资金来源的 9.9%。

2. 资金使用

从支持的行业来看,BNDES 投资的领域主要集中在基础设施、工业企业、贸易和服务业、农业和畜牧业。从支持的企业规模来看,BNDES 支持大型企业笔数少,单笔金额高;而对中小微企业的支持笔数多,单笔金额小。

三、巴西国家开发银行的投资领域及投资特征

(一)巴西国家开发银行的投资领域

1. 支持基础设施发展

支持基础设施建设一直是 BNDES 的主要投资领域之一,在基础设施领域投入资金约占总投资金额的 50%,主要用以支持巴西的电力、天然气、交通运输、物流等行业的发展。在过去近十年中,BNDES 通过深度参与巴西政府的两大投资计划——加速增长计划(PAC)以及物流投资计划(PIL),帮助巴西突破基础设施和物流的发展瓶颈。另外,BNDES 利用自身优势,通过联合融资和间接信贷的方式,吸引和撬动了更多的民间资本进入基础设施领域,推动 PPP 模式在基础设施建设项目中的广泛应用。截至 2019 年底,BNDES 投入基础设施领域的资金占总投资额的 54.8%。

2. 推动贸易和服务业建设

在贸易方面,BNDES 大力支持本国产品出口,这不仅能够给巴西国内带来外汇收入和就业机会,还有利于巴西公司提高生产力和增强市场竞争力。在 2018 年,BNDES 为出口支付了 42 亿雷亚尔,在装运后的业务中支付了 39 亿雷亚尔,用于销售产品和服务,并在装运前业务中支付了 2.67 亿雷亚尔,以资助货物和服务的生产。在服务业方面,BNDES 通过开发项目和向公共实体提供咨询服务,支持私有化项目。

3. 加强对农业领域的支持

BNDES 对农业的支持主要体现在以下三个方面:首先,支持农场的发展。BNDES 主要依照巴西农业畜牧业政策和收获计划来实施支持计划,如 2011 年提出低碳农业计划以及 2013 年提出仓储设施改扩建计划来支持农场发展。其次,支持巴西动物蛋白产业。虽然巴西动物蛋白出口具有较大的优势,但是仍然存在单个规模小、成本高、出口卫生安全障碍等问题。BNDES 为农业合作社以及大型出口商提供资金支持,支持动物蛋白产业发展。最后,支持农业科技领域发展。例如,BNDES 为甘蔗产业技术革新提供融资支持。

4. 助力巴西工业发展

BNDES 对工业的支持范围包括:支持基础设施建设的运输设备、食品生产及加工行业、汽车零部件、化学、冶金及开采工业等。在工业支持领域中,运输设备资金占比最大,约占 30%。2019 年,BNDES 为工业所提供的资金支持中,运输设备占比达 34%。

（二）巴西国家开发银行的投资特征

1. 投资目的

BNDES的投资以提升巴西国家经济实力，改善人民生活水平为目的。具体体现为：贯彻政府的政策意图，支持基础设施建设；弥补市场调节的不足，以较低利率支持中小企业发展；促进巴西经济结构转型，努力走出"中等收入陷阱"的困境；发挥逆经济周期的作用，减少经济波动风险。

2. 投资重点

从投资的领域来看，显而易见，基础设施建设仍然是BNDES最重要的投资方向，资金占比约占总投入资金的50%，其次是贸易和服务业、工业和农业，资金占比分别约占总投入资金的20%、20%、10%。从投入资金的利率特征来看，BNDES贷款大多采用了在BNDES长期利率（TJLP）基础上加点定价的方式，最终利率水平仍然远低于本国长期利率水平。从贷款期限来看，据统计，BNDES所发放的贷款多在8—15年之间。

四、巴西国家开发银行的财务运行机制

（一）业务规模

2014—2020年，BNDES的总资产和总负债总体是下降的，股东权益呈上升趋势。其中，总资产从2015年的9 306亿雷亚尔降至2020年的7 783亿雷亚尔；股东权益从2014年的307亿雷亚尔升至1 130亿雷亚尔（见表10-2）。总资产下降的一部分原因是BNDES出售Petrobras、Vale、Rede Energia等公司的股份；另一部分原因是其提前偿还了国家财政部的1 000亿雷亚尔债务。

表10-2 巴西国家开发银行资产负债表（2014—2020年）

单位：百万雷亚尔

项目	2014年	2015年	2016年	2017年	2018年	2019年	2020年
现金和现金等价物	7 879	35 403	54 771	112 549	83 447	51 367	97 121
证券	152 005	143 082	159 150	154 404	171 129	186 820	188 506
贷款和转贷款	651 207	695 378	610 917	548 037	497 089	441 841	1 446 946
国库授信	26 163	7 834	5 560	4 027	3 110	1 927	1 334
投资	16 388	14 357	12 607	13 386	11 461	9 093	11 014
其他资产	23 577	34 522	33 132	35 114	36 291	37 118	33 421

续表

项目	2014 年	2015 年	2016 年	2017 年	2018 年	2019 年	2020 年
总资产	877 219	930 576	876 137	867 517	802 527	728 166	778 342
国库借款	506 215	523 737	439 763	415 988	307 009	199 747	195 259
劳工保障基金	195 460	220 665	232 732	250 250	271 691	290 340	314 989
员工分工计划存金	33 617	33 732	34 969	27 699	20 479	20 061	—
外部融资	41 280	56 542	39 611	39 857	38 723	28 761	35 398
其他政府融资	29 040	36 590	34 312	34 397	37 472	36 543	39 762
回购协议	23 083	—	—	5 297	8 164	4 768	40 522
农业综合企业信用证	1 380	6 498	7 511	2 278	2 993	2 499	1 004
BNDESPAR 债券[1]	4 073	3 554	2 675	1 891	1 963	—	—
其他负债	12 333	18 265	29 388	27 024	34 477	40 636	38 405
股东权益	30 738	30 993	55 176	62 836	79 556	104 811	113 003
股东权益和总负债	877 219	930 576	876 137	867 517	802 527	728 166	778 342

注：[1]BNDESPAR 是巴西国家开发银行的子公司，它共有三家子公司：FINAME、BNDESPAR 和 BNDES。
资料来源：BNDES 2014—2020 年年报。

（二）财务可持续性

表 10-3 显示了 2014—2020 年 BNDES 盈利性指标的变化，受新冠肺炎疫情影响，2020 年 BNDES 的盈利性能力比上年显著下降。首先是净收入。2015—2019 年，净收入水平保持平稳且在 2019 年有显著上升，比上年增加了 164%。利润大幅度增加的部分原因是其作为金融中介业务带来的利润增长，另外是出口担保基金收回的信贷等。其次，ROA 与 ROE 也是衡量其总体盈利能力的重要指标。2015—2018 年，BNDES 的 ROA 小幅稳步上升，2019 年度激增至 2.47%，然后在 2020 年下降。相比之下，BNDES 的 ROE 在这七年当中变化较大。2015—2018 年，BNDES 的 ROE 持续下降，这是因为 BNDES 自 2015 年起开始偿还财政来源的资金，截至 2018 年末，BNDES 共向联邦政府偿还了 3 100 亿雷亚尔的资金。外部负债减少，导致自身盈利能力下降。2018—2019 年受益于金融中介业务及出口担保基金带来的利润增加，ROE 呈现大幅度上升趋势。ROE 在 2020 年也下降了。

资本充足率和不良贷款率反映了开发性金融机构的风险控制能力。2014—2020 年，BNDES 的资本充足率呈现出逐年上升趋势，反映了其较强的偿债能力，同时不良贷款率在 2014—2019 年有所上升，但随着 2019 年的内部改革而重新降低。2020 年，BNDES 的不良贷款率保持在了一个理想的水平，这为 BNDES 持续推动巴西经济发展提供了保障。

表 10-3　巴西国家开发银行盈利性指标和资本充足率(2014—2020 年)

单位:百万雷亚尔、%

项目	2014 年	2015 年	2016 年	2017 年	2018 年	2019 年	2020 年
净收入(百万雷亚尔)	8 594	6 199	6 392	6 183	6 711	17 721	20 681
ROA(%)	1.03	0.67	0.71	0.72	0.83	2.47	2.93
ROE(%)	17.88	27.47	14.78	12.97	12.80	28.64	26.55
盈利性资产息差率[1](%)	1.96	2.52	3.06	1.94	1.71	1.57	1.99
净利差[2](%)	2.48	3.25	3.20	2.07	1.75	1.44	1.59
效率指数(行政支出/总资产)(%)	0.23	0.23	0.25	0.26	0.27	0.31	0.30
杠杆率(%)	28.5	30.0	15.9	13.8	10.1	6.9	6.9
资本充足率(%)	15.89	14.74	21.70	27.51	29.01	36.78	41.19
不良贷款率(%)	0.01	0.02	2.43	2.08	2.95	2.77	0.01

注:[1]盈利性资产息差率(Net Interest Margin)=净利息收入/盈利性资产,表示盈利性资产的净利息回报率;
[2]净利差(Net Interest Spread)=盈利性资产产出率-付息资金成本率,代表盈利性资产中的收付利息资产的净收益率,大致反映边际盈利性资产的回报率。
资料来源:BNDES 2014—2020 年年报。

第三节　俄罗斯国家开发集团

一、俄罗斯国家开发集团的发展历程

俄罗斯国家开发集团(ВЭБ. РФ, VEB. RF)是俄罗斯第一家真正意义上的开发性金融机构,其使命是推动俄罗斯经济长期发展,同时它也成为俄罗斯政府管理和发展经济的政策性金融工具。

VEB. RF 成立于 1922 年,成立之初名为俄罗斯商业银行(Ruskombank),是苏联第一家国际银行。1924 年,它更名为苏联外贸银行(Vneshtorgbank of the USSR)。苏联外贸银行是一家服务于外贸业务的专业股份银行,其股东包括苏联财政部、苏联国家银行、苏联外贸部、全苏消费合作总社。代理关系是银行服务于外贸的传统方式,代理工作也成为苏联外贸银行的重要工作。截至 1987 年,苏联外贸银行在国外有近 1 900 家银行代理。

随着苏联对外经济关系体制改革的深入推进,经济贸易的发展,1988年,苏联外贸银行又更名为苏联对外经济银行(Vnesheconom Bank of the USSR),负责苏联整个经济领域的国际结算、信贷业务,包括:与外国银行签订关于国际结算、划拨清算,获得或提供贷款以及获得或提供贷款条件及方式的协议;对苏联和外国组织的债务提供担保;向本国外贸组织或者其他经济组织提供贷款及外汇贷款;进行贸易及非贸易性质的苏联国际结算业务;从国外银行或经济组织获得或者向其提供贷款。苏联对外经济银行极大程度上促进了本国的对外经济贸易发展。

1998年,俄罗斯爆发金融危机,殃及银行体系、资本市场等领域。导致这场经济危机产生的原因便是俄罗斯的银行在经营和发展战略上偏离长期经济发展要求,支持实体经济的信贷资金不足以及国家对银行的控制力度不够,这使得银行很难有效服务于国家的经济发展战略。危机爆发后,俄罗斯政府开始考虑对银行业进行改革,重视政策性金融工具在国家经济发展中的作用。2007年对外经济银行、俄罗斯发展银行和俄罗斯进出口银行合并为国家集团"俄罗斯开发和对外经济银行"(VEB),这也标志着俄罗斯有了真正意义上的国家开发性金融机构。VEB的使命是推动俄罗斯经济长期发展,将通过优先支持下游产业、高科技领域、出口和基础设施开发来保障经济增长。当市场机制和其他开发机构失灵时,VEB将通过提供长期贷款和专家支持来扶持发展出现瓶颈的领域。同时,VEB也是俄罗斯吸引外资、发挥地区影响力、参与国际竞争的重要工具。

2018年,俄罗斯开发和对外经济银行(VEB)正式更名为俄罗斯国家开发集团(VEB.RF),这意味着它将实施转型并拥有新使命。VEB.RF的任务是推进广泛的社会经济发展目标,包括经济多元化、减少对原材料的依赖、发展现代城市经济、出口发展、创新支持和提高劳动生产率等。VEB.RF实施项目旨在克服基础设施增长的限制,升级和促进非原材料的经济部门,鼓励创新,出口高科技产品,设立经济特区项目,实施环境保护项目以及为小型和中型企业提供支持。

二、俄罗斯国家开发集团的运营模式

(一) 宗旨与职能

VEB.RF是俄罗斯的主要融资机构,其宗旨是提高俄罗斯经济的竞争力和多元化,致力于实施政府的社会经济政策,提高国家经济的竞争力,利用创新实现国家经济的现代化,为俄罗斯的利益提供了一个实现战略目标的有效体系。

作为国家的融资发展机构,VEB.RF在向客户提供资金方面不会与商业银行

和金融机构竞争,并优先考虑基础设施项目,专注于技术和产业创新等投资项目。这些项目通常不具备商业银行和其他非专业市场投资者可接受的融资条件。这也是 VEB. RF 区别于商业银行的地方,VEB. RF 以贷款,承销,投资和担保业务等形式向企业提供各种类型的中长期资金支持,为长期经济发展项目提供广泛的使用资金。VEB. RF 通过对基础设施建设、出口以及高科技领域的下游产业的支持,为俄罗斯的长期社会经济发展做出贡献。VEB. RF 不仅参与基础设施和工业领域的大型项目的融资,而且还参与旨在改善国民生活质量的项目。为此,VEB. RF 与一些政府机构、市场机构进行密切合作。VEB. RF 投资项目的另一个优先领域是下游产业和高科技生产,包括:化工和石化产品生产、数字化产业和生产高科技机械设备。VEB. RF 为促进新技术开发的项目提供资金,包括俄罗斯经济现代化和技术发展国务院的优先项目;追求国家技术倡议目标的项目以及为俄罗斯技术支持的项目;国防工业制造商生产的高科技民用产品。

作为俄罗斯政府的代理人,VEB. RF 管理俄罗斯联邦的债务,主权国家、金融机构和商业实体欠俄罗斯联邦债务在内的外国金融资产。VEB. RF 的一个分支国家信托管理公司(STMC)负责管理未将其储蓄转移到私人养老基金或私人资产管理公司以及选择 VEB. RF 作为养老基金管理者的那些俄罗斯公民的养老金储蓄。根据最新公布的 VEB. RF 发展白皮书显示:VEB. RF 管理着约 3 900 万俄罗斯公民的养老基金,总额达 1.7 万亿卢布。

(二) 组织结构

VEB. RF 的管理机构为监督委员会、管理委员会和主席。VEB. RF 主席由俄罗斯联邦总统任命,任期最长为五年。主席负责管理 VEB. RF 的日常运营,包括批准任何涉及 VEB. RF 股权 2%(约 1.91 亿美元)的交易。

监督委员会是 VEB. RF 的最高管理机构。监督委员会主席是俄罗斯联邦总理(现为 Mikhail Mishustin)。其余八名成员由俄罗斯政府任命,其中包括 VEB. RF 主席(现为 Igor Shuvalov),他也是管理委员会的成员。监督委员会成员的任期为五年。监督委员会的主要任务是确定 VEB. RF 的主要工作领域并批准制定 VEB. RF 发展战略;确定 VEB. RF 投资和贷款活动的适用范围;批准任何金额等于或超过 VEB. RF 股权 10%(约 9.61 亿美元)的交易(或相关交易);决定在国内外金融市场投放 VEB. RF 债券或其他发行级证券;决定批准将部分 VEB. RF 的资产无偿转移至俄罗斯联邦国库;审批 VEB. RF 的年度报告、收入和支出财务计划以及独立的外部审计员,并任命 VEB. RF 的内部控制处处长;对非营利组织的设立、重组和清算作出决定;决定设立和清算分支机构,批准分支机构条例。

VEB. RF 的管理委员会由 VEB. RF 主席和监督委员会任命的 8 名成员组成。

管理委员会是 VEB. RF 的执行机构。管理委员会的主要权力包括:编写 VEB. RF 的主要业务领域、投融资活动范围以及政府对 VEB. RF 的支持措施有关的建议,并提交监督委员会,审议;编制 VEB. RF 收支(预算)财务计划并报监督委员会批准;批准涉及 VEB. RF 股权 2%—10%(约 1.91 亿—9.56 亿美元)的任何交易(或相关交易);审查 VEB. RF 的年度报告并提交监督委员会批准;决定设立和关闭代表机构,批准代表机构的规定;就投资项目的融资做出决策等。

VEB. RF 主要有三种职能,分别作为俄罗斯发展机构、俄罗斯政府的代理人和俄罗斯联邦的保管人。VEB. RF 作为俄罗斯联邦的保管人主要是指充当各种俄罗斯和外国证券的保管人。VEB. RF 以此身份为客户提供一系列的存管、结算、信息和托管服务。

(三)资金运作

据表 10-4,2020 年,VEB. RF 拥有总资产 34 060 亿卢布(按 2020 年平均汇率计约合 474.23 亿美元),总负债 27 170 亿卢布(约合 378.30 亿美元)以及 11 690 亿卢布的贷款组合(约合 162.76 亿美元)。VEB. RF 的筹资模式表明是市场工具和国家提供的资源的混合,这种筹资模式与大多数明确旨在实现特定目标的发展机构是类似的。发展融资机构的资金主要来源于其他公共机构和市场主体,既接受政策化影响,也参与市场化模式。其将所筹措的资金用作长期大额贷款,以此支持各经济部门的活动。VEB. RF 享受国家提供的不同方式的资金支持。VEB. RF 还主要通过以下方式吸收资金:(1)俄罗斯政府的联邦预算,其形式为资本捐款,可用于所有一般公司用途;(2)俄罗斯联邦中央银行(CBR)和俄罗斯政府(主要使用国家财富基金的资金)以定期存款的形式取得资金,但只能用于特定的融资项目。

表 10-4 俄罗斯国家开发银行的资产负债表(2014—2020 年)

单位:十亿卢布

项目	2014 年	2015 年	2016 年	2017 年	2018 年	2019 年	2020 年
总资产	3 886	4 382	3 573	3 376	3 362	3 177	3 406
其中:							
贷款组合总额[1]	2 845	2 580	1 905	1 784	1 562	1 129	1 169
总负债	3 507	3 902	3 018	2 980	3 078	2 750	2 717
总权益	379	481	556	396	284	428	689

注:[1]减值准备后的金额。
资料来源:VEB. RF 2014—2020 年年报。

三、俄罗斯国家开发集团的投资领域及投资特点

(一) 投资领域

由于VEB.RF旨在提高俄罗斯经济的竞争力和多元化,所以其投资重点聚焦于基础设施、创新产业和高附加值产品出口领域。

1. 基础设施

基础设施是VEB.RF最重要的投资领域。基础设施建设是经济发展的基石且基础设施建设项目的投资金额大、工程周期长、资金回报周期也较长,这也导致能够对基础设施建设进行投资的机构稀缺。而VEB.RF作为国家发展机构,无疑是要在这一领域进行大力投资。在"VEB.RF 2024新商业模式"中(VEB.RF's 2024 Business Model)明确提出将有40%的投资流入该领域。

2018年,VEB.RF参与修复M-4号联邦高速公路项目,承诺投资20.43亿美元。该项目涉及从顿河畔罗斯托夫到克拉斯诺达尔的M-4号联邦公路228公里路段的全面规划、修复、维护和收费运营。同年,VEB.RF投资4亿美元于西西伯利亚石化设施建设项目中。该项目将建设一个绿色、高科技设施,以生产高档、高附加值的聚合物产品,年生产能力可达150万吨聚乙烯和50万吨聚丙烯,以此满足俄罗斯不断增长的石化产品需求。与此同时,通过建设和扩大加工和运输基础设施,建立西伯利亚西部石化产业集群的垂直一体化模式。

2. 创新产业

VEB.RF为促进新技术的发展,需要寻求具有商业潜力的项目,在业务启动阶段和项目草案准备就绪时接受专家评议,并在项目草案准备就绪的情况下,支持项目发展成熟的商业模式,为创新产品和服务的推出和扩大规模提供财政支持。例如在航天科技领域,VEB.RF曾与联邦航天署在新航天技术研发和生产项目上开展合作,与"天然气工业集团太空体系"集团签署合作协议发展国产卫星制造和太空基础设施。[1] 此类项目的开展极大促进了俄罗斯高新科技的发展,减少对高技术的进口依赖,增加就业,提高国民的生活质量。

3. 高附加值产品的出口领域

为了增加俄罗斯的对外出口产品,特别是具有高附加值的出口产品,VEB.RF采取多种形式支持国家出口,例如提供高技术产品的出口信贷和买方信贷,提供担保和开立信用证。另外,VEB.RF还通过俄罗斯出口中心(REC)支持俄罗斯非资源出口。主要支持的出口领域包括国防工业产品、电力工程、航空制造、交通、核电行业和能源机械制造等。

---

[1] 潘成龙.解析俄罗斯开发与对外经济银行的建立与实践[J].俄罗斯研究,2013(4):132—149.

据表 10-5,若将 VEB. RF 给予贷款的行业细分一下,从 2019—2020 年的数据来看,投资最多的便是制造业(含重机械),其占比超贷款总额的 30%;其次是金融业,占比为贷款总额的 13%—20%。

表 10-5 俄罗斯国家开发银行贷款行业/去向构成(2019—2020 年)

单位:十亿卢布、%

贷款去向	2019 年		2020 年	
	金额(十亿卢布)	占比(%)	金额(十亿卢布)	占比(%)
制造业(含重机械)	490.3	30.89	490.8	31.33
金融	211.4	13.32	306.9	19.59
州	281.8	17.76	174.6	11.14
农业	156.3	9.85	143.3	9.15
房地产和建筑业	135.4	8.53	123.4	7.88
电力能源	59.9	3.77	65.5	4.18
贸易	33.8	2.13	42.7	2.73
采矿	34.4	2.17	42.6	2.72
外国的州	34.1	2.15	38.5	2.46
石油和天然气	51.4	3.24	32.8	2.09
交通	31.0	1.95	28.4	1.81
冶炼业	18.4	1.16	21.6	1.38
制药	15.9	1.00	15.5	0.99
个人	10.2	0.64	11.9	0.76
通信	6.5	0.41	5.3	0.33
科学和教育	1.4	0.09	1.5	0.10
物流	0.3	0.02	1.5	0.10
其他	14.6	1.92	19.9	1.27
总计	1 587.1	100.00	1 566.7	100.00

资料来源:VEB. RF 2020 年独立审计报告。

(二) 投资特点

VEB. RF 与普通商业银行和金融机构有所不同,它更多是站在国家战略的角度上,其主要目标是通过协调发展机构的活动,促进国家社会和经济的长期发展。具体而言,VEB. RF 的投资活动旨在克服基础设施增长限制,促进非原材料经济部门的发展和升级,鼓励创新,促进高科技产品出口,在经济特区开展项目,实施环境保护项目以及支持中小企业发展。为此,VEB. RF 积极参与有助于实体经济基础设施和高科技产业发展的各种大型投资项目,以及促进从事单一活动领域的城市发展的投资项目。

从地理分布上看,这些项目集中在俄罗斯服务水平欠发达的地区,包括远东联邦区的71%(约837万人口,符拉迪沃斯托克行政中心)和西伯利亚联邦区的21%(约1 717万人口,新西伯利亚行政中心)。

从贷款主体上看,其主要服务对象是私营企业,2019—2020年它所获贷款是VEB.RF贷款总额的65%以上(见表10-6)。

表10-6 俄罗斯国家开发银行贷款主体构成(2019—2020年)

单位:十亿卢布、%

贷款主体	2019年		2020年	
	金额(十亿卢布)	占比(%)	金额(十亿卢布)	占比(%)
私营企业	1 037.0	65.34	1 032.6	65.91
国有企业	160.5	10.11	239.9	15.31
州	281.8	17.76	174.6	11.14
外企(companies under foreign state control)	63.0	3.97	68.3	4.36
外国(foreign states)	34.1	2.15	38.5	2.46
个人	10.2	0.64	11.9	0.76
地方政府(regional authorities)	0.2	0.01	0.5	0.03
个体企业家	0.3	0.02	0.4	0.02
总计	1 587.1	100.00	1 566.7	100.00

资料来源:VEB.RF 2020年财务报告。

第四节 印度小型工业发展银行

一、印度小型工业发展银行的运营模式

(一)宗旨与职能

印度小型工业发展银行(Small Industries Development Bank of India, SIDBI)是根据印度议会法案于1990年4月2日成立的。SIDBI的股份由印度政府、中央政府、保险公司等22家机构所持有。印度政府持股15.4%,印度国家银行持股16.73%,印度国家银行是SIDBI最大股东,其次是印度政府和印度人寿保险公

第十章 发展中国家的国别发展融资机构

司。SIDBI是促进小企业发展的主要金融机构,旨在对印度小型工业企业起到促进、发展和融资的作用,其使命是促进和加强对小型企业的信贷流动,并解决小型企业生态系统中的资金和发展缺口。SIDBI不仅关注企业的现代化需求,帮助它们在其全部目标范围内获得竞争优势,而且还关注到了小型工业企业的最一般的需求。随着印度中小企业的崛起,这些企业已经成为印度整个工业企业中不可或缺、至关重要的一部分,也在生产、就业和出口方面为印度经济做出巨大贡献。与此同时,SIDBI也已经扩大了其经营活动范围以帮助小型工业企业应付不断出现的挑战。发挥作为促进、融资及发展小型工业企业的主要金融机构以及为协调那些从事于促进、融资和发展小型工业企业的金融机构的功能。

SIDBI主要通过以下方式来执行对小型企业的促进、发展和融资:(1)间接借贷,通过银行、金融科技公司、非银行金融公司等为小型企业提供更大范围的融资。(2)直接贷款,填补中小企业部门现有的信贷缺口,并通过示范性和创新性贷款产品进行,可以通过信贷传递生态系统进一步扩大规模。(3)通过基金渠道支持新兴创业公司。(4)促进信贷发展,通过信贷增值倡议,促进企业家精神并扶持新兴的企业家,以促进中小企业部门(MSME)的全面发展。

SIDBI为小型企业所提供援助计划的目的包括新项目的建设、企业扩张、多元化经营、技术更新、企业现代化进程、质量的提高、环境的管理、市场的占有以及危困企业的复苏。在它的经营战略上,SIDBI侧重于加大小型工业企业融资援助量和提高各级层次的小型工业企业应用现代技术能力。[1]

(二)组织架构

SIDBI在印度政府金融服务部下运作,是由印度储备银行监管的四家印度金融机构之一,总部位于勒克瑙,在全国各地设有办事处。SIDBI董事会由9名成员组成,成员构成主要由印度政府、印度国家银行、印度人寿保险公司、国家农业和农村发展银行等机构提名选出。董事会设立了七种主要的委员会:执行委员会、审计委员会、中央和地区信贷委员会、中央和地区结算委员会、风险投资筛选委员会、资产负债管理委员会和咨询委员会。

(三)业务开展

1. 间接融资

SIDBI向合格的主要贷款机构(PLI)提供机构融资,例如银行、非银行金融公司(NBFC)、小型金融银行(SFB)和小额信贷机构(MFI),以便向MSME继续提供贷款。对具有良好系统重要性的非银行金融公司(NBFC),包括在印度皇家银

---

[1] 西兰多·纳瑞.印度金融机构为中小工业企业提供的服务[J].城市金融论坛,1999(1):53—56.

行(RBI)注册的资产金融公司、贷款公司、基础设施金融公司(包括存款和非存款接收类别),这些从事微型金融的融资企业,SIDBI 向其提供资源支持,但要达到规定的制裁基准。财务状况良好的银行将有机会通过 SIDBI 的"再融资计划"获得财务支持,但该计划下的援助也将受到 SIDBI 为每家银行确定的风险限额的限制。SIDBI 提供股票投资以协助小型金融银行的建立,弥补其最初的股本、资本缺口。

2. 直接融资

SIDBI 设立印度微型中小企业软贷款基金(SMILE),重点放在涵盖制造业和服务业的新企业上,为 MSME 内的小型企业提供资金,这一基金还将涵盖现有企业进行扩张以利用新出现的机会,以及进行现代化、技术升级或其他发展业务的项目。SMILE 的关键还在于提供有竞争力的利率、部分资金的筹措通过软贷款的方式促进发起人的出资、还款期更长。SIDBI 交易者融资计划(STFS)则是针对财务状况令人满意且至少经营三年及以上的中小微企业零售、批发商(包括库存商、超级库存商、分销商、经销商、有组织的零售商,如超级市场、大型购物中心、百货公司、零售连锁店等。)给予最低 100 万卢比,最高 1 000 万卢比的资金支持。该企业在过去两年中,销售营业额的下降(如果有的话)不应超过 10%。该计划的还款期取决于现金流量和业务规模,最长还款期为 60 个月。

SIDBI 的直接融资项目还包括:与 OEM 合作的贷款、购买用于企业发展的设备的贷款(SPEED)、贸易融资零售贷款计划(RLS)、立即充值贷款(TULIP)、SIDBI 屋顶太阳能光伏电站的定期贷款援助(STAR)、SIDBI 协助促进对日冕病毒的紧急响应和在电晕危机时期(TWARIT)及时提供营运资金援助等。

新冠肺炎疫情暴发后,SIDBI 推出了"新型冠状病毒创业援助计划",决定为成长阶段的创业公司提供营运资金贷款。SIDBI 向每个初创公司提供的贷款额限制为 2 000 万卢比,期限最长为 36 个月,其中包括最长 12 个月的暂停期。这笔贷款可以视为企业获得的商品及服务税的退款,能够满足其各种营运资金的需求,包括薪金或工资、租金、管理费用以及向卖方付款。[1]

3. 促进与发展

SIDBI 为了促进和中小型企业的联系,2019 财年启动"企业认定"计划(UDYAM SANGYAAN)计划,旨在让小型企业了解其所在行业中的中型和大型单位的工作环境,这将激励它们扩大企业规模。该计划的目标之一还在于帮助小型企业拓宽视野,大胆思考,并通过交叉学习和建立联系进行扩展。而国家中小企业部门(MSME)外展计划的主要目标是通过使 MSME 利益相关者敏感来促进数字平台的发展与州政府合作。

---

[1] 印度小型工业发展银行打响疫情援助第一枪,https://baijiahao.baidu.com/s?id=16641810656587226658&wfr=spider&for=pc,上网时间:2021 年 3 月。

第十章　发展中国家的国别发展融资机构

为了满足 MSME 利益相关者对专业课程的长期未决需求,SIDBI 设立伊地亚·甘莎拉(EDYAM GYANSHALA)课程,该课程应注重解决问题的技巧,而不仅仅是专门针对 MSME 领域的学术知识,银行已与印度管理研究所勒克瑙分校(IIM Lucknow)合作并启动了为期 11 天的课堂短期管理发展计划(MDP)适用于现有的 MSME 企业家。为了表彰中小企业在其行业中做出的贡献,SIDBI 设立了"SIDBI-ET India MSME"奖,其独特的奖项涵盖了指导和短期 MDP 奖励。2019 财年该奖项见证了 27 个 MSME 的 4 700 个参赛作品。

4. 基金运营

作为领先的发展融资机构,SIDBI 在过去的二十多年中一直通过支持各种风险投资基金来满足初创企业资金到位的关键要求。SIDBI 在其各种基金运营下已累计为 120 多个基金提供了超过 540 亿卢比的资金。

微小型和中小型企业部门委托 SIDBI 对 ASPIRE 基金进行管理,其主体为 31 亿美元,用于支持各种授权的投资基金。ASPIRE 基金的目标是通过对基金的捐助来实现以下目标:与制造和服务提供的多个价值链的前向后向联系方面支持初创企业和在以农业为基础的工业垂直领域和部门中促进发展,振兴农村经济。SIDBI 在印度储备银行的支持下根据预算设立了印度愿望基金(IAF),为此 SIDBI 引入 200 亿卢比,旨在促进和加速初创企业和 MSME 的股权投资和与股权挂钩的投资。

二、印度小型工业发展银行的财务运行机制

(一) 业务规模

据表 10-7,2016—2020 年,SIDBI 的总资产呈稳步上升趋势,2019 年增幅最大,在 2020 年达到峰值 18 754 亿卢比。

表 10-7　印度小型工业发展银行资产负债表(2016—2020 年)

单位:千万卢比

项目	2016 年	2017 年	2018 年	2019 年	2020 年
股东权益和负债	76 478.47	79 682.33	108 869.45	155 860.82	187 538.98
实收资本	486.98	531.92	531.92	531.92	531.92
准备金、盈余和基金	11 108.27	13 069.52	14 359.98	16 153.16	18 465.54
存款	15 575.12	15 861.92	40 374.61	71 922.47	105 971.64
借款	42 356.69	43 442.91	46 609.11	59 699.79	55 703.38

续表

项目	2016年	2017年	2018年	2019年	2020年
其他负债和准备金	6 909.47	6 754.22	6 913.74	7 527.76	6 864.97
递延税收负债	41.94	21.85	80.08	25.71	1.52
资产	76 478.47	79 682.33	108 869.45	155 860.83	187 538.98
现金和银行结余	1 184.51	982.29	1 031.46	5 405.25	6 483.39
投资	7 435.86	7 758.15	9 202.13	8 818.20	11 117.85
贷款和垫款	65 632.10	68 289.63	95 290.69	136 230.37	165 421.56
固定资产	210.36	205.67	240.84	285.41	286.71
其他资产	2 015.65	2 446.58	3 104.34	5 121.60	4 229.47

资料来源：SIDBI 2016—2020年年报。

（二）贷款投向

2020年，SIDBI贷款与垫款跨过15 000亿卢比大关。由表10-8可知，截至2020年3月底，与上年同期相比，SIDBI的间接信贷增加2 861亿卢比，直接信贷增加约58亿卢比，合计增加约2 919亿卢比信贷。间接信贷的总额及增量都明显大于直接信贷。其中，对银行、小型金融银行和金融机构的转贷款所涉金额最高，达14 323亿卢比，增量也最多，为2 696亿卢比。

表10-8 印度小型工业发展银行的贷款投向结构（2016—2020年）

单位：千万卢比

项目	2016年	2017年	2018年	2019年	2020年
贷款和垫款（贷款组合）	65 632.1	68 289.6	95 290.7	136 230.37	165 421.56
其中：					
（1）间接贷款	54 235	57 678	85 614	126 819	155 429
向银行、小型金融银行、金融机构的转贷款	48 557	50 811	72 622	116 277	143 233
向印度国际医院及医疗设备展(MFIs)的援助			1 580	1 172	1 821
向印度非银行金融公司(NBFCs)的援助	5 678	6 867	11 412	9 370	10 375
（2）直接贷款	11 397	10 612	9 677	9 411	9 993

续表

项目	2016 年	2017 年	2018 年	2019 年	2020 年
贷款及垫款	—	—	8 775	8 897	9 867
应收账款融资计划和贴现票据	—	—	902	514	126

注：数据截至每年 3 月底。
资料来源：SIDBI 2016—2020 年年报。

SIDBI 对 2020 财年拨给银行、小型金融银行等金融机构的 9 479.8 亿卢比进行再融资，使得 141.7 万小型企业收益，创造了 151.8 万个就业机会。同时，SIDBI 也向非银行金融公司提供 365 亿卢比，向小额信贷机构提供 109.3 亿卢比援助，向市场上运营的 44 家银行和 30 家 NBFC 提供再融资。截至 2020 年 3 月底，有 60 家小额信贷机构成为 SIDBI 的客户，对小额信贷机构的累计制裁和支付总额分别为 1 987.1 亿卢比和 1 795.1 亿卢比。向小额信贷机构提供的援助累惠及了大约 3 900 万生活困苦的人，其中大多数是妇女，这一援助行为改变了他们的生活，从而促进了经济和社会发展。

此外，在 2020 财年期间，SIDBI 对直接信贷采取新举措，包括：建立新的合作伙伴关系；简化贷款流程；将产品、流程数字化；增强客户参与度；及时应对宏观因素。这使得客户数量同比增长 26.8%，新客户基数增长 46.5%。

（三）财务可持续性

据表 10-9，SIDBI 的盈利能力总体是上升的，2019—2020 年的表现尤其引人注目。总收入在 2016—2018 年平稳上升；在 2018—2020 年强劲增长，其中 2019 年增长高达 51.30%，2020 年增长率为 12.30%。净利润也呈现出类似增长路径，2019 的增长率高达 36.60%，2020 年增长了 18.56%。与此同时，成本收入从 2017 年的 23% 稳步降至 2020 年的 14%，体现了运营效率的提升。ROA 总体是平稳的，ROE 呈上升趋势。

抗风险能力也有所提升。不良资产比率总体是下降的。2016—2020 年，不论是总不良资产比率还是净不良资产比率，总体上都呈下降趋势。资产充足率微弱下降，但总体上是非常稳健的。

表 10-9　印度小型工业发展银行盈利性指标和资产质量（2016—2020 年）

项目	2016 年	2017 年	2018 年	2019 年	2020 年
总收入(拨备净值)(千万卢比)	5 559.5	6 266.5	6 556.0	9 919.0	11 137.32
净利润(千万卢比)	1 177.5	1 120.2	1 429.2	1 952.21	2 314.52

续表

项目	2016年	2017年	2018年	2019年	2020年
股东分红(千万卢比)	94.7	93.9	137.7	165.12	0
投资组合收益率(%)	2.9	2.5	2.56	2.06	1.89
净利差(NIM)(%)	—	—	2.36	1.89	1.94
成本收入比(%)	—	23	20	17	14
ROA(%)	—	1.40	1.61	1.43	1.36
ROE(%)	—	9.10	10.23	12.59	13.19
资本充足率(%)	29.86	28.42	26.73	27.11	26.62
总不良资产比率(%)	—	1.2	0.94	0.63	0.63
净不良资产比率(%)	0.73	0.44	0.26	0.21	0.40

注：数据截至每年3月底。
资料来源：SIDBI 2016—2020年年报。

本章小结

未来全球发展的三大趋势决定了世界各国对国际发展融资有较大需求。首先，地区发展加速融合需要开发性的引导资金，以启动项目并促进变革进程的实现；其次，加速推进的工业化和城市化需要大量的长期融资；最后，大规模的可持续发展需要积极培育市场、建设市场以实现融资。随着工业化和城市化进程在全球范围内加速推进，各国正面临着对长期发展资金的极大需求。这一点对于发展中国家更是尤为重要。预计到2030年，各新兴经济体的城市人口数量将比2000年翻一番，新增20亿。大量人口向城市迁徙，意味着对水、能源、交通等城市基本服务的需求也相应增长。长期投资存在着巨大的供给缺口，这成为推动发展中国家转型的主要阻碍因素。国别发展融资机构将在促进国家经济发展方面扮演重要角色。本章选取来自巴西、俄罗斯和印度的三家在规模、影响力和运营模式的创新方面都较为突出、在各自国家都有一定的代表性的开发性金融机构，简要介绍其基本情况、资金状况以及部分执行机构的职能，旨在使读者对发展中国家的发展融资机构有初步的了解和认识。未来，发展中国家的国别发展融资机构仍然需要承担起填补基础设施、生产制造、出口融资的缺口，从而应对经济、社会和环境的发展挑战。

关键词

国别发展融资机构；巴西国家开发银行；俄罗斯国家开发集团；印度小型工业发展银行

简答题

1. 国别发展融资机构的主要职责是什么?
2. 发展中国家创立国别发展融资机构的主要目的和动机是什么?
3. 发展中国家国别发展融资机构的投资领域及其特征是什么?
4. 巴西、俄罗斯、印度三国发展融资机构的运行特点有哪些?它们有哪些不同?
5. 巴西、俄罗斯、印度三国发展融资机构的资金运作特征是什么?分析其共同点和不同点。

思考题

1. 如何优化发展中国家国别发展融资机构的资金吸收渠道?
2. 国别发展融资机构对发展中国家经济发展会产生哪些影响?
3. 印度的小型工业发展银行是如何促进印度小微企业发展的?具有哪些创新?如借鉴到中国,是否可以有效缓解我国中小企业融资难的问题?

第十一章

中国的开发性金融理论

引言

在中国,最贴近"国别发展融资"这一概念的词是"开发性金融"。中国官方、业界、学界更多地将中国的"发展融资机构"称为"开发性金融机构"。鉴于此,本章沿用这一习惯性称谓。在中国,开发性金融作为一种介于政策性金融和商业性金融之间的新金融形式,吸取了二者的优势并弥补了二者的缺陷,被认为是政府和市场间的纽带和桥梁,从而对经济可持续发展具有显著推动作用。具体而言,它既克服了市场失灵和新自由主义理论的局限性,又克服了政府失灵和凯恩斯主义理论的局限性。作为一种制度创新,中国的开发性金融以国家信用为基础,以市场业绩为支柱,服务于国家战略,且将政府组织协调优势和融资优势相结合,同时建设制度和市场。它通过提供资金支持直接推动经济增长,同时通过改善市场环境并促进制度建设间接推动经济增长。其中很关键的一环它是为投资金额大、建设周期长的大型基础设施项目供资,同时,通过国家信用促进金额大、期限长的社会资本的形成。

学习目标:

1. 掌握开发性金融的内涵和功能
2. 掌握开发性金融与政策性金融、商业性金融的区别与联系
3. 了解开发性金融产生的原因
4. 熟悉开发性金融促进经济增长的作用机制

第十一章 中国的开发性金融理论

第一节 开发性金融的内涵

一、内涵与功能

(一) 开发性金融的概念

在中国,开发性金融的概念、理论与实践均与国家开发银行直接相关。陈元于2003年首次提出"开发性金融",他认为开发性金融是政策性金融的深化和发展,是以国家信用方式弥补市场发育落后、体制不完善的同时,用建设市场、建设体制来发育市场和弥补市场不足。[1] 2006年,国家开发银行将开发性金融定义为单一国家或国家联合体通过建立具有国家信用的金融机构(通常为银行),为特定需求者提供中长期信用,同时以建设市场和健全制度的方式,加快经济发展,实现政府发展目标、弥补体制落后和市场失灵,有助于维护国家经济金融安全、增强竞争力的一种金融形式。[2]

国家开发银行作为中国典型的开发性金融机构,其发展可分为三个阶段。第一阶段是政策性金融初级阶段,开发性金融机构作为政府财政的延伸,以财政性手段弥补市场失灵。第二阶段是制度建设阶段,开发性金融机构以国家信用参与经济运行,推动市场建设和制度建设,以市场方式实现政府目标。第三阶段是作为市场主体参与运行。随着市场的充分发育,各类制度不断完善,国家信用与金融运行分离,经济运行完全纳入市场的轨道、框架,开发性金融机构也就完成基础制度建设的任务,作为市场主体参与运行,以实现国家社会经济金融安全和整体国际竞争力为目标。[3]

(二) 开发性金融的内涵

开发性金融在实现政府发展目标、弥补市场失灵、提供公共产品、提高社会资源配置效率、熨平经济周期性波动等方面具有独特优势和作用,是经济金融体系中不可替代的重要组成部分。

开发性金融的内涵主要体现在以下几点:

第一,以服务国家战略为宗旨,始终把国家利益放在首位,致力于缓解经济社

---

[1] 陈元.创建国际一流市场业绩的开发性金融[J].求是,2003(19):32—34.
[2] 国家开发银行,中国人民大学联合课题组.开发性金融论纲[M].北京:中国人民大学出版社,2006.
[3] 陈元.改革的十年,发展的十年——开发性金融实践与理论的思考[J].求是,2004(13):40—42.

会发展的瓶颈制约,努力实现服务国家战略与自身发展的有机统一。

第二,以国家信用为依托,通过市场化发债把商业银行储蓄资金和社会零散资金转化为集中长期大额资金,支持国家建设。

第三,以市场运作为基本模式,发挥政府与市场之间的桥梁纽带作用,规划先行,主动建设市场、信用、制度,促进项目的商业可持续运作。

第四,以保本微利为经营原则,不追求机构利益最大化,严格管控风险,兼顾一定的收益目标,实现整体财务平衡。

第五,以中长期投融资为载体,发挥专业优势,支持重大项目建设,避免期限错配风险,同时发挥中长期资金的引领带动作用,引导社会资金共同支持项目发展。[1]

在一国国内,开发性金融作为介于政策性金融和商业性金融之间的一种新型金融形式,其功能得到了不断的深化和改善,并形成了其特有的功能。

1. 开发性功能

开发性功能是开发性金融最突出的功能,指开发性金融对国民经济运行中的市场失灵进行先导性投资和开发,以改变市场运行环境,为商业性金融的进入建立平台,促进经济的协调发展。

开发性功能主要体现在两个方面。

第一,开发性金融机构按照国家政策意图确定信贷投向,支持基础设施、基础产业、重点产业、落后地区的发展。

第二,对国民经济运行中不均衡的经济结构进行调整,完善市场结构,基于此引导商业资金和私人资金的流向。

开发性金融在对基础设施、重点产业等项目提供资金时,按照市场机制原则进行审批、管理和控制,保证其自身的可持续性。当资金进入领域趋于成熟、形成一定市场规模后,开发性金融将逐步退出,寻找新的尚未成熟的开发产业及领域。

2. 倡导性功能

开发性金融通过自身的投资活动对商业性金融和民间资本进行倡导和引导,有将政府的产业政策、发展战略等政策意图向市场传达。开发性金融通过自身的先行投资活动、制度建设和市场建设为商业性金融和民间资本构建良好的投融资环境及平台,创建盈利空间,创造商业性金融及民间资本进入的条件,并保障其进入后的平台满足安全性、流动性、营利性等基本要求。同时,开发性金融具有准政府性质,其投融资行为反映了政府经济发展政策的意图和目标,表明政府的投资倾向与意图,一定程度上成为商业性金融投融资的风向标,在降低投资风险的同时,具有很强的示范作用。

---

[1] 国家开发银行,http://www.cdb.com.cn/kfxjr/gykfxjr/.

3. 补充性功能

开发性金融的补充性功能体现在开发性金融对商业性金融和政策性金融所涉及不到或不愿涉及的领域进行弥补。开发性金融不同于政府财政又不同于商业金融，是具有双重性质的特殊机制。一方面，开发性金融对商业性金融鲜有进入的长期资本领域进行补充，在追求效率的同时兼顾公平。相较于以短期资金融通为主的商业性金融，开发性金融的投融资主要集中于中长期、收益较低且不确定性大但关乎国家经济社会发展的项目，对成长中的幼稚产业提供优惠贷款利率，为商业性金融不愿进入的领域提供必要的资金融通和信用担保等。另一方面，开发性金融对政策性金融在追求优惠性、非营利性所导致的坏账占比高、财政负担重等缺陷进行弥补，坚持以市场为导向，在追求公平的同时兼顾效率。

4. 创新性功能

创新性功能是从开发性功能和倡导性功能演绎而来的功能，主要体现在两个方面：一是通过制度建设、市场建设来带动制度创新、市场创新，建立健全包括交易规则、支付和清偿系统、监管系统、法制体系、信用体系等在内的金融基础设施；二是通过开发性金融机构自身治理结构和业务体系的创新，促进其开发性、倡导性、补充性功能得到更好的发挥。同时开发性、倡导性、补充性功能是一个动态过程，需要通过持续的开发、倡导来保持创新性。

二、开发性金融、政策性金融和商业性金融辨析

传统的金融制度框架下主要包含政府主导的政策性金融和市场主导的商业性金融两大形态，开发性金融作为一种新型金融方式，与政策性金融和商业性金融有一定的联系与区别，不可混为一谈。

（一）开发性金融与政策性金融

政策性金融（policy-based finance）是指在一国政府的支持和鼓励下，以国家信用为基础，严格按照国家规定的范围和对象，以优惠的贷款利率或条件，直接或间接为贯彻、配合国家特定经济和社会发展政策而进行的一种特殊性资金融通行为，具有公共性、金融性、国家信用性与特定选择性等基本特征。

开发性金融与政策性金融有一定的联系。首先，两者都以国家信用为基础，体现了国家发展战略和政府政策意图，其业务领域需要符合国家社会经济发展的政策性要求。其次，两者的投融资方向都聚焦于商业金融所涉及不到或不愿涉及的领域，这些领域资金需求巨大、资金回收期限长、盈利能力低但对国民经济的发展至关重要。

然而，开发性金融被认为是政策性金融的深化和发展，两者在立足点、资金运

行、项目开发、运作效果等方面有所不同。

第一,在立足点上:政策性金融机构由政府创立、参股、保证等形式予以控制、不以营利为目的、专门根据政府意图在特定的业务领域内直接或间接从事政策性投融资活动,立足于社会效益,不追求自身业绩;而开发性金融则是政策性金融的深化和发展,它不但可以从事传统的政策性金融业务,还可以开展市场化经营,以市场业绩为支柱,强调支持发展和防范风险并重,以市场化运作服务国家战略。

第二,在资金运作上:政策性金融机构筹资由政府提供担保,本质上是财政拨款的延伸和补充,融资成本和贷款利差由政府补贴,呆账损失最终也由财政补贴;而开发性金融要求资金回流和安全,按建设市场原理和市场化原则运作,强调支持发展与防范风险并重,注重资产质量和整体财务可持续,提高了开发性金融机构可持续发展的能力。

第三,在投资对象上:传统政策性金融仅按照政府的行政指令配置金融资源,开发性金融除了少部分政府直接指定的投资项目外,大部分项目均为基于国家战略或政府指导,自主选择投资项目,在投资项目选择上具有更强的自主性和灵活性。

第四,在运作成效上:开发性金融通常比传统政策性金融效率更高、规模更大、作用更强、影响力更大、风险控制能力更好,且具有更强的可持续发展能力,从而增强了开发性金融服务于国家战略与社会民生的主动性。

(二) 开发性金融与商业性金融

商业性金融是指在国家产业政策指导下,运用市场法则,引导资源合理配置和货币资金合理流动等经济行为而产生的一系列商业货币性金融活动的总称。商业性金融机构以盈利为主要目标,没有特定的、具体的国家战略和目标,只有一般的经济社会发展目标和社会责任。尽管一些商业性金融机构存在促进发展的成分,开发性金融与商业性金融仍然有本质的区别。

以商业银行为代表的商业性金融与以开发性金融机构为代表的开发性金融在使命宗旨、目标领域、市场角色、运作原则等方面存在明显的区别。

第一,使命宗旨不同。商业银行以营利为主要目标,实现股东利益最大化,没有特定的、具体的国家战略和目标;而开发性金融机构具有准政府性质,以市场化方式服务国家发展战略为宗旨,不以盈利为优先目标,而是在支持发展中防范风险、在防范风险中取得市场业绩。

第二,目标领域不同。商业银行受"短借长贷"期限错配约束,开展中长期业务能力有限,主要开展零售和短期金融服务;开发性金融机构主要通过发债筹集建设资金,以中长期信贷和投资等金融业务为主体,资产具有长期大额集中特征,主要投向"两基一支"(基础设施、基础产业和支柱产业)、社会民生及国际合作等开发性领域,贷款期限和条件普遍优于商业贷款。

第三,市场角色不同。商业银行在成熟的市场中竞争市场份额,对于棚户区改造、助学贷款等广泛存在的大量瓶颈领域和薄弱环节,难以主动进入;开发性金融机构考虑国家发展与改革转轨的需要,对市场盈利性不足但国家战略上需要的项目给予金融支持,在市场空白、缺损的领域通过主动建设市场、信用和制度,为商业银行贷款"铺路搭桥",形成支持发展的合力。从市场建设的角度看,开发性金融机构与商业银行是"先行"与"跟进""构造"与"选择"的关系。

第四,运作原则不同。商业银行按照安全性、流动性、盈利性原则运作;开发性金融机构则遵循项目自身的战略必要性、整体业务的财务可平衡性与机构发展的可持续性原则,资金运作保本微利,让利实体经济。

第二节　开发性金融理论的背景与理论逻辑

一、开发性金融理论的背景

(一) 市场失灵、政府失灵与长期融资困境

市场和政府作为"看不见的手"和"看得见的手",是现代经济运行体系中两个重要的经济资源配置机制,对应着市场主导的商业性金融和政府主导的政策性金融两种金融形式。当金融市场失灵,供需、价格等市场机制的自发调节不能实现商品和劳务等资源的有效配置时,按照市场化原则运行的商业性金融机构将面临盈利低、亏损等风险。此时,由政府设立主导的政策性金融机构则可通过财政补贴或优惠贷款来弥补或消除市场失灵问题。然而,当政府过多地对市场经济进行干预时,其自身的局限性和其他客观因素的制约将会使社会资源无法达到有效配置,还会出现高额外成本问题,产生经济结构扭曲、融资制度固化、运营效率低下、缺乏透明度等政府失灵。虽然可通过市场主导的商业性金融来弥补政府失灵,政府主导的政策性金融来弥补市场失灵,但市场失灵和政府失灵的问题是难以被绝对克服的。现实中往往存在政府和市场单独作用均无法实现资源有效配置的问题,最具代表性的就是国家战略性长期融资面临市场失灵和政府失灵现象。一个国家的工业化、现代化、经济结构转型以及产业升级等都需要战略性的长期融资,旨在实现国家经济可持续发展。然而,大型基础设施等战略性长期项目所需的融资金额较大,政府所能提供的财政资金很难满足其融资需求,作为"第二财政"的

政策性金融机构的可持续生存能力也较弱,同时由于此类项目的监督成本较高,财政资金或将面临委托代理问题,使得财政资金无法成为长期融资的有效来源。与此同时,由于战略性长期项目具有工期长、融资风险较大、初期盈利低等特点,无法吸引以追求自身利益最大化为原则的商业性金融机构参与其中。因此,政策性金融和商业性金融都无法作为战略性长期项目融资的主要来源,战略性长期融资需求面临困境。

当市场失灵和政府失灵同时出现,长期融资面临困境时,作为存在于政策性金融和商业性金融之外的一种新型金融形式,开发性金融通过金融制度的设计可以有效应对市场和政府同时失灵,实现政府公共职能和金融中介职能共存,强调政府发展目标来弥补市场失灵的同时还强调市场化的运营模式弥补政府失灵,进而提升金融配置效率。

从市场失灵角度看,信息不对称、短期化行为以及规模效应等因素都是商业性金融机构无法盈利的原因。一是信息不对称,一些项目和企业可能风险不高,但商业性金融机构由于不掌握充分信息,认为存在很大风险,过高估计了风险。二是顺周期和短期化行为,一些项目期限较长,商业性金融机构基于期限匹配和资本占用原因,不愿意提供融资。三是规模效应,对一些项目而言,在融资支持的初期可能不盈利,但在持续支持下,其规模超过某一临界点,就会出现规模效应和集聚效应,从长期和整体看可以实现盈利。而开发性金融机构则在这些方面具备优势。开发性金融通过与地方政府开展深度合作、主导前期规划工作来掌握大量信息减少信息不对称,获得国家政府政策支持减少短期行为,以及通过长期、大规模融资促进规模经济等对市场机制分配社会资源中的缺陷进行有效修正,而这种修正工作也不需要政府对贷款的直接担保和补贴。

从政府失灵角度看,很多战略性长期项目短期内虽然无法盈利但具有长期发展潜力,具有较高的长期投资回报率,并不符合政策性金融的扶持范畴,政府的长期补贴行为反而会对商业性金融产生不公平竞争,由此形成政府失灵。开发性金融强调的是政府有选择地对金融体系进行干预,通过市场准入限制、存款监管等组成的一整套动态金融约束政策来矫正市场失灵,帮助政府将有限的财政资源用于应对其他市场机制缺陷,提高资源配置效率。一是开发性金融具有解决信息不对称问题的优势。开发性金融与规划相配套,和政府密切合作,信息掌握较为完全,有利于做出科学判断。二是开发性金融具有规模效应优势,从而可以形成集聚优势,在较大的地区建立完整的产业链,基础设施相关配套,形成合力。三是开发性金融可在政府支持下具备独特的跨周期优势,可以有效避免商业性金融的顺周期问题。

中国国家开发银行是开发性金融机构的典型代表,通过创新的制度设计,在大型基础设施等项目上倡导企业和政府开展多方深入合作,实现政府组织优势和市场优势相互促进,并以较强的道德准则和法律压力来保证贷款的偿还,充分发挥了开发性金融中长期投融资优势,在自身可持续发展和支持长期项目融资方面卓有成效。

(二) 凯恩斯理论与新自由主义理论的局限性

西方的凯恩斯理论和新自由主义理论过度强调了政府或市场的单一作用,将政府和市场的宏观调控作用一刀切,"看得见的手"与"看不见的手"相分离,极易造成市场失灵与政府失灵的发生。而开发性金融是凯恩斯理论之后、新自由主义之外的产物,具有新时期中国特色。[1] 凯恩斯理论和新自由主义理论都是资本主义运行的产物,不符合中国社会主义的性质和中国经济可持续发展的国家战略。在中国社会主义性质和中国人民在经济发展中日益增长的物质文化需求的条件下,开发性金融的应运而生是历史的必然。

开发性金融继承了凯恩斯理论和新自由主义理论中的有益成分,以发展为导向,强调开发性金融是国家的金融,与政府部门形成密切合作关系。可以说,中国的开发性金融是巨大的社会需求、政府强大的组织协调能力、国家信用有效的市场化运用,以及巨额的居民和企业储蓄存款、巨额的外贸顺差和外汇储备等一系列有利因素结合在一起的结果。[2]

值得注意的是,虽然国际发展融资机构产生于布雷顿森林体系后,但凯恩斯主义下的国际发展融资机构以保本微利为特征,是财政政策的工具,以财政补贴方式来利用金融,实质上仍然属于政策性金融,资源配置效率低、资金使用风险高、寻租活动等问题没有被解决。而新时期的中国的开发性金融机构强调以国家发展战略为目标的同时也要有自主发展的能力,通过市场化主动参与实体经济的建设市场,在应对金融危机中可以发挥积极的逆周期调节作用。

二、开发性金融的理论逻辑

(一) 开发性金融的核心特征是国家金融

开发性金融属于国家金融,旨在弥补体制落后和市场失灵,实现政府的发展目标。其主要核心特征主要包括几个方面:

一是以服务国家战略为宗旨,始终把国家利益放在首位。开发性金融的目标是致力于缓解经济社会发展的瓶颈制约,努力实现服务国家战略与自身发展的有机统一,与国家在不同时期、不同阶段的发展战略、目标方向和全局利益有密切的

---

[1] 陈元.开发性金融的理论沿革、属性与发展[J].开发性金融研究,2019(03):3—11.
[2] 同上。

联系。在国家发展战略的统领之下，开发性金融通过不断调整自身的支持重点，成为具有生命力、有自主意识、生存能力的市场主体，依靠其市场自主权主动调整工作重点和中心，从而更好地服务和支持国家发展战略。开发性金融始终是国家战略的主要载体、践行者和实施者，这是衡量其性质和检验其成败的基本因素和关键因素，也是其最重要的基本特征。[1]

二是以国家信用为基础，以市场业绩为支柱。这是开发性金融的首要特征，使开发性金融既区别于商业性金融，又在政策性金融的基础上得到了深化和发展。国家信用是指一国以债务人身份取得或以债权人身份提供的信用。开发性金融机构享有准主权级别国家信用，并以此为基础发行金融债券，实行政府机构债券和金融资产管理方式相结合，并通过市场化发行债券将商业银行储蓄资金和社会零散资金转化为集中长期大额资金，形成社会资本支持国家重点发展产业、区域的建设。与此同时，与商业性金融追求盈利最大化目标不同，开发性金融以保本微利为经营原则，不追求机构利益最大化，严格管控风险，兼顾一定的收益目标。其强调市场业绩是为了保障开发性金融机构支持市场建设的可持续性，避免纯粹以补贴形式开展的政策性金融引发的道德风险，通过自身业绩来巩固准国家信用、提高市场筹资能力，形成自身发展与国家经济发展的双重可持续性。

三是建设制度和建设市场。这一特征是开发性金融与传统商业性金融的主要区别。传统的商业性金融机构一般遵循既有的市场制度与规则开展业务，而开发性金融将市场运作作为其基本模式，发挥其在国家战略方向领域的信息优势，把政府信用和政府优势结合起来主动建设市场、信用、制度，在没有市场的地方建设市场，在有市场的地方充分利用并完善市场，弥补市场和制度的缺陷，成为市场的先导者。一方面，开发性金融机构通过融资工具孵化、培育、加强、完善企业法人，最终借几方信用建立市场主体。另一方面，开发性金融高度关注市场不健全、制度缺失但具有发展潜力的领域和地区的发展，通过发挥其引导作用健全完善市场制度，为商业性金融的进入以及产业市场化发展创造良好的投资环境。

四是将融资优势和政府组织协调优势相结合。开发性金融把政府协调作为信用建设的基础，将国家信用与开发性金融机构信用相融合，通过借助于地方政府制定规则、管理和参与运行的双重身份等优势，共同建设信用体系和制度体系，构建风险分担机制，优化信用资源配置和防范风险，维护市场秩序，促进经济发展和市场建设。同时，开发性金融实行"政府选择项目入口、开发性金融孵化、形成市场出口"的融资机制，在国家战略和政府协调下，发挥开发性金融孵化的优势，

---

[1] 陈元.开发性金融的理论沿革、属性与发展[J].开发性金融研究,2019(03):3—11.

推动企业法人建设、公司治理结构建设、现金流建设以及信用建设,构造和孵化出合格的市场主体。

(二)开发性金融是一种制度创新

开发性金融是一种新的制度安排。开发性金融机构的金融活动不仅促进了经济社会健康发展,更是推进投融资体制的完善,健全市场体系,加强信用制度建设,改进市场运行环境,形成开发性金融活动与市场建设、机制转变、体制改革之间的良性循环。基于国家开发银行的实践经验,开发性金融的制度创新主要体现在两方面。

第一,推进投融资体制的改革和建设。相较于财政融资,信贷融资和债券融资能够更高效地配置资源。开发性金融运用资本市场的原理,构建信贷融资和债券融资的双通道,通过信贷融资和债券融资相结合的方式将长期资金引入到基础设施、重点产业、大型项目等国家发展瓶颈领域,以提高资源配置效率。同时,国家开发银行依托国家信用在市场上发债,实现国家信用证券化,将短期零散资金转化为长期大额资金,为国家发展重点领域和薄弱环节提供资金支持,弥补商业银行在长期融资中的缺陷,并将政府的组织协调和增信作用导入长期投融资领域,构造和孵化投融资平台,弥补政府投融资体制的缺陷,为商业性金融的进入创造良好的投融资环境。

第二,推进信用体系制度建设。开发性金融依托国家信用,构建信用体系并维护金融秩序。一方面,开发性金融主动构建信用体系和风险承担体系,以融资为杠杆,推动公司治理结构及信用制度的建设,形成政府信用、企业信用、市场信用相结合以及社会监督和法律保障紧密联系的信用结构;另一方面,开发性金融将政府协调作为信用建设的基础,借助于地方政府制定规则、管理和参与运行的双重身份等优势保护金融秩序。国家开发银行运用组织增信,以政府承诺、政府信用和政府协调来弥补信用缺失和建设市场,防范长期风险,并与地方政府开展密切合作,让地方政府参与对金融机构的监督,结合政府协调、资本市场和宏观调控,形成应对和防范风险的有效制度安排。

(三)开发性金融是连接政府与市场的桥梁

市场与政府作为资源配置的两大重要机制,如何处理两者之间的关系一直备受讨论。而开发性金融则被认为是在政府与市场之间架起桥梁,是政府与市场之间的重要纽带。

开发性金融发挥国家信用高能量的有效途径是国家及政府组织增信。国家信用是开发性金融市场化运作的基础,开发性金融利用这个重要支点可以有效地在尚不成熟的领域和将要成熟的市场之间搭建一座桥梁,在政府和市场之间搭建

了一座桥梁。国家及政府组织增信是开发性金融机构与政府的一种合作方式,双方以国家信用为基础共同搭建资源配置新平台。该平台将开发性金融机构的融资优势和政府的组织协调优势结合起来,成为连结政府和市场的桥梁和纽带,具有组织增信的社会功能,从而形成市场经济分配资源的基础性平台和支柱,依靠信用体制和制度体现的重新整合控制风险和损失。通过国家及政府组织增信,开发性金融与政府形成紧密合作关系,通过与政府的密切合作来缓解信息不对称问题,由此大大降低信息成本,也减缓了市场失灵问题。对于那些难以得到商业性金融提供贷款但对国民经济建设和社会事业发展具有重要意义的项目和单位,政府作为组织者,通过相应的方法建立借款平台,既提高了借款方的信用水平,也为贷款方按时收回贷款提供了保障。

开发性金融发挥链接市场和政府的桥梁作用、实现政府目标的重要方法是参与培育市场建设和建设市场制度,即开发性金融通过积极推动制度建设和市场建设,从而实现政府发展经济的目标。一方面,开发性金融通过建设和培育市场的手段实现政府目标。在国民经济的一些领域,存在一些缺失基本市场设施、法人制度但经济社会协调发展目标要求大力发展的领域,开发性金融通过市场建设的方法,即在没有市场的地方培育市场、建设市场,使这些领域的市场逐步建立起来,发挥配置资源的优势。另一方面,开发性金融通过为具体项目进行融资,利用融资来推动制度建设和市场建设,即通过项目建设直接服务于经济发展,同时在项目建设中利用开发性金融的推动作用,发挥开发性金融的先锋作用,促进和加速整体的制度建设。

第三节 开发性金融与经济增长

一、开发性金融促进经济增长的路径选择和传导机制

(一) 开发性金融促进经济增长的路径选择

开发性金融作为金融体系中的重要组成部分,既具有金融中介的一般功能,又具备作为准公共产品的开放性功能、倡导性功能、逆向选择功能和补充性功能等特有功能,通过发挥其功能对经济增长具有积极的促进作用。

开发性金融对经济增长影响的路径主要体现在直接影响和间接影响两个方面。

直接影响是指开发性金融通过发挥自身功能为经济增长带来资金支持,为促

进经济增长提供资本积累,主要表现在直接信贷和间接信贷两个方面。在直接信贷方面,开发性金融通过自身的信贷业务发挥其核心功能——开发性功能,基于国家战略政策为基础设施、基础产业等提供投融资资金支持。在间接信贷方面,开发性金融发挥其倡导性功能和补充性功能,由开发性金融带头进入,引导其他商业性金融和民间资本对战略性基础产业、基础设施投资提供信贷支持,以基础设施的发展推动经济增长。

间接影响是指开发性金融通过对市场环境的改善以及在制度建设方面的促进作用来推动经济增长,主要体现在:第一,开发性金融能够依托国家信用建设制度和市场,特别是在商业性金融较为被动接受市场制度和市场时,开发性金融能够主动以国家信用为基础,结合政府信用、政府组织优势来建设制度和市场,弥补市场和制度的缺陷。第二,开发性金融根据国家战略参与市场,参与和执行政府的经济规划,协调经济体系中的各种矛盾,改善市场环境、信用体系、制度建设等方面,为经济增长提供良好氛围。同时,开发性金融具有准公共产品特性和专业性,使得开发性金融掌握大量有价值的专业经济信息,有效减少信息不对称所带来的问题,为社会企业、团体以及个人提供良好的专业信息服务。

(二)开发性金融推动基础设施投资并促进经济增长的传导机制

开发性金融是金融体系中的重要组成部分,开发性金融机构与其他金融机构相比既有共性又有个性。国家开发银行的投融资领域主要集中于"两基一支",是区别于其他金融机构的主要特征。基础设施、基础产业和支柱产业在国民经济发展过程中至关重要,主要表现在自身的发展可带来巨大的外部效应,拉动其他产业、行业以及部门的发展,进而促进整体经济发展。这也说明了开发性金融对经济增长的传导机制:开发性金融—基础设施投资—经济增长。

1. 开发性金融对基础设施投资具有促进作用

基础设施作为特殊的行业部门,相较于其他行业部门有明显的独特属性,这也决定了开发性金融对基础设施投资的特殊性。首先,基础设施是所有行业部门共同的生产条件和流通条件,构成了经济社会体系的基础,通常也是经济发展的瓶颈,其公共产品的特性需要政府的宏观调控才能得到有效、良性的发展。开发性金融作为国家的金融,遵循国家发展战略,从政府的角度出发,对基础设施的建设提供重点支持,同时开发性金融以市场为导向,在市场经济的大环境下可以保证基础项目的有效实施。其次,基础设施的投资规模大、项目周期长、在项目初期没有现金流、投资风险较大等性质使得商业性金融机构不太愿意参与基础设施投资。并且,政府的财政补贴资金有限,无法覆盖各类基础设施,并且政府的介入可能会导致政府失灵,基础设施项目缺乏效率等现象,不利于基础设施的发展。

而开发性金融可以弥补商业性金融机构和政府完全介入的不足,在政府的政策指导下,按照市场规则适当地参与基础设施投资,成为基础设施发展的重要推动力。

2. 基础设施投资对经济增长具有推动作用

基础设施是国民经济中的重要组成部分,对经济增长具有重要的推动作用,主要表现在直接推动作用和间接推动作用。

首先是直接推动作用。基础设施是国民经济的重要组成部分,其所创造的产出的增加可以直接引起 GDP 的增加,从而促进经济增长。并且,随着经济快速发展以及工业化不断推进,交通运输、通信业等基础设施所属的第三产业在国民经济中的占比份额越来越大,基础设施对经济增长的直接推动作用不断加强。

其次是间接推动作用。第一,基础设施发展可以促进产业结构升级,推动经济增长。基础设施通过产业间的前向关联效应和后向关联效应带动和推动其他产业结构升级,具体表现为基础产业的发展为国民经济中其他产业部门提供基础性服务,同时基础设施产业的发展需要相关部门提供必要的原材料、资金、技术、服务等,从而推动相关产业产出的增加,推动产业结构升级。同时,基础设施投资增加、基础设施规模扩大和基础设施技术更新的关联效应推动产业结构优化,构筑国民经济新的增长点。第二,基础设施发展有利于降低经济运营成本。基础设施水平是影响社会生产力水平的重要因素,通过改善基础设施状况,一方面可以降低直接生产成本,另一方面其提供的服务有所增加,信息不对称有所缓解,交易成本相应减少。第三,基础设施投资有助于加速贸易发展,提高贸易竞争力。基础设施投资可以改善基础设施条件,提高基础设施水平,交通运输和通信联络的能力得到大幅提升,加速了贸易增长;同时,基础设施的改善有利于交易市场的完善,为国际交易的进行提供良好的市场硬件条件,增加交易便捷性。第四,基础设施投资建设有利于改善环境,促进经济增长。基础设施是人类生存环境的重要组成部分,基础设施的发展可以推动人类生存环境不断拓展优化,改善景观环境的质量、增强抵御灾害的能力以及创造愉悦的生存环境等提高人民的生活质量、改善企业生产条件,从而产生新的社会需求,提高企业生产效率,进而推动经济增长。

二、开发性金融与社会资本形成

在完全市场化的经济体中,政府不直接参与市场运行,市场在配置社会资源中起决定性作用。然而,由于外部性、市场缺失、公共产品以及信息不对称的存在,市场并不总能够充分发挥作用,达到有效配置资源的目的,市场失灵普遍存在。此时,政府需要进行适度的介入,来弥补市场的缺失与不足,引导市场向符合国家发展战略的方向不断完善。开发性金融是替代政府在市场中参与经济活动、实现政府特定社会经济发展目标的重要工具。开发性金融以服务国家战略为宗旨,体现、贯彻政府特定意图,结合政府和市场的优势,通过建设市场的开发性方法,充当政府发展经济、促进社会稳定、进行宏观经济调节的管理工具,发挥连接政府和市场、弥补市场失灵的重要作用,从而打造政策引导型市场。此外,开发性金融通过组织增信的方法,与政府形成共识、共建、协调、合作的关系,充分利用政府组织增信,发挥政府的政治优势和组织优势,主动构建一个风险控制机制和信用机制,有效弥补现有金融市场的不足,有利于实现政府目标,有利于加大宏观调控力度。

社会资本一般具有公共品或准公共品、外部性、规模收益递增等经济技术特征,但是无论是财政资金、商业信贷还是资本市场由于种种原因都无法提供长期、稳定的用于形成社会资本的资金来源。因此,亟需政府在社会资本形成中发挥重要作用,开发性金融是政府发挥作用的重要途径和手段。开发性金融通过把国家信用应用到资本市场变成筹资能力,通过债券市场化方式筹集资金,把金融市场的短期存款和社会资金转化为长期资金,向基础设施和基础产业等具有社会资本公共性质的项目进行投融资,对国家重点发展的产业、行业和区域,提供数量大、期限长的贷款,并对民间经济活动发挥引导作用,促进了社会资本的形成。

本章小结

开发性金融是单一国家或国家联合体通过建立具有国家信用的金融机构,为特定需求者提供中长期信用,同时以建设市场和健全制度的方式,加快经济发展,实现政府发展目标、弥补体制落后和市场失灵的一种金融形式。

由于商业性金融和政策性金融都具有内在缺陷,国家战略性长期融资面临"市场失灵"和"政府失灵"双重现象,介于政策性金融和商业性金融之间的开发性金融应运而生。同时,开发性金融也是凯恩斯理论之后、新自由主义之外的产物,具有新时期中国特色。作为介于政策性金融和商业性金融之间的一种新型金融形式,开发性金融具有开发性功能、倡导性功能、补充性功能和逆向选择功能。

开发性金融的核心特征包括:以服务国家战略为宗旨,始终把国家利益放在首位;以国家信用为基础,以市场业绩为支柱;建设制度和建设市场;将融资优势和政府组织协调优势相结合。作为一种新的制度安排,开发性金融不仅可以推进投融资体制的完善,同时还可以加强信用制度建设。除此之外,开发性金融还能运用政府组织优势的资源和高能量,以市场化融资推动市场建设和制度建设,在政府和市场之间搭建桥梁,促进两者良性互动发展。开发性金融以服务国家战略为宗旨,将政府和市场的优势结合起来,打造政策引导型市场;并将国家信用应用到资本债券市场变成筹资能力,对民间经济活动发挥引导作用,促进社会资本的形成。

关键词

发展融资；开发性金融；政策性金融；商业性金融；市场失灵；政府失灵；国家信用；组织增信；制度创新

简答题

1. 开发性金融是什么？请阐述开发性金融的概念和功能。
2. 试比较开发性金融、政策性金融和商业性金融三者之间的联系与区别。
3. 开发性金融有哪些核心特征？
4. 请从市场失灵和政府失灵的角度阐述开发性金融理论产生于什么样的背景？
5. 开发性金融作为政府和市场的桥梁作用体现在哪些方面？
6. 开发性金融通过哪些途径来促进经济增长？

思考题

1. 开发性金融对促进经济增长有巨大的积极作用，结合中国国情谈一谈开发性金融对中国经济增长有哪些影响？
2. 国家开发银行是我国重要的发展融资机构，经过几十年的发展在开发性金融方面已经形成了自己的实践成果，请谈一谈我国的开发性金融机构具有哪些中国特色？
3. 开发性金融作为一种新型金融方式，在实践中会遇到什么样的阻力和挑战？开发性金融对于我国金融体系的改革与发展有何启示？
4. 开发性金融在不断完善和改革中取得了一定的成绩，但仍然存在一些问题，你认为开发性金融还有哪些方面可以进一步改进？

第十二章

中国的开发性金融机构

引言

　　国家开发银行、中国进出口银行和中国农业发展银行在 20 世纪 90 年代设立时都是国务院直属的政策性金融机构。进入 21 世纪后，它们相继进行了商业化转型，从而形成了战略定位和业务领域各有侧重、错位发展的局面。中国的开发性金融机构在资金运作、投资对象、运作成效上有别于传统政策性金融机构，在使命宗旨、目标领域、市场角色以及运作原则上有别于商业性金融机构。在中国的发展实践中，开发性金融机构在应对市场失灵和逆周期调节方面发挥了重要作用，是不可或缺的重要角色。具体而言，它们缓解了经济社会发展的瓶颈制约，支持了国家基础设施投资、社会民生改善及国家重点项目建设的推进，为我国经济社会发展提供了必不可少的金融支持。同时，它们通过对国际项目提供支持以及加强与其他发展机构合作交流，为推进国际经贸合作和"一带一路"倡议，为全球经济发展做出了巨大贡献。

学习目标：

1. 了解中国开发性金融机构的发展历程及发展特征
2. 掌握中国开发性金融机构与商业银行及政策性银行的联系与区别
3. 掌握中国开发性金融机构的治理机制及侧重的投资领域
4. 了解中国开发性金融机构的作用和影响力

第一节 中国开发性金融机构的总体发展特征及作用

一、中国开发性金融机构的总体发展历程

中国开发性金融机构是顺应中国经济社会发展需求而生的。改革开放以来，中国经济的工业化、现代化及市场经济的发展均需要战略性的长期融资支持。在此背景下，中国政府于 1994 年设立了三家政策性金融机构，这主要包括国家开发银行(CDB)、中国进出口银行(CEXIM)及中国农业发展银行(ADBC)，均属国务院直接领导。这三家政策性金融机构的设立最初目的为贯彻国家经济政策，从而在经济特定领域展开不以营利为目的的政策性金融业务。政策性金融机构的设立对于促进中国基础设施投资、对外经济贸易合作及农业经济发展均起到了重要的作用。但随着业务规模的扩大及受经济波动的影响，中国政策性金融机构在发展过程中积累了较多的不良贷款，这拖累了其作为经济支撑重要金融机构作用的发挥，并且政策性金融机构不以营利为目的的运作模式所带来的融资来源单一、投资效率较低及主动性不足等弊端也日益显现，这导致原先单纯的政策性金融机构难以实现为经济发展持续提供发展融资的目的，这在亚洲金融危机前后体现得最为明显。中国政策性金融机构的可持续性不足也与国际上政策性金融机构的发展特征相契合。研究发现，二战后 60 多年中，以财政补贴为生存基础的政策性金融机构基本上都走向失败，能够成功实现可持续运作的并不多。

进入 21 世纪后，以 CDB 为代表的中国政策性金融机构开始纷纷展开商业化转型，尝试探索商业化手段运行政策性金融机构，并逐步实现由政策性金融机构向开发性金融机构的转变。CDB、CEXIM 和 ADBC 由政策性金融机构向开发性金融机构的转型既是其自身可持续发展经营内在诉求的实现，也是顺应市场经济发展及国际开发性金融发展趋势的结果。其中，CDB 在商业化转型方面走在前列。1998 年 9 月，CDB 成功发行首笔市场化债券，开启政策性银行市场化发债先河。2008 年 CDB 股份有限公司成立，标志着 CDB 开始全面商业化改革。在此改革中，CDB 按照建立现代金融企业制度的要求，全面推行商业化运作，确立了自主经营、自担风险、自负盈亏，从事中长期业务的定位，从而成为中国开发性金融机构的典型代表。伴随顺利转型，CDB 的资产规模也位居世界国别开发性金融机构前列，成为对中国及世界经济均具有重要影响力的国别发展融资机构。CEXIM

第十二章 中国的开发性金融机构

在发展过程中也在不断探索市场化运作。基于服务于中国对外贸易发展的特殊性质及金融危机后促进企业出口的使命,CEXIM 的市场化转型相对缓慢。一方面,CEXIM 面临政策性定位及市场化运作的平衡,因而确立了政策性业务及自营性业务共同发展、相互促进的思路;另一方面,CEXIM 注重国际发展合作,也不断增加对外投资和对外援助的力度,向国际经济合作金融机构的方向发展,从而为东盟、"一带一路"沿线经济体的国际经济技术合作提供融资支持。ADBC 也经历了类似的商业化转型过程。2004 年后,ADBC 按照现代银行制度要求完善体制机制;2015 年后,修订了新的章程,发布了监督管理办法,开展了治理结构、收入分配和绩效考评等方面的改革,同时,优化业务发展机制,逐渐形成了融资与融智、信贷与投资、国内与国际相结合的全方位支农格局。

CDB、CEXIM、ADBC 的设立均为基于国家战略,应中国经济社会发展需要而生,并根据社会经济发展的新需求不断调整自己的定位及发展模式。CDB、CEXIM、ADBC 三家开发性金融机构在投资上总体实现了错位化发展,从不同方面为中国经济发展提供必要的融资支持。CDB 为中国最大及最具有典型性的开发性金融机构,业已探索出一条具有中国特色的开发性金融发展道路,以市场化运作和中长期投融资服务国家战略。其功能主要体现在为我国大型基础设施、基础产业及社会支柱产业及民生工程提供融资支持。CDB 提供的这种长期、低利息的信贷支持,弥补了商业银行的不足并实现了自负盈亏,促进了国民经济的可持续发展。CEXIM 功能主要体现为贯彻国家的对外经贸及产业政策,专注为中国进出口贸易及跨境投资提供融资支持,从而提高我国企业的出口竞争力,推动中国企业"走出去"及支持"一带一路"倡议等的实施。ADBC 则在农村金融体系中发挥主体和骨干作用,通过加大对农业、农村重点领域和薄弱环节的支持力度,促进经济社会持续健康发展。

二、中国开发性金融机构在中国经济运行中的重要作用

中国开发性金融机构的主要特征可以总结为服务于国家战略,依托国家信用开展业务,实行市场化运作,保本微利。中国的开发性金融是传统政策性金融的深化与发展。政策性金融机构的出现与"市场失灵"紧密关联。市场经济不仅需要"无形的手",也需要政府这只"有形的手"。政策性金融机构是政府在金融领域直接发挥作用的体现。

(一)培育市场主体,应对市场失灵

对于现代市场经济而言,金融是核心动力及催化剂。开发性金融融合了商业性金融和传统政策性金融的优点,不仅突破了传统金融中介的职能,还承担起了

服务社会发展及市场经济制度建设的功能。开发性金融的目的在于用发展的方式来解决经济发展中的问题,能够实现盈利及可持续发展是开发性金融能够继续生存下去的必要条件,而不是目的。开发性金融可以弥补经济发展中的短板,促进社会经济总体发展。开发性金融一方面可以通过培育市场主体来解决一些重要市场主体难以实现自主经营的非均衡。对于国家战略重点产业及新兴产业等,中国开发性金融机构进行了充分的前期培育及资本市场孵化,从而为这些产业提供充分的信用支持及市场建设,从而逐渐培养出成熟的目标产业。另一方面,各国开发性金融机构发展的实践证明,开发性金融机构是不同收入水平的国家都可以设立用以干预和应对市场失灵问题的金融机构。中国开发性金融机构通过提供低息贷款及长期贷款来弥补市场化自主经营、自负盈亏的商业化金融机构运作所产生的融资缺口,缓解了市场金融机构普遍存在的包括信息不对称、顺周期性及短视主义的市场失灵。此外,中国开发性金融机构也促进了中国的环境保护及社会民生的改善。

(二) 逆周期调节,维护经济稳定

亚洲金融危机、全球金融危机以及新冠肺炎疫情发生后,中国的开发性金融机构也积极充当了逆周期调节的工具。中国开发性金融机构依照经济发展需要调整自己的信贷规模及增长速度。在经济高速增长时期,中国开发性融资机构主动缩减信贷规模,让商业银行等市场化金融机构充分发挥融资供给的作用,在经济低迷从而社会投资缩减及企业面临融资约束的时期,中国开发性融资机构率先增加基础设施及基础产业投资,并引导社会资金投入,从而维护经济稳定及促进经济发展。例如,CDB在危机后的经济下行期主动增加社会投资规模,为存在融资约束且难以获取商业银行贷款的中小企业提供必要的融资支持,从而为经济下行期的经济恢复及发展提供了有力支持。CEXIM在全球金融危机后的国外需求收缩和出口企业经营困难的时期积极为出口企业提供融资和担保支持,帮助中国出口企业平稳度过危机。再如,新冠肺炎疫情暴发后,ADBC向民生保供重点企业提供贷款,帮助企业缓解复工复产期间资金需求,及时满足疫情期间民生物资供应和应急需求,为保障老百姓的"米袋子"、丰富"菜篮子"发挥重要作用。中国开发性金融机构的存在对于稳定中国经济发展态势起到了不可或缺的作用。

三、中国开发性金融机构对国际发展的贡献

随着中国对外开放合作的加深,中国开发性金融机构也逐步增加了国际化项目投资并加强与多边开发性金融机构的合作。尽管与多边开发性金融机构相比,中国开发性金融机构的国际化发展及对全球其他经济体的发展融资提供仍然处

于初步阶段。但首先,中国开发性金融机构通过国际发展融资有重点地支持了亚洲、非洲及拉丁美洲等发展中经济体的基础设施投资及农业和制造业项目,有力地弥补了全球金融危机后发展中经济体普遍面临的较大融资需求缺口,从而为发展中经济体的基础设施投资、农业及制造业发展及中小企业的发展提供了发展融资支持,促进了这些区域及全球经济的发展。其次,中国开发性金融机构在国际化投资中也注重创新投融资模式,国际化项目运作中通常采用自身投资及引导商业性金融及社会资本共同参与项目建设的方式来实现社会多方融资力量对基础设施投资项目的支持,从而起到了放大全球开发性金融功能的作用。最后,中国开发性金融机构积极寻求与国外政府机构、开发性金融机构的合作,并推动建立了金砖国家新开发银行等多种国际化合作机制。目前中国开发性金融机构已经与全球100多个金融机构展开了国际合作,共同促进了开发性金融在全球经济发展中的作用发挥。

第二节 国家开发银行

一、国家开发银行及其发展历程

(一) 基本信息

国家开发银行(China Development Bank,CDB)成立于1994年,最早应国家建立政策性银行的需求登上历史舞台。1998年,CDB改变了单一的融资模式,向自负盈亏的开发性金融模式转变。2008年,国家开发银行股份有限公司成立,标志着CDB开始在为经济发展提供融资支持的同时探索自负盈亏的发展模式,它坚持服务于国家发展战略,破解社会经济发展瓶颈,开创了一条具有中国特色的开发性金融发展道路。2015年,国务院正式批复CDB深化改革方案,CDB开发性金融机构定位确立。

(二) 发展历程

1. 初始阶段:1994—1997年

1994年3月17日,根据国务院《关于组建国家开发银行的通知》,CDB正式成立。成立之初,按照政策性银行的职能定位和办行要求,积极筹集资金支持基础设施、基础产业和支柱产业大中型基本建设、技术改造等政策性项目及其配套工程(简称"两基一支")建设。

在此期间,CDB确立起以发债为主的筹资模式,保障资金来源;建立起委托代理制度,以加强信贷管理;成立贷款委员会,以提高贷款质量;制定了稽核监督体制,有效防范风险。1994—1997年,CDB累计发放贷款3 806亿元,支持大中型项目中国家重点建设项目436个,约占全国重点项目的80%。在国有银行固定资产贷款总量中,CDB占三分之一以上的份额,成为促进国民经济增长的重要力量。但此阶段,CDB由于不良贷款率高企,面临着较大的经营风险。1995—1998年,我国国有银行不良贷款率处于25%—45%之间。1997年底,CDB不良贷款额1 559亿元,不良贷款率42.65%。

2. 探索发展阶段:1998—2007年

1997—1998年亚洲金融危机爆发,CDB高企的不良贷款率面临风险。CDB开始探索走向市场化的开发性金融道路。1998年9月,CDB成功发行首笔市场化债券,开启政策性银行市场化发债先河。1999年将中国投资银行并入,建立全国性分支机构网络。2001年,外界对CDB业绩迅速改善提出质疑,陈元行长从制度演进的角度提出了"三种融资"(财政融资、信贷融资、证券融资)的相互关系理论,形成了开发性金融理论的基础。1998年以来,CDB在实践中逐渐形成了"政府热点、雪中送炭、规划先行、信用建设、融资推动"开发性金融合作的二十字方针。

中国特色开发性金融理论初步形成后,CDB开始大力推动开发性金融实践。在国内,大力支持基础设施建设、化解城镇化融资难题、服务国家工业化发展、助力区域协调发展以及保障和改善民生等。在国外,全球布局,开展能源合作、投资重大基础设施项目、支持中国企业"走出去"。

3. 转型成熟阶段:2008年至今

2008年,在全球金融危机的背景下,国家开发银行股份有限公司挂牌成立,建立现代公司治理结构,搭建集团管理架构,开始全面商业化运作。2009年,CDB成立子公司国开金融有限责任公司(国开金融),专门负责股权投资。随后,2010年CDB收购航空证券公司,更名为国开证券股份有限公司(国开证券)。2013年以后,CDB发挥开发性金融的独特作用,服务于政府的发展目标。重点加大对基础设施、扶贫开发、棚户区改造、战略性新兴产业、区域协同发展、新型城镇化、"一带一路"等领域的支持力度,同时加强风险管控和提升管理水平,进一步提高服务国家战略能力。2015年,国务院正式批复CDB深化改革方案,明确了CDB开发性金融机构定位以及相关政策支持和制度安排。2019年,CDB成立国际金融事业部,进一步扩大在全球金融领域的影响力。

二、国家开发银行的治理机制

CDB的总体运用模式为以国家信用为依托,以发债为主要融资手段,坚持保本微利的经营模式,以基础设施投资、促进创新产业发展以及服务于"一带一路"等为重点投资领域,服务于国家发展战略以及社会民生。

(一) 宗旨与职能

CDB的主要职责是通过开展中长期信贷和投融资业务,为国民经济重大中长期发展战略服务。具体而言,CDB服务于政府发展目标,弥补市场失灵、提供公共物品,致力于提高社会资源配置效率、熨平经济周期性波动等,以"增强国力、改善民生"为使命。

(二) 组织结构

2017年4月19日,CDB的组织形式变更为有限责任公司,公司现行的组织架构见图12-1,可以概括为"两会一层"——监事会、董事会和高级管理层。按照CDB章程,董事会由13名董事组成,包括3名执行董事、4名部委董事和6名股权董事。董事会下设战略发展和投资管理委员会、审计委员会、风险管理委员会、关联交易控制委员会、人事与薪酬委员会共5个专门委员会。高级管理层由行长及其他高级管理人才组成,对董事会负责,在相关法律、公司章程框架下行使职权。监事会主要履行监督职责,监督CDB执行国家方针政策的情况;监督CDB资金使用方向和资产经营情况等。监事会并不会干预CDB的具体业务。

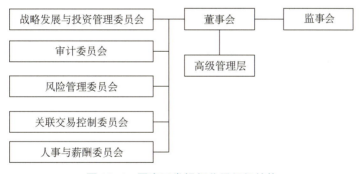

图 12-1 国家开发银行公司组织结构

资料来源:国家开发银行官方网站,http://www.cdb.com.cn/。

三、国家开发银行的财务运行机制

(一) 资金运作

1. 资金来源

CDB的资金来源主要包括资本金、负债、外汇筹资、企业存款等。其中,负债主要包括发行政策性金融债券和中央银行的再贷款。金融债券因为以国家的信用为支撑,社会认可度高,构成了CDB最主要的资金来源。在CDB不断发展的过程中,形成了以资本金为基础、债券融资为主和中央银行再贷款为补充的多元化融资机制。

2. 资金使用

作为开发性金融机构,CDB的功能主要是为我国的"两基一支"、社会民生等提供长期的资金支持。因此,CDB利用自身融资的优势,向需要资金支持的企业提供长期的信贷支持,能够很好地满足市场的需求,弥补商业银行的不足。另外,CDB向企业提供的贷款以中长期贷款为主,利率和中国人民银行贷款基准利率基本一致。

(二) 国家开发银行的财务表现

1. 盈利能力

资产收益率是衡量金融机构盈利能力的重要指标。资产收益率通常运用净利润与平均资产总额的比例衡量。该指标越高,表明银行对资产的利用效果越好。图12-2显示了CDB 2015—2019年的净资产收益率变化趋势。CDB在此期间净资产收益率基本维持在0.6%—1%之间,低于中国建设银行、中国工商银行及中国银行等商业性金融机构持续高于1%的水平,反映了CDB具备自负盈亏能力,保本微利符合其开发性金融机构的定位。

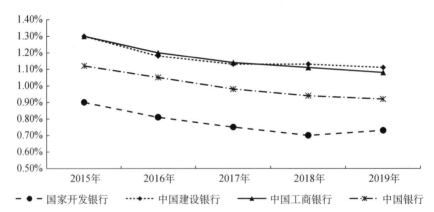

图 12-2　国家开发银行和代表性商业银行平均资产收益率的比较(2015—2019年)

资料来源:根据国家开发银行、中国建设银行、中国工商银行及中国银行的公开年报数据整理。

2. 资本充足率

资本充足率反映了在存款人和债权人的资产遭到损失之前,该银行能以自有资本承担损失的程度,通常用企业的资本与加权风险资产总额的比例表示。图12-3显示了2015—2019年CDB的资本充足率情况,表明CDB的资本充足率相对稳定保持在略高于10%的水平,低于代表性商业性银行的资本充足率。作为系统性重要金融机构,CDB有国家信用的资本充足率满足了巴塞尔协议Ⅲ中8%的要求,反映了CDB较好的偿付能力。

图12-3　国家开发银行和代表性商业银行资本充足率的比较(2015—2019年)

资料来源:根据国家开发银行、中国建设银行、中国工商银行及中国银行的公开年报数据整理。

3. 不良贷款率

不良贷款率为银行机构贷款的质量水平的代表性指标,通常运用不良贷款与总贷款余额的比重衡量。该指标越大说明银行收回贷款的风险也就越大;反之,则越小。图12-4显示了CDB 2015—2019年的不良贷款率情况。总体来看,CDB的不良贷款率总体维持在不高于1%范围内,远低于同期商业银行的不良贷款率,说明CDB相对于商业金融机构更强的风险控制能力。

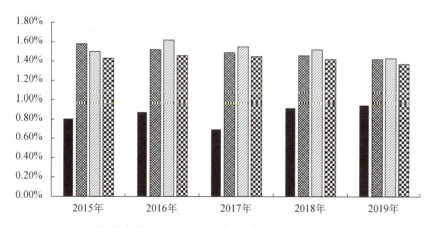

图12-4　国家开发银行和商业银行不良贷款率的比较(2015—2019年)

资料来源:根据国家开发银行、中国建设银行、中国工商银行及中国银行的公开年报数据整理。

(三) 国家开发银行的财务可持续

与商业性金融机构不同,CDB的经营目的在于服务国家的中长期重大战略,建立和维护市场化运行机制,为经济社会发展提供长期的支持。因此,CDB在经营时主要考虑国家整体利益、社会效益,不以利润最大化为主要目标,同时要争取保本微利,防范金融风险。从总体来看,国家银行的盈利能力低于中国建设银行,维持低盈利运营,符合开发性金融机构的定位,资本充足率高于巴塞尔协议Ⅲ 8%的最低标准,且不良贷款率长期保持在1%范围内,低于代表性商业银行的平均水平。这显示了CDB财务的稳健性和较好的风险控制能力。

四、国家开发银行的业务运行机制

(一) 国家开发银行的投资领域

1. 倾力支持国家基础设施建设

成立以来,CDB倾力支持我国基础设施建设,助力我国经济夯实基础、补齐短板。CDB对基础设施的投资主要集中在铁路、公路、电力、水利以及其他公共基础设施等方面。截至2019年年底,CDB公共基础设施贷款余额高达48 372亿元。从投资项目看,CDB投资了三峡工程、京九铁路、南水北调和港珠澳大桥等重大基础设施项目,为国民经济发展做出了重要贡献。

2. 促进区域协调发展和支持高新技术产业

为了促进区域协调发展,CDB加大对区域投融资支持力度。2018年,新增长江经济带贷款9 482亿元,推动长江大保护。持续支持新疆、西藏地区发展,新增贷款1 190亿元。配合国家发改委推动建立"东北振兴金融合作机制",新增中西部及东北地区贷款余额3 542亿元。推动京津冀地区和粤港澳大湾区建设,分别发放5 494亿元、1 846亿元贷款。

CDB聚焦培育经济增长新动能,围绕着新一代信息技术、高端装备、生物医药等行业,用市场化方式大力支持大数据、物联网、云计算、新型智慧城市的发展。开创性地提出"投资+贷款选择权"的业务模式,运用投贷联动的方式支持高新技术产业进一步发展。2018年,CDB与科技部建立合作机制,发放投资贷款467亿元。

3. 支持脱贫攻坚,保障和改善民生

截至2019年年末,CDB助力定点扶贫县全部脱贫,累计向定点扶贫县发放扶贫贷款110亿元,累计发放东西部扶贫协作贷款522亿元,助力攻克深度贫困堡垒,累计向"三区三州"等深度贫困地区发放扶贫贷款6 532亿元。

截至2019年年末,CDB棚户区改造贷款余额3.11万亿元,累计帮助2 300多

万户棚户区居民改善住房条件。为了支持民营企业和小微企业的发展,CDB累计发民营企业专项贷款1 000亿元,支持近9 000家民营企业。在养老、教育和医疗领域,CDB养老行业贷款余额217亿元,教育行业贷款余额604亿元。

4. 服务"一带一路",开展多双边合作

CDB切实服务"一带一路"高质量发展,加大对重点地区、重点领域和重点项目的投融资支持力度。截至2019年年末,"一带一路"专项贷款累计实现合同签约近4 000亿元,累计投资金额达2 400亿元等值人民币。投融资支持基础设施、能源合作、金融合作、中小企业发展,助力合作国经济发展、产业升级和改善民生。

CDB积极开展多双边合作规划研究,为"一带一路"项目搭建多双边合作平台。2013—2018年年末,CDB与"一带一路"沿线国家累计签署协议189份,涉及融资金额1 934亿元,完成了与俄罗斯、哈萨克斯坦、印度和缅甸等多双边合作规划研究,为"一带一路"建设提供规划研究服务。"一带一路"建设资金需求量大,CDB借助上合组织银联体、中非金融合作银联体、中国-东盟银联体等多双边合作平台吸引各方资金,助力沿线国家快速发展。

5. 支持中国企业"走出去"

CDB鼓励支持中国企业与"一带一路"沿线国家的企业推进基础设施建设、国际能源等领域合作。为了助推企业"走出去",CDB给企业提供专业的融资环境、政策方面的分析,并给中小企业提供专项贷款,破解融资难题。截至2018年末,CDB累计对非洲36个国家投资48亿美元,带动中国企业对非投资超过230亿美元,惠及超过870万非洲当地民众,为当地提供7万个直接就业岗位和30万个间接就业岗位。

(二)国家开发银行的投资特征

1. 投资目的

"增强国力、改善民生"是CDB的使命,也是其一切工作的出发点和落脚点。CDB的投资主要服务国家重点战略,推动经济社会可持续发展;配合国家宏观经济政策的实施,发挥逆经济周期的调节作用;提供社会所需公共物品,改善人民的生活水平;弥补商业银行的不足,给企业发展提供资金支持等。

2. 投资重点

在我国,CDB投资业务重点和其他的政策性金融机构(中国农业发展银行、中国进出口银行)以及商业银行有着显著的不同。中国农业发展银行和中国进出口银行投资侧重于推动我国农业发展和为进出口企业提供投融资服务。商业银行经营目标是利润最大化,在投资的过程中注重项目的安全性、盈利性和流动性。而CDB主要为我国"两基一支"提供长期资金支持。投资的项目具有期限长、资金需求量巨大、收益相对低的特点。

第三节　中国进出口银行

一、中国进出口银行及其发展历程

(一) 基本信息

中国进出口银行(the Export-Import Bank of China, CEXIM)成立于1994年,是由国家出资设立、直属国务院领导、支持中国对外经济贸易投资发展与国际经济合作的金融机构。自成立以来,CEXIM紧紧围绕服务国家战略为经营宗旨,以国家信用为依托,积极发挥在支持对外贸易发展、实施"走出去"战略等方面的重要作用,促进了我国经济社会的持续健康发展。

(二) 发展历程

1. 初创阶段:1994—1999年

1994年4月26日,根据《国务院关于组建中国进出口银行的通知》,CEXIM成立,22.8亿元人民币资本金由国家全额拨付。作为国家的政策性银行,CEXIM是我国进一步深化改革、扩大开放的产物。主要任务是执行国家产业政策和外贸政策,为机电产品和成套设备等资本货物出口提供支持,以办理出口买方和卖方信贷业务为主,同时开办信用保险及信贷担保业务。1995年,我国进行援外体制改革,CEXIM开始承办援外优惠贷款业务。1996年,为支持我国企业以对外承包方式带动设备、材料出口和技术、管理、劳务输出,开办了对外承包工程贷款业务。1997年,为带动和扩大国内设备、技术、原材料、零配件出口,开办了加工贸易贷款业务。1999年,随着我国出口结构的变化,开始对高新技术产品出口提供贷款支持。在这一阶段,CEXIM通过对商品进出口及对外承包项目给予的金融支持,有力地提升了我国企业国际市场竞争力,成为促进对外贸易发展、拉动国民经济增长的重要力量。

2. 探索阶段:1999—2005年

1999—2005年是我国加入WTO的关键历史时期。为了应对加入WTO后对外开放面临的新挑战,CEXIM借鉴发达国家出口信用机构的发展经验,积极响应利用国内国外两个市场、两种资源,坚持"引进来"与"走出去"相结合的对外开放战略,配合我国扩大与发展中国家经贸往来,深化与发展中国家区域和双边经济技术合作,加强对发展中国家经济外交工作的战略要求,大力支持企业在更大范围、更广领域、更高层次上参与国际合作与竞争,扩展业务发展的方向和重点,改革经营方式,探索成为符合中国国情的现代化国家出口信用机构。

2000年,CEXIM开办了境外投资贷款业务,以充分利用国外资源和市场,带动和扩大国内设备、技术出口。2001年,CEXIM开办了优惠出口买方信贷业务,以配合国家经济外交工作。2002年,CEXIM推出了软件出口贷款,以支持软件类高新技术产品出口。2004年,与商务部合作,创新对外经济合作方式,开创了资源、资金、项目和增长一揽子合作。这一阶段的CEXIM较好地发挥了政策导向作用,为支持高新技术产品、机电产品和成套设备出口,推动企业开展跨国经营,促进对外关系发展和国际经贸合作提供了卓有成效的金融支持。

3. 战略转型阶段:2005年至今

2005年以来,我国进入由经济贸易大国向经济贸易强国转变的新时期。为了适应我国的发展战略、历史任务与对外责任,CEXIM提出了向国际经济合作银行转型的战略构想。2007年,CEXIM确立了要实现经营理念转变、发展模式转变、业务重点转变和经营管理机制转变的发展目标。这主要体现为:在经营理念上,通过业务创新、提高效益,坚持自我积累、自主发展;在发展模式上,坚持政策性业务和自营性业务齐头并进、相互促进;在业务重点上,从支持出口信贷向同时支持进口信贷转变,以发展境外投资贷款、境外承包工程贷款等"走出去"和一揽子合作为业务重点;在经营管理机制上,深化改革,健全内控和风险管理体系,增强市场竞争力。

CEXIM是外国政府及国际金融机构贷款重要转贷行。截至2021年年末,CEXIM转贷款余额为123.17亿美元,CEXIM转贷的外国政府贷款国别和国际金融机构包括日本、德国、韩国、世界银行和北欧发展基金等24个国家和7个国际金融机构。

二、中国进出口银行的治理机制

CEXIM全力推动改革,努力完善公司治理结构,形成以市场化融资为主的多元化融资方式,聚焦我国对外经贸发展,充分彰显了职能作用。

(一)宗旨和职能

CEXIM的主要职责是贯彻执行国家产业政策、对外经贸政策、金融政策和外交政策,为扩大我国机电产品、成套设备和高新技术产品等产品出口,推动企业"走出去"开展对外承包工程和境外投资,支持"一带一路"建设,促进产能和装备制造合作,推动我国对外关系发展和为出口企业提供金融支持。

(二)组织结构

2016年11月,国务院审定批准《中国进出口银行章程》。根据该章程,CEXIM

搭建董事会、监事会、高级管理层(简称"两会一层"),组织架构如图 12-5 所示。董事会由 13 名董事组成,包括 3 名执行董事(含董事长)、10 名非执行董事。监事会由国务院根据《国有重点金融机构监事会暂行条例》(国务院令第 282 号)等法律、法规委任派出并对国务院负责。高级管理人员由行长、副行长、行长助理、董事会秘书及其他高级管理人员构成。截至 2019 年末,进出口银行有 28 个总行部门,32 家境内分行,5 家境外分行及代表处。CEXIM 全面贯彻实施银监会公布的《中国进出口银行监督管理办法》,以现代金融企业为方向完善公司治理,进一步提升发展能力。

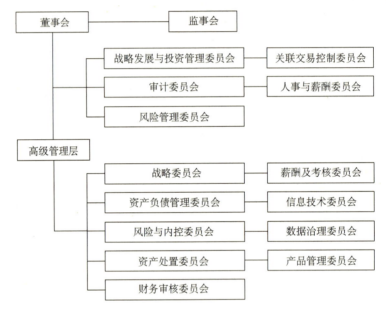

图 12-5　中国进出口银行组织架构

资料来源:中国进出口银行官方网站:http://www.eximbank.gov.cn/。

三、中国进出口银行的财务运行机制

(一) 资金运作

1. 资金来源

CEXIM 的资金来源呈现多元化,包括向中央银行借款、同业存放款项、拆入资金、吸收存款、发行债券和其他类。其中,债券发行是 CEXIM 的主要资金来源,其次是同业拆借及向中央银行借款,其余资金来源的比重相对较小。CEXIM 发行的金融债券中短期和长期债券数量较少,中期债券数量较多。CEXIM 形成了以金融债券融资为主,其他融资方式作为有益补充的多元化融资机制。

第十二章　中国的开发性金融机构

2. 资金的运用

CEXIM 的业务范围随着我国经济的高速发展的需要不断地扩展,资金的流向主要包括:进出口信贷业务、优惠贷款、境外投资贷款、转贷业务及国际经济合作贷款等领域。其中,进出口信贷业务是进出口银行的主体业务,包括出口信贷业务和进口信贷业务。进出口信贷业务涵盖支持我国高新技术产品、机电产品、农产品、大型机械设备等的出口及国外投资项目和对外承包工程的实施。优惠贷款包括援外优惠贷款和优惠出口买方信贷(简称"两优"贷款)。境外投资贷款是指 CEXIM 对境内中资企业和境外中资企业各类境外投资项目所需资金提供的本、外币贷款。国外贷款转贷指 CEXIM 按自主经营、自负盈亏原则转贷的外国政府贷款或国际金融组织贷款。国际经济合作贷款指 CEXIM 为贯彻实施"一带一路"、国际产能和装备制造合作、人民币国际化等国家战略,对境外借款人实施的具有较大国际或区域影响力的项目或其他相关资金需求提供的本、外币贷款,或为进一步促进我国产品、技术和服务出口,CEXIM 向境外借款人发放的可与出口买方信贷配套使用的本、外币贷款。

(二) 财务表现

1. 盈利能力

具有盈利能力是开发性金融机构区别于一般性政策性金融机构的重要标志,而净资产收益率是衡量银行盈利能力的重要指标。更高的净资产收益率反映投资带来的更高的收益,反之则越低。图 12-6 显示了 2015—2018 年 CEXIM 净资产收益率及其与商业银行的比较。期间,CEXIM 的 ROA 总体在 5% 以下的水平,2017 年甚至出现负值,反映其该年度的总体亏损。就 CEXIM 与国家开发银行同类型的开发性金融机构比较而言,CEXIM 近年来总体盈利能力低于国家开发银行,且具有较高的波动性。

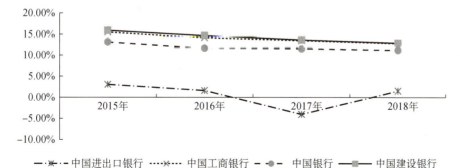

图 12-6　中国进出口银行和商业银行净资产收益率的比较

资料来源:根据中国进出口银行、中国建设银行、中国工商银行及中国银行的公开年报数据整理。

2. 财务杠杆

金融机构的财务杠杆是反映银行的财务风险状况的重要指标,而权益乘数通常用来衡量金融机构的财务杠杆水平。权益乘数为金融机构资产总额与股东权益总额的比例,衡量的是企业资产总额是股东权益总额的多少倍。权益乘数越大,说明股东投入资本在资产中所占的比重越小,财务杠杆越大,反之亦然。权益乘数的大小对债权人具有重要的意义,该数值越大,说明企业负债较多,债权人的权益受保护程度就越低。图 12-7 显示了 CEXIM 和商业银行权益乘数的比较。可以发现,CEXIM 与代表性商业机构的权益乘数总体差距不算大,但是呈现出历年增加的趋势,说明 CEXIM 的财务杠杆有所放大。

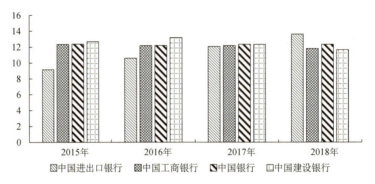

图 12-7 中国进出口银行和商业银行权益乘数的比较

资料来源:根据中国进出口银行、中国建设银行、中国工商银行及中国银行的公开年报数据整理。

(三) 中国进出口银行的财务可持续

CEXIM 作为中国第二大开发性金融机构,在促进贸易发展及跨境投资方面起到了重要的作用。近年来,随着 CEXIM 业务规模的扩大,其盈利能力存在一定的波动性且总体资产收益率维持在 −5%—5% 的一个较低水平,这反映了进出口银行作为开发性金融机构不以营利为主要目的的特性。但其自身较大的盈利波动性也会对其持续经营能力产生一定影响。从财务杠杆的角度,CEXIM 的总体杠杆率水平与商业性金融机构不相上下,且存在逐年攀升的趋势,表明 CEXIM 较高的财务杠杆水平,并存在一定的潜在财务风险。

四、中国进出口银行的业务运行机制

(一) 中国进出口银行的投资领域

1. 促进对外经贸发展

CEXIM 充分利用进出口信贷产品支持境内外主体开展货物贸易和服务贸

易。通过运用出口卖方信贷支持境内企业出口机电产品、成套和高技术含量产品、船舶、农产品和文化产品等,运用出口买方信贷支持境外借款人进口中国产品、技术和服务等。截至2018年年末,进出口货物贸易贷款业务余额超过1万亿元,其中支持货物出口贷款4 800亿元,支持进口贷款约5 700亿元。

2. 服务国家战略和承担社会责任

CEXIM积极贯彻落实国家战略,加强与国家发改委、工信部、科技部等产业主管部门合作,大量贷款投向智能制造、海洋工程装备及高技术船舶等基础环节和关键领域。截至2018年年末,CEXIM支持该领域项目累计发放贷款约4 600亿元,支持项目超过1 400个,贷款余额达8 000多亿元。此外,民生等社会发展也是CEXIM的投资领域,这包括对难以获取商业银行贷款的小微企业提供融资支持,集中优势资源支持"三农"发展及开展金融扶贫。截至2018年年末,普惠金融贷款余额逾6 700亿元人民币,其中小微企业贷款余额逾3 700亿元人民币,"三农"贷款余额逾3 600亿元人民币,精准扶贫贷款余额近200亿元人民币。

3. 支持"一带一路"建设

从2014年至2019年4月,CEXIM执行中的"一带一路"项目超过1 800个,贷款余额超过1万亿元,涉及设施联通、经贸合作、产业投资、能源合作等重点领域。在《"一带一路"国际合作高峰论坛成果清单》270多项具体成果中,CEXIM的33项具体成果占清单总量的1/9,推动了中老铁路、匈塞铁路、蒙内铁路、埃及国家电网升级改造、巴基斯坦洛特水电站等一批重大项目。此外,CEXIM还充分利用发起设立或参股的丝路基金、中国-东盟投资合作基金、中非产能合作基金等投资合作基金,发挥"投贷联动"优势,以股权投资方式整合和撬动社会资金,解决项目融资问题。

4. 支持国际产能与装备制造合作

CEXIM长期以来积极支持国际产能和装备制造业合作,推动中国企业与国际接轨,拓展海外市场,提升国际竞争能力,带动中国产品、成熟技术和标准走出去。截至2018年底,CEXIM支持国际产能合作贷款余额达8 000多亿元人民币,涉及项目近1 500个。CEXIM支持的莫桑比克马普托卡腾贝大桥及连接路项目,是非洲最大跨径悬索桥,连接首都马普托和卡腾贝地区,对莫桑比克乃至整个南部非洲地区的经济发展起到举足轻重的作用。

5. 支持中国企业"走出去"

作为国内最早开展"走出去"业务的政策性银行之一,CEXIM从多方面为中国企业"走出去"提供支持。一是不断丰富产品体系,通过各类产品组合,灵活设计融资方案,满足企业需求。二是发挥专业优势,为企业开拓市场、交易撮合、风险防控等方面提供融智服务。三是积极开展第三方市场合作,为企业提供联合支持。CEXIM积极与各类金融机构开展第三方市场合作,通过融资、投资咨询、信息共享、人才交流等多种方式,为企业提供更加全面、高效的融资、融智支持。

（二）中国进出口银行的投资特征

1. 投资目的

CEXIM 主要目标为贯彻执行国家产业政策、对外经贸政策，提高我国出口商品和企业的国际竞争力，不断丰富金融支持手段，积极发挥政策性融资渠道作用，营造公平竞争的国际环境，推动我国企业"走出去"以及服务国家外交总体战略，配合国家重大政治经济战略实施。

2. 投资重点

CEXIM 主要投资重点为进出口贸易及跨境投资。具体地，CEXIM 重点投资领域包括：大力支持高新技术产品、机电产品、农产品等出口，优化出口商品结构；通过加强与发展中国家的经贸合作，推动出口市场多元化战略；通过对境外投资项目和对外承包工程提供支持，推动"走出去"战略实施；大力支持国内短缺资源、先进技术装备进口，促进产业调整和升级；推动国家"一带一路"倡议、"西部大开发"等战略实施。

第四节　中国农业发展银行

一、中国农业发展银行及其发展历程

中国农业发展银行(the Agricultural Development Bank of China, ADBC)成立于 1994 年，是国家出资设立、直属国务院领导、支持农业农村持续健康发展、具有独立法人地位的国有政策性银行。其主要任务是以市场为依托，筹集支农资金，支持"三农"事业发展，发挥国家战略支撑作用。

中国农业发展银行的发展历程可分为四个阶段。

（一）起步探索阶段：1994 年 6 月—1998 年 3 月

1994 年 6 月，中国农业发展银行党组成立，并正式接受当时的国有专业银行和中国人民银行划转的农业政策性贷款 2 592 亿元。[1] 除了划转来的业务外，中国农业发展银行在这一时期还接收了相关人员，建立起总、省、地、县四个层级的组织机构体系。在业务上基本实现自营，积极支持粮棉油收购、扶贫开发、农业综合开发，保障粮棉油收购资金供应，为促进农业农村经济发展发挥了重要作用，初

---

[1] 解学智.改革大潮中的农业政策性金融[J].中国金融,2018(12):4.

第十二章　中国的开发性金融机构

步确立了在中国农村金融体系中的支农地位。[1]

(二)专司粮棉油收购资金封闭管理阶段:1998年3月—2004年7月

1998年3月,为适应国家粮食流通体制改革,国务院对中国农业发展银行业务范围进行调整,将农业开发等专项贷款以及粮棉企业加工和附营业务贷款划转到有关商业银行。1998年3月至2000年2月,中国农业发展银行专司粮棉油收购资金封闭管理,建立"库贷挂钩、钱随粮走、钱货两清、封闭运行"制度,加强"两基"(基础和基层)管理,实现了当期收购资金封闭运行,保证了国家粮食安全和宏观调控目标的实现。2000年2月至2004年7月,中国农业发展银行积极参与和促进粮棉流通体制市场化改革,完善收购资金封闭管理模式,全面推进规范化管理。[2]

(三)支农功能拓展阶段:2004年7月—2014年12月

党的十六大后,国家密集出台一系列支农惠农强农举措。2004年7月,国务院第57次常务会议对中国农业发展银行的改革发展提出要求。这一时期,它的业务范围从单一支持粮棉油收购逐步扩大到服务农业农村发展,支持对象从国有粮棉油购销企业扩大到各类所有制涉农企业,支持产品从流动资金扩大到中长期项目,形成"粮棉油全产业链业务"和"农业农村基础设施建设中长期信贷业务"的"两轮驱动"业务发展格局。同时,按照现代银行制度要求完善体制机制。[3]

(四)建设现代农业政策性银行新阶段:2015年至今

2014年12月,中国农业发展银行改革实施总体方案得到国务院批复。2015年3月该方案落地,业务分类、风险补偿、税收减免、资本补充等各项改革措施有序推进,包括重新修订《中国农业发展银行章程》,正式发布《中国农业发展银行监督管理办法》等。在治理结构建设方面,该行推动组建董事会,健全公司法人治理结构,探索推行经济资本管理,完善资本约束机制;在收入分配和绩效考评改革方面,实行党建工作与经营绩效、政策执行与合规管理、业务发展与风险防控同考核同奖惩,初步建立起涵盖机构、班子、部门、员工在内的绩效考评管理体系;在优化业务发展机制方面,坚持执行国家意志、服务"三农"需求、遵循银行规律"三位一体",服务领域进一步扩展到国家粮食安全、脱贫攻坚、农业现代化、城乡发展一体化和国家重点战略等领域,初步形成融资与融智、信贷与投资、国内与国际相结合的全方位支农格局。[4]

---

[1] 农村金融发展研究院.中国农业发展银行行史资料(1994—2014年)[R].2020.农村金融发展研究院编写组.
[2] 同上.
[3] 同上.
[4] 解学智.改革大潮中的农业政策性金融[J].中国金融,2018(12):4.

二、中国农业发展银行的治理机制

(一) 宗旨和职能

根据《中国农业发展银行章程》第八条，农业发展银行是政策性银行，依托国家信用支持，在农村金融体系中发挥主体和骨干作用，加大对农业农村重点领域和薄弱环节的支持力度，促进经济社会持续健康发展；经营宗旨是，紧紧围绕服务国家战略，建设定位明确、功能突出、业务清晰、资本充足、治理规范、内控严密、运营安全、服务良好、具备可持续发展能力的农业政策性银行。

(二) 组织结构

中国农业发展银行的公司治理架构由董事会、高级管理层和监事会组成，具体见图12-8。

图 12-8 中国农业发展银行的组织架构

资料来源：中国农业发展银行，http://www.adbc.com.cn/n4/n11/index.html。

第十二章　中国的开发性金融机构

董事会由执行董事、非执行董事组成。执行董事指在中国农业发展银行担任董事长、行长和其他高级管理职务的董事。非执行董事指在中国农业发展银行不担任除董事外其他职务的董事,包括部委董事(由相关部委指派的部委负责人兼任)和股权董事(由股东单位负责选派)。2019年,中国农业发展银行董事会设立战略发展与投资管理委员会、审计委员会、风险管理委员会、内部控制委员会和人事与薪酬委员会等专门委员会;2021年增设关联交易控制委员会。

三、中国农业发展银行的财务运行机制

(一) 资金运作

1. 资金来源

根据《中国农业发展银行章程》第五章,农业发展银行通过以下方式筹集资金:资本金的运用;境内外发行金融债券及其他有价证券(不含股票);同业拆借、同业存款、回购业务;吸收业务范围内开户企事业单位的存款;吸收居民储蓄存款以外的县域公众存款;吸收财政存款;经国务院批准的其他筹资渠道。农业发展银行发行的债券定性为政策性金融债券,由国家给予信用支持。

2019年,中国农业发展银行境内新发各类债券11 282.7亿元,连续五年超万亿元;新发债券加权平均发行期限5.59年;新发债券加权平均发行利率3.36%。2019年末境内存量债券规模为4.48万亿元,持续巩固中国债券市场第三大发行主体地位。[1]

2. 资金的使用

根据《中国农业发展银行章程》第十条,农业发展银行支持的领域主要包括:(1)支持粮棉油等重要农产品收购、储备、调控和调销,配合国家重要战略物资储备、调控,保障和维护国家粮食安全的领域;(2)支持现代农业发展、农业综合开发、农业农村基础设施和水利建设,促进农业转型升级和可持续发展,推进农村产业融合,改善农业农村公共服务的领域;(3)推动城乡发展一体化,改善农民生产生活水平,促进"三农"发展的领域;(4)支持易地扶贫搬迁、贫困地区基础设施建设、特色产业发展及专项扶贫,增强贫困地区内生动力和发展活力的领域;(5)符合国家发展战略和政策导向的其他领域。

(二) 财务表现

1. 业务规模

2019年年末,中国农业发展银行资产总额为70 085.36亿元,其中贷款增加

---

[1] 中国农业发展银行,中国农业发展银行2019年社会责任报告。

4 932.69亿元;负债总额为68 355.82亿元;所有者权益为1 729.54亿元(见表12-1)。2019年,实现营业收入888.46亿元,营业支出673.34亿元,加上营业外收支净额后,实现账面盈利213.59亿元,净利润192.13亿元(见表12-2)。

表12-1 中国农业发展银行资产负债表(2015—2019年)

单位:亿元人民币

财务指标	2015年	2016年	2017年	2018年	2019年
总资产	41 823.24	56 162.57	62 214.99	68 527.77	70 085.36
其中:					
实收资本	570.00	570.00	570.00	570.00	570.00
贷款余额	34 410.37	40 946.32	46 560.40	50 896.81	55 829.50
总负债	40 800.74	54 977.56	60 859.07	66 991.10	68 355.82
其中:					
向央行借款	3 058.00	5 620.00	6 942.00	6 784.00	6 814.00
应付债券	27 501.28	33 890.11	38 131.35	42 014.89	45 099.06
所有者权益	1 022.50	1 185.01	1 355.91	1 536.67	1 729.54

资料来源:中国农业发展银行2015—2019年年报。

表12-2 中国农业发展银行资产负债表(2015—2019年)

单位:亿元人民币

财务指标	2015年	2016年	2017年	2018年	2019年
总资产	41 823.24	56 162.57	62 214.99	68 527.77	70 085.36
其中:					
实收资本	570.00	570.00	570.00	570.00	570.00
贷款余额	34 410.37	40 946.32	46 560.40	50 896.81	55 829.50
总负债	40 800.74	54 977.56	60 859.07	66 991.10	68 355.82
其中:					
向央行借款	3 058.00	5 620.00	6 942.00	6 784.00	6 814.00
应付债券	27 501.28	33 890.11	38 131.35	42 014.89	45 099.06
所有者权益	1 022.50	1 185.01	1 355.91	1 536.67	1 729.54

资料来源:中国农业发展银行2015—2019年年报。

2. 财务可持续性分析

2015—2019年,根据表12-3,中国农业发展银行的净利润稳步上升;虽然ROA和ROE值是下降的,但处于合理范围内;成本收入比总体是下降的,可见银行运行效率有所提升。资产质量持续改善,因为不良贷款率是下降的;不良贷款额有所上升,与其贷款总额不断攀升有关。

表 12-3 中国农业发展银行的盈利能力和资产质量(2015—2019 年)

单位:亿元人民币、%

财务指标	2015 年	2016 年	2017 年	2018 年	2019 年
净利润(亿元)	153.39	162.07	171.18	181.17	192.13
成本收入比(%)	30.45	30.08	27.39	26.74	28.06
ROA(%)	0.96	0.97	0.99	0.28	0.28
ROE(%)	40.18	43.23	46.13	12.53	11.76
不良贷款额(亿元)	285.94	359.82	378.18	406.32	338.04
不良贷款率(%)	0.83	0.88	0.81	0.80	0.61

资料来源:中国农业发展银行 2015—2019 年年报。

四、中国农业发展银行的业务运行机制

在业务领域方面,中国农业发展银行聚焦粮食安全、脱贫攻坚、产业兴旺、生态宜居等乡村振兴重点领域和重大国家战略(见表 12-4),及时有力提供信贷资金支持,持续加大支农惠农力度,进一步彰显农村金融主体和骨干作用。2019 年全年累放贷款 1.79 万亿元。

表 12-4 中国农业发展银行贷款投放重点领域(2019 年)

单位:亿元人民币

服务领域	具体内容	贷款情况		
		贷款投放领域	2019 全年累放金额	2019 年末贷款余额
全力保障国家粮食安全	坚持把粮棉油信贷业务作为"立行之本",全力推进粮棉油业务发展,切实保护种粮农民利益,维护粮食市场稳定,守牢国家粮食安全底线	粮棉油贷款	6 539(同比多投 285)	18 737(同比增加 171)
全力服务脱贫攻坚	聚焦"三区三州"等深度贫困地区,突出支持产业扶贫,着力推进解决"两不愁、三保障"突出问题,扶贫业务实现国定贫困县全覆盖	扶贫贷款	4 045(同比多投 152)	—

续表

服务领域	具体内容	贷款情况		
		贷款投放领域	2019全年累放金额	2019年末贷款余额
全力支持农村基础设施建设	聚焦农村交通、水利建设、城乡一体化、棚改、农村人居环境建设、生态环境建设与保护等重点领域,深入推进项目储备库建设,积极创新贷款模式,合规稳健加大农业农村中长期项目贷款投放力度	基础设施贷款	6 272	29 252（同比增加3 260）
全力支持农业现代化	精准对接乡村产业振兴金融需求,围绕推动产业兴旺,突出支持高标准农田建设,积极支持农业科技创新、现代种业、农机装备等领域,大力支持农村"三农"融合发展,创新支持农村新产业、新业态,助力民营小微企业和农民合作社发展,加快推动农业农村现代化	农业现代化贷款	2 176	3 590（同比增加1 429）
全力服务国家区域发展战略	综合运用各类金融产品和服务手段,全力服务长江经济带发展、黄河流域生态保护和高质量发展、京津冀协同发展、粤港澳大湾区建设、海南全面深化改革开放等重大国家战略	长江大保护	1 771	4 156
		京津冀地区	1 139	2 457
		粤港澳大湾区	983	1 164
		海南	141	483

资料来源:中国农业发展银行2019年年度报告。

本章小结

本章介绍了中国开发性金融机构的发展历程及运行特征,并选取了国家开发银行、中国进出口银行和中国农业发展银行这三个具有代表性的开发性金融机构,通过对这三家开发性金融机构的发展历史及运作模式的分析,形成对中国开发性金融机构形成背景、发展目标及发展特征的概览。

本章对中国开发性金融机构的分析主要从四个方面展开。第一,介绍中国开发性金融机构的发展历程。国家开发银行、中国进出口银行以及中国农业发展银行的发展进程存在历史相似之处,均于1994年设立并随着社会经济发展的需求不断寻求市场化转型,实现由政策性金融机构向开发性金融机构的转变。第二,总结分析中国开发性金融机构的治理机制,介绍了中国开发性金融机构设立的宗旨、主要职能及组织架构。第三,梳理分析中国开发性金融机构的财务运行机制。开发性金融机构"保本微利"的财

第十二章 中国的开发性金融机构

务运行特征是开发性金融机构区别于政策性金融机构及商业性金融机构的重要特征。通过对开发性金融机构资金来源、资本使用及其包括盈利能力、财务杠杆及不良贷款率等财务表现的分析识别出中国开发性金融机构的财务运行的特点及其与中国代表性商业性金融机构的区别。第四,总结了中国开发性金融机构的业务运行机制,并对其主要投资领域与投资特征展开了讨论。中国开发性金融机构的投资领域各有不同,分别对中国社会经济发展提供了不可或缺的支持。国家开发银行的投资领域主要集中于大型基础设施投资、大型基础及重点产业及社会民生等领域。中国进出口银行的投资领域主要集中于国际经贸合作、跨境投资及产能合作及中国企业的对外投资,而中国农业发展银行的投资领域则主要集中于农业和农村的重点领域和薄弱环节。

关键词

开发性金融机构;国家开发银行;中国进出口银行;中国农业发展银行

简答题

1. 中国代表性开发性金融机构有哪些?其各自的功能定位是什么?
2. 中国代表性开发性金融机构的主要投资方向分别是什么?
3. 中国开发性金融机构在中国社会经济发展中起到的作用是什么?

思考题

1. 国家开发银行债券具有什么特征,其在金融市场中的地位如何?
2. 试分析中国开发性金融机构特别是国家开发银行及中国进出口银行的对外功能和国际影响力。
3. 中国的开发性金融机构如何助推中国重要战略落地,如"一带一路"倡议、构建"双循环"新发展格局等?

第四篇

前　瞻　篇

第十三章

国际发展融资面临的问题及发展趋势

　　长期以来,在国际经济和社会的发展过程中,各种全球性问题不断产生,虽然国际发展资金的供给主体呈现不断多元化的趋势,但国际发展资金的供需缺口仍非常大。除了新冠肺炎疫情导致发展资金需求量大增外,从供给方角度看也存在诸多问题:绝大部分DAC国家所提供的发展援助资金长期未达到所承诺水平;广大新兴经济体的作用未得到充分发挥;私人部门所掌握的资金额度巨大但难以调动至国际发展领域;各类供资主体间的协调和合作有待改善,等等。当前,国际发展融资的可持续性已成为实现2030可持续发展目标面临的首要问题。稳定、可持续地为发展中国家,特别是最不发达国家提供发展资金,还需要国际社会多方力量的长期共同努力。

学习目标:

1. 了解国际发展融资与2030可持续发展目标之间的关系
2. 掌握当前国际发展融资领域面临的困难
3. 掌握当前国际发展融资领域困难的解决途径

第一节 国际发展融资供给问题

随着国际发展目标及发展理念的转变,国际发展融资体系也需要逐渐拓展与完善。当前,国际发展融资的可持续性成为实现可持续发展目标面临的首要问题。

一、国际发展融资资金供给的不足

国际发展融资格局自21世纪初以来发生了迅速变化,尤其是2008年以来经历全球金融危机、欧债危机以及当前新冠肺炎疫情的重大全球性事件后,发展融资的参与者、目标和工具等均发生了重大的调整和改变。[1]但是,目前大多数发展中国家均面临发展资金短缺的问题,要想在2030年如期实现SDGs,就必须扩大国际发展融资的现有规模。这就要求加强发展融资机构筹资能力,建立更加灵活的动员机制,采用多种方式从传统和非传统渠道,筹集更多资金用于MDGs和SDGs的实现。

(一) 国际发展融资现状

1. 国际发展融资数量不足

目前国际发展融资的资金来源主要是官方发展融资(Official Development Finance, ODF),主要由OECD下属的发展援助委员会(Development Assistance Committee, DAC)的成员国向发展中国家或者转型国家提供的双边或者多边融资。从资金供给角度,当前国际发展融资一方面存在巨大资金缺口,且发达国家的援助承诺难以兑现;另一方面,发展中国家对发达国家的援助依赖严重。

据图13-1,从20世纪70年代到90年代初,官方发展援助(ODA)总额迅速增长,达到600亿美元的高峰,然后开始缓慢下降。2002年受《蒙特雷共识》影响,ODA重新开始迅速上升。从ODA占GNI的比重看,其从20世纪60年代以来一直呈下降趋势,70年代开始略有上升并保持相对平稳态势直至90年代,90年代以后继续下降,2002年重新开始上升,但趋势一直较缓。MDGs和SDGs的实现存在巨大的资金缺口。

解决发展融资资金不足最为直接有效的方法当然是进一步扩大ODA的规

---

[1] Severino, J.-M. and Ray, O. (2009) The End of ODA: Death and Rebirth of a Global Public Policy. Working Paper 167. Washington, DC: Center for Global Development.

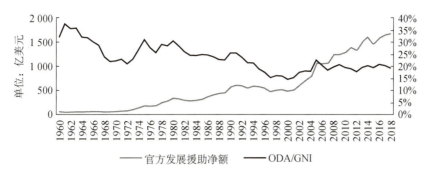

图 13-1　OECD-DAC 官方发展援助（ODA）净额及其占国民收入（GNI）的比例（1960—2018 年）

资料来源：OECD 发展援助委员会数据库及世界银行数据库（2020 年）。

模。2001 年联合国发展融资高级别会议（UN High-Level Panel on Financing for Development）上发布的《泽迪罗报告》（the Zedillo Report）的一项主要建议就是由联合国敦促发达国家将其 GNI 的 0.7% 用于提供 ODA。DAC 国家所提供的传统官方发展援助（Official Development Assistance, ODA）数额不但从未达到联合国规定的占 GNI 0.7% 的目标，而且自 20 世纪 60 年代以来这一比值总体是下降的（见图 13-1）。近年来 OECD 国家（地区）经济停滞、财政紧缩，更使 ODA 资金经常面临预算削减的压力。2020 年，ODA 总额为 1 612 亿美元，占 GNI 的 0.32%，继续远低于占 GNI 0.7% 的目标。DAC 国家中，只有丹麦、德国、卢森堡、挪威、瑞典和英国等六个捐助者达到或超过了 0.7% 的目标。[1]

2. 国际发展融资制度出现问题[2]

首先，在援助领域上，国际发展不断出现的新挑战新议题，应对传染病、生态保护、气候变化、和平与安全等挑战要求更为全面的发展筹资体系。但传统 ODA 的概念并未完全将应对这些挑战的发展筹资纳入其中，也没有明确这些并非专门关注发展中国家的努力能否算作 ODA。

其次，在援助衡量标准上，ODA 贷款的"优惠度"标准已难以适应新的资本市场形势。尽管 DAC 国家为 ODA 设定了统一的"优惠度"门槛，即援助国向发展中国家提供的发展资金按特定贴现率折算所得出的"赠与成分"值须达到一定标准。但不少学者指出，当前形势已完全不同于 ODA 概念提出之时。2008 年金融危机后，世界经济进入低利率时期，一些完全基于市场利率的贷款按一定贴现率（例如 10%）折算后也能达到 ODA 赠与成分（例如 25%）门槛。所以 ODA 贷款的优惠程

---

[1] UN, Global Official Development Assistance Surges in 2020 in Response to COVID-19[R]. https://developmentfinance.un.org/sites/developmentfinance.un.org/files/FSDR%202021%20ODA%20Data%20Update_April%202021_final.pdf

[2] 黄超.2030 年可持续发展议程框架下官方发展援助的变革[J].国际展望,2016(2):16.

国际发展融资

度标准不再合乎时宜。

(二) 新冠肺炎疫情使国际发展融资缺口进一步增大

在新冠肺炎疫情发生之前,国际发展资金已经存在巨大缺口。UNCTAD 指出,2015—2030 年实现全球可持续发展目标的年资金需求量为 3.9 万亿美元,实际资金供给为 1.4 万亿美元,即年度融资缺口为 2.5 万亿美元。[1] 2015 年 9 月,联合国在《2030 年可持续发展议程融资策略》中提到加大可持续发展融资作为国际发展首要任务,全球每年需要 5 万—7 万亿美元的资金来实施可持续发展目标。

新冠肺炎疫情的发生,一方面增大了抗疫和投资资金需求;另一方面导致全球经济衰退,抑制了发展项目的投资活动,从而使国际发展资金缺口进一步扩大。

1. 新冠肺炎疫情导致公共项目投资需求大增

疫情后,各国在健康、卫生、交通、贸易、教育等多个方面都急需大量的资金,特别是基于改善公共卫生、医疗基础设施的资金。各国财政不堪重负使疫情后公共资金供给不足成为全球性问题。据 IMF 数据,为缓解疫情对经济造成的负面影响,各经济体采取救助措施所带来的直接财政成本总额预计达 3.3 万亿美元;2021 年全球财政赤字预计达 8.6 万亿美元,比 2019 年增长 2.7 倍。瑞士再保险研究所的 SIGMA 2020 年预测,亚洲新兴市场未来 20 年基础设施投资巨大,年均投资额将达到 1.7 万亿美元(占该地区生产总值的 4.2%),累计投资额高达 35 万亿美元。[2] 其中,中国的投资最多,每年投资达到 1.2 万亿美元(占 GDP 的 4.8%),是全球基础设施投资的 35%,是新兴市场投资总额的 54%。

2. 新冠肺炎疫情导致全球经济萎缩,所有可持续发展目标部门的投资均大幅下降

一些本身发展就极其脆弱的国家还面临着外国投资者撤离以及汇款、旅游和商品出口收入减少的挑战,这些依靠外部资本发展的国家还同时陷入内部非法资金流动,这无疑加剧了它们面临的困难。2020 年流入发展中和转型经济体与可持续发展目标(SDGs)相关部门的国际私营部门投资下降了约三分之一。其中,在非洲下降了 51%,在拉丁美洲和加勒比地区下降了 44%,在亚洲下降了 33%,在转型经济体下降了 27%。但亚洲发展中国家的国际项目融资仅下降了 2%。[3]

3. 新冠肺炎疫情导致大部分欠发达国家的债务问题日趋严重

如果发生债务违约将终结欠发达国家任何长期发展前景,国际社会为防止这

---

[1] UNCTAD, World Investment Report 2014[R]. https://unctad.org/system/files/official-document/wir2014_en.pdf.

[2] Swiss Re Institute, Power up: Investing in Infrastructure to Drive Sustainable Growth in Emerging Markets[R], 2020, https://www.swissre.com/institute/research/sigma-research/sigma-2020-03.html.

[3] UNCTAD, SDGs Investment Trends Monitor[R]. https://unctad.org/system/files/official-document/diaemisc2020d3_en.pdf.

些国家陷入无序违约,需要具体的建议和及时的行动。具体的计划不仅需要解决当前的流动性短缺问题,还必须提供持久的解决方案,为有需要的国家的可持续发展投资创造重要的财政空间。

(三) 国际发展资金供资主体逐渐多元化

1. 非DAC参与者在国际发展融资体系供资总额中所占的份额越来越大

尽管DAC国家仍是最大的资助者,但其他官方和非官方参与者发挥着越来越重要的作用。在某些部门,例如卫生、慈善基金会和其他私人行为者是多边资金的重要来源。

2. MDB等多边机构提供的发展资金稳步增加

近年来,多边机构的供资额超过DAC和向该系统报告的非DAC成员的捐款资金。主要是因为这些机构特别是MDB可以从资本市场获得融资。中等收入国家是近年来多边发展机构资金的最大受益者之一,国际多边发展融资越来越关注中等收入国家,尤其是中高收入国家。[1]

3. 垂直基金的增长缓慢地影响多边发展融资

那些与气候变化适应(Climate Change Adaption, CCA)和缓解相关的新目标,导致了相关垂直基金[2](Vertical Type Fund)的创建,这些垂直基金开发和扩展了复杂的金融工具,增加了私营部门投资公共发展融资的积极性。

来自非DAC参与者、MDB等多边机构以及各类垂直基金的资金,都属于非ODA资金(Beyond ODA Flow, BOF)。[3] 2003—2012年,国际社会向所有发展中国家提供的外部发展资金总额翻了一番多,达到2 690亿美元,其中,BOF资金为1 200亿美元,约占45%。这1 200亿美元中的大部分来自海外基金(Other Official Finance, OOF)(37%)和DAC的捐助者(23%),第二大来源是慈善援助(22%)和新兴捐助者(13%),其中,来自中国的份额越来越大,其他来源包括国际主权债券(4%)和多边气候融资(1%)。[4]

---

[1] Kharas, H. International financing of the Sustainable Development Goals[R]. Dag Hammarskjöld Foundation, 2019, https://www.daghammarskjold.se/wp-content/uploads/2019/08/financial-instr-report-2019-interactive.pdf ♯page=71; OECD, Multilateral Development Finance 2020[R], Oct 2020, https://doi.org/10.1787/e61fdf00-en.

[2] 垂直基金指一种在基金内部既兼容或包含其衍生基金,可以在基金内部进行投资选择和转换其他衍生基金的复合基金系统,投资对象往往是多个金融工具或市场,投资者除提供资金外,还提供技术管理、人才帮助,并参加管理经营。

[3] BOF (beyond ODA flow)指传统官方发展援助(ODA)之外的,且可进入政府预算或由政府直接用于国家发展战略的资金来源,包括来自新的和正在出现的捐助者的援助,其他官方资金(OOF),慈善援助,国际主权债券,多边气候基金和公私伙伴关系(PPP)。

[4] Annalisa Prizzon, Romilly Greenhill & Shakira Mustapha, "An age of choice for development finance: evidence from country case studies", April 2016.

(四）国际发展融资供资主体之间的冲突加剧

1. 非 DAC 国家与传统援助国之间的冲突

非 DAC 国家援助资金的加入以及该类援助资金在筹措和使用方向上与传统 DAC 援助国的援助资金有所差异，具体体现为：数据的统计和发布、对发展援助的"优惠性"标准的定义、发展成效的衡量标准、问责程序及标准等方面。

2. 公共资本与私人资本之间存在竞争和冲突

由于公共部门（例如包括 MDB 在内的各类开发性金融机构）融资成本普遍较低且不需要像私人部门那样为股东争取回报，同时更有可能向最优质客户提供贷款，因此，公共资本和私人资本存在对优质发展融资项目的竞争，导致其放贷或投资行为不仅有可能会偏离其使命，更会对私人部门产生破坏性的"挤出效应"。此外，公共资本还可能通过鼓励政府对低回报的项目进行投资，推迟改革或使用贷款偿还旧债，从而造成道德风险。[1]

3. 私人资本之间也存在竞争和冲突

例如，WBG 在如何建立成功的公共和私人伙伴关系方面有一些非常明确的指导方针。当政府与私人资本签订能源、教育等公共服务项目合同且涉及 WB 资金资助时，WB 使用竞争规则来授予合同。但研究表明，WB 对该规则的执行还不及其他双边和多边发展机构。在能源方面，据 WB 私人参与基础设施数据库，2015—2019 年，IFC 参与了 18 个独立发电项目（运行中的），容量超 250 兆瓦，其中仅 8 个通过竞争规则授予合同。2015—2018 年，非 IFC 双边和多边开发金融机构参与了 28 个大型电力项目，其中 13 个通过竞争规则授予合同，占比略高于 IFC。对此，原因可能是 IFC 响应客户需求，首先考虑了客户的盈利性而非发展效果。[2]

总体上，在国际发展融资领域，由西方发达国家主导的旧秩序与多元化主体共同参与的新实践之间冲突不断，主要利益相关方的意见分歧越来越大。

二、加大国际发展融资资金供给的实现路径

国际发展融资可持续性的实现路径就是，营造更加和谐、更具包容性的国际发展融资体系，使国际发展资金的各种供资主体共同致力于全球发展。具体路径可概括成以下四点：(1) 扩大现有发展融资的规模，敦促各发达国家努力实现联合

---

[1] EBRD, Mobilisation, June 2019, https://www.ebrd.com/documents/evaluation/mobilisation.pdf.
[2] Charles Kenny, Development Finance Institutions Should Be Instruments of Public Policy, Not Private Gain [R]. March 18, 2020, https://www.cgdev.org/blog/development-finance-institutions-should-be-instruments-public-policy-not-private-gain.

第十三章 国际发展融资面临的问题及发展趋势

国所提出的将本国 GNI 的 0.7% 用于提供 ODA 的目标,特别是美国和日本等这样的经济大国,更应该承担起提供与本国经济实力相匹配的发展资金的责任;(2)多边发展融资机构应积极进行业务创新,国际社会也应积极探讨为全球公共产品供给进行融资创新的可能性;(3)加强国际合作,大力动员私人资本;(4)积极帮助发展中国家实现债务可持续。

(一)增加 ODA 资金投入,更好地发挥非 DAC 国家服务全球发展的能力

联合国《2021 年可持续发展筹资报告》敦促 DAC 国家履行"提供 GNI 的 0.7% 作为 ODA 资金"的承诺,并为发展中国家、尤其是最不发达国家提供新的优惠发展融资。

1. DAC 国家

由于财力限制,DAC 国家在直接提升 ODA 资金增量上空间不足,他们尝试从其他角度上"增加"ODA 资金。官方发展援助定义自形成之后,其根本要素没有发生过变化,但随着时间推移,更多项目和内容被包含进来。这些内容包括债务减免、难民成本、紧急援助、管理成本、技术合作、访学和留学生成本等。[1] 人们对这些变化提出了从技术上(例如重复计算和高估 ODA 带来的风险)到政治上(例如为捐助者提供支持性贷款而非赠款的激励)的一系列担忧。例如,2020 年 7 月,DAC 同意将债务重新安排或免除计入 ODA[2],旨在激励发展中国家在新冠危机期间免除和重新安排债务,但它也面临重复计算 ODA 的风险。[3] 新冠肺炎危机和更大程度的债务减免的可能性使上述问题更加突出。

2. 非 DAC 国家

非 DAC 国家也是国际发展领域的重要力量之一。当前的国际发展融资体系需要改革以使 DAC 国家和非 DAC 国家共同致力于国际发展事业。但目前由于国情和发展实践的不同,非 DAC 国家与 DAC 国家在国际发展融资方面存在多方面差异。非 DAC 国家主要采取无偿援助和出口信贷方式,集中援助部门为社会、教育、医疗等。相比于 DAC 国家更多偏向公益性质,非 DAC 国家的大部分无偿援助主要都是和援助国家商品和服务绑定在一起的,政治经济利益构成了他们对外援助的主要动机。

---

[1] 黄超.2030 年可持续发展议程框架下官方发展援助的变革[J].国际展望,2016(2):16.
[2] OECD, Donors Agree on Aid Treatment of Debt Relief-OECD, July 30, 2020. UN, Financing for Sustainable Development Report 2021[R]. https://developmentfinance.un.org/fsdr2021.
[3] Nerea Craviotto, Jan Van de Poel, Donor countries will undermine the integrity of aid if they continue reporting debt relief as ODA[R]. 23 June 2020, https://www.eurodad.org/donors_undermining_aid_integrity.

(二) 多边发展融资机构应积极创新,提高供资能力

长期以来,MDB 的投资政策相对而言是比较谨慎和稳健的。各 MDB 都赚取了可观的年净利息收入并积累了大量的公积金余额,其 E/L 比率高于30%。大部分 MDB 的所有者权益/未偿还贷款比率(Equity to Loans ratio, E/L 比率)高于抵抗金融风险所需水平。而商业银行,例如瑞士银行集团在 2008 年末至 2014 年第一季度间的一级资本比率为 11%—16.7%;2010—2013 年间,花旗银行集团的一级资本比率在 12%—14%之间浮动。[1]

有观点认为,为应对新冠肺炎疫情,包括 AIIB 在内的 MDB 应大胆扩展资产负债表。例如,美国全球发展中心(Center for Global Development, CGD)的克莱门斯·兰德斯,南希·李和斯科特·莫里斯于 2020 年指出,如果充分利用"可赎回"资本,各 MDB 可放贷金额将是现有的两倍。考察 IBRD、IDA、AsDB、IDB 和 AfDB 在内的五个主要 MDB 的法定贷款上限,[2] 它们有能力"激增"超过 5 000 亿美元的贷款额度,使它们当前总敞口翻番,即贷出超过 1 万亿美元的资金,同时 MDB 仍可保持稳健的财务状况。这种贷款能力"激增"的主要条件是愿意以"可赎回"资本(callable capital)[3] 的形式认可 MDB 股东支持的潜在价值(the underlying value of an MDB shareholder backstop)。在 WB,可赎回资本占认购资本总额的 94%;其他 MDB 可赎回资本的占比稍小,但仍是认购资本总额的主要构成部分。按惯例,MDB 不会在其审慎框架中将可赎回资本计算在内,但在前所未有的全球危机时刻,有理由考虑可赎回资本。[4] 汉弗莱认为 MDB 具备帮助发展中国家应对新冠肺炎疫情危机的资金规模;MDB 当前的贷款政策过于保守,应在 G20 和 MDB 股东的明确支持下,以协调一致的方式改革或废除过时的法定贷款限额,在资本充足率计算中考虑评级为 AAA 和 AA+的股东的现有可赎回资本(callable capital),扩展 MDB 资产负债表。具体而言,主要 MDB 可在保持 AAA 评级的情况下增加至少 7 500 亿美元的贷款(比当前水平高出 160%);如果愿意冒险将评级下调至 AA+,则最高可高达 1.3 万亿美元的贷款(近 3 倍当前水平)。这种快速扩大贷款一方面不需要股东额外提供资金,另一方面也不会危害 MDB 的财务稳健性。[5] 美国国会研究服务处(Congressional Research Service, CRS)

---

[1] 陈燕鸿,杨权.亚洲基础设施投资银行在国际发展融资体系中的定位:互补性与竞争性分析[J].广东社会科学,2015(3):9.
[2] 各 MDB 章程都规定了法定贷款限额,通常以总敞口与总资本和准备金的和之比表示。例如 WB 规定该比重为 1:1,即总敞口不能超过总资本、盈余和准备金之和。
[3] 可赎回资本是指股东在银行无法履行对债券持有人的义务时支付额外资本的承诺。
[4] Clemence Landers, Nancy Lee and Scott Morris, More Than $1 Trillion in MDB Firepower Exists as We Approach a COVID-19 "Break the Glass" Moment, March 26, 2020, https://www.cgdev.org/blog/more-1-trillion-mdb-firepower-exists-we-approach-covid-19-break-glass-moment.
[5] Chris Humphrey, April 2020, How to scale up multilateral financing to face the Covid-19 crisis.

第十三章 国际发展融资面临的问题及发展趋势

也同意汉弗莱对扩展 MDB 资产负债表的说法,同时指出,虽然美国政府(作为成员国)监督相关 MDB 的运营决策,但 MDB 资本充足率的调整并不需要通过美国国会立法程序。[1]

(三) 加强国际合作,大力动员私人资本

1. 全球私人资本总量巨大

与公共投资资金供需缺口增大并存的是全球私人资本总量的巨大。单是机构投资者(包括养老基金、保险公司等)就拥有约 150 万亿美元巨额资产。[2] 虽然大多数投资者都渴望拓展投资机会,但因政治、法规和微观风险等现实障碍和挑战,它们通常不愿将资产部署到新兴经济体的投资中,尤其是风险较高、流动性较低的项目。所有发展中经济体也都尚未挖掘出吸引私人资本的潜力。[3] 据 WB 独立评估小组(The Independent Evaluation Group, IEG)估算,大多数银行集团客户国家(包括 FDI、投资组合股权和私营部门借贷)仅吸引了 50%—80%的私人资本。[4]

2. 加快并扩大私人资本流向与可持续发展目标有关的基础设施和低收入国家

如何大幅加快并扩大私人资本流动,特别是流向与可持续发展目标有关的基础设施和低收入国家,是维护国际发展融资可持续性的关键。在外部资金流动中,官方发展援助的比重很小(而且持平),其融资价值重点应该放在质量和杠杆上。其他发展融资资金则可以通过金融市场渠道进入,形成混合贷款,将市场利率贷款与来自官方的资金和担保相结合,使更多的资金投入到基础设施等发展项目运作中。

理论上,MDB 能够通过多种方式动员私人资本。具体而言,MDB 可以利用担保和扩大投资者的优先债权人地位来降低其政治和债权人风险;或者允许私人投资者依靠 MDB 的成员国、MDB 的部门和项目知识来减少信息不对称性,从而催化私人共同融资;MDB 还可以通过影响政府决策,或通过向第三方私人合作伙伴发出信号或向其表明金融机会,来改善投资环境,从而间接调动私人资本。2017 年,包括 AIIB、AfDB、ADB、EBRD、EIB、IADB、IsDB、NDB 和 WB 等在内的

---

[1] CRS(Congressional Research Service), COVID-19: Role of the International Financial Institutions, May 4, 2020, https://crsreports.congress.gov/product/pdf/R/R46342.
[2] Inderst, Georg: Financing Development: Private Capital Mobilization and Institutional Investors[R]. 2021, https://www.econstor.eu/bitstream/10419/232266/1/Inderst-Financing-Development-March2021.pdf.
[3] WB. World Bank Group Approaches to Mobilize Private Capital for Development: An Independent Evaluation[R]. 2021, https://openknowledge.worldbank.org/handle/10986/35040.
[4] IEG. World Bank Group Approaches to Mobilize Private Capital for Development: An Independent Evaluation[R]. Washington, D. C., 2020. https://ieg.worldbankgroup.org/evaluations/world-bank-groups-approach-mobilization-private-capital-development.

MDB在汉堡G20峰会期间发布了一份关于调动私人融资的联合声明[1],承诺更多地动员私人资金,到2020年把动员资金金额提高25%—35%,并联合报告融资结果。[2] 2018年发布的G20名人小组关于全球金融治理的报告[3]进一步强化了上述目标。有学者指出,吸引私营部门资金的同时,避免开发性金融机构对私人部门的"挤出效应"。潜在方案包括邀请私人部门投资者和贷方参与融资,MDB承担优先和长期债务;建立严格的风险/定价矩阵,对每个项目进行评级;建立一个机制解决对不公平竞争的投诉。[4]

然而,长期以来MDB在动员私人资本方面的整体效果并不理想。正如美国布鲁金斯学会、美国全球发展中心以及英国海外发展研究院(Overseas Development Institute, ODI)的一些学者认为,尽管MDB有一系列工具,包括本应能够大量地动员私人资本的"担保",但迄今为止的结果令人失望。OECD在对所有双边和多边发展机构的调查发现,四年内只有800亿美元使用"担保",而且多数是在中等收入国家中。[5]

(四)帮助发展中国家实现债务可持续

一些发展中国家特别是最不发达国家常常为偿还高额债务挤占了宝贵的本可用于发展的资金,弱化了国际援助的效果。要帮助这些国家实现可持续发展目标,援助国在提供发展融资的同时,要关注其债务可持续,在其债务违约风险上升的情况下可能不得不进行债务的重组和减免。

1. 当前国际债务减免机制

目前最不发达国家可按照以下两个方案减免自身的外债负担:重债穷国倡议(Heavily Indebted Poor Countries Initiative, HIPC)和多边债务减免倡议(Multilateral Debt Relief Initiative, MDRI)。HIPC于1996年由IMF和WB等国际组织提出,旨在协助世界最穷困国家将外债降至能够承受的水准,使这些国家的政府得以正常施政。MDRI于2005年由G8提出,旨在进一步减少债台高筑的国家的债务并提供额外资源,帮助它们实现MDGs。根据该计划,三个多边机构

---

[1] MDB, Joint MDB Statement of Ambitions for Crowding in Private Finance, 2017, https://www.gihub.org/resources/publications/joint-mdb-statement-for-crowding-in-private-finance/.

[2] 2017—2020年的联合报告参见 IFC, DFI Working Group on Enhanced Blended Concessional Finance for Private Sector Projects, https://www.ifc.org/wps/wcm/connect/topics_ext_content/ifc_external_corporate_site/bf/bf-details/bf-dfi.

[3] G20 Eminent Persons Group, Making the Global Financial System Work for All, October 2018, https://us.boell.org/sites/default/files/10-3-18_report_of_the_g20_eminent_persons_group_on_global_financial_governance.pdf.

[4] Belot, Philippe, The 10 challenges facing Development Finance Institutions[R]. April, 2020, https://gbrw.com/challenges-facing-development-finance-institutions/.

[5] Bhattacharya et al., The New Global Agenda and the Future of the Multilateral Development Bank System, February 2018, https://www.brookings.edu/research/the-new-global-agenda-and-the-future-of-the-multilateral-development-bank-system/.

(IDA、IMF 和 AfDF)为完成 HIPC 动议程序的国家减免了 100% 的符合标准的债务。2007 年年初，IDA 决定为 HIPC 中的 5 个拉丁美洲和加勒比地区国家提供类似的债务减免。

2. 新冠肺炎疫情后的国际缓债减债机制

新冠肺炎疫情对全球经济造成巨大冲击，低收入国家债务脆弱性和可持续性问题进一步凸显。2020—2021 年，G20 财长和央行行长会议通过了"暂缓最贫困国家债务偿付的倡议"，在净现值中性的基础上，暂缓最贫困国家 2020 年 5 月 1 日至 2021 年底到期的主权债务本息偿付，并核准 G20《缓债倡议后续债务处理共同框架》。缓债倡议和共同框架体现了 G20 坚持多边主义、共同应对疫情挑战的团结协作精神，以及各方推进国际多边债务协调、积极解决低收入国家债务脆弱性的坚定决心。

发展中国家债务减免从"债务达到可持续水平"这一短期目标到"实现 MDGs 或 SDGs"这一长期目标的发展，体现了国际减债机制由 IMF 和 WB 等多边开发机构主导，向整个联合国范围、涵盖更多成员国的方向发展的过程。这种发展过程既能使更多穷国受益，又能引起世界上更多国家对减债问题的重视，因而有利于加快全球减债进程。

3. 解决债务问题的根本途径是发展

发展中国家债务问题由来已久，解决这个问题的关键还是发展。近年来，广大发展中国家致力于加快推进经济社会发展，融资需求很大，资金不足成为制约其繁荣振兴的主要瓶颈。发达国家、MDB、新兴市场国家需要积极同这些国家开展投融资合作，帮助他们提高自身"造血能力"，助力其经济社会发展和互联互通，实现自主可持续发展，从根本上铲除其债务问题的根源。

第二节　可持续发展融资

可持续发展投融资是当前国际发展融资的重要关注点之一，即融资带来的经济社会收益是否能实现可持续发展、绿色发展的目标。通过发展资金更多地流入与绿色、可持续发展及气候行动议程相关的项目，推进金融市场的短期投资行为逐渐转向发展融资的可持续投资模式，并利用资金渠道和金融工具创新的不同组合最大限度地发挥稀缺资金的杠杆作用，实现国际发展融资的可持续性。

一、基础设施投融资的可持续性

(一) 全球基础设施投融资需求巨大

基础设施作为撬动一国经济社会发展有效且可持续的部门,是国际发展融资除社会民生外的主要关注点。2015年在亚的斯亚贝巴举办的联合国第三次发展筹资问题国际会议上,世界各国财政部长和援助部门负责人一致认为应将大部分发展融资资金用于基础设施建设。据估计,发展中国家基础设施融资需求增量的总规模约为每年1万亿美元。[1]根据全球基础设施中心(Global Infrastructure Hub, GIH)发布的预测数据,到2040年,全球基建项目投资需求将增至94万亿美元,而全球各类基建投资缺口总额将达15万亿美元,为总需求的16%。与基础设施相关的气候变化缓解和适应成本估计为增量融资需求的10%—15%,相当于额外的1 000至1 500亿美元。

(二) 全球基础设施融资严重不足

发展中国家基础设施是一个特别复杂的发展融资需求部门,投资额巨大(单个项目往往占数十亿美元),投资回收期长(通常是几十年),市场运作不佳(大多数基础设施部门是自然垄断)。确保国际发展融资在基础设施建设上的可持续性,不仅需要增加官方资金对基础设施的投入,还需要使私营部门对发展中国家基础设施项目感兴趣。

但是,目前全球基础设施融资不足问题十分突出。

1. 发展中国家国内资源不足,基础设施投资存在巨大缺口

《亚的斯亚贝巴宣言》草案提出了一个广泛的议程,不仅包括援助和其他官方资金,而且还包括国内资源调动、税收合作、贸易和技术。[2]其中国内资源是关键。除了最小和最贫穷的国家外,就绝对贡献而言,发展中国家本国资源在基础设施交付方面所起的作用远远大于国际资金流动。但是,基础设施通常是以低于成本或无成本的价格提供的,这就限制了私人提供资金的潜力。即使是在监管良好的基础设施市场中,发展中国家自身的金融部门也难以独立支撑长期债务和低投资回报率。

2. 从外部资金投入来看,双边与多边发展融资基础设施融资有限

以双边和多边市场利率贷款形式向主权借款人或私营部门投资者提供的贷

---

[1] Charles Kenny. 2015. "Finding Cash for Infrastructure in Addis: Blending, Lending, and Guarantees in Finance for Development." CGD Policy Paper 066. Washington DC: Center for Global Development. http://www.cgdev.org/publication/finding-cash-infrastructure-addis-blending-lending-and-guaranteesfinance-development.

[2] http://www.un.org/esa/ffd/wp-content/uploads/2015/03/1ds-zero-draft-outcome.pdf.

款、担保和股权的流动规模也十分有限。这是由外部资金的供应因素、主权借款人的需求和私营部门的利益综合作用的结果。

(1) 双边发展融资。

2011年OECD的分析表明,OECD官方发展资金(包括优惠和非优惠资金)约占发展中国家基础设施支出总额的5%。国际援助资金对小国和穷国的发展仍然很重要。对其他发展中国家来说,传统的国际发展援助对公共基础设施的直接融资不会成为基础设施发展融资的主要扩大来源,但是援助资金可以发挥撬动金融市场的杠杆作用,通过混合融资或降低基础设施融资成本的担保发挥作用。目前非ODA的基础设施融资的规模十分有限,混合贷款、市场利率贷款和政府担保的贷款以及国际私人基础设施投资规模仍较小,主要集中在中等收入国家。

(2) 多边发展融资。

一方面,多边发展机构用于贷款的发展援助资金远低于成员国自身的投资资金。IBRD目前每年的贷款总额约为150亿美元。IBRD共有81个借款人。其中66个国家自身的基础设施投资总额为76 660亿美元,约为IBRD贷款额的511倍,尽管这些投资大多发生在少数几个大国(如巴西和中国)。就66个国家的中位数而言,资本形成总额约为120亿美元的IBRD每年的全球贷款总额是其一个借款国平均投资额的13%或投资中位数的123%。另一方面,多边发展机构往往为发展中成员设置了贷款上限。许多发展中国家从IBRD借款的金额在一定程度上超过了本国的限额。一些国家选择不借钱,是因为发展中国家制度建设的不健全导致贷款评估的交易成本上升,特别是涉及大型基础设施项目时,涉及项目环境和社会影响的保障成本可能会增加项目重大延误和管理负担。

二、可持续金融

(一) 可持续金融相关术语和概念

金融作为获取投资发展的资金支持必要的手段之一,在实现可持续发展的过程中起着至关重要的作用。金融行业作为可持续发展融资工具,根据其在项目中发挥的作用和项目的核心目标,形成了相对应的金融概念,气候金融、绿色金融、碳金融等术语频繁出现在多边发展机构对可持续发展融资的项目中,细化了可持续金融的种类。

1. 气候金融

气候问题是当前人类可持续发展面临的主要问题之一,气候金融即为应对和减缓气候变化,公共、私人和其他资金来源所支持的地方、国际一切投融

资活动。[1]根据联合国气候变化公约(UNFCC)的定义,气候金融是指从公共、私人和其他资金来源支持的地方、国家或跨国融资,目的是支持应对气候变化的减缓和适应行动;联合国环境规划署(UNEP)将气候金融定义为,气候金融与联合国应对气候变化框架公约相联,该投融资活动可减少排放,同时允许各国适应气候变化以及减缓气候变化带来的影响。世界银行对于气候金融的定义为,向低碳、适应气候变化发展的项目提供投融资。

2. 绿色金融

绿色金融是当前国际发展融资领域提及最多的概念。OECD将绿色金融定义为:为"实现经济增长,同时减少污染和温室气体排放,最大限度地减少浪费,提高自然资源的使用效率"而提供的金融服务。世界银行将绿色金融定义为:如果我们要向可持续的全球经济过渡,我们就需要扩大提供具有环境效益的投资融资,即所谓的"绿色金融";亚洲开发银行将绿色金融定义为:为可持续的地球提供资金,涵盖了项目的金融服务、体制安排、国家倡议和政策以及产品(债权、股权、保险或担保)的各个方面,旨在促进资金流向可以实现环境改善、减缓和适应气候变化、并提高自然资本保护和资源利用效率的经济活动和项目;G20绿色金融研究小组在2016年发布的《G20绿色金融报告》将绿色金融定义为"能产生环境效益以支持可持续发展的投融资活动"。这些环境效益包括减少空气、水和土壤污染,降低温室气体排放,提高资源使用效率,减缓和适应气候变化并体现其协调效应等。发展绿色金融要求将环境外部性内部化,并强化金融机构对环境风险的认知,以提升环境友好型的投资和抑制污染型的投资。中国《关于构建中国绿色金融体系的指导意见》将绿色金融定义为:为支持环境改善、应对气候变化和资源节约高效利用的经济活动,即对环保、节能、清洁能源、绿色交通、绿色建筑等领域的项目投融资、项目运营、风险管理等所提供的金融服务。绿色金融的范围大于气候金融,在气候金融主要关注于应对气候变化的基础上,还增加了支持环境改善、污染防治、提高自然资本保护、资源节约高效利用等的经济活动。可以理解为,气

---

[1] 联合国气候变化公约(UNFCC)的定义,气候金融是指从公共、私人和其他资金来源支持的地方、国家或跨国融资,目的是支持应对气候变化的减缓和适应行动联合国环境规划署(UNEP)将气候金融定义为,气候金融与联合国应对气候变化框架公约相联,该投融资活动可减少排放,同时允许各国适应气候变化以及减缓气候变化带来的影响。WBG对于气候金融的定义为:向低碳、适应气候变化发展的项目提供投融资。OECD将绿色金融定义为:绿色金融是为"实现经济增长,同时减少污染和温室气体排放,最大限度地减少浪费,提高自然资源的使用效率"而提供的金融服务。世界银行将绿色金融定义为:如果我们要向可持续的全球经济过渡,我们就需要扩大提供具有环境效益的投资融资,即所谓的"绿色金融";亚洲开发银行将绿色金融定义为:绿色金融是为可持续的地球提供资金,涵盖了金融服务、体制安排、国家倡议和政策以及产品(债权、股权、保险或担保)的各个方面,旨在促进资金流向可以实现环境改善、减缓和适应气候变化、并提高自然资本保护和资源利用效率的经济活动和项目;中国《关于构建中国绿色金融体系的指导意见》将绿色金融定义为:为支持环境改善、应对气候变化和资源节约高效利用的经济活动,即对环保、节能、清洁能源、绿色交通、绿色建筑等领域的项目投融资、项目运营、风险管理等所提供的金融服务。绿色金融体系是指通过绿色信贷、绿色债券、绿色股票指数和相关产品、绿色发展基金、绿色保险、碳金融等金融工具和相关政策支持经济向绿色化转型的制度安排。

候金融是绿色金融的一个重要部分。

3. 碳金融

近年来,碳排放的问题在国际发展领域的重视程度提高,是全球可持续发展的重要环节。在《联合国气候变化框架公约》和《京都议定书》的推动下,"碳中和"概念在环境保护和技术创造方面的结合引起了国际资本的注意,"碳金融"(carbon finance)也逐步成为国际发展融资的一个重要资金流向。

WB把"碳金融"定义为是通过出售其温室气体减排量或碳许可证交易等项目而产生的收入流的总称。[1] 这一定义可理解为"碳融资"。韩国文和陆菊春(2014)的定义内涵较广。他们指出,碳金融一般指温室气体排放权交易以及与之相关的各种金融活动和交易的系统。[2] 即他们所指的碳金融,除了包括服务于限制温室气体排放等技术和项目的直接投融资、碳权交易和银行贷款等金融活动;还包括具有制度创新性质的碳交易制度,即把碳排放权(排放配额)及其衍生产品当作商品进行交易的制度;也包括参与其中的各类主体等。

(二) ESG 与可持续金融

根据联合国环境规划署(UNEP)对 ESG(Environmental、Social、Governance)投资的定义,E(环境问题)涉及自然环境和自然系统的质量和功能,包括生物多样性丧失;温室气体排放、可再生能源、能源效率、自然资源消耗或污染;废物管理;臭氧消耗;土地利用变化;海洋酸化与氮磷循环的变化。S(社会问题)涉及人民和社区的权利、福利和利益,包括人权、劳工标准、健康和安全、与当地社区的关系、冲突地区的活动、健康和获得药品、消费者保护以及有争议的武器。G(治理问题)与被投资单位管理相关的治理问题,包括董事会结构、规模、多样性、技能和独立性;高管薪酬;股东权利;利益相关者互动;信息披露;商业道德;贿赂和腐败;内部控制和风险管理;以及一般情况下处理公司管理层与董事会之间关系的问题,股东和其他利益相关者。

可持续金融主要分为狭义和广义的理解。狭义理解,ESG 理念可作为可持续金融实践中的重要概念,从金融部门的角度将环境、社会和治理(ESG)纳入商业决策、经济发展和投资战略,支持经济增长,同时减少对环境的压力,并考虑到社会和治理。不同的机构对 ESG 遵循着不同的解读,从事着目标相同、实际内容不同的 ESG 实践。根据 2018 年世界银行发布的《将环境、社会和治理(ESG)因素纳入固定收益投资》报告,提倡采用开放和动态的方法来定义"绿色"或"可持续"投资。

---

[1] WB, 10 Years of Experience in Carbon Finance[R]. May 2010, https://web.worldbank.org/archive/website01379/WEB/IMAGES/10YEARSO.PDF

[2] 韩国文,陆菊春. 碳金融研究及其评价[J]. 武汉大学学报(哲学社会科学版),2014;67(2):87—93.

从广义的角度[1],可持续金融与可持续发展概念和可持续发展目标相联系,一切可以支持国际可持续发展目标的实现,帮助经济社会实现可持续发展的金融手段和体系均为可持续金融,有助于实现强大、可持续、平衡和包容的融资以及相关制度和市场安排,通过直接和间接方式支持国际可持续发展目标框架(SDGs)。

综合来看,碳金融、气候金融、绿色金融、可持续金融相互有交叉,但也略有区别。一般来说,可持续金融的范围大于绿色金融,绿色金融的范围大于气候金融,气候金融大于碳金融。通过以上分析,可以观察到,碳金融、绿色金融和可持续金融,一般主流机构都将其理解为是一种投融资活动、金融服务以及相关金融手段和体系。而可持续金融服务有助于实现全球或国家的环境相关目标与活动、社会相关目标与活动以及治理等相关的目标与活动,以至于支持全球的可持续发展目标和相关活动。与此同时,国际私营资本参与到国际发展融资的项目中,围绕可持续金融和可持续发展展开行动,如花旗集团2015年制定的《可持续发展战略》,主要包括环境金融融资、环境和社会风险管理、绿色运营和绿色供应链、参与和透明度四大方面。渣打银行发布的《2020可持续发展愿景》,确定其可持续发展战略的三大支柱:可持续金融、负责任的公司和包容性社区。

资料:可持续投资与ESG投资的具体策略

根据国际可持续投资联盟(Global Sustainable Investment Alliance,GSIA)给出的权威定义,可持续投资是一种在投资组合选择和管理中考虑环境、社会和治理(ESG)因素的投资方法。2018年初,全球可持续投资的五大主要市场的规模达30.7万亿美元。可持续投资资产规模在全球范围内持续增长。在美国,2016年至2018年的增长略快于前两年(38%对33%)。在其他地方,可持续投资资产也继续增长。

根据GSIA发布的《2018年全球可持续投资报告》,可持续投资主要采用七大投资策略:

一是负面筛选策略(negative screening),基于ESG准则,以"黑名单"的形式避免投资于对社会造成危害的公司,如烟草公司、不重视环保的公司、不重视劳工关系的公司,以及从事赌博行业的公司等。

二是正面筛选策略(positive screening),基于ESG准则,以"白名单"的形式仅投资那些对社会有正面贡献、在行业中ESG评分靠前的公司。

---

[1] 马骏.国际绿色金融发展与案例研究[M].北京:中国金融出版社,2000:55.

三是标准筛选策略(norms-based screening),基于国际通行的最低标准企业行为准则来筛选投资标的,剔除掉那些严重违反标准的公司。常参考的国际标准有联合国全球契约(UN Global Compact)、经合组织跨国企业准则,国际劳工组织(ILO)的跨国企业和社会政策的三方原则宣言等。

四是ESG整合策略(ESG integration),系统化地将环境保护、社会责任和公司治理三个要素融入传统财务和估值分析过程。

五是可持续性主题投资策略(sustainability themed investing),专门投资与可持续性发展主题相关的资产,比如清洁能源、绿色科技、可持续农业等。

六是社区投资(community investing)。这是传统慈善与责任投资的结合。为了解决某些环境和社会问题,以私人投资形式有针对性地投资传统金融服务难以覆盖的社区,例如提供金融服务给低收入户,提供资金给中小企业,提供诸如孩童照料、平价住房及医疗照顾等社区服务等。在这种策略下,资金主要投向四类社区发展机构:社区发展银行、社区发展贷款基金、社区发展信用合作社及社区发展风险投资基金,被投资对象需要报告相应的社会和环境目标达成情况。

七是股东主张策略(corporate engagement and shareholder action),基于ESG理念充分行使股东权力,通过参加股东大会、与董事会或管理层交流、提出议案、代理投票甚至召集特别股东大会等方式,影响并纠正公司的行为,促使公司更加注重环保、承担社会责任或改进公司治理。

(三)影响力投资

影响力投资概念最初由洛克菲勒基金会于 2007 年提出。影响力投资被定义为投资者主动投资于既能创造社会和环境效益,又能为投资者带来财务回报的投资行为。目前一些重要的基金会、开发性金融机构、主流投资银行都先后开展影响力投资。根据全球影响力投资网络的《全球影响力 2020 年调查报告》显示,2020 年最新统计的全球影响力投资规模大概达到 7 150 亿美元。

影响力投资的内涵与可持续投资略有不同,影响力投资的侧重点在所投资的公司的产品和服务要能够产生可衡量的、有益的社会或环境影响,同时也能为投资者带来财务回报。影响力投资是以产生积极的、可衡量的社会和环境影响以及财务回报为目的的投资。影响力投资既可以在新兴市场也可以在发达市场进行,根据投资者的战略目标,其回报率从低于市场利率到市场利率不等。日益增长的影响力投资市场为解决世界上最紧迫的挑战提供了资金,这些挑战包括可持续农业、可再生能源、保护、小额信贷以及负担得起的和可获得的基本服务,包括住房、医疗保健和教育。主要有四个特征:一是通过有财务回报的投资,有意为积极的

社会和环境影响做出贡献,有意为社会和环境挑战提供解决方案。二是在投资设计中使用证据和影响数据,使用定量或定性影响数据和证据来增加对积极影响的贡献。三是管理影响绩效,在决策过程中使用影响绩效数据来管理实现社会和环境目标的投资。四是有助于影响力的增长投资,采取行动,使更多的投资者能够有效地进行影响力投资。

第三节　国际发展融资机构的合作与协调

国际发展融资体系中,有大量的多边及国别发展融资机构同时运作,各机构间存在复杂的伙伴关系网络和共同融资安排。由于各机构职能、法律规定和融资程序存在一定的差异,业务运行中也常常出现无效率、无效果和角色重叠等问题,如果不加强协作,各机构的努力将造成重复建设和效率低下,降低对借款国需求的针对性,造成部分浪费或彻底地事与愿违。因此,国际发展融资机构之间的合作与协调十分重要。

一、MDB 间在运营层面上的合作与协调

(一) 财务管理方面的合作

MDB 财务管理工作小组(Financial Management Working Group,FMWG)由五大 MDB 和 IsDB(the Islamic Development Bank)组成,主要目标是寻求财务管理政策和程序方面的协调,以支持更为广泛的捐赠协调和共同目标。具体的合作内容包括:(1)联合诊断。例如 AfDB、IsDB 和 WB 经常性地开展联合诊断,ADB、IsDB 和 WB 曾对印度尼西亚和巴基斯坦开展了联合诊断。(2)信息共享。例如 IDB-WB 在拉美数个国家就独立审计质量控制审查中的标准和准则报告(Reports on Standards and Codes and Quality Control Review of Independent Auditors)方面进行的信息共享。(3)联合学习。MDB 相互参与对方的培训活动。例如,几乎所有的 MDB 都参加了 IsDB 于 2020 年 5 月在线上举办的 2020 年第一次 MDB 首脑会议(the 1st Heads of MDBs Meeting in 2020)[1]。(4)国家层面或业务层面的活动。工作小组支持国家层面的活动,例如在埃塞俄比亚,AfDB 和 WB 联合参与治理,努力达成共同报告和审计安排以运用于所有捐赠方资助的活动和那些建立在国有体系基础上的活动;或者专门业务层面的活动,例如孟加拉教育(Bangladesh

---

[1] https://www.isdb.org/news/the-islamic-development-bank-chairs-the-1st-heads-of-mdbs-meeting-in-2020.

Education SWAP)以 ADB 为首,WB 也是捐赠方之一。(5)贷款发放是财务管理小组之下的一个"次小组",寻求贷款发放政策和程序的协调。

(二)能力建设、治理和反腐方面的合作

在 2000 年初之前,WB 和各主要 MDB 都相继建立了各自的反腐政策和程序,包括调查机制、裁决以及在所融资项目内制裁欺诈和腐败等规则,[1]并设立调查和检查机构——诚信办公室(integrity offices)。[2]但是所有这些制度都是各自为政的。而 MDB 面对的是共同的发展融资市场,往往具有相同的主权和私人部门客户,在相同的市场上获得融资,且对部分发展项目和规划开展联合融资。各自独立的反腐制度体系将导致合同订约方在受到某个 MDB 禁止的同时仍可继续与其他 MDB 开展业务,甚至是在同一个联合融资项目中,这将造成极大混乱。国际金融机构反腐联合特别工作组(International Financial Institution Anti-corruption Task Force, the IFI Task Force)建立于 2006 年 2 月,致力于成员机构(AfDB、ADB、EBRD、IDB 和 WB)之间就反腐活动进行持续合作。[3]各 MDB 签订的预防和打击腐败统一框架(Uniform Framework for Preventing and Combating Corruption, Uniform Framework)包括两大重要部分:一是共同设定"可控告行为"(sanctionable conduct)的定义;二是共同设定调查原则和指南(IFI Principles)以指导每个 MDB 的"诚信办公室"实施调查职能。[4] 2010 年,主要 MDB 签署了一项协议,共同禁止那些在 MDB 资助的开发项目中从事不当行为的公司和个人,在全球打击欺诈和腐败的斗争中迈出了重要的一步。MDB 的制裁通常包括谴责、改变未来签约的条件或取消资质——宣布公司或个人一段时间或永久没有资格参加其资助的任何未来活动。公开禁止同时会带来财务和声誉风险,被认为是对不法行为的主要威慑力量。[5]

(三)监督与评估方面的协调与合作

1. 构建国际发展融资委员会

国际发展融资委员会(International Development Finance Committee, IDFC)在可持续发展目标中具有领导作用。作为一个多元化的发展融资机构集团,IDFC

---

[1] Stephen S. Zimmerman & Frank A. Fariello, Jr., Coordinating the Fight Against Fraud and Corruption: Agreement on Cross-Debarment Among Multilateral Development Banks, 3 WORLD BANK LEGAL REV. 189, 191 (2011).
[2] Integrity Vice Presidency, WORLD BANK, http://go.worldbank.org/036LY1EJJ0.
[3] Agreement for Mutual Enforcement of Debarment Decisions pmbl., para. 2, Mar. 3, 2010 [hereinafter Cross-Debarment Agreement], available at http://siteresources.worldbank.org/NEWS/Resources/AgreementForMutualEnforcementofDebarmentDecisions.pdf.
[4] IFI Principles 的基础是第三次国际调查会议(the Third International Investigators Conference)所采用的调查原则;基于此,国际金融机构反腐联合特别工作组规定了:渎职(misconduct)的定义;证据的标准;证人的权利和义务;调查对象;调查工作人员;针对投诉来源的程序指南,投诉的受理,等等。
[5] https://www.eib.org/en/press/news/mdbs-step-up-their-fight-against-corruption-with-joint-sanction-accord.htm.

成员集体支持强有力的国家主导和私营部门导向。成员代表包括各种类型。一些成员为国家银行,主要专注于国内融资。其他成员为双边援助机构和国际金融机构。还有一些成员为区域和多边发展机构。它们共同带来了大量的财政和战略资源,以满足可持续发展目标的融资需求,而且机构的发展目标基本符合可持续发展目标的关键要求,包括呼吁制定国家主导的发展战略,积极构建与私营部门合作伙伴关系,并推动在基础设施等方面发展投融资的多元化。IDFC 成员将采用共同标准来制定可持续发展目标框架,并跟踪与可持续发展目标有关的投入和产出,使其成为一个发展合作的平台,以便为更广泛的可持续发展目标议程进行协调、审议和宣传。

2. 建立多边发展融资评估标准

MDB 间通过建立通用业绩评估标准和最佳实践标准体系以更好地衡量 MDB。欣德尔内和贝萨达[1]指出为加强多边发展合作,国际社会须就透明的、广泛运用的多边评价框架达成一致,减少重叠并提高多边发展合作体系的有效性,这种框架应该能够识别机构之间存在的重叠,并指明 MDB 如何且在何种程度上致力于对发展结果产生作用,设立业绩标准,建立淘汰机制并将未能改进有效性的机构清除出局。MDB 意识到必须将透明度作为良好治理的一个原则。政策和项目的信息公布是透明度的核心内容,五大 MDB 都在 20 世纪 90 年代采取了新政策提高此类信息的可获性。这有利于提高社会和环境保障(Environmental and Social Safeguards)的有效性并确保获得公共支持。但 MDB 的部分政策有时与透明度相矛盾,例如,每个 MDB 在向私营企业提供贷款时调整了信息发布规则,给予企业客户更大的自由裁量权,同时企业项目对环境和社会的影响存在较大的争议。[2]

(1) 建立 MDB 通用业绩评估体系。

为了更好地衡量 MDB 的运作业绩,主要 MDB 于 2005 年建立了 MDB 的通用业绩评估体系(Common Performance Assessment System, COMPAS)。它的目标有三个:汇总有关 MDB 如何对发展成果做出贡献的信息;监视和综合 MDBs 的目标进度;促进相互学习、明确问责制和提高透明度。[3] COMPAS 已成为公认 MDB 内部及之间进行建设性对话以及参与方管理发展结果(Managing for

---

[1] Kindornay, Shannon & Besada, Hany. Multilateral Development Cooperation: Current Trends and Future Prospects, Multilateral Development Cooperation: Current Trends and Future Prospects [R]. Canadian Development Report 2011, pp11-26. http://cso-effectiveness.org/IMG/pdf/cdr2011_kindornaybesada.pdf.
[2] Nelson, Paul J. Multilateral Development Banks, Transparency and Corporate Clients: 'Public-Private Partnerships' and Public Access to Information [J]. Public Administration and Development, Public Admin. 2003, 23:249-257, Published online 28 May 2003 in Wiley InterScience.
[3] OECD, Multilateral Organisations Performance Assessment Towards a Harmonised Approach, https://www.oecd.org/site/oecdgfd/37998693.pdf.

Development Results, MfDR)的报告。[1] COMPAS 着重衡量 MDB 实施和改善业务运作过程的能力。虽然它为各 MDB 间的相互学习提供了机会,但其本身的目的并非各机构间的直接比较。

(2) 建立 MDG 最佳实践标准。

评估合作小组(Evaluation Cooperation Group, ECG)[2]是由 MDB 评估机构1996 年成立的联合组织。[3] ECG 的宗旨是协调绩效指标和评估方法及途径;改善 MDB 的专业评估水平;加强双边和多边发展组织评估部门间的协作;分享经验教训;加强对评估的利用,提高 MDB 的成效和责任;促进借款国在评估中的参与并建立其自身的评估能力。ECG 的共同评估最佳实践标准(Good Practice Standards, GPS)[4]包括:评估机构的治理和独立性;公共部门的运行;私人部门的运行;国家战略和计划;基于政策的贷款评估;技术援助/合作评估。[5] 制订这些标准的目标是在 ECG 的成员中协调评估实践并改进对评估实践的理解。这些最佳实践标准提炼自 OECD DAC 的评估原则,建立在最佳评估实践的基础之上,以与 MDB 的运作政策保持一致。

3. 改善国际发展融资的可持续性、透明度和融资质量

国际发展融资在处理混合融资结构、市场利率贷款和担保等影响资金评估的方面,对可持续性、透明度和融资质量的要求力度加大。

一是可持续性。由于发展融资在政治和监管风险以及隐约的经济问题上,使得私人资本投资难以长期持续,除非回报率超过一般水平(20%)。此外,私人基础设施投资需要 20%的年回报率,这部分或相当部分是通过援助支持而不是以国际复兴开发银行或同等利率借款的公共基础设施投资提供的,这会对融资的机会成本和发展造成不良影响,例如债务增加、政府财政支出过高等。例如,孟加拉国对电力基础设施的补贴几乎占政府收入的 3%。这些补贴不利于基础设施的可持续。以低于成本的价格出售电力意味着许多发展中国家的电力公司没有足够的资金来运营和维护他们的发电厂和输电线,更不用说提供服务了。对于私人和公共市场利率融资而言,如何维持(从而能够偿还和交付发展成果)而又不因此增加债务负担,对于吸引更多国际发展融资在基础设施等领域持续投入至关重要。这

---

[1] WB et al. Common Performance Assessment System(COMPAS)2012[EB/OL]. http://www.mfdr.org/Compas/index.html.
[2] 成立于 1996 年,成员包括 AfDB、ADB、EBRD、EIB、IDB、国际农业发展基金评估办公室(International Fund for Agricultural Development Office of Evaluation)、IMF 独立评估办公室(International Monetary Fund Independent Evaluation Office)、伊斯兰开发银行业务评估部(Islamic Development Bank Group Operations Evaluation Department)以及 WB 独立评估小组(World Bank Group Independent Evaluation Group)。
[3] ECG, https://www.ecgnet.org/ecg-member-institutions.
[4] ECG, Good Practice Standards, 2012[EB/OL]. https://wpqr4.adb.org/LotusQuickr/ecg/Main.nsf/h_9BD8546FB7A652C948257731002A062B/daf1de8e9ecece6c48257731002a0631/? OpenDocument.
[5] ECG, https://www.ecgnet.org/about-ecg.

就意味着需要确保项目管道以及强有力的监管和定价机制,以确保初始投资将得到回报。任何在发展融资领域加大私人融资力度的努力,都需要进行大量的监管改革,包括在足以覆盖运营、维护和还款现金流的水平上对服务定价。在联合国可持续发展目标 12 中提到,"根据国情,通过消除市场扭曲,包括调整税收结构和逐步取消有害补贴,使鼓励浪费性消费的低效矿物燃料补贴合理化",以确保国际发展融资对于本国财政的可持续性。

二是透明度。发展融资在项目层面的透明度确保了资金流的稳定性和有效性,降低双边谈判的风险和总体政治风险,尤其是在私营部门参与的基础设施项目中。提高发展融资项目运营的透明度也有助于消除一些国家对从事发展融资项目建设的担忧,降低政治风险。

三是质量。确保融资项目质量对发展外部性的影响。包括官方援助资金提供者、项目融资使用者以及特定私营部门资金提供者在内,都需要遵守普遍规则,贷款融资不附加额外条件,确保不改变项目在评估中的预期质量。因为附带条件的资金会削弱对发展的外部性影响,从而降低该笔融资资金在项目中发挥的作用。

MDB 发展结果管理工作组(Working Group on Managing for Development Results)是个重要的机构间小组,是关于发展战略、过程、制度、程序、经验和工具的信息和经验共享的常设论坛,以使上述方面更加有利于结果管理。

此外,MDB 间还在基于业绩的款项划拨(the performance based allocation, PBA)和国家业绩评估、信托基金和联合融资,以及采购等众多方面进行合作。

二、MDB 在重点业务领域的合作与协调

(一) 在基础设施领域的合作

1. MDB 间(含相关基金)在基础设施领域的合作

MDB 在基础设施方面有着良好的合作经历,它们共同设计方案和实用工具来帮助各国吸引私人投资者。MDB 的网络汇集了在基础设施政策和设计方面的深层次全球专业知识,以及从事商业结构、融资和实施项目的从业人员。MDB 基础设施工作组正在构建用于项目准备、采购、监督、监视和报告的统一方法。除了MDB 用于基础设施开发的传统产品组合(例如非主权融资窗口、担保和其他共同出资和风险缓解工具以及新的专门项目准备)以外,MDB 还共同支持 G20 全球基础设施中心(Global Infrastructure Hub, GIH)和由 WBG 托管的全球基础设施基金(Global Infrastructure Facility, GIF),支持在准备和构建复杂的基础设施项目方面进行更大的合作,以吸引私人投资者的长期融资。

MDB通过特定或专门的项目筹备基金(Project Preparation Facilities, PPFs)加强基础设施项目准备。除了现有的项目筹备基金,例如,IDB的InfraFund、AfDB的新伙伴关系的基建项目筹备基金(Infrastructure Project Preparation Facility, IPPF)和EIB主持的倡议如支持欧洲地区项目的联合援助、IsDB和IFC共同管理的阿拉伯融资基金技术援助基金(the Arab Financing Facility Technical Assistance Fund, AFFI-TAF)等,MDB正在通过互补性的新举措加大力度,例如EBRD的基础设施建设项目筹备基金(Infrastructure Project Preparation Facility, IPPF)和ADB亚太区项目准备基金(Asia Pacific Project Preparation Facility, AP3F),以及和AfDB的非洲50年(Africa 50)倡议,重点放在项目准备和项目融资两方面。

全球基础设施基金作为WB的合作伙伴基金,将提供一个开放的全球性平台,在准备和建构复杂的基础设施项目方面扩大合作,与一些MDB作为技术合作伙伴开展合作,并与私营部门、政府和双边及国别发展融资机构开展合作,以促进私营部门投资新兴市场和发展中经济体的基础设施建设,并在建构设计项目时利于参与的机构投资者及其他提供长期融资的私人投资方。[1]

2. MDB与其他国际机构在基础设施领域的合作

为在全球范围内大力推进基础设施建设,MDB与IMF、G20等机构合作。2014年11月,AfDB、ADB、EBRD、EIB、IDB、IsDB、WB和IMF共同发表声明,强调了基础设施建设对新兴经济体和发展中国家克服增长瓶颈并形成私人部门主导的经济增长态势的重要意义,赞同G20在过去几年里对基础设施的重视,也欢迎新的G20全球基础设施协议(the new G20 Global Infrastructure Initiative)并期待为之出力。[2]

就此,IMF正在制定一套针对不同发展水平的国家加强公共投资管理实践的具体指南。IMF还与各国合作建立稳健的财政框架和综合预算流程以加强公共投资的预算管理,同时也监测和遏制任何相关的公共债务积累产生的风险。MDB将与IMF合作解决私营部门在参与提供公共基础设施时某些形式所产生的财政承诺。

MDB也与G20就基础设施的工作进行合作。在MDB支持下,2015年10月以知识共享、数据收集为基础的全球基础设施中心(GIH)在悉尼建立。MDB还将致力于知识共享并创设基础设施网络。MDB网络将使全球基础设施政策和设计专家,项目构建、融资以及实施方面的业内人员包括广泛的私营部门参与者、政府(国家和地方的)的同行以及国家开发银行等充分地建立联系。

---

[1] Statement by the Heads of the Multilateral Development Banks and the IMF on Infrastructure, http://www.imf.org/external/np/msc/2014/111214.pdf.
[2] Ibid.

（二）在可持续经济、低碳方面的合作

1. MDB间在可持续经济、低碳领域的合作

在气候融资方面，2005年，MDB领导人在巴黎决定将EBRD-WB在气候投资和业务环境方面的合作"营商环境和企业绩效调查"倡议（Business Environment and Enterprise Performance Survey, the BEEPs Initiative）以及在其他地区的相关气候投资转型为一个全球性的MDB倡议。2018年，MDB发布联合行动框架，以使其活动与《巴黎气候协定》的目标保持一致，从而加强其应对气候变化的承诺。具体来看，MDB将在这六个领域开展行动：使MDB的行动与缓解气候适应目标保持一致；加强气候融资；对国家和其他客户的能力建设提供支持；对气候报告的重视。[1] 2019年9月，在纽约举行的联合国秘书长气候行动峰会上，MDB宣布了2025年的气候行动目标：集体承诺的气候融资至少为650亿美元，其中500亿美元用于低收入国家\中等收入国家；适应资金增加到180亿美元；共同筹资1 100亿美元，包括私人直接动员400亿美元。同时，MDB加强了对资金的监管。MDB的气候减缓融资追踪方法与MDB与IDFC共同商定并于2015年3月首次发布的《气候变化减缓融资追踪通用原则》相一致。MDB基于特定背景和地点，联合跟踪气候变化，并估算与气候变化脆弱性直接相关的活动相适应的金额。[2]

2. MDB与气候投资基金的协调与合作

由于MDB的核心使命是可持续发展和减贫，所以必须缓解和适应气候变化与可持续发展进程相联系。气候投资基金（The Climate Investment Funds, CIF）通过其五大合作伙伴（IDB、AfDB、ADB、EBRD和WB等）拨转贷款资金，以帮助发展中国家减缓气候变化并应对气候变化的影响。截至2020年末，14个捐赠国对CIF捐助了85亿美元，包括赠款、软贷款和接近零利率贷款等。[3] CIF是MDB设立的临时性机制，CIF包括与未来的气候变化制度协议相联系的具体的日落条款（sunset clauses），这反映了其"临时性"的特征。

CIF运作时考虑如下协调原则：

（1）MDB的融资政策须是国家导向型的，其设计须致力于支持可持续发展和减贫。CIF的筹资活动则必须与国家发展战略相结合，并与巴黎宣言的原则一致。

（2）联合国是设立气候变化相关政策的主要实体，MDB的约定不可取代气候变化协议取得的成果，任何行动都需满足《联合国气候变化框架公约》（the United Nations Framework Convention on Climate Change, UNFCCC）关于气候变化的

---

[1] https://www.worldbank.org/en/news/press-release/2018/12/03/multilateral-development-banks-mdbs-announced-a-joint-framework-for-aligning-their-activities-with-the-goals-of-the-paris-agreement.
[2] AIIB, 2019 Climate Finance, August 2020, p3.
[3] https://www.climateinvestmentfunds.org/finances.

原则。

(3) 必须明确 CIF 和全球环境基金(the Global Environment Facility, GEF)和 UN 的各自职责,特别是在国家层面上必须建立有效的合作,实现最优协同,避免职责重叠。[1]

3. MDB 与其他国际机构的合作与协调

为帮助发展中国家走向低碳经济,七家主要 MDB(AfDB、ADB、EBRD、EIB、IDB、IsDB 和 WB)宣布它们将进一步涉及公共与私人融资。各机构就缓解气候变化和适应性项目建立统一方法来追踪资金分配,在全球努力下建立温室气体报告制度,改善对气候融资流动和有效性的控制。

2012 年,全球绿色增长研究院(the Global Green Growth Institute, GGGI)、OECD、联合国环境计划署(the United Nations Environment Programme, UNEP)和 WB 等四大主要全球性组织签署了谅解备忘录,建立了一个领先的全球协议"绿色增长知识平台"(the Green Growth Knowledge Platform, GGKP)。该平台通过提供严格的经济和环境相关分析改进地方、国家和全球经济的政策制定。

为了配合 OECD、UNEP 和 GGGI,WB 启动了数个信息门户,包括气候变化知识门户(the Climate Change Knowledge Portal)、气候融资选择平台(the Climate Finance Options Platform)和绿色增长知识平台(the Green Growth Knowledge Platform),为利益相关者提供最新资讯,提供与气候变化相关的分析与工具。此外,WB 还在 17 个不同国家发行了接近 33 亿美元的绿色债券以应对气候变化。为了支持 MDB 的环境项目和缓解气候变化的努力,IFC 在 2012 年下半年启动了可持续银行网络(the Sustainable Banking Network),通过知识和技术资源共享帮助新兴市场银行监管者建立绿色信贷政策和环境与社会风险管理指南(green-credit policies and environmental and social risk-management guidelines)。

在 ADB 内建立的亚太气候技术融资试验中心(the Pilot Asia-Pacific Climate Technology Finance Centre, CTFC)成为另一个缓解气候变化的重要举措。CTFC 仅是 ADB 中广泛的合作伙伴关系的一部分,全球环境基金(GEF)和 UNEP 都与投资者、技术供给方和来自其他地区和世界各地的伙伴紧密合作。ADB 和 OPEC 国际发展基金(the OPEC Fund for International Development, OFID)签订了就亚太地区公共部门进行联合融资的框架协议。为提高所有国家的能源使用效率,EBRD 已通过签订谅解备忘录加强与国际能源监管协会(the International Confederation of Energy Regulators, ICER)在信息共享和研究全球最佳实践领域内的合作以推进能源基础设施部门的改革。

---

[1] http://www.climateinvestmentfunds.org/cif/node/48.

本章小结

当前,国际发展融资体系面临的最重要的问题就是如何实现发展融资的可持续性。这首先表现为发展融资资金来源的可持续性。为配合联合国 2030 可持续发展目标议程,国际发展融资作为实现相关目标的重要手段,通过资金渠道和金融工具创新的不同组合,最大限度地发挥稀缺资金的杠杆作用。实现可持续发展融资的根本途径是营造更加和谐、更具包容性的国际发展融资体系,使国际发展资金的各种供资主体共同致力于全球发展。实现可持续发展融资的具体路径包括:第一,扩大现有发展融资的规模,敦促各发达国家努力实现联合国所提出的将本国 GNI 的 0.7% 用于提供 ODA 的目标,特别是美国和日本等这样的经济大国,更应该承担起提供与本国经济实力相匹配的发展资金的责任。第二,多边发展融资机构应积极进行业务创新,国际社会也应积极探讨为全球公共产品供给进行融资创新的可能性。第三,加强国际合作,大力动员私人资本。国际发展融资体系中,有大量的多边及国别发展融资机构同时运作,由于各机构职能、法律规定和融资程序存在一定的差异,业务运行中也常常出现无效率、无效果和角色重叠等问题,如果不加强协作,各机构的努力将造成重复建设和效率低下,降低对借款国需求的针对性,造成部分浪费或彻底地事与愿违。因此,国际发展融资机构之间必须加强合作与协调。第四,积极帮助发展中国家实现债务可持续。

国际发展融资的可持续性还体现为"可持续"的发展投融资理念。即融资带来的经济社会收益是否能实现可持续发展、绿色发展的目标。国际发展融资机构应通过推动发展资金更多地流入与绿色、可持续发展及气候行动议程相关的项目,推进金融市场的短期投资行为逐渐转向发展融资的可持续投资模式,并利用资金渠道和金融工具创新的不同组合最大限度地发挥稀缺资金的杠杆作用,实现国际发展融资的可持续性。

关键词

碳金融;气候金融;绿色金融;可持续金融;ESG 投资;影响力投资

简答题

1. 简述国际发展融资面临的问题。
2. 当代国际发展融资有何变化?
3. 简述可持续发展融资的主要内容。

思考题

1. 国际发展融资可持续性存在哪些问题?

2. 征收多少碳排放税是最有效率的?从理论上来说可能会存在最优碳排放税吗?如果存在,其设定可能应该满足什么条件?它可以有效应用到现实经济系统中吗?

3. 为特定地域、专题或其他优先事项指定专项资金捐助已成为资助多边发展组织的一种重要方式。该方式对多边发展合作的有效性、效率和合法性方面会形成哪些挑战?

4. 发展中国家的债务问题将如何影响国际发展融资的发展趋势?

第十四章

中国在国际发展融资体系中的地位和角色

中国对国际发展融资体系的重塑兼具必要性和可行性。必要性主要体现在当前国际发展资金和制度等公共产品供需失衡上,中国及其他广大发展中国家都存在重塑国际发展融资体系的诉求。换言之,国际社会迫切需要建立一个更具包容性和可持续性的国际发展融资体系。而中国对国际发展融资体系重塑的现实可行性则是基于中国自身的长期发展经验及其可推广性。当前,中国正致力于在多种层面上推动全球发展事业,包括促进传统多边发展融资机构改革,推动新建多边发展融资机构,完善本国国别发展融资机构并拓展其国际业务,持续开展双边对外援助,使"一带一路"资金融通与国际发展融资趋势相结合等。中国对国际发展融资体系的影响是双向、动态和全方位的。中国在国际发展融资体系中的地位逐步稳定,机制逐步完善,与其他金融机构和发展机构形成互补竞争关系。

学习目标:

1. 了解中国重塑国际发展融资体系的必要性
2. 熟悉中国重塑国际发展融资体系的可行性
3. 掌握中国重塑国际发展融资体系的具体方式或举措
4. 掌握中国与其他国际发展融资机构的竞合关系

第十四章 中国在国际发展融资体系中的地位和角色

第一节 国际发展融资的国际需求与中国的参与空间

一、SDGs 对国际发展融资的需求

SDGs 在国际发展资金的总量和投向结构上对国际发展融资体系提出了新的要求。SDGs 是以 MDGs 为基础,但比 MDGs 更复杂、更有抱负的普遍性议程,在理念构建、形成方式、内容范围、适用对象和实施手段等诸多方面超越了 MDGs。具体而言,SDGs 囊括了消除贫困与饥饿、粮食安全、健康生活方式、教育、性别平等、水与环境卫生、能源、就业等诸多议题。

SDGs 对国际发展资金供给主体间的协调提出了更高的要求。SDGs 推动从援助引导的议程转向利用和动员所有资源的议程,SDGs 需动员金融和非金融手段,来自国内和国际层次、公共部门和私有部门等各类行为体的资源。同时,SDGs 是一个以"可持续发展"为核心的议程,要求各个层面发展资金的协同增效,对官方发展资金的有效使用及与其他资金的协调提出更高要求。[1]

这远非 DAC 国家履行 GNI 的 0.7%资金承诺就可以解决的问题。IMF 于 2021 年指出,未来十年逐步推进联合国建议的 ODA 占 GNI 0.7%目标将释放约 2 000 亿美元(以 2020 年美元计)国际发展资金,这将填补低收入发展中国家(Low-Income Development Countries, LIDC)SDGs 资金需求缺口的三分之二以上。[2] 但这离年均几万亿美元的国际发展资金供需缺口而言,仍存在非常大的差距。

OECD 早就意识到 SDGs 需要更广泛的国际发展合作。DAC 于 2014 年首次提出"官方可持续发展资助总量"(Total Official Support for Sustainable Development, TOSSD)这一概念。它用于统计所有官方支持的促进发展中国家、区域和全球层面可持续发展的资金流动,其中大部分将流向发展中国家,包括支持发展推动因素或应对全球挑战的资金。TOSSD 的统计范围比 ODA 大很多,旨在衡量发展中国家为实现 SDGs 可利用的资金总量(见表 14-1)。OECD 发展合作局可持续发展融资主管保罗·霍洛克斯于 2019 年指出,为致力于实现 SDGs,

---

[1] 黄超.2030 年可持续发展议程框架下官方发展援助的变革[J].国际展望,2016(2):16.
[2] IMF, A Post-Pandemic Assessment of the Sustainable Development Goals[R]. April 2021, https://www.imf. org/en/Publications/Staff-Discussion-Notes/Issues/2021/04/27/A-Post-Pandemic-Assessment-of-the-Sustainable-Development-Goals-460076.

所有参与者必须共同努力才能成功实施相关呼吁,具体涉及 DAC 国家、其他官方主体、南南合作和三方合作、私人资本、包括促进和平和安全等国际公共产品在内的各类资金投入。[1] 从 ODA 到 TOSSD 的转变体现了 OECD 对 SDGs 及现代国际发展融资与合作的深刻认识,但这种转变能在何种层面上获得成功有待实践检验。

表 14-1 ODA 与 TOSSD 的区别

区别	ODA	TOSSD
统计的目标主体	OECD、DAC 成员和其他报告其发展合作的供资者	在全球统计报告框架内,所有公共国际融资提供者以及与他们合作的私人主体。包括所有国际公共资金:优惠和非优惠官方资金,以及符合国际商定标准和原则(例如 WTO、赤道原则、人权)的官方干预措施中调动的私人资金
金额衡量标准	以资金流的赠与成分(grant element)衡量,登记捐助者在提供资金方面的"努力"	以资金流的总额衡量,以更全面地了解发展中国家可用的资金
资格标准	以促进发展中国家的"经济发展和福利"和优惠程度为基础	以支持 SDGs 或与国家优先事项保持一致为基础
关注领域	经济发展、社会发展、和平和安全(部分关注)、环境可持续性(部分关注)	经济发展、社会发展、和平和安全、环境可持续性
约束机制	DAC 成员对长期承诺的责任	无目标或相关承诺,以免稀释 ODA 承诺

资料来源:根据 OECD, Total Official Support for Sustainable Development, https://www.oecd.org/dac/financing-sustainable-development/IATF%20Presentation_TOSSD%20Compendium.pdf 整理。

新冠肺炎疫情又进一步加大了国际发展融资体系面临的压力。新冠肺炎疫情使世界经济陷入深度衰退,到 2021 年 4 月中旬,全球已有 1.4 亿人感染新冠病毒,超过 300 万人死亡。低收入国家和世界贫困人口受到的影响尤其严重,数百万人可能在短期内陷入极端贫困,中期甚至更多,这种影响集中在撒哈拉以南非洲和南亚的低收入国家(WB 2020[2];IMF 2020[3])。联合国警告,在某些地区,贫困水平可能会达到 30 年前的水平(Sumner、Hoy 和 Ortiz-Juarez,2020)。[4]

综上,新冠肺炎疫情下 SDGs 的实现需要大幅增加人力和资金的投入,需要一

---

[1] Paul Horrocks, ODA and innovative financing to meet the SDGs[R]. November 2019, https://unctad.org/system/files/non-official-document/tdb_efd3ppt01_Horrocks_en.pdf.

[2] World Bank. Updated Estimates of the Impact of COVID-19 on Global Poverty[R]. June 8, 2020. https://blogs.worldbank.org/opendata/updated-estimates-impact-covid-19-global-poverty.

[3] IMF, Fiscal Monitor: Policies for the Recovery[R]. Washington, DC, October, 2020.

[4] Sumner, A., C. Hoy, and E. Ortiz-Juarez. Estimates of the Impact of COVID-19 on Global Poverty. 2020. United Nations University, WIDER Working Paper 2020/43, New York.

第十四章　中国在国际发展融资体系中的地位和角色

个更具包容性和可持续性的国际发展融资体系。

二、发展中国家对国际发展融资的需求

传统的发展融资以"南北合作"模式为基础。所谓南北合作是指发达国家和发展中国家在政治、经济、社会、文化、环境和技术领域进行双边、区域内或区域间发展合作的广泛框架,目的是实现发展目标。

发展中国家不仅需要"南北合作"模式,也需要"南南合作"模式,二者并行不悖。

(一)南南合作模式与传统发展融资的差异

"南南合作"是两个或两个以上发展中国家在政治、经济、社会、文化、环境和技术领域进行双边、区域内或区域间的广泛合作框架。发展中国家通过共同努力共享知识、技能、专长和资金,以实现其发展目标。这决定了南南合作在具体目标和原则方面都有自身的特点。

根据1978年联合国大会批准的促进和实施发展中国家间技术合作的布宜诺斯艾利斯行动计划(the Buenos Aires Plan of Action, BAPA)(联合国第33/134号决议),南南合作的基本目标是:加强发展中国家的创造能力,根据自身愿望、价值观和具体需要找到解决发展问题的办法,从而促进发展中国家的自力更生;通过经验交流促进和加强发展中国家之间的集体自力更生;汇集、共享和使用它们的技术和其他资源;以及发展它们的互补能力;加强发展中国家确定和分析其主要发展问题并制定解决这些问题的必要战略的能力;通过汇聚能力,提高用于此类合作的资源的有效性,增加国际发展合作的数量和质量;建立和加强发展中国家现有的技术能力,以提高使用这些能力的效率,并提高发展中国家吸收和调整技术和技能以满足其特定发展需要的能力;增加和改善发展中国家之间的交流,从而提高对共同问题的认识,更广泛地获得可用的知识和经验,并创造解决发展问题的新知识;承认和应对最不发达国家、内陆发展中国家、小岛屿发展中国家以及受自然灾害和其他危机等影响最严重的国家的问题和要求;以及使发展中国家能够更大程度地参与国际经济活动,扩大国际发展合作。[1]

2019年的第二次联合国南南合作高级别会议强调,南南合作是发展中国家团结一致的象征,有助于增进发展中国家的福祉和集体自力更生,有助于根据国家优先事项和计划实现包括SDGs在内的国际商定发展目标。南南合作及其议程应

---

[1] UN Conference on South-south Cooperation, Buenos Aires Plan of Action (1978)[EB/OL]. https://www.unsouthsouth.org/bapa40/documents/buenos-aires-plan-of-action/.

当由发展中国家确定,应当继续以尊重国家主权、国家自主和独立、平等、无条件、不干涉内政和互惠互利的原则为指导。

(二)发展中国家对南南合作模式的需求

南南合作具有自愿性、参与性和"需求驱动"性质,它产生于共同经历和共鸣,建立在共同目标和团结基础之上。[1] 具体而言,发展中国家不断认识到,它们在面对类似的发展挑战时往往对本国发展战略和优先事项持有共同看法。因此,"近似的经历"是促进发展中国家能力发展的一个关键催化剂。

联合国秘书长安东尼奥·古特雷斯认为南南合作的重要性和必要性是不言自明的。他在2018年11月在纽约联合国总部举行的第10届南南发展博览会开幕式上说,近年来,发展中国家对世界经济增长的一半以上做出了贡献;南南贸易比以往任何时候都高,占世界贸易总额的四分之一以上;来自发展中国家的FDI流出占全球流动的三分之一;2017年,中低收入国家收到的侨汇达4 660亿美元,帮助数百万家庭摆脱贫困。如果没有全球发展中国家的思想、活力和巨大的智慧,就不可能实现雄心勃勃的SDGs。[2]

实践证明南南合作的成效是显著的。南南合作与政治对话和金融合作结合在一起,通过有助于解决全球发展中国家具体问题的方案、项目和倡议,促进了大量知识和专业知识的交流。联合国南南合作办公室分别于2016年、2018年和2020年各发布了一份文件《可持续发展的南南合作与三方合作良好实践》(Good Practices in South-South and Triangular Cooperation for Sustainable Development),汇集了大量为世界各国发展做出贡献的成功经验和案例。它们通过特定方式展示了南南合作的成效,例如古巴支持西非抗击埃博拉;墨西哥在玉米产品多样化方面改善肯尼亚健康和营养方面的经验;哥伦比亚与中美洲国家分享减少饥饿知识等等。

显著的合作成效推动南南合作进一步发展并逐步制度化。一些国家和区域已将南南合作纳入决策。发展方面的相关行为体数目越来越多,包括有关多方利益攸关方、国家以下一级实体和议员、民间社会、私营部门、志愿团体、信仰组织、慈善组织、科技界、基金会和智囊团及学术界。多边机构、国际和区域银行和基金,包括发展中国家新设立的银行和基金,不断向南南合作提供财政资助。

---

[1] 联合国,第二次联合国南南合作高级别会议报告[R].布宜诺斯艾利斯,2019年3月20日至22日,https://www.unsouthsouth.org/wp-content/uploads/2019/07/N1920948.pdf.
[2] UNOSSC(联合国南南合作办公室),全球南南发展博览会:联合国秘书长称"南南合作"是实现公平全球化的关键工具[EB/OL].https://www.unsouthsouth.org/2018/11/28/全球南南发展博览会:联合国秘书长称南南合作/?lang=zh-hans.

三、中国重塑国际发展融资体系的必要性和可行性

现行的国际发展融资是基于发达国家多边发展援助体系建立的,主要由传统援助国主导,对发展中国家的优惠贷款等条件被认为不利于发展中国家自主权建设,受援国在接受援助等发展资金时话语权较弱。随着发展融资方式的升级,G20、WB和IMF等传统发展融资机制和机构近年的改革并未在针对发展中国家发展问题上取得明显的成效。随着开发性金融在中国的实践与发展,发展融资体系应当更具备发展的包容性和发展国家利益的代表性,因此,为发展中国家在资金使用和政策条款制定方面的话语权,重塑国际发展融资体系成为中国参与全球发展合作中的一项重要任务。

(一)中国重塑国际发展融资体系的必要性

1. 实现内部诉求

中国曾经长期在众多国际机制和国际机构中处于追随者地位。实力提升后,中国有必要推动既有秩序的改革以满足自身发展。随着中国经济的发展和国家综合实力的增强以及国际发展认知的变化,中国在国际发展融资体系中有更多潜在和新的利益诉求,实现其潜在利益或满足其新的利益诉求是中国推动国际发展融资体系重塑的初始动因。在国际合作中大量增加资金投入是为了更好地发挥独立自主的作用,获得与其大国身份和综合实力相匹配的更多话语权并承担起恰当的责任。

2. 满足外部诉求

国际发展融资体系重塑的外部诉求体现在两个方面,来自发展资金缺口对融资方式和渠道的诉求;发展资金的监管和使用是否真实反映了发展中国家的诉求。

其一,满足发展资金的诉求。全球经济的恢复进入长期停滞,在原有体系下,国际发展融资的主要供给国也因为自身经济受到的重创而削减了相关的财政预算,这与新形势下国际发展融资的诉求背道而驰。现有的国际发展融资机构筹措的资金往往难以满足发展中国家,尤其是新兴国家市场的融资需求,促进世界经济发展的功能大打折扣。

其二,满足对传统国际发展融资体系改革的诉求。长期以来IMF和WB等主要的国际发展融资机构一直被掌握在拥有大部分投票权的少数大国手中,资金主要也来源于这些国家。一方面,少数大国的金融活动难以受到监管;另一方面,由于国际金融体系缺乏稳定一致的汇率政策,使得包括中国在内的发展中国家的货币被迫与部分发达国家货币挂钩,这种汇率制度在大规模国际资本流动中往往面

临巨大风险。

因此,当前国际社会很难依靠原有发展融资体系实现外部诉求,一国的经济实力向来决定着其利益的实现程度,中国的参与必然伴随着对原有体系的变化与调整。中国的发展利益诉求冲破原有体系的不均衡,成为推动新的合作机制的关键动力。

(二) 中国在国际发展融资体系中发挥作用的可行性

伴随"一带一路"倡议的提出,中国通过发展融资塑造的援助、贸易和投资三位一体的发展模式促进了对外经济发展,而国家开发银行和中国进出口银行的发展规模和充足的外汇储备为其参与国际发展融资奠定了良好的基础。

首先,顺应国际改革方向,积极构建全方位多层次的国际发展融资体系。中国近年来在国际发展援助和国际投资方面增长迅速,贡献突出。中国已经在"一带一路"等框架下,形成政府援助、参与和建立多边发展融资机构、开发性金融机构融资、国有和民营企业走出去、社会团体参与国际公益项目、金融市场对外开放等全方位、多层次的国际发展融资支持体系。

其次,创新金融工具,开拓中国参与国际发展融资的国际合作渠道。中国与WB集团、IDB、AfDB、EBRD等为发展中国家和地区的发展项目提供了资金支持。同时,通过各类融资创新产品,包括可持续发展基金、专项国际融资机制、社会影响力债券等创新金融产品,汇集国际组织、多边开发机构、国际私营部门等力量开展发展融资合作,向发展中国家提供中国金融市场、尤其是资本市场的发展经验,将发展融资资金切实用于能够为发展中国家提供帮助的项目合作中,成为发展中国家建立自身融资能力的造血机制。中国与国际发展融资机构形成了合作形式上的创新,包括银团贷款、共同融资、再融资、信贷、风险分担机制和股份制。例如,国开行发起建立了上海合作组织银联体、中国中东欧国家银联体、中国阿拉伯国家银联体等银行间合作机制,并与渣打银行、巴克莱银行、花旗银行、德意志银行签署了"一带一路"项目合作备忘录。

四、中国自身发展融资的经验及其可推广性

(一) 中国发展融资的运行原理

不同于OECD对官方发展融资(Official Development Financing, ODF)和官方发展援助(Official Development Assistance, ODA)的定义,中国在平等互利的原则下,将国际发展融资设定为"南南合作"的一个环节和一种方式,包括但不限于以赠款、无息贷款和优惠贷款等形式,资本流动具有优惠性质,其目的在于帮助发

第十四章　中国在国际发展融资体系中的地位和角色

展中国家开发项目、资源、技术和人力资源,以提升发展中国家在农业、制造业、经济基础设施、公共设施、教育和保健等领域建设发展能力。这是基于中国自身发展历程中的经验积累以及多年来建立的强大金融能力。

中国运用开发性金融工具实现发展融资始于由国家开发银行主导的开发性金融。国家开发银行及其开展的开发性金融作为一种融资形式,结合政府信贷和市场运作,可以平衡国家意志和商业需求[1],一方面为低收入国家的发展项目提供长期贷款,另一方面也为发展中国家的私营公司提供中小型或长期贷款。其发展融资运行理念体现为两方面:

第一,高度的资金优惠(政策性优惠贷款)并不能保证发展融资的有效性,而追求利润的投资往往会带来经济的蓬勃发展。中国的发展经验认为与发展相关的融资不必满足资金优惠门槛,给予一定的贷款利息、财政贴息、还款期限、免息期和其他费用,即可视为优惠。尽管在某些情况下,开发性金融可以一定程度上放弃投资的潜在利润,以保持发展资金的可持续性,但不能为了单纯地达到发展的某项指标而迫使资金无止境优惠。这种融资方式保证了双方的最基本经济回报,同时将寻求发展的融资成本降至低于市场水平,拉长还款周期,辅以一定免息期、还款条件和贴现率。

第二,发展融资需要寻求一定的经济回报。当中国的发展融资经验运用到海外发展业务时,会出现项目的投入具备一定援助性质而无法产生足够的回报,例如在欠发达国家修建基础设施,在这种情况下,获取对方资源以支持偿还发展贷款是发展融资机构成本最低的选择。[2] 即一个发展中国家决定修建某个基础设施并需要融资,其政府通常可以通过国际招标选择一家合格的公司,以独资或与当地企业合资的方式进行。一家来自优势明显国家的公司会中标,并通过买方信贷和非优惠贷款相结合的方式筹集资金,贷款与中标公司提供的服务挂钩,而投资回报可以用当地资源出口的收入为抵押品或获得参与项目的当地企业的股权资本,形成一个互利的闭环[3],将贸易和投资与发展融资的资本结合可以更好地利用两国的优势并发挥其有效性[4]。在这样的条件下,发展融资的来源就更加广泛,除国家开发银行(CDB)外,像丝路基金等其他贷款机构和投资者也可以对该项目进行股权投资。

---

[1] 黄梅波.中国国际援助与开发合作的体系构建及互动协调[J].上海对外经贸大学学报,2019,26(4):14—26.
[2] Lin, Y. Y. Wang. China-Africa cooperation in structural transformation: ideas, opportunities and finances [R]. Working Paper 2014/046. New York: United Nations University, 2014. http://www.wider.unu.edu/publications/working-papers/2014/en-GB/wp2014-046.
[3] Liu, Hongsong, Xu, Yue, & Fan, Xinzhu. Development finance with Chinese characteristics: financing the Belt and Road Initiative. Revista Brasileira de Política Internacional, 63(2), e008. Epub September 02, 2020. https://doi.org/10.1590/0034-7329202000208.
[4] 林毅夫,王燕.超越发展援助:在一个多极世界中重构发展合作新理念[M].北京:北京大学出版社,2016:208—209.

（二）中国发展融资的经验

1. 中国的发展融资在工具的使用上对具体的行业有较为明确的倾向

例如，在对外援助资金中，赠款主要支持饮用水系统、医院和学校等中小型福利项目；无息贷款通常是向经济条件较好的发展中国家提供的小型贷款，用于基础设施建设和民生项目，期限为20年；优惠贷款，期限也为20年，则主要为中大型基础设施建设或工业生产提供资金。

2. 中国开发性金融体现了发展融资从"输血"到"造血"的转变

开发性金融在中国国内从财政补贴、财政转移等"输血"到以市场为导向的改革措施和地方政府行政能力的提高，以吸引更多的投资进入发展领域，成为这些地区"造血"的引擎。根据此原理，开发性金融也可以用于发展中国家对发展项目的合理实施。

3. 中国开发性金融将政府信用与市场机制相结合，形成基础设施投融资的新模式

开发性金融是对传统政策性金融的升级，其将政府信用与市场机制相结合，形成了基础设施投融资的新模式。在中国国内，20世纪80年代，开发性金融银行信贷开始为城市基础设施项目融资，催生了我国以信贷为基础的基础设施融资体系，解决了商业贷款的制度短期资金提供长期基础设施贷款存在的风险缺陷，而且为中国的基础设施建设注入了大量现金流。为了控制风险，中国的开发性金融利用了地方政府的组织、政治和信贷优势，将投资大、建设时间长、沉没成本高、需求弹性低的项目建立在地方政府信贷的基础上。在具体实践中，开发性金融机构充分运用政府信用和国家宏观调控与风险承担的能力，对贷款额度进行把控，并建立了长期有效的发展融资风险防控机制。

（三）中国发展融资理念的可推广性

中国的发展融资机制在全球基础设施项目贷款上具备国际示范性。中国的开发性金融在切实促进中国经济社会发展方面发挥了重要作用，也为南南合作发展融资的升级奠定了基础，为向国际发展融资体系推广做好了准备。国家开发银行"已成为具有全球重要性的发展融资机构，拥有巨大资产的金融专业技能和经验"，并在国际上获得了"在发展前沿行动的能力"[1]。

中国发展融资资金使用的灵活性值得国际借鉴。

其一，发挥政策性、开发性金融在中长期融资领域的优势，结合各国发展切实

---

[1] Xu, J., R. Carey. China's International Development Finance: Past, Present and Future[R]. Paper presented at the UNU/Wider 30th Anniversary Conference, Helsinki, 17-20 September 2015.

需求和关注热点,通过信用建设和市场培育,完善政府融资担保体系,在亟须发展的基础设施领域,加强前期介入和后续运营合作。

其二,设立专项基金,通过金融市场手段促进发展项目。中国国家开发银行下属的中非发展基金(China-Africa Development Fund,CADFund)成立于2007年,是中国第一只投资外国在华项目的股票型基金,旨在支持中国对非洲的投资。其后,中国可以进一步发挥丝路基金和中非产能合作基金的投资专业优势,在工业化和农业现代化等生产性领域,加大投资合作力度,并通过基金与有关国家的开发性金融机构和多边开发机构进行共同融资。

其三,通过国际公共与私人合作伙伴关系(PPP)等模式,增强"一带一路"沿线国国内资金动员能力,完善当地资本市场。

随着"一带一路"建设的逐步推进,大规模的基础设施项目逐步推开,中国的发展融资机制正在被世界关注。通过与传统发展融资机构的就国际发展融资问题进行沟通与协调,将中国与发展中国家经济合作的可持续发展实践推广到更多发展中国家和发展领域,有利于优化国际发展筹资框架、提升全球经济治理的有效性。

第二节 中国在当前国际发展融资体系中的地位

当前的国际发展融资体系由二战后建立的布雷顿森林机构在发展问题上确立的机制组合而成,其建立中和了凯恩斯主义的政府干预及新自由主义金融的灵活性,并针对发展问题发挥的国际性金融功能。

中国在国际发展融资体系中的地位体现为两个方面:

首先,是在多边发展融资体系中地位的提高。从1980年中国成为WB这一世界性多边发展融资机构成员后,中国先后加入了ADB、AfDB、IDB以及EBRD共5个全球性或区域性的MDB,加上由中国牵头发起的AIIB、共同参与建立的NDB,中国已加入7个MDB。

其次,是中国国别发展融资机构的发展及其对国际发展融资的贡献。自20世纪90年代,中国经济在快速发展中发育、形成了独有的开发性金融的理论与实践,其中注入了中国经济体制的发展理念,并形成了中国的发展融资体系,也为国际发展融资体系带来了新的可能性。中国的开发性金融是巨大的社会需求、政府的组织协调能力、国家信用的市场化运用,以及巨额的居民和企业储蓄存款、巨额的外贸顺差和外汇储备等一系列有利因素结合在一起的

结果。[1] 随着中国的金融实力的逐步强大,在国内外发展投融资项目上的成功,中国开发性金融在国际发展融资体系中地位逐渐上升,开始影响和改变国际发展融资体系。

一、中国在传统多边发展融资机构中的地位

长期以来,中国通过直接捐资或设立相关合作基金等多种方式,加强与 MDB 的合作,促进更多资本流入发展中国家的基础设施、环保、教育和卫生等领域。1980 年中国成为世界银行这一世界性多边发展融资机构成员,之后中国先后加入了亚洲开发银行、非洲开发银行、美洲开发银行以及欧洲复兴开发银行这 5 个全球性和区域性的发展融资机构。从各大洲的板块布局看,中国至少在每个大洲板块都参与了一家 MDB。此外,中国已是部分次区域多边发展融资机构成员,如西非开发银行(Banque Ouest Africaine de Developpement, BOAD)、东南非贸易与开发银行(The Eastern and Southern African Trade and Development Bank, TDB,其前身是 PTA Bank)以及加勒比开发银行(Caribbean Development Bank, CaBD)。中国尚未加入的主要区域性发展融资机构有拉丁美洲开发银行(CAF)以及欧洲投资银行(EIB)。中国主要通过共建股权、债权投资基金的模式与这些 MDB 展开合作。

中国对传统的多边发展融资机构的参与经历了从观望学习、接受和遵守到主动融入和发声的变化过程。在此过程中,中国受到原有机构的结构性限制[2],因此主要是追随型参与者。在初始阶段,中国所扮演的角色是比较普通的参与者,即接受和遵守各机构的相关规则和秩序,履行普通参与的义务。随着中国经济实力和国际事务参与度的迅速提升,中国在多边发展融资机构中开始寻求角色转型,中国通过在各机构增资,主动争取在规则中发声,尝试推动原有的发展融资体系的改革。

(一) 全球性开发银行——世界银行

WB 作为世界上最大的多边发展融资机构,致力于在全球进行大规模发展援助投资。WB 在 1980 年向中国敞开合作的大门,以协助应对中国在发展中面临的挑战,为中国提供参与国际发展事务的机遇。截至 2020 年 6 月底,WB(IBRD)对中国贷款承诺总额累计超过 644 亿美元,共支持发展项目 434 个,国际金融公司

---

[1] 陈元.开发性金融的思想、属性与发展[J].新金融评论,2019(6):10—19.
[2] 持有超过 15%投票权的美国在 WB 和 IMF 都有一票否决权。

(IFC)在中国投资总额累计约 153 亿美元,投资项目 400 多个[1]。

1. 中国在 WB 治理结构中的地位

从治理结构方面看,世行各成员国的份额是根据经济规模和各国对 WB 的贡献度等因素决定的,投票权反映成员国对 WB 运营的影响力。WB 从建立至今,发达国家一直控制着 WB 绝大部分的投票权,发展中国家的意见长期难以得到合理充分反映。2010 年 4 月 5 日,WB 落实 G20 匹兹堡峰会共识,治理结构改革迈出历史性一步,通过发达国家向发展中国家转移投票权来扩大发展中国家代表性和发言权,尤其值得瞩目的是中国的投票权由 2.77% 增加到 4.42%。至此,中国成为 WB 主要成员国,掌握更多的投票权与话语权。截至 2020 年 12 月底,中国在 WB 投票权升至第三位(从 4.42% 上升至 5.11%),仅次于美国和日本。第一,中国在 WB 的投票权得到不断提高反映了中国在世界经济中比重的上升,使得中国的经济综合实力和国际竞争力得到了国际社会的广泛认同,中国在全球经济秩序中的地位、发言权和代表性也将逐步提升。第二,中国投票权的提升代表着在 WB 的增资和购买的股权提高,WB 对中国的贷款逐渐减少,中国逐步走出重点放贷对象的行列,而进入贷款偿还和协助 WB 为发展中国家融资的合作的阶段。第三,中国在 WB 地位的提高,使中国在为发展中国家提供发展融资、提供贸易投资支持的国际事务方面更能表达发展中国家诉求,为加强南南合作发挥了积极作用。

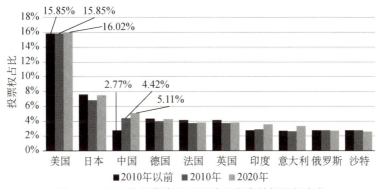

图 14-1　WB 执行董事及重要选区代表的投票权变化

数据来源:作者根据 WB 董事会股权分配报告[2]和相关数据[3]整理

---

[1] WB, World Bank Group in China 1980-2020: Facts & Figures[R]. https://pubdocs.worldbank.org/en/777941604392304764/f-fs-2020-en.pdf.
[2] IBRD 董事会报告 2020, https://www.worldbank.org/en/about/leadership/directors/eds17#4.
[3] 新浪财经 2010 年 04 月 26 日,"中国在世界银行投票权从 2.77% 提高到 4.42%",http://www.sina.com.cn;中国政府网,2010 年 09 月 14 日,"中国与世界银行合作三十周年:平等合作　互利共赢",http://www.gov.cn/jrzg/2010-09/14/content_1702394.htm.

中国作为一个发展中国家成为 WB 集团主要股东国,在其子机构中的地位缓慢上升,除在国际复兴开发银行(IBRD)中位列第三外,在国际金融公司(IFC)和国际开发协会(IDA)中所占份额也逐步提升。根据这两家机构的职能,一方面,中国通过国际金融公司向新兴市场国家和其他发展中国家的私营部门进行股权投资、长期债权投资、基金、结构性融资等商业盈利形式投融资的话语权增加;另一方面,通过在国际开发协会的投票权提高,中国也开始主动参与对无息贷款的商议,能够更充分地为最不发达国家贷款提供发展融资参考。

表 14-2 WB 集团主要股东国投票情况(截至 2020 年底)

成员	IBRD 投票权			IFC 投票权			IDA 投票权		
	投票数	占比(%)	排名	投票数	占比(%)	排名	投票数	占比(%)	排名
美国	412 250	16.02	1	4 347 627	20.76	1	2 912 333	9.95	1
日本	193 739	7.53	2	1 263 230	6.03	2	2 446 377	8.36	2
中国	131 433	5.11	3	477 213	2.28	6	660 966	2.26	6
德国	110 538	4.30	4	1 100 747	5.25	3	1 563 119	5.34	4
法国	98 448	3.83	5	929 038	4.44	4	1 114 682	3.81	5
英国	98 448	3.83	5	929 038	4.44	4	1 984 072	6.78	3

数据来源:WB 董事会报告(IBRD/IDA/IFC)[1]。

2. 中国与 WB 发展融资

中国在 WB 的地位经历了从取经者到传播者,从受援国到捐款国的转变过程,体现了发展中国家通过 WB 贷款为发展"输血",充分运用发展融资项目带来的发展理念和制度创新,开辟维持长久发展的"造血功能"的发展模式。1981 年,WB 向中国提供的第一笔贷款投向了教育领域。[2] 20 世纪 90 年代,中国年度利用 WB 贷款规模达到历史最高点,超过 30 亿美元,连续三年成为 WB 最大的借款国。2010 年 12 月,中国按照 WB 法律条款双倍加速偿还 IDA 借款,并在此基础之上自愿额外一次性提前偿还 10 亿美元借款。WB 将其折合成约 1.1 亿美元计入我国向 IDA 的直接捐款[3],中国开始利用自身"造血功能"为发展中国家"输血"。2007 年,中国政府首次承诺向 WB 集团的国际开发协会捐款 3 000 万美元。2009 年为支持 WB 应对金融危机,中国积极参与国际金融公司在全球的贸易融资计划,购买 15 亿美元私募债券,用于支持发展中国家的贸易融资,为加强南南合

---

[1] 世界银行董事会报告报告,数据更新于 IBRD(2021 年 3 月 10 日);IFC(2021 年 3 月 10 日);IDA(2021 年 3 月 1 日) https://www.worldbank.org/en/about/leadership/directors/eds17#4.
[2] 谢世清.中国与世界银行合作 30 周年述评[J].宏观经济研究,2011(2):1—12.
[3] 财政部.中国与世界银行集团合作概况[R].2010 年 9 月 3 日,http://www.mof.gov.cn.

作发挥了积极作用。[1]

(二) 中国与区域开发银行

MDB是推动金融国际合作的重要力量,中国与其合作可以有效将自身投融资规划与机构成员国的发展战略对接,并确保资金在战略中的使用以及政治目标的稳定。区域MDB是中国在国际发展融资体系中需要积极参与的目标机构。中国通过参股和合作的方式实现与这些区域多边开发金融机构的合作。此类合作包括亚洲开发银行(ADB)、非洲开发银行(AfDB)、欧洲复兴开发银行(EBRD)、美洲开发银行(IDB)、加勒比开发银行(CaDB)。通过参与双多边和区域性合作机制,加强与相关国家的信息交流和沟通,促进金融合作,推动经济发展。

1. 亚洲开发银行

中国自1986年加入ADB以来,双方在发展经济、消除贫困、保护环境等方面开展了广泛的合作。目前,中国是ADB第三大股东、第二大借款国和第一大技援赠款使用国。中国在ADB的地位已经从受援国演变为完全的伙伴关系,ADB也成为中国参与南南合作的重要平台之一。中国作为ADB的大股东之一,还积极参与ADB的战略政策制定、业务运作以及区域经济合作等方面事务。在ADB框架下,中国曾参与了大湄公河次区域经济合作、中亚区域经济合作以及蒙古共和国的经济合作等区域合作项目,并通过东盟"10+3"机制,对推动本地区经济合作的发展作出积极贡献。

(1) 作为借款国。

首先,ADB的信贷支持。ADB主要对中国的工业、环保、扶贫、基础设施等领域的发展提供有关信贷业务,到2019年,ADB向中国承诺的主权贷款总计已达371.5亿美元,非主权贷款达37.3亿美元(不包括B类贷款),累计支付的贷款和赠款达310亿美元。

其次,ADB的技术援助,对我国制定可行性报告、人员技术培训及聘请咨询专家等方面,发挥重要作用。2019年,ADB向中国提供了总额为2 000万美元(包括联合融资)的20个技术援助项目,针对当前中国面临的亟待改善的社会发展问题,包括绿色发展、应对老龄化、改善农村生计、解决环境退化问题,进行紧密合作。

最后,与ADB合作开发金融工具。2005年,ADB和中国发行了首批本币债券即"熊猫债券",本金10亿元人民币。与此同时,ADB发行了一系列离岸本币债

---

[1] 中国政府网,中国与世界银行合作三十周年:平等合作 互利共赢,2010,http://www.gov.cn/jrzg/2010-09/14/content_1702394.htm.

券支持私营部门的业务,2011—2015年通过ADB的融资,中国的私营部门大幅增长。[1] ADB在制定2020战略和中国国别伙伴战略期间,将ADB的发展融资业务拓展到中国的私营部门业务和非主权业务,积极推动和参与中国地方私营与公共部门合作(PPP)业务的开展,在非主权业务项目中带动和促进私营资本进入基础产业、基础设施、市政公用事业、社会事业和金融服务等领域。

(2) 作为捐款国。

中国是第一个既是ADB受援国,也是援助捐款国的发展中国家。

2005年,中国加入ADB软贷款捐助国的行列,向亚洲发展基金第1期捐资3 000万美元,截至2020年底,中国累计向ADB的亚洲发展基金捐资1.8亿美元[2],支持ADB低收入成员的减贫事业。另外,中国积极参与ADB区域合作一体化项目。

2005年,中国出资2 000万美元设立中国"减贫与区域合作基金"(Poverty Reduction and Regional Cooperation Fund),成为首个由ADB发展中成员国建立的信托基金。该基金是一个信托基金,用于支持亚太地区减贫、区域合作和知识分享,促进亚太地区经济和社会发展。[3] 2012年4月,中国再次出资2 000万美元续设该基金用于支持发展中成员的减贫与发展。2017年,亚行与中国政府签署了一项协议,中国向该基金注资5 000万美元,该基金的总承诺额达到9 000万美元,通过ADB支持亚太地区的减贫和经济发展。[4] 2005—2018年,该基金共批准了102个项目,主要支持了公共部门管理、多部门、工业和贸易、农业和自然资源等部门,共涉金额4 909万美元。截至2018年底,在得到批准的项目中,53个(59%)项目已完成,35个(39%)正在进行中,另外2个已取消。[5] 2020年疫情期间,中国在ADB中国"减贫与区域合作基金"出资200万美元,支持ADB向其正在实施的"应对新冠肺炎疫情和其他流行性疾病区域技援项目"追加资金,以帮助ADB发展中成员应对新冠肺炎疫情,主要用于采购医疗物资、聘请咨询专家、开展培训和举行研讨会、开发网站和移动终端程序等。

2. 非洲开发银行

中国于1985年加入AfDB,这是中国较早参与的非本地区MDB,在促进中非发展合作中,起到了重要作用。

---

[1] ADB, Transforming Partnership: People's Republic of China and Asian Development Bank, 2016-2020[R]. 2015, ADB country partnership.
[2] https://www.adb.org/sites/default/files/publication/27789/prc-2020.pdf.
[3] 财政部,中国减贫与区域合作基金出资200万美元支持亚洲开发银行开展应对新冠肺炎疫情区域技援项目, 2020年4月8日. http://gjs.mof.gov.cn/gongzuodongtai2019/xmdt/202004/t20200408_3495106.htm.
[4] https://www.adb.org/sites/default/files/publication/27789/prc-2020.pdf.
[5] ADB, Annual Report of the People's Republic of China Regional Cooperation and Poverty Reduction Fund 2018, March 2020, https://www.adb.org/sites/default/files/institutional-document/567901/prc-fund-annual-report-2018.pdf.

第十四章　中国在国际发展融资体系中的地位和角色

中国加入 AfDB 的初始出资为 1 459 万美元。中国积极参与非行业务活动与决策，不仅从政治上体现了对非洲的支持，扩大了中国在非洲地区的影响，还带动了中国对非贸易、工程承包与咨询业务的开展。

多年来，中国一直支持该机构的优惠资金基础，并且是 ADF-14 的第 13 大捐助国。通过多次向非洲开发基金(非行软贷款窗口)增加捐赠资金，中国大力支持非洲地区的基础设施建设、扶贫和教育等项目。1996 年，AfDB 和中国启动了一个额度为 200 万美元的双边技术合作协议 (Technical Cooperation Agreement, TCA)。在此框架下，双方在环境、农业、水利、卫生保健及其他领域开展了一系列技术合作，还举办了知识共享研讨会和访问考察活动。2008 年，AfDB 分别和中国进出口银行和中国国家开发银行签订了谅解备忘录 (Memoranda of Understanding, MoUs)；2011 年，AfDB 和中国农业银行签署了谅解备忘录。这些谅解备忘录推进了双边在贸易融资、私营部门、农业和清洁能源等领域的联合融资、知识共享和联合分析工作。[1]

2014 年 5 月，中国人民银行与 AfDB 就总额 20 亿美元的联合融资基金"非洲共同成长基金"(the Africa Growing Together Fund, AGTF)签订协议。该基金将在未来 10 年向非洲的主权担保和非主权担保项目提供联合融资，以支持非洲基础设施及工业化建设。AGTF 是 AfDB 实施十年战略和 5S 高优先领域(Light up and Power Africa; Feed Africa; Industrialize Africa; Integrate Africa; and Improve the Quality of Life for the People of Africa)的重要工具。[2]

3. 欧洲复兴开发银行

中国于 2016 年 1 月加入 EBRD,有效助推"一带一路"建设与欧洲投资计划等其他国家或地区的战略顺利对接。中东-中亚沿线国家是"丝绸之路经济带"的重要组成部分。中国与 EBRD 在发展投融资开发领域有很多交集，从投资领域来看，EBRD 与中国在投资领域方面多倾向于基础设施及能源开发，在地区开发方面集中在东欧国家，逐步拓展到中亚、欧洲中部及东南部等地区，特别在中亚地区会有广阔的合作空间。利用 EBRD 的发展融资平台，既有利于中国扩大在欧洲金融市场和机构中的影响力，也有助于欧洲增加融资渠道，同时还可驱动中欧在基础设施投资、地区发展、人民币国际化等方面的合作。2008 年金融危机后欧洲经济持续低迷，急需外部资本提振当地经济，通过注资欧洲复兴发展银行也能扩大中国在欧洲的投资。从潜在机遇来看，英国、德国、法国等国都是 EBRD 成员，随着中国的加入，有利于这些国家推进人民币国际化合作。

4. 美洲开发银行

美洲开发银行(IDB)集团成立于 1959 年，是世界上历史最久、规模最大的区

---

[1] https://afdb-org.cn/.
[2] https://www.afdb.org/en/countries/non-regional-member-countries/china.

域性政府间开发金融机构,其宗旨是促进拉美及加勒比地区经济和社会发展。中国是该集团第 48 个成员国。区域性多边开发金融机构中,中国占股比例最少的当属 IDB,持股比例仅有 0.004%。

2015 年 12 月,中国利用 IDB 旗下美洲投资公司(ICC)的一次增资机会,通过增资中国从美洲投资公司 0.22% 的股东变为该公司最大区外股东,持股比例上升为 4.5%。美洲投资公司与美洲开发银行的关系类似于世界银行和世行下设的国际金融公司(IFC)的关系,美洲开发银行可通过美洲投资公司对私人部门进行投资。中国增资美洲投资公司后,中国在 IDB 的股权没有变化,但中国在美洲开发银行集团的发言权将有所上升。未来中国在美洲开发银行将有更大的影响力。此外,中国与 IDB 有联合投资基金,参与一些股权与债券投资。目前中国在美洲开发银行选区中还没有直董席位,但可以通过在美洲投资公司派驻直董的方式来影响美洲开发银行的决策。作为重要的出资方,美洲开发银行会更加尊重中国的意见。

5. 加勒比开发银行

加勒比开发银行(Caribbean Development Bank, CaDB)成立于 1969 年,由 28 个加勒比地区经济体组成,宗旨是为促进加勒比地区成员国经济的协调增长,推进地区经济合作和一体化,为该区域内发展中国家提供贷款援助。1997 年 5 月 22 日,CaDB 在加拿大多伦多召开的第 27 届加勒比开发银行年会决定接纳中国为区外成员国,中国持有该行 5.58% 股份,并享有一个董事席位,代表中国以及在中国之后加入该行的区外国家。此外,同年中国作为区外成员向该行特别发展基金捐资 2 400 万美元。1998 年 1 月 20 日,在完成缴纳股本和捐资手续后,中国的成员国地位正式生效。之后中国在双边技术合作协定基金项下持续增资,以将中国具有比较优势的技术与经验介绍给加勒比地区。中国公司在加行贷款项目中的中标合同金额也随着中国与 CaDB 的合作有大幅提高。

通过中国对传统国际发展融资机构的参与及地位的提高,中国在国际发展融资决策中开始发挥重要作用。然而根据传统发展融资机构的规则,到目前为止,中国的份额调整并没有从根本上改变传统国际发展融资机构的基本框架和控制力。美国在 WB 仍然具有一票否决权,美国对该组织秩序的主导继续延续;而日本在 ADB 的主导地位也未发生过本质的改变。因此,为适应当前多元化的发展目标和促进全球发展融资体系的完善,从发展中国家根本利益和发展现实的角度考量,中国组建区域性发展融资机构,以形成对传统国际发展融资机构的补充和扩展。

二、中国推动组建的新的区域开发银行

通过区域内金融合作助力国际发展是中国推进区域开发银行建设的根本目

的。中国提出建立一些发展融资机构,如 AIIB、NDB,来促进全球发展融资体系的改革,以适应变化中的全球发展。[1] 成立 AIIB 和 NDB 不是挑战、替代、颠覆传统多边发展融资机构,而是对现有多边发展融资体系的补充。

(一) 中国推动建立区域开发银行的主要动因

首先,加快推进区域内基础设施建设的投入,推动区域一体化。当前及今后一段时期的国际发展目标将更加集中于通过对基础设施建设的投入、推动结构调整、推动区域经济一体化及经济增长。亚洲国家特别是新兴市场和发展中国家的基础设施建设融资需求巨大,然而面对经济下行风险增大和金融市场动荡等严峻挑战,需动员更多资金进行基础设施建设,以保持经济持续稳定增长,促进区域互联互通和经济一体化。

其次,提升中国在区域内的国际地位和影响力。中国已经成为世界第二大经济体、国际贸易大国、对外投资大国。中国对区域内(亚洲)经济增长的贡献率已经占据主导份额。随着中国经济的发展壮大,中国与区域周边国家的经贸关系更趋紧密,中国在亚洲和世界的国际地位和影响力在不断上升。中方倡导或协助成立区域性开发银行显示中国希望加强区域间经贸联系,解决发展中国家的基础设施建设迫切需要的资金问题,推动当地经济发展和紧密的经贸合作,让中国的经济发展"福利效应"惠及亚洲发展中国家,树立中国负责任的大国形象,从而提高中国在亚洲的国际地位和影响力,彰显中国在全球经济治理中的能力。

最后,共同应对国际金融危机,加速人民币国际化。在全球经济发展波动明显的时期,加强和完善多层次区域金融安全网建设势在必行,重点是强化体系内各国外汇储备、区域外汇储备库和双边货币互换机制建设。另外,随着人民币成为国际经贸往来的第五大货币[2],人民币作为融资货币的吸引力正在逐步显现。中国周边国家(亚洲尤其是东盟地区)是人民币国际化的第一站。区域性开发银行在区域内能扩大双边本币互换的规模和范围,促进双边贸易与投资。

中国推动和倡导新的区域性开发银行的组建根据在机构扮演的角色和地位的特色也有所不同。亚洲基础设施投资银行在区域投资方向上的侧重,与促进区域经济互联性多边开发机构 NDB,以及具有地缘互联性的上合组织开发银行等动议并不完全相同。

---

[1] TALLBERG J. The power of the chair: formal leadership in international cooperation[J]. International Studies Quarterly 2010, 54(1):241-261.
[2] 2019 年,人民币在国际货币基金组织成员国持有储备资产的币种构成中排名第五,市场份额为 1.95%,较 2016 年人民币刚加入 SDR 篮子时提升了 0.88 个百分点。环球银行金融电信协会(SWIFT)发布数据显示,2020 年中期,人民币全球支付货币排名升至第五位,占比为 1.76%。

(二) 亚洲基础设施投资银行

从 2013 年中国首次提出创建亚洲基础设施投资银行 AIIB)的倡议到 2015 年 AIIB 正式成立,中国在 AIIB 的倡议发起、协调谈判、正式落成的各个阶段和环节都积极主动地展现出一个领导者的角色。其在 AIIB 创建进程中的领导作用具体体现在如下两个方面:中国有意开始在亚太地区积极主动地倡导合作机制建设,而主导 AIIB 的创建正是其大战略下的具体行动环节。

AIIB 体现了中国主导推进区域一体化的主要目标和核心理念。其一,在出资比例和投票机制方面向亚洲域内国家倾斜。根据 AIIB 的正式协定,AIIB 的法定原始资本为 1 000 亿美元,域内外成员出资比例为 75∶25。成员国出资额的分配标准遵循经济实力原则,中国出资 35% 排在第一位。[1] 其二,通过对基础设施为主的生产性领域的投资,改善亚洲的基础设施建设,实现互联互通,从而促进亚洲经济的可持续发展。

中国推动建立 AIIB 的动因包括以下两个方面。

1. 从经济领导力角度,推动亚洲区域经济一体化,强化区域金融合作

为弥补传统的区域性发展融资机构在发展中国家的基础设施建设投资领域的巨大缺口,完善其在亚太地区的国际援助和投融资职能,在合作共赢的理念下运作的 AIIB 侧重基础设施建设投资,聚焦铁路公路、港口、电气电网、通信以及油气运输等部门,并着力朝着降低投融资成本和为经济合作伙伴的经济社会发展提供最亟须和强有力资金支持的融资目的方向发展。

首先,推动亚洲区域经济一体化。1997 年中国与东盟国家站在一起,共同应对亚洲金融危机的冲击,开启了东亚合作的进程。2010 年中国与东盟成立自由贸易区,着力建设中国-东盟命运共同体。建立 AIIB 有利于发挥投融资功能,推动以亚欧大陆桥、泛亚铁路和公路等重点基础设施项目为龙头的区域互联互通建设,推进南宁-新加坡经济走廊、孟中印缅经济走廊建设,夯实与东盟的合作并畅通中国-东南半岛经济往来,加快大湄公河次区域合作、东北亚合作、东盟一体化建设、上海合作组织等区域合作发展。

其次,强化亚洲区域金融合作。东亚金融危机以来,中国与亚洲地区各国一方面共同推进了清迈倡议多边化(Chiang Mai Initiative Multilateralisation, CMIM)合作,强化多层次区域金融安全网建设,扩大双边本币互换的规模和范围,扩大跨境贸易本币结算试点,以降低区域内贸易和投资的汇率风险和结算成本,为区域内各机构投资中国债券市场提供便利;另一方面,加强了区域经济监测和金融风险预警能力建设,探讨制定区域金融合作的未来发展路线图,打造亚洲货

---

[1] 张涵.亚投行新加坡会议:博弈出资比例[N].21 世纪经济报道,2015—05—20(8).

币稳定体系、亚洲信用体系和亚洲投融资合作体系以促进本地区金融稳定,进而推动经济发展。成立AIIB可以增强中国与亚洲各国之间区域经济发展的内生动力,维护亚洲地区金融和经济稳定。

最后,推进人民币国际化。AIIB可尝试向亚洲发展中国家提供人民币基础设施贷款,贷款的一部分可以用来采购中国的机器设备、支付中国的建筑劳务输出等,有助于促进人民币贸易结算,减少原来用外币结算的交易成本。一部分人民币和用人民币购买的金融资产也可以被当地的投资者持有,AIIB通过不断的对外投资可提高用人民币支付结算的比例,加快人民币国际化进程。

2. 从政治影响力角度,积极塑造并主动引导亚太地区的合作机制建设

中国在AIIB中扮演"领导者"角色的意愿反映了近年来中国在亚太地区不断上升的经济、政治影响力,中国对亚洲地区的经济贡献率已经超过50%。[1] 随着亚太地区被公认为全球经济最活跃、增长最迅速的地区,其国际战略地位也水涨船高,而中国对亚太地区投资及贸易的重要性的显著上升将对全球经济治理产生深远影响,中国也应在区域内多边发展机构中发挥更大作用。这也使得亚太地区本就错综交织的形势日益复杂。一方面,亚太地区各国在经济合作方面的进程不断加快,经济上的相互依存度越来越高。各种经济合作形式,无论是双边、多边合作,还是区域、跨区域的合作都在蓬勃发展。另一方面,亚太地区各国间的各种矛盾争端也并未停歇,例如域内国家的领土争端等等。面对复杂的亚太格局,中国采取的新战略是积极塑造,主动引导亚太地区的合作机制建设。1997年亚洲金融危机发生后,中国保持人民币不贬值,并采取一系列的积极措施和政策,体现了中国作为一个发展中国家的全局意识与高度责任感,为制止危机的进一步发展与蔓延、为亚洲经济的快速恢复和重新发展作出了自己的贡献。在新时期,通过推动区域金融合作,可加强中国与亚太地区其他国家之间的经济、政治联系,承担国际发展融资机构间的合作成本,积极向亚太地区各国提供公共产品,并使合作成果惠及他国,传达其"合作共赢"的发展理念。

3. 从合作收益角度,获取合作成果之外的经济、政治及文化利益

作为国际发展融资体系中新的倡议者和"领导者",中国推进建立新的多边发展融资机构的主要动力,除了AIIB建成后的潜在发展利益,也能享受除了合作成果之外的额外红利。

第一是经济利益,中国通过倡导基础设施建设融资为宗旨的AIIB的建立,可能使中国的企业获得更多项目承包商机会,发挥中国基础工业和制造业的比较优势,促使企业"走出去",带动中国产业升级;同时拓宽中国对外投资的渠道,提高中国外汇储备的回报;而且地区间的资金联通,也能为中国企业提供更多境外投

---

[1] 新华网.中国对亚洲经济增长贡献率已达50%[N].2014—06—24:http://news.xinhuanet.com/2014-06/21/c_1111251043.htm.

资机遇和更大规模、更多样化渠道的资金支持。

第二是政治利益,中国通过 AIIB 的建立将其经济优势转化为对全球治理的影响,获得国际资本运作中的一种制度性的权力,有利于中国稳固和发展特定的参与全球治理的目标,从而赢得重塑国际金融制度甚至国际发展的主动权和发言权。

第三是文化利益,在发展融资领域搭建新的平台,且向发展中国家需求倾斜,形成良好的国际合作和发展中国家之间的信任感,有利于塑造中国国际形象,推动"人类命运共同体"在国际发展融资体系下的践行。

(三) 金砖国家新开发银行

金砖国家新开发银行(NDB)于 2014 年正式宣告成立,中国在其建设中发挥了重要的积极推动作用。中国参与了 NDB 的倡议提出、谈判、体制建设及落成等各个环节的协调和推进工作,主要表现的两个重要作用为:共同倡导和协调。为争取和平衡其他成员的利益,与 AIIB 建立不同,中国没有成为 NDB 的领导者提出倡议或通过出资获得主导权,而是与其他国家共同推进。

1. 推动金砖国家内部经贸合作与金融合作

21 世纪以来金砖国家在世界经济中地位稳步上升,金砖国家已成新兴经济体"群体性崛起"的代名词,成为发展中国家的优等生。随着金砖国家经济快速发展,金砖国家之间的相互贸易金额和所占比重不断扩大,相互之间的投资规模也稳步提升,经济贸易合作不断深化,人员交往不断密切。金砖国家强劲的进口需求甚至成为发达国家摆脱经济增长泥沼的重要驱动力量。但是 2008 年金融危机后,全球经济复苏缓慢,金砖国家等新兴经济体面临着经济转型的难题,尤其是随着欧美国家不断通过宽松的货币政策向市场注资流动性资本,新兴经济体逐渐陷入通胀高企、劳动力成本大增、资本外逃等一系列困境。

成立 NDB,首先金砖各国可以减少美元资产和美国债券投资,而转向相互之间的股权投资和产业投资,提高和深化金砖国家之间的经济和贸易合作,对于摆脱其所面临的困境有极其重要的意义。目前,金砖国家之间的贸易普遍仍然以美元为最主要的计价货币。美元在国际汇率市场的起伏不定,对金砖各国之间开展贸易往来造成了严重影响,加重了各国之间的贸易交易成本,不利于双边贸易的深化和发展。金砖国家开发银行的建立有利于推进金砖国家贸易结算便利化,扩大结算货币的可选择性,积极探索贸易国本币结算。同时,通过货币回流和贷出机制推进资本的有效流动。其次,金砖国家开发银行也可以通过物价机制安排稳定大宗商品物价波动,至少在金砖国家内部实现大宗商品物价的稳定,可以起到物价大起大落缓冲器的作用,保障国内生产和经济平稳增长。

2. 加强金砖国家合作机制，争取共同发展话语权

金砖国家概念的提出促进了一种共同身份认同的形成，尽管金砖国家在诸多方面存在差异，但它们所拥有的新兴国家的共同身份强化了其共同的利益诉求，在此基础上的交流合作有利于推进其合作机制的建立。2009年金砖四国首脑正式在俄罗斯举行首次会晤，强调了金砖四国作为新兴国家中的代表性国家应共同承担起国际社会责任，标志着金砖国家正式开始走上了制度化的合作道路并日益成为更加紧密的国家集团。[1]

推动建设NDB，通过设定恰当的章程和组织规范，可以较好地引导NDB积极开展对外交往，突破传统国际经济治理结构局限。现行国际发展融资机构在国际金融治理绩效上已经暴露出诸多弊端。由新兴国家主导的新兴国际发展融资机构，可以倒逼原有国际发展融资改革，从而推动更加合理和公平的国际金融体制。一是有利于打破发达国家通过操控国际发展融资机构对国际发展融资体系的控制。发达国家主要是通过国际发展融资机构对发展中国家施加影响力。NDB能够为陷入困境的金砖国家或其他发展中国家提供另一套解决方案，有利于打破现行发展融资体系下的垄断局面，提升金砖国家在国际发展融资体系中的话语地位。二是有利于强化新兴经济体间的合作，聚拢新兴经济体的向心力。推动NDB发展的是通过国家集团利益构建的兼容并蓄的跨区域发展银行，为发展中国家的经济合作提供一个新的平台。三是NDB能够起到很好的示范效应，为其他区域性组织的成立提供经验，共同为改革现行的国际发展融资体系施加影响。

3. 通过参与组建NDB，获取更大的合作利益

第一是经济利益。积极参与并推动NDB的成立，可以完善我国外汇储备格局，推动外汇储备多元化。同时，在恰当的时点，可以在该平台内通过本币国际贸易结算、货币互换、人民币贷款、发行金砖债券等手段适时推广人民币国际化，提高人民币在国际市场上的接受程度、扩大使用范围、增强流通信誉，最终提升人民币的国际影响力，使之朝着国际化的方向发展。

第二是政治利益。推动NDB创建的根本动力是因为金砖合作机制是中国获得国际社会性权力的重要渠道。所谓社会性权力，即是通过关系网络获取物质与非物质资源以实现目标的能力。[2] NDB是中国以核心成员的身份参加的第一个由非西方主导的国际性国家关系网络，是中国获得国际社会性权力的重要来源之一。通过创建NDB，中国可以构建属于自己的国际关系网，缩小与美国在国际社会性权力方面的差距，改变当前国际发展融资体系由美国主导的结构性限制的

---

[1] 新华网. 金砖四国领导人俄罗斯叶卡捷琳堡会晤联合声明[N]. 2009—06—17: http://news.xinhuanet.com/world/2009-06/17/content_11553282.htm.
[2] 庞珣. 新金融开发机构展望[J]. 中国投资, 2015(3): 3—4.

困境。同时以金砖国家集团身份开展国际发展融资等合作,可以绕开传统机构中无法改革的规则和制度限制,更有效地发挥在国际发展融资网络中的作用。

(四)上海合作组织开发银行

2014年上海合作组织成员国元首理事会议上通过了《上海合作组织成员国元首杜尚别宣言》,《宣言》指出要加强上合组织发展基金和开发银行的研究工作,并尽快落实。这意味着上合组织开发银行正式进入议事程序。

尽管上合组织开发银行还在推进和构建的过程中,正面临着各方协调和机制建设的研究,但上海合作组织成立至今已逐渐形成了政治安全、经贸合作和人文交流三大支柱,推动区域合作的发展,在区域经济合作方面各成员国以上合组织成员国多边经贸和合作纲要为指导,取得了令人瞩目的成就。金融是现代经济的核心,深化各成员国之间的金融合作能有效推动区域整体经济发展水平。

为了提升区域金融合作水平,2004年上合组织银联体成立,我国通过国家开发银行对上海合作组织成员国的发展贷款已超过1 000亿美元,[1]中方将在上海合作组织银行联合体框架内设立300亿元人民币等值专项贷款。在此基础上推进构建新的区域性开发银行,全面推进金融外交并对国际发展融资体系进一步改革。其中包括:推进地区经济合作和基础设施建设,加强地区金融合作,提高资本流动性,提高贸易结算便利性,降低贸易成本,扩大人民币影响力,加快国际化进程,建立金融危机的防火墙和缓冲机制。

三、中国的开发性金融及"一带一路"国际发展融资

(一)中国的政策性金融、开发性金融与国际发展融资

在中国对外开放四十多年的历程中,中国对国际发展融资的参与除了积极参与和建设多边发展融资机构,还包括中国的对外援助和开发性金融。对外援助包括无偿援助、无息贷款和政策性银行的优惠贷款,具有中国特色的开发性金融机构也是中国参与国际发展融资的重要渠道。1993年12月,国务院发布了《关于金融体制改革的决定》,成立国家开发银行、中国进出口银行、中国农业发展银行3家政策性银行,专门承担政策性金融服务。一方面为国内相关领域的发展建设提供优惠资金保障;另一方面,配合相关对外政策,对发展中国家发展援助项目提供援助贷款等资金支持。

---

[1] 国家开发银行.上海银联体理事会第14次会议在京召开[N]. 2018—06—06: http://www.cdb.com.cn/xwzx/khdt/201806/t20180606_5156.html.

1. 中国对外援助与政策性金融

中国对外发展融资从初期单一的无偿援助发展为当前的无偿援助、无息贷款、优惠贷款等多种发展援助方式。中国的政府贷款主要由政策性金融及相关机构执行。政策性金融是中国参与国际发展合作的重要形式,通过财政资金为国际发展合作提供优惠融资。政府贴息贷款(subsidized loan)是中国政府指定的金融机构对外提供具有政府援助性质、含有赠与成分的中长期贷款。贴息优惠利率与中国人民银行公布的基准利率之间的利息差额,由中国政府对中国承贷机构给予补贴。

> **扩展资料:申请使用中国政府贴息贷款的项目必须具备条件**
>
> (1) 项目所在国必须与中国政府签订优惠贷款框架协议,并且该国政局稳定,经济状况良好。
>
> (2) 项目应符合中国政府提供贴息贷款的政策性原则,并得到受援国政府和中国政府批准。
>
> (3) 项目的商务合同金额一般不低于100万美元,项目所需技术、服务和物资从中国引进的或采购的部分不得低于商务合同金额的70%。
>
> (4) 项目必须具有良好的经济效益和长远的社会效益,并能促进项目所在国的经济发展。
>
> (5) 贷款项目的借款人应具有还本付息能力并提供担保,担保机构应有良好的信誉和代偿能力。
>
> (6) 使用贷款及实施项目的企业应具有较强的经济技术实力和国际化经营能力,资信和财务状况良好。
>
> (7) 项目贷款所需的当地配套资金、设备、厂房、原材料、能源、劳动力、交通运输和销售市场等条件已经落实。

随着中国企业"走出去"规模和领域不断扩大,从政府角度来看,政策性金融向发展中国家提供优惠贷款可以支持中外政府间合作,促进共同发展。从企业角度,可作为企业"走出去"的融资主渠道,支持企业开展跨国投资和国际化经营。针对企业跨国投资和国际化经营所需信贷资金期限长、金额大、不确定因素多等问题,充分发挥政策性银行的优势,可以为企业提供长期信贷支持和金融服务。

2. 开发性金融

开发性金融是中国在国际发展融资领域的创新,国家开发银行是开发性金融的典型代表。开发性金融体现了在"双赢"理念下中国利用援助、投资和贸易三者相结合的方式开展国际发展合作的筹资理念,也促进了中国在国际发展融资领域从传统援助资金向可持续融资转型。目前中国国家开发银行是全球最大的开发性金融机构、中国最大的对外投融资合作银行、中长期信贷银行和债券银行。

开发性金融在中国发展融资体系的作用主要体现为：

第一，提高对外援助的绩效。传统对外援助与开发性金融的有效结合，可以使政府与市场"两只手"在对外援助中实现优势互补。一是融资规模巨大，更有利于帮助受援国改善经济社会体系；二是按照市场规则运营，能有效保障援助效果，提高资金使用透明度；三是可作为杠杆进一步撬动各方资金参与，并实现更广泛的援助辐射。因此，有效协调传统援助资金与开发性金融，既可以扩大我国对外援助的融资规模，又可以达到更好的援助效果。

第二，提供包容性发展平台。随着中国等新兴市场国家的快速发展，世界经济重心正向东方移动。配合我国对外援助的开发性金融为加快发展中国家经济建设提供了一个包容性的发展平台。一方面是对现有国际发展融资体系的有益补充；另一方面为发展中国家提供了更多的发展融资选择，并可以提升我国的国际金融话语权，所实施的开发性金融活动也将推动构建更加公平合理的国际发展融资新秩序。

第三，增加全球性公共产品供给。多边发展融资兼具提供资金和跨国协调方面的优势，对于增加国际公共产品供给具有重要作用。面对互联互通基础设施建设的巨大需求和资金缺口，在全球性公共产品供给严重不足的情况下，中国积极倡导建立新的跨区域或次区域多边发展融资机构，AIIB、NDB、上海合作组织银行联合体等多边发展融资机构应运而生。有利于增加全球性公共产品供给，既符合发展中国家共同发展的实际需要，也是对现有多边发展融资体系的丰富和完善。

（二）"一带一路"与国际发展融资

"一带一路"资金融通与国际发展融资发展趋势相符合。一方面，"一带一路"的项目规模大、期限长，存在市场失灵，完全通过商业性金融提供融资支持不现实；另一方面，"一带一路"的项目未来可能实现盈利，因此也有政府失灵现象，不适合完全采取无偿援助或者政策性金融的方式。因此，"一带一路"的特点和当前国际发展融资的未来发展方向和逻辑正好是匹配的，其核心在于充分发挥开发性金融政府支持和自身的优势实现"跨越周期"，在中长期实现盈利。

1. 中国"一带一路"发展融资实践与经验

"一带一路"发展融资往往需要开发性金融机构引领与商业性金融的合作，当项目实现盈利后，开发性金融机构将部分融资转让给商业性金融机构，退出的资金继续用于其他开发性金融项目，实现资金的良性周转。"一带一路"发展融资提供了新的融资规划经验，按照"最低标准，最佳实践"的原则，如规划先行、规模效应、集聚效应和政策支持等，为国际发展融资提供中国的资金渠道。

2014年中国出资成立"丝路基金",这是中国直接支持"一带一路"发展融资体系建设的具体体现,也是中国对国际发展投融资模式进行的重要探索。丝路基金是投资基金,对"一带一路"项目进行投资,不是进行单向的资金支持或援助,而是需要有投资回报,以保证其可持续性。

2.《"一带一路"融资指导原则》

为建设"一带一路"发展融资体系,中国财政部与26国财政部共同核准了《"一带一路"融资指导原则》(以下简称《指导原则》),在2017年"一带一路"国际合作高峰论坛高级别会议"促进资金融通"平行主题会议期间,17国财长或财政部授权代表签署了《指导原则》。这是"一带一路"倡议下首次就融资问题形成指导性文件。《指导原则》全文共计十五条,反映了各方在资金渠道、融资环境和金融监管等多方面的共识,如鼓励私营部门积极参与、拓展资金渠道、注重发挥多边开发性金融机构作用、欢迎各领域资金参与基础设施建设、发展本币债券市场以及深化金融监管、加快投资便利化等。同时,加强对发展融资项目社会环境影响的评价和风险管理,重视节能环保合作,履行社会责任,促进当地就业,推动经济社会可持续发展。在动员资金的同时,兼顾债务可持续性,该指导原则是整个"一带一路"关于发展融资标准建立和范围划分的基石。

国家间合作是"一带一路"融资可持续性的重要保障。《指导原则》鼓励沿线国家建立共同平台,在促进本地区国别发展战略及投资计划对接的基础上,共同制定区域基础设施发展战略或规划,确定重大项目识别和优先选择的原则,协调各国支持政策与融资安排。

3. "一带一路"发展融资的多方参与

"一带一路"倡议项目融资鼓励混合公共、开发资金和商业资本,需要各国政府提供财政资金支持,同时鼓励各国政策性金融机构、出口信用机构为"一带一路"建设提供政策性金融融资支持。

"一带一路"资金融通促进跨区域的互联互通项目要发挥国际多边开发机构的优势。2017年5月14日,中国财政部与WB、AIIB、NDB、ADB、EIB、EBRD等六家MDB,共同签署《关于加强在"一带一路"倡议下相关领域合作的谅解备忘录》。MDB是国际发展融资的重要力量,是"一带一路"建设的重要发展伙伴。财政部与六家MDB达成共识,可以加大对基础设施和互联互通项目的支持力度,努力为"一带一路"构建稳定、多元、可持续的融资机制。这六家MDB均认为,"一带一路"倡议将为支持相关国家的可持续发展提供机遇,愿与中国合作参与"一带一路"建设。"一带一路"资金融通将中国对外开放政策与实践经验充分融入到建设可持续的国际发展融资中,融资安排惠及所有国家和相关群体,支持可持续、包容性发展,这也是"一带一路"倡议提出的初衷。

四、中国对国际发展融资体系的影响

中国对国际发展融资体系的参与从原来的借款国走向主要资金投入的捐款国,中国对国际发展融资体系的影响是双向、动态和全方位的。中国根据自己的国情与时俱进地调整对多边发展融资机构需求的方向和数量,而这些机构也根据其宗旨和比较优势调整与中国的合作方式和领域。这个过程就是一个磨合和博弈的过程,能否长期持续取决于是否有一致的合作目标。

(一)稳定中长期发展融资的流向和效果

在国际发展融资体系中,中国对中长期发展融资流向和效果的稳定性起到了重要作用:

(1) 促进减贫与发展。国际发展融资在发展援助领域的基本宗旨是减贫与发展,中国近年来在减贫和发展做出的资金投入以及对国际发展贷款的使用领域,都充分体现了发展融资"公平与效率的优化组合"。

(2) 丰富发展理念和实践。践行国际发展融资的多边发展融资机构无论是从增强全球减贫和发展援助效果,丰富自身发展理念和发展经验出发,还是从改善自身财务经济状况,拓展业务空间和影响力出发,都无法避开中国的影响。

(3) 促进体制创新。中国的经济体制改革是在传统经济结构向现代经济结构转变,经济增长方式由数量扩张型向质量效益型转变的进程中展开的。改革所涉及的规模之大和程度之深,在中国和世界历史上都是空前的。对于这样一个规模空前、挑战空前的转轨过程,也为国际发展融资体系注入新的动力,冲击了以往美国主导下的传统国际发展融资机制的现状,开拓了未来多边发展融资机构合作的空间。

(4) 保证资金安全。全球发展的日益多元化决定了国际发展融资的流动将面临越来越多的非传统资金来源问题。对于如何保证国际发展融资体系下的资金来源与保障,中国无疑需要承担相应的责任。

(5) 加速中国资本流向更多发展领域。国际发展融资机构通过接受中国的增资,可间接地将中国的资金投入发展融资领域。

(二)促进国际发展融资体系的体制创新和技术创新

中国合理利用了国际发展融资推动体制创新和技术创新,促进国民经济平衡发展,体现了正确利用政府主权外债功能和公共财政对发展的积极作用,对未来多边发展融资机构规范贷款使用的规则有重要借鉴意义。多元化参与可以更好地解决多边发展融资体系中存在的问题。以往的国际发展融资机构对发展融资的投放机制受体系内僵局和政治议题捆绑,对发展融资资金的监管、协调和效果评估缺乏一定的灵活性,中国的高度参与打破了因资金控制权形成的体系内深层固化,刺激了国际发展融资体系对资金使用规则、方向和话语权的重新分配,为国际发展融资领域推动建立新的合作机构及相关机制找到合作突破口。而发展中国家间在融资问题上的高度利益共容性,广泛而迅速地激起了众多发展中国家的合作兴趣和参与意向,并在协商和谈判过程中增加了适应发展中国家切实需求的灵活性,由此节约了大量的交易成本和时间成本。

第三节 中国在国际发展融资机构中的互补性与竞争性

多边发展融资机构在国际发展融资体系下发挥各自优势。中国正在全方位参与国际发展融资体系,积极推动AIIB、NDB的建设,也积极参与传统的多边发展融资体系,中国在国际发展融资体系中的地位逐步稳定,机制逐步完善,与其他金融机构和发展机构形成互补竞争关系。竞争源于对具体发展项目的投标和贷款优惠,而互补则是彼此取长补短,相互补充。互补竞争的作用可进一步提高多边发展融资机构在开辟和实施发展融资计划的竞争层次,因而又丰富和增加了发展的包容性内涵,达到最终的可持续发展。所以这种竞争与互补效应的相互转化可动态加速国际发展融资体系重塑升级的进程。

一、中国在国际发展融资机构中的竞争关系

(一)利益立场竞争

中国在与其他多边发展融资机构共同投入的发展项目当中,各个机构或组织代表的利益相关者所站角度的不同会导致立场不同,这是产生利益相关者行为的决定性因素。国际发展融资机构在业务选择上的重大重叠集中在基础设施项目与减贫项目。尽管是低利率贷款或投融资项目,各个参与方仍希望通过项目的运行获得自身经济和政治利益以及其他潜在影响力的最大化,但是在实际的项目运行中,不可能同时使各方都得到最大化的利益。这种业务利益上的竞争主要体现在资本认缴和增资等供资能力的竞争、业务种类的竞争、贷款利率和贷款条件的竞争等方面。

（二）主导权竞争

中国与传统全球性多边发展融资机构在份额及主导权方面存在竞争关系。

从国际发展融资格局的影响方面，中国在国际发展融资体系中展现出的经济实力、政治权利以及话语权的提高，会对传统国际发展融资体系形成挑战。鉴于美日欧等国在既有发展融资机构中的固有地位和影响会随着中国的角色之提升有所削弱。中国经济实力和在机构中所占份额的提升对美欧日主导权形成"威胁"。在全球各方面都亟须发展资金的时期，各成员国为争取主动权，会进一步强化各国对领导权的追逐，在传统机构内部形成竞争。同时，中国在发展融资领域的地位，也会进一步加强区域性多边机构的实力，在一定程度上推动国际发展融资体系的民主化、多元化趋势。

从发展融资机构的标准和规则方面，中国对发展中国家的发展问题和发展历程有切实理解。对借款国发展道路的选择和内部经济事务的选择，都具备发展同理心，如基于此制定、实施更具灵活性和针对性的贷款方案，形成或设计符合发展中国家实际情况的评估体系以及评级标准，均会对原有国际发展融资贷款的标准及规则形成挑战。

（三）成员国内部经济竞争

中国推动建立的发展中国家间的区域性开发银行，成员国内部在经济贸易发展上也存在不平衡。以金砖国家为例，中国是发展中国家中经济规模最大的国家，中国按现价计算的国内生产总值比其他四国总和还多。短期来说，这种不平衡虽然有利于利用发展融资促进各方互通有无，贸易互补，但是从长远来看，并不利于加深经贸往来，提升贸易层次。对于贸易结构逐步同质化的成员国，对于贸易市场和对自身国内市场的竞争，部分国家内部容易产生贸易保护主义思潮与行为，成为合作重大障碍，内部的不良竞争也不利于机构的长远发展。

（四）成员国内部地缘竞争

中国推动的国际发展融资机构内部也存在成员国间地缘政治风险冲击的问题。一方面，域内成员国不稳定的国内政治及国家间的一些领土纠纷和政治争端，尤其是一些成员国如菲律宾、印度与中国在诸多方面存在利益纠葛，从而带来潜在竞争；另一方面，由于亚太局势的复杂，中国周边国家在国际发展融资中受舆论影响可能会对中国的发展融资资金产生质疑，削弱中国在机构内部以及其他合作机构中的影响力。

二、中国对国际发展融资机构的补充性

中国在各多边发展融资机构中引起的竞争和挑战不可避免,但在发展融资方面的互补性是显而易见的,包括填补资金缺口、发展优势互补以及发展融资效果等方面。另外,尽管在领导权上中国在发展融资机构中与发达国家存在一定的竞争,但在国际金融合作的很多重要主题如汇率稳定、发展援助、发展融资等方面又存有重要的共同利益。

(一)资金的互补

中国的经济实力和对外输出产能的需求,成为了国际发展融资体系的补充。中国可以充分利用在区域内或在全球的普遍性优势,有效推动发展资金在项目中的运用,从而扩大市场与经济规模效益,促进全方位的经贸合作,以弥补短时间内多边发展机构在原有机制下难以实现的目标。

(二)发展优势的互补

中国与国际发展融资机构各成员国为迎接同样的世界经济的挑战,应该充分发挥各自优势,通过发展融资资金向产业转移和行业渗透,使发展融资在发展中国家的利用更趋专业化、协作化和内部化,进而提高国际经济的相互依赖。国际发展融资体系下的各多边机构也隶属于各自区域经济成员,在区域经济体系之间具有各自优势,存在巩固各自生存与发展的基础而相互借鉴的压力。保持优势是赢得发展融资支持并得以有效运转的基础。中国可以在区域内帮助各成员国保持各自优势,促进经贸合作,形成与其他区域集团相制衡的作用,同时积极推进各国的贸易政策与经济政策协调,并彼此吸取、采纳、模仿和应用对方的有效经验与做法。同时,中国发展政策的有效性建议有助于多边发展融资体系面对新形势新问题,并针对发展中国家的立场提出有效方案。

(三)融资效果的互补

从近几十年的多边发展融资效果来看,原有的多边发展融资机构在融资项目运作方面并非完全高效,存在多方面亟待解决的问题。首先,基于发达国家的发展理念的项目设计和实施有待改善,一部分设计脱离发展中国家现实问题,无法充分或恰当表达受援国或贷款国的真实诉求,未正确评估当地条件、政府能力和承诺等。在执行力方面存在制度不适应以及由于执行方经验的不足带来负面的外部因素等。其次,由西方发达国家主导的传统国际发展融资体系(包括机构及规则)过分强调发展援助贷款和资金投放"过程"中的公平、透明、问责、参与等原

则,附加了政治条件,使项目推进难度增加,忽略了发展中国家复杂的历史和现实环境,因而往往无法在这些区域取得预期效果。中国在国际发展机构中的领导力或份额的增加,可将发展中国家发展历程的困境有力地表达出来。中国推动的多边发展机构将会在项目设计和实施标准上做出更符合实际的调整,从而弥补原有融资效果的不足。对于执行方的选择,凭借中国自身发展经验和执行力,能够客观避免制度不适应带来的负面因素。

三、在国际发展融资机构中构建良好竞合关系

各经济体以及各经济集团在国际发展融资体系下的诉求不同,使中国与各机构形成了一个竞争与互补关系相互转化的动态发展局面。中国借助其在各发展融资机构中的多重成员资格、动态规模效应、趋同性和优势互补等主观与客观因素的作用,制约区域经济集团贸易保护主义倾向的形成和发展,一方面遏制"没有互补"的零和竞争关系;另一方面,通过竞争,间接推动传统多边发展融资机构的机制改革,从而形成良好的竞争合作关系。中国在各多边发展融资机构中的互补性、竞争性地位可推动和加速国际发展融资体系的协调、管理和改革,使发展资金得到更有效的利用。

中国与多边发展机构中的美日欧三方关系也存在彼此间的竞争与互补关系,这将是中国未来在既有机构中与美日欧互动的常态,也是处理发展中成员国诉求、维护自身领导力的必经之路。通过构建良好的竞合关系,为中国和各多边发展机构间以及内部争取更多利益的同时平衡成员国之间关系。发挥中国作为发展中大国的协调优势,既理解捐款国目的又了解借款国需求,在机构间及机构内部扮演各类角色的基础上促进各机构之间的互补合作,减少各机构产生零和竞争的可能性,通过合作最大程度地增强中国的影响力并促进合作效果最大化。

本章小结

中国对国际发展融资体系的重塑兼具必要性和可行性。必要性主要体现在当前国际发展资金和制度等公共产品供需失衡上。从供给方角度看,SDGs在国际发展资金的供给总量和投向结构上对国际发展融资主体提出了新的要求,DAC国家已难担重任;新冠肺炎疫情使SDGs实现所需资源投入大增,同时对供资主体间的协调与合作也提出了更高的要求。从需求方角度看,发展中国家不仅需要"南北合作"模式,也需要"南南合作"模式。中国对国际发展融资体系的重塑也具有现实可行性。一方面,作为发展中国家,中国在自身的长期经济发展实践中积累了大量的宝贵经验;另一方面,这些经验对于其他发展中国家具有可推广性。

第十四章 中国在国际发展融资体系中的地位和角色

中国正通过多种层面的努力推动国际发展事业,在国际发展融资体系中角色和身份的变化反映了其地位和话语权不断提升的趋势。中国在国际发展融资体系的作用,从早期的追随到逐步参与制度安排,经历了艰难的历程。中国在国际发展融资体系中的地位体现为一个双重的进程:继续通过增资和申请的方式加入和融合更多现有国际发展融资体系中的合作内容和项目,成为传统发展融资机构的主要股东国,以提高话语权;通过要求改革现存的国际发展融资体系,提出完善和补充方案,使国际发展融资体系更符合当前中国自身发展目标和国际发展需求;近年来中国在国际发展融资体系中已逐步从参与者到协调者以及当前制度的改革和设计者,中国正在全方位参与到国际发展融资体系中,在此过程中中国需要积极协调平衡与原有国际发展融资机构成员关系并加强自身牵头的多边融资机构成员国之间的合作。

近年来中国在国际发展融资体系中的地位逐步稳定,机制逐步完善,与其他金融机构和发展机构形成互补竞争关系。竞争源于对具体发展项目的投标和贷款优惠,而互补则是彼此取长补短,相互补充。这种竞争与互补效应相互转化的动态加速了国际发展融资体系重塑升级的进程。

关键词

区域性多边开发银行;发展融资体系话语权;中国发展融资理念;竞合关系

简答题

1. 中国倡导组建区域性多边开发银行的具体动因有哪些?
2. 中国在传统国际发展融资体系中的角色与地位如何?
3. 重塑国际发展融资体系对发展中国家具有怎样的必要性?
4. 简述开发性金融的国际可推广性。
5. 简述中国与国际发展融资机构的互补关系。

思考题

1. 中国积极参与国际发展融资对国际发展的影响有哪些?
2. 为应对国际发展融资新趋势、新挑战,联合国发展系统积极开展改革,调整战略,加强资源协调整合。该趋势对中国参与国际多边发展援助有何影响?

图书在版编目(CIP)数据

国际发展融资/黄梅波,陈燕鸿编著.—上海:复旦大学出版社,2022.10
(国际发展学系列)
ISBN 978-7-309-16355-1

Ⅰ.①国… Ⅱ.①黄… ②陈… Ⅲ.①国际金融-融资-研究 Ⅳ.①F831.6

中国版本图书馆 CIP 数据核字(2022)第 144623 号

国际发展融资
GUOJI FAZHAN RONGZI
黄梅波 陈燕鸿 编著
责任编辑/戚雅斯

复旦大学出版社有限公司出版发行
上海市国权路 579 号 邮编:200433
网址:fupnet@fudanpress.com http://www.fudanpress.com
门市零售:86-21-65102580 团体订购:86-21-65104505
出版部电话:86-21-65642845
上海丽佳制版印刷有限公司

开本 787×1092 1/16 印张 23 字数 502 千
2022 年 10 月第 1 版
2022 年 10 月第 1 版第 1 次印刷

ISBN 978-7-309-16355-1/F·2907
定价:60.00 元

如有印装质量问题,请向复旦大学出版社有限公司出版部调换。
版权所有 侵权必究